Abenteuer Ethik 2

Hessen

Herausgegeben von
Natalie Hack und Monika Sänger

Bearbeitet von
Winfried Böhm, Christa Bohschke, Klaus Draken, Otmar Eholzer, Helmut Engels,
Werner Fuß, Gerhard Gräber, Gernot Herrmann, Frank Keller, Jörg Peters, Bernd Rolf,
Rita Sandbrink, Monika Sänger, Wolfgang Straßer

C.C. BUCHNER

ABENTEUER ETHIK 2
für die Jahrgangsstufen 7 und 8

Herausgegeben von
Natalie Hack und Monika Sänger

Bearbeitet von
Winfried Böhm, Christa Bohschke, Klaus Draken, Otmar Eholzer, Helmut Engels,
Werner Fuß, Gerhard Gräber, Gernot Herrmann, Frank Keller, Jörg Peters,
Bernd Rolf, Rita Sandbrink, Monika Sänger, Wolfgang Straßer

Redaktion: Matthias Neumann

1. Auflage 1 [4321] 2016 15 14 13
Die letzte Zahl bedeutet das Jahr dieses Druckes.

Alle Drucke dieser Auflage sind, weil untereinander unverändert, nebeneinander benutzbar.

Dieses Werk folgt der reformierten Rechtschreibung und Zeichensetzung. Ausnahmen bilden Texte, bei denen künstlerische, philologische oder lizenzrechtliche Gründe einer Änderung entgegenstehen.

Die Mediencodes enthalten ausschließlich optionale Unterrichtsmaterialien; sie unterliegen nicht dem staatlichen Zulassungsverfahren.

www.ccbuchner.de

Gestaltung: creo Druck & Medienservice GmbH, Bamberg / Wolf Hartmann
Druck und Bindearbeiten: Stürtz GmbH, Würzburg

ISBN 978-3-7661-**6577**-0

Liebe Schülerinnen und Schüler,

Abenteuer Ethik bietet für die Klassenstufen 7 und 8 neben anderen spannenden Themen einen thematischen Schwerpunkt: Abenteuer Religion. Im Vorgängerband habt ihr religiöse Feste behandelt und drei Religionen kennengelernt: Judentum, Christentum und Islam. In diesem Band nun werden alle drei genauer betrachtet. Ihr werdet erfahren, warum alle drei Religionen als abrahamitische Religionen bezeichnet werden, und erarbeiten, warum es nicht möglich ist, gleichzeitig Jude, Christ und Moslem zu sein. Auch wenn die drei Religionen für den Glauben an den einen Gott eintreten, also monotheistisch sind, stehen sie zugleich für drei verschiedene Orientierungen mit unterschiedlichen ethischen Forderungen. Jede Orientierung – das gilt auch für religiöse Orientierungen – enthält eine bestimmte Ethik, die einem sagt, in was für einer Welt ich mein Leben führen können muss. Ihr wisst, dass Ethik einen stark für die Zukunft machen soll. In der religiösen Ethik wird die Frage nach der Zukunft aber anders gestellt, nämlich *Gibt es einen Lebenssinn, der über den Tod des einzelnen hinausreicht?* Damit ihr in kompetenter Weise religiöse Orientierungen wahrnehmen und deuten, analysieren und durchdenken, beurteilen und bewerten könnt, liegen wieder fünf Kompetenzbereiche diesem Band zugrunde.

Wahrnehmen und Deuten: etwas ganz genau betrachten; Situationen aus verschiedenen Blickwinkeln betrachten; Verhalten, das einem selbst fremd ist, verstehen lernen

Analysieren und Reflektieren: sich präzise ausdrücken; ganz unterschiedliche Arten von Texten schreiben; Wissen aufnehmen und darüber nachdenken

Argumentieren und Urteilen: Dinge und Sachverhalte klar beurteilen; überlegen, was dafür – was dagegen spricht; moralische Werte kennen und eigenständig beurteilen

Interagieren und Sich-Mitteilen: miteinander reden – einander zuhören; seine Sicht anderen darlegen; Streit schlichten können, aber auch nicht aus dem Wege gehen

Sich-Orientieren und Handeln: Ideen für Projekte entwickeln; einen Rat erteilen; sich eigenständig informieren; selbstständig Entscheidungen treffen – Verantwortung übernehmen

Ging das zu schnell? Dann schaut doch gleich mal ans Ende des Buches. Dort findet ihr eine Übersicht zu all den Kompetenzen, die euch Abenteuer Ethik näher bringen will. Im Buch findet ihr viele unterschiedliche Materialien: Cartoons, Bilder, Illustrationen, Comics, Texte aus Zeitschriften, Jugendromanen und Zeitungen. Solche Materialien sind mit **M** gekennzeichnet. Infokästen helfen euch, komplexe Zusammenhänge zu erschließen, und schwierige Wörter werden im Glossar (▶ Glossar) kurz und knapp erklärt. Auf den Wissen-Können-Seiten könnt ihr selbstständig den Wissensstoff wiederholen und neu erworbene Kompetenzen einüben.

Und jetzt stürzt euch beherzt ins Abenteuer Ethik und verliert nicht den Kopf dabei!

Euer Autorenteam

220
240
280
300
SW
W
NW
S
N

Mensch, Natur und Technik 108

Freiheit und Würde 136

Religion, Weltbilder und Kulturen 158

Wahrheit und Wirklichkeit 194

Ethisch argumentieren

Wozu argumentieren?

Kleine Einführung in die formale Logik

Zurück zur Wirklichkeit

280
300
W
NW
N

1 Wenn Vermutungen nicht mehr ausreichen

M1 Verstand oder Gefühl – mach den Test!

Glaubst du halbwegs vernünftig zu sein? Dann bist du bestimmt davon überzeugt, dass du dich nicht von deinen Gefühlen allein, sondern auch von deinem Intellekt leiten lässt. Bei den folgenden Aufgaben kannst du überprüfen, wie stark Gefühle dein Denken beeinflussen und wer von den beiden bei dir wirklich das Sagen hat.

Isabelle Göntgen

1) Ein Schläger und ein Ball kosten zusammen 1,10 Euro. Der Schläger kostet einen Euro mehr als der Ball. Wie teuer ist der Ball?

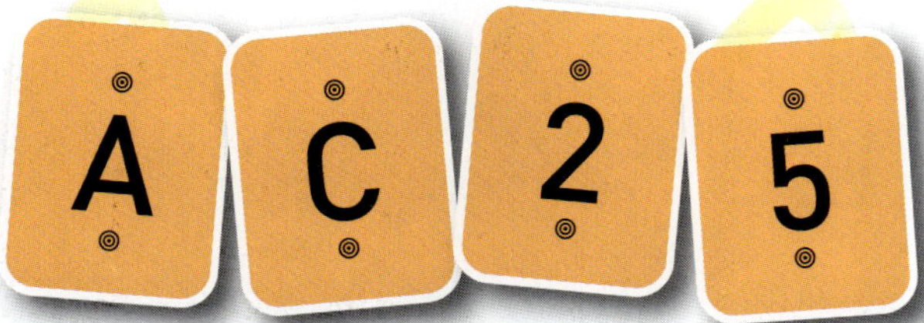

2) Vier Karten tragen auf einer Seite eine Zahl und auf der anderen Seite einen Buchstaben. Eine Regel besagt, dass auf der Rückseite einer Karte mit einem A eine 2 steht. Welche zwei Karten muss man umdrehen, um zu testen, ob die Regel bei diesen vier Karten eingehalten wird?

3) Paul schaut Marie an, und Marie betrachtet Fred. Paul ist verheiratet, Fred nicht. Schaut eine verheiratete Person eine unverheiratete an?

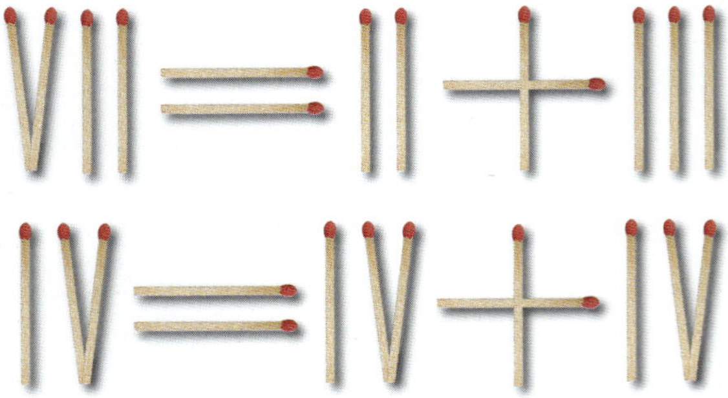

4) Wie lassen sich aus diesen beiden Aussagen durch Verschieben von je einem Streichholz korrekte Gleichungen machen? *nach Jochen Paulus, S. 124ff*

M2 Kommentare zum Test

Kommentar zu 1: Diese Frage ist tückisch. Die Schwierigkeit besteht darin, die zwei gestellten Bedingungen zusammenzudenken. Es sind zwar mehrere Fälle denkbar, bei denen Schläger und Ball zusammen 1,10 Euro kosten. Dabei ist aber nicht immer der Schläger ein Euro teurer:

1,00/0,10 Euro (der Schläger kostet 0,90 Euro mehr)
1,01/0,09 Euro (der Schläger kostet 0,92 Euro mehr)
1,02/0,08 Euro (der Schläger kostet 0,94 Euro mehr)
1,03/0,07 Euro (der Schläger kostet 0,96 Euro mehr)
1,04/0,06 Euro (der Schläger kostet 0,98 Euro mehr)
1,05/0,05 Euro (der Schläger kostet 1,00 Euro mehr)
1,04/0,06 Euro (der Schläger kostet 1,02 Euro mehr)
...

Der amerikanische Professor Shane Frederick, stellte diese Frage 3 500 Studenten. Nur 17 Prozent der Studenten konnten die Frage richtig beantworten. Mehr als von den mathematischen Fähigkeiten der Studenten hing der Erfolg von der Fähigkeit ab, gefühlsmäßige Antworten kritisch zu hinterfragen.

Lösungen

zu 1: 5 Cent, der Schläger kostet 1,05 Euro; zu 2: A und 5; zu 3: Ja. Denn Marie kann nur verheiratet oder unverheiratet sein. Ist sie verheiratet, schaut sie den nicht verheirateten Fred an; ist sie unverheiratet, betrachtet der verheiratete Paul die ledige Marie; zu 4: VI = III + III, IV = IV = IV

Kommentar zu 2: Die große Mehrheit der Studenten, die Professor Shane Frederick testete, wählte A und 2. Das ist aber nicht die richtige Antwort. Denn wenn auf der Rückseite der 5 ein A steht, wäre die Regel nicht eingehalten. Was sich auf der anderen Seite der 2 verbirgt, ist hingegen gleichgültig für die Einhaltung der Regel. Der britische Kognitionspsychologe Peter Wason, der diese Aufgabe 1966 erdachte, erklärt den Fehlgriff der Versuchspersonen damit, dass im Allgemeinen Menschen dazu neigen, Annahmen lieber bestätigen als widerlegen zu wollen.

Kommentar zu 3: In Experimenten des kanadischen Psychologen Keith Stanovich behaupten 80 Prozent der Versuchspersonen, die Frage lasse sich so nicht beantworten. Erst auf ausdrücklichen Hinweis, alle Möglichkeiten zu bedenken, wird den meisten klar, dass die Frage beantwortbar ist. Die These von Stanovich lautet: Viele Menschen setzen ihre Denkfähigkeiten sparsam ein. Da es meist mühsam ist, alle Möglichkeiten zu durchdenken, verzichten sie erst einmal darauf – auch auf die Gefahr hin, die richtige Antwort zu übersehen.

Kommentar zu 4: Statt sich wirklich mit allen denkbaren Lösungsansätzen zu befassen, werden mögliche, aber abwegige Lösungsansätze aussortiert, bevor die bewusste Denkebene erreicht wird. Während die Mehrheit der Versuchspersonen die erste Aufgabe noch löst, scheitern die meisten an der zweiten. Die Rechenzeichen zu verändern und noch dazu eine Doppelgleichung auf diese Weise herzustellen, empfinden sie unbewusst als Regelverletzung und denken darum erst gar nicht darüber nach. *nach Jochen Paulus, S. 124ff*

M3 „Das Schiff des Theseus" – eine Fallstudie

Das Schiff des alten griechischen Seefahrers Theseus – nennen wir es „T" – ist aus 1 000 alten, aber noch ganz seetauglichen Planken zusammengesetzt. Trotzdem bringt Theseus T in den Hafen, um es *vollständig* erneuern zu lassen. Der Schiffsbauer, der den Auftrag annimmt, hat zwei Trockendocks, A und B. Er legt Theseus' Schiff in eines davon, nämlich Dock A. Als guter Geschäftsmann erkennt er, dass die noch seetauglichen Planken von T gut zu gebrauchen sind und lässt darum seine Leute rund um die Uhr nach folgendem Plan arbeiten:

In der ersten Stunde entfernt die Arbeitskolonne eine alte Planke von T und ersetzt sie durch eine neue. Zudem tragen die Leute die alte Planke zu Dock B hinüber und stellen sie so, als fingen sie in diesem Dock an, ein Schiff zu *bauen*. In der zweiten Stunde wiederholt die Kolonne denselben Prozess, indem sie eine zweite alte Planke von dem Schiff in Dock A durch eine neue ersetzt und die alte zu Dock B hinüberträgt, wo sie entsprechend an der zuvor versetzten Planke befestigt wird. In der dritten Stunde wiederholen sie den Prozess von Neuem und fahren auf dieselbe Weise ganze 1 000 Stunden lang fort.

Nach 1 000 Stunden ist die Lage dann folgende: In Dock A liegt ein Schiff – nennen wir es „X" –, das aus 1 000 neuen Planken besteht; in Dock B liegt ein Schiff – nennen wir es „Y" –, das aus den 1 000 alten Planken von Theseus' Schiff T besteht. Diese sind in *genau* derselben Anordnung montiert, wie sie vorher bestand, als T ins Dock A gebracht wurde. Unsere Frage ist: Welches Schiff, X oder Y, wenn überhaupt eines von beiden, ist *Theseus'* Schiff T? *Jay F. Rosenberg*

Aufgaben

1 Löse die Testaufgaben, schreibe deine Lösungen auf und vergleiche sie mit den korrekten Lösungen auf Seite 10 unten. ➜ M1

2 Lies die wissenschaftlichen Kommentare zu den einzelnen Testaufgaben genau durch und werte deinen Test aus. ➜ M2

3 Lasst euch zunächst von euren Vermutungen leiten und stimmt in der Klasse darüber ab, wie die Frage am Ende von M3 zu beantworten ist:
Wer ist der Meinung, dass …
… Theseus das Schiff X gehört?
… Theseus das Schiff Y gehört?
… Theseus beide Schiffe X und Y gehören?
… keines der Schiffe Theseus gehört?
Bildet zu jeder Position eine Gruppe und erarbeitet eine Lösung, die nachvollziehbar und überprüfbar ist. Veranschaulicht eure Arbeitsergebnisse mithilfe von Plakaten. ➜ M3

▶ Glossar: Kognitionspsychologie

2 Manipulieren ist nicht argumentieren

Manipulation

INFO

Es besteht ein erheblicher Unterschied zwischen *argumentieren* und *manipulieren.*

Wer einen Menschen überzeugen will, muss sowohl seine eigene Ansicht als auch die Gründe, die zu dieser Ansicht geführt haben, anderen gegenüber offen zur Prüfung darlegen. Ob die eigene Ansicht auch andere überzeugt, soll allein von Gründen und Argumenten abhängen.

Wer aber einen Menschen manipulieren will, verhält sich anderen gegenüber nicht offen: Die eigene Ansicht wird in der Regel verheimlicht. Es geht ausschließlich darum, den eigenen Willen anderen ohne weitere Prüfung aufzuzwingen. Die geschickteste Manipulation ist die, bei der der Manipulierte nicht bemerkt, dass die angeblich eigene Ansicht das Ergebnis einer Manipulation ist.
Manipulationen sind schwer zu erkennen, wenn sie in einer logischen Form vorgetragen werden.

Illustrationen: Isabelle Göntgen

Checkliste der ethischen Bedenklichkeiten

- Arglosigkeit ausnutzen
- Aus dem Leid anderer seinen Vorteil ziehen
- Hinterlistig vorgehen
- Lügen
- Entgegengebrachtes Vertrauen missbrauchen
- Gleichgültigkeit angesichts des Leids anderer
- Menschen als Werkzeug einsetzen
- Zuneigung vortäuschen
- Aggression fördern
- Freude am Leid anderer haben
- Respektlosigkeit

Aufgaben

1. Manipulation tritt in verschiedenen Graden auf. Mithilfe der Checkliste der ethischen Bedenklichkeiten kannst du bestimmen, wie schlimm eine bestimmte Manipulation ist. Je mehr Bedenklichkeiten du findest, desto schlimmer ist sie. Bestimme den Grad (1: leichte Manipulation bis 10: äußerst bedenkliche Manipulation) der einzelnen Szenen.
2. Formuliere die Äußerungen der Figuren so um, dass sie zu offenen kritisierbaren Argumenten werden.
3. Finde zu jeder Szene eine Möglichkeit, der Manipulation zu entgehen, ohne selbst manipulativ zu werden. Sammelt die Ergebnisse ein und präsentiert die besten Lösungen in Form eines Rollenspiels. Beginnt mit der jeweils dargestellten Szene und setzt diese mit eurer Lösung fort.

3 Alles logisch, alles wahr! – der logische Wahrheitsbegriff

M1 Kann man mit Logik auch hellsehen?

Die Klassenlehrerin der Klasse 8a hat bei einer Befragung aller Schülerinnen und Schüler ihrer Klasse Folgendes festgestellt: Alle Jugendlichen der 8a, die ein Haustier haben, haben zu Hause auch das neue Tierlexikon *Die Tierwelt*. Sie teilt dieses Ergebnis dem Klassensprecher Tobias mit, ohne ihm die Ergebnisse der Befragung im Einzelnen zu zeigen.

Tobias ist begeistert; in der Pause stellt er sich zu einer Gruppe von Klassenkameraden dazu und sagt: „Wetten, dass ich hellsehen kann? Ich sage jedem von euch, ob er zu Hause ein Haustier oder ein Tierlexikon hat. Ihr müsst mir nur eine Frage beantworten!" Er legt auch gleich los:

Tobias: „Lukas, hast du ein Haustier?"
Lukas: „Ja."
Tobias: „Du hast das Tierlexikon *Die Tierwelt*!"
Lukas: „Stimmt, woher weißt du das? Na ja, so weit hergeholt ist es ja nicht ..."

Tobias: „Anna, hast du ein Haustier?"
Anna: „Nein, ich habe kein Haustier."
Tobias: „Du hast das Tierlexikon *Die Tierwelt* nicht!"
Anna: „Das stimmt nicht, ich habe es zum Geburtstag bekommen."
Tobias: „Das kann doch nicht sein!"
Anna: „Tobias, ich werde doch noch wissen, ob ich das Lexikon habe oder nicht."

Tobias ist etwas verunsichert; er versucht jetzt, ein wenig anders zu fragen.

Tobias: „Emma, hast du das Tierlexikon *Die Tierwelt?*"
Emma: „Nein."
Tobias: „Dann hast du auch kein Haustier."
Emma: „Ja, das stimmt!"

Aha, geht doch, denkt sich Tobias und macht ermutigt weiter.

Tobias: „Paul, hast du das Tierlexikon *Die Tierwelt?*"
Paul: „Ja, ich habe es."
Tobias: „Dann hast du ein Haustier!"
Paul: „Falsch, ich habe kein Haustier."

Nun ist Tobias völlig verwirrt. Er geht zu seiner Klassenlehrerin und sagt ihr, dass das Ergebnis ihrer Befragung nicht stimmen kann. Da zeigt sie ihm die Antworten aller Schülerinnen und Schüler der 8a im Einzelnen, und Tobias staunt nicht schlecht: Lukas, Anna, Emma und Paul haben bei der Befragung dasselbe angegeben, was sie ihm in der Pause gesagt haben.

Klaus Weinrich, S. 12

Syllogismus

INFO

Das Wort Syllogismus kommt aus dem Altgriechischen und ist eine Zusammensetzung aus den beiden Wörtern *syn* (mit, zusammen) und *logos* (Wort, Satz). *Syllogistikè téchne* ist die Kunst des Schlüsseziehens. Eingeführt hat sie der griechische Philosoph Aristoteles (384 – 322 v. Chr.).
In der Logik wird von Wahrem auf Wahres geschlossen. Ausgangspunkt sind zwei Prämissen (Voraussetzungen), aus denen zusammen ein dritter Satz logisch zwingend folgt. Darum heißt der dritte Satz Konklusion (Folgerung).

Prämisse 1: Alle S sind P.
Prämisse 2: a ist ein S.
Konklusion: a ist ein P.

In dieses logische Schema muss für S ein Substantiv, für P ein Adjektiv und für a ein Name eingesetzt werden.

Hier ein Beispiel:

Prämisse 1: Alle Menschen sind sterblich.
Prämisse 2: Sokrates ist ein Mensch.
Konklusion: Sokrates ist sterblich.

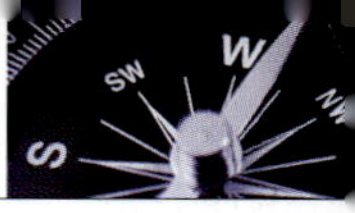

M2 Sudoku– mit der Wahrheit spielen

A	B	C	D	E	F	G	H	I	
			8				6	5	9
		1			7			3	8
	5			2		7	1	9	7
	2	3				5	8		6
	4				2	6	7		5
					4				4
	9				6	3			3
8			4					6	2
5					8		2		1

Regel: In jedem 9er-Feld dürfen die Zahlen 1 bis 9 nur ein einziges Mal vorkommen.
Das 9er-Feld oben rechts enthält die Zahlen 1, 3, 5, 6, 7 und 9.
Also müssen die noch freien Felder des 9er-Felds oben rechts mit den Zahlen 2, 4 und 8 belegt werden.

Regel: In jeder waagerechten und senkrechten Spalte dürfen die Zahlen 1 bis 9 nur ein einziges Mal vorkommen.
In Reihe 9 kommt die Zahl 8 vor.
In Reihe H kommt die Zahl 8 vor.
G9 und H8 dürfen nicht mit der Zahl 8 belegt werden.

Lösung: G8 muss mit 8 belegt werden.

INFO

Logischer Wahrheitsbegriff

Ob etwas wahr oder falsch ist, kann man nur dann beurteilen, wenn der Beurteilung ein Kriterium zugrunde liegt. Kriterien sind Bewertungs- oder Beurteilungsmaßstäbe.
Das Wahrheitskriterium der Logik ist **Konsistenz.** Das Wort Konsistenz kommt aus dem Lateinischen und setzt sich zusammen aus *com* (zusammen) und *sistere* (setzen). In der Logik meint Konsistenz: etwas so zusammensetzen, dass das Resultat zu keinem Widerspruch führt. Das Gegenteil von Konsistenz ist Inkonsistenz.

M3 Tautologien – einfach immer wahr

Es gibt Sätze, die immer wahr sind. Hier findest du eine Beispielliste von solchen Sätzen:

- Alle Autos sind Fahrzeuge.
- Junggesellen sind unverheiratete Männer.
- Einige Hunde sind Retriever.
- Kein Quadrat ist ein Kreis.
- Es gibt keine arbeitslosen Erwerbstätigen.
- Vampire sind untote Tote.

M4 Logisch schlecht geschlossen

Andy sagt: „Buben sind aggressiv. Die Spitzenspielerin der Mädchen-Volleyballmannschaft ist sehr aggressiv. Ich wette, dass sie eigentlich ein Bub ist."

Dolores sagt: „Jens ist geizig. Jeder weiß, dass die Schwaben geizig sind. Also ist Jens doch wohl ein Schwabe."

Edvin sagt: „Mein Onkel muss ein Cowboy sein, denn er lebt in Texas und in Texas leben Cowboys."

M3, M4 nach Matthew Lipman (1990), S. 16; S. 24

Aufgaben

1 Könnt ihr Tobias helfen? Untersucht das Ergebnis der Befragung. Diskutiert eure Ergebnisse in Kleingruppen. → M1

2 Untersuche die zwei folgenden Syllogismen. Warum ist nur der erste ein gültiger logischer Schluss? → M1

Jeder, der ein Haustier hat, hat ein Tierlexikon.
X hat ein Haustier.
Also hat X ein Tierlexikon.

Wer kein Tierlexikon hat, hat auch kein Haustier.
Y hat kein Tierlexikon.
Also hat Y kein Haustier.

3 Übertrage das Sudoku in dein Heft und löse es. Schreibe deine Lösungen in Form von Syllogismen auf. → M2

4 Finde weitere Tautologien und setze die angefangene Liste fort. → M3

5 Gibt es auch Sätze, die immer falsch sind? Wenn nein, warum nicht? → M3

6 Überprüfe die Konsistenz der Behauptungen. → M4

▶ Glossar: Logik, Modus ponens, Modus tollens

4 Widerspruch erwünscht – logische Negation

M1

Mutter zur Tochter:
„Immer widersprichst du mir!“

Tochter zur Mutter:
„Das ist überhaupt nicht wahr!“

nach Wolfgang Weimer, S. 158

M2 Verkehrte Welt

Dunkel war's, der Mond schien helle,
Als ein Auto blitzeschnelle
schneebedeckt die grüne Flur
Langsam um die Ecke fuhr.
Drinnen saßen stehend Leute,
Schweigend ins Gespräch vertieft.
Als ein totgeschossner Hase
Auf 'nem Sandberg Schlittschuh lief …

M3 Widerspruch gesucht

Welche Sätze stehen im Widerspruch zum jeweiligen Ausgangssatz?

Kinder lieben Pizza.

a) Kein Kind liebt Pizza.
b) Alle Kinder lieben Spaghetti.
c) Alle Kinder lieben Pizza.
d) Kinder lieben keine Pizza.

Ich bin satt.

a) Ich bin hungrig.
b) Ich bin nicht satt.
c) Nicht ich bin satt.
d) Ich bin müde.

Wo es Rauch gibt, gibt es Feuer.

a) Wo es Rauch gibt, gibt es auch Wasser.
b) Kein Rauch, kein Feuer.
c) Wo es Rauch gibt, gibt es Feuer; das ist aber nicht der Fall.

Einige Menschen sind Frauen.

a) Alle Frauen sind Menschen.
b) Einige Menschen sind Männer.
c) Einige Menschen sind keine Frauen.
d) Nur Frauen sind Menschen.

INFO

Widerspruch

In der Logik unterscheidet man zwei Arten von Widerspruch: **konträr** und **kontradiktorisch**. In beiden Fällen geht es um Sätze, die zueinander im Widerspruch stehen.

Ein **konträrer Widerspruch** liegt dann vor, wenn zwei Sätze nicht zusammen wahr, aber beide zusammen falsch sein können. Beispiel:
Das Auto ist weiß.
Das Auto ist schwarz.
Wenn ein Auto weiß ist, dann ist es nicht schwarz. Wenn ein Auto schwarz ist, dann ist es nicht weiß. Es kann aber auch sein, dass das Auto weder schwarz noch weiß ist, nämlich beispielsweise rot.

Ein **kontradiktorischer Widerspruch** besteht dann, wenn von der Wahrheit des einen Satzes auf die Falschheit des anderen geschlossen werden kann und umgekehrt von der Falschheit des einen auf die Wahrheit des anderen Satzes. Beispiel:
Ben und Jasmin sind miteinander verwandt.
Ben und Jasmin sind nicht miteinander verwandt.
Nur einer der Sätze ist wahr. Eine dritte Möglichkeit gibt es nicht.

M4 Immun gegen Widerspruch

Fanatische Weltanschauungen, seien es religiöse oder politische, brauchen nur drei Schritte, um sich gegen jede Kritik zu immunisieren:

1. *Eine bestimmte Weltanschauung lehrt, dass Menschen im Allgemeinen unmoralische Motive und Motivationen haben. Diese Motive sind aber den Menschen in der Regel nicht bewusst.*
2. *Sie entlarvt damit etwas, das unsere Zu- und Abneigungen bestimmt, ohne dass uns das normalerweise ohne diese Weltanschauung klar wäre.*
3. *Wer die Wahrheit dieser Weltanschauung in Frage stellt, kritisiert oder ablehnt, tut dies, weil sie ihm seine unbewussten, unangenehmen und unmoralischen Motive klarmacht.*

Es ist nicht möglich, einer solchen Weltanschauung zu widersprechen. Der Trick besteht darin, dass die Kritik bereits in der Weltanschauung eingebaut ist. Jeder Einwand wird aus der Sicht der Weltanschauung als Bestätigung des eigenen Standpunkts verstanden, das schaut dann so aus: *Wer mir widerspricht, tut das, weil er unmoralisch ist.* Wer will da noch widersprechen?

Ein Politiker: *Die Opposition versucht mit ihren Vorwürfen gegen unsere angebliche Korruptionsaffäre nur von ihrer eigenen Konzeptlosigkeit abzulenken.*

Ein Lehrer: *Mein Unterricht ist schon in Ordnung. Dass ihr euch über meinen Unterricht beschwert, ist klar: Ich fordere was von euch, und ihr seid zu faul zum Arbeiten.*

Der Demagoge: *Die herrschende Klasse bekämpft unsere Bewegung, weil sie um ihre Macht bangt und uns als ihren gefährlichsten Gegner erkannt hat.*

nach Wolfgang Weimer, S. 71–79

M5 These und Antithese

Nicht nur in Diskussionen werden unterschiedliche Meinungen, Ansichten oder Positionen vertreten, die einander ausschließen bzw. widersprechen:

„Ich bin der Auffassung,
dass der Kernenergie die Zukunft gehört."

„Die vom FC Bayern München sind die Besten."

„Meiner Meinung nach
hast du nicht genügend geübt."

„Ach, schon wieder ohne Hausaufgaben?!"

„Das ist ein faires Angebot!"

„Wetten, dass du mein Geheimnis nicht weißt!"

„Gehen wir jetzt etwas essen oder erst später?"

„So etwas tut man nicht!"

„Bist du nun meine beste Freundin oder nicht?"

„Bitte keine Werbung einwerfen."

„Das entscheidest nicht du!"

„Du sollst nicht töten."

Aufgaben

1. Hilf der Tochter mit einer weniger konfrontativen Antwort. ➜ M1
2. Verfasse eine weitere Strophe mit passenden Widersprüchen. ➜ M2
3. Die Übung ist knifflig! Darum berücksichtigt die Unterscheidung im Infokasten und diskutiert in Gruppen eure Ergebnisse. ➜ M3
4. Analysiere die Beispiele mithilfe des Syllogismus. Stelle dann den Immunisierungstrick in einem allgemeinen syllogistischen Schema dar. ➜ M4
5. Wie lauten zu den Thesen mögliche Antithesen? ➜ M5

▶ Glossar: Demagoge, Weltanschauung

5 Und was folgt daraus? – der praktische Syllogismus

M1 Bei Gericht

Isabelle Göntgen

M2 Vorausgesetzt, dass …

- Wieso sind Delfine so dumme Fische?
- Was geschieht, wenn eine unaufhaltsame Kraft auf einen unbewegbaren Körper stößt?
- Wenn du an den Rand des Universums kommst, kannst du dann deine Hand aus dem Universum hinausstrecken?
- Wann ist eine Gerade gekrümmt?
- Mein Vater liest schon seit langem immer wieder in der Zeitung, dass Rauchen Krebs verursacht, und sagt deswegen, dass er die Absicht hat, das Lesen aufzugeben.
- Wenn ich Wanda treffe, frage ich sie, was sie von Kevin denkt, und sie wird immer ganz verlegen, wenn ich sie das frage. Man, Wanda ist echt in mich verknallt.

nach Matthew Lipman (1990), S. 29; S. 38

INFO

Praktischer Syllogismus

Der praktische Syllogismus verdeutlicht diejenigen Voraussetzungen, die ein bestimmtes Handeln oder Unterlassen begründen sollen. Er beruht auf folgendem syllogistischen Schema:

Prämisse 1:	Allgemeine Norm: Gebot, Verbot oder Erlaubnis, etwas zu tun oder zu unterlassen.	Prämisse 1:	Verbot: Du sollst nicht stehlen.
Prämisse 2:	Konkreter Fall, der unter das Gebot, Verbot oder die Erlaubnis fällt.	Prämisse 2:	Produkte aus dem Supermarkt mitzunehmen, ohne sie zu bezahlen, ist Diebstahl.
Konklusion:	Daraus folgt eine Handlungsaufforderung oder Handlungsunterlassung.	Konklusion:	Es ist verboten, Produkte aus dem Supermarkt mitzunehmen, ohne sie zu bezahlen.

Die Logik des praktischen Syllogismus beruht auf der Subsumtion: Die logische Form zeigt auf, unter welche allgemeine Norm ein bestimmter Sachverhalt fällt. Darum ist die Prämisse 1 immer ein normativer Satz und die Prämisse 2 immer ein deskriptiver Satz.
Die Konklusion enthält den Schluss, ob die zu beurteilende Handlung geboten, verboten oder erlaubt ist.

M3 Mira, die beiden Buben und Frau Haiden

Langsam gingen die drei Mädchen in die Klasse zurück. Mira blieb stehen, um ihre Turnschuhe fester zu schnüren. Als sie schließlich zur Klasse kam, bewunderten die meisten Schüler die Tanzmäuse, die Mildred Wagner mitgebracht hatte. Gleich musste es läuten, doch zwei Schüler standen noch immer vor der Tür. Beide waren groß und stark. Sie wollten Mira ärgern und stellten sich ihr in den Weg. Vielleicht taten sie es, weil sie ein Mädchen war, dachte Mira, und noch dazu war sie Ausländerin. Aber sie ließ sich nicht so leicht ärgern und schubste die beiden beiseite. Genau in diesem Augenblick kam Frau Haiden, sah, was Mira tat, und wies sie aufs Schärfste zurecht. Mira sagte nichts. Dann tat sie etwas, was niemand von ihr erwartet hätte. Sie stieg auf den ersten Tisch in der vordersten Reihe und begann anmutig von einem Tisch zum anderen zu springen, bis sie auf diese Weise durch den ganzen Raum gehüpft war. Dann setzte sie sich schweigend auf ihren Platz.

nach Matthew Lipman (2009), S. 25

Isabelle Göntgen

M4 Die souveräne Leserin

Der englische Schriftsteller Alan Bennett hat eine Liebeserklärung an das Lesen von Büchern verfasst. In dieser Geschichte ist es ausgerechnet die Queen selbst, die von der Liebe zu Büchern ergriffen wird und mit ihrer neuen Leseleidenschaft große Irritationen bei Hofe hervorruft.

Dass man bei der Queen die Alzheimer'sche Krankheit vermutete, war an sich schon schlimm genug und rief das übliche menschliche Mitgefühl hervor, aber für Gerald und die anderen Diener gab es noch einen subtileren Grund, sie zu bemitleiden. Es schien ihm besonders traurig, dass gerade die Queen, die immer ein so abgehobenes Leben geführt hatte, nun wie so viele ihrer Untertanen diesem würdelosen Niedergang anheimfallen sollte. Er fand, eine solche Entwicklung verlange nach einer königlichen Rückzugsmöglichkeit, wo ihr Verhalten mit mehr Gelassenheit oder gar Sorglosigkeit betrachtet würde, bevor man ihm die gleichmacherische Bezeichnung einer allzu gewöhnlichen Krankheit, Alzheimer nämlich, anheftete. Man hätte einen Syllogismus daraus konstruieren können, wenn Gerald gewusst hätte, was ein Syllogismus war: Alzheimer ist gewöhnlich, die Queen ist nicht gewöhnlich, daher hat die Queen nicht Alzheimer. Hatte sie natürlich auch nicht, tatsächlich war ihr Verstand nie schärfer gewesen, und im Gegensatz zu ihrem Diener hätte sie mit Sicherheit gewusst, was ein Syllogismus ist.

Alan Bennett, S. 79

Aufgaben

1 Hilf dem Angeklagten aus der Patsche! Erweitere den Comic mit einer weiteren Bildsequenz, aus der deine Lösung hervorgeht. ➜ M1

2 Finde die versteckten, falschen und problematischen Voraussetzungen in den Fragen und Behauptungen. ➜ M2

3 Mira wurde von der Lehrerin, Frau Haiden, ungerecht behandelt. Notiere in Form eines praktischen Syllogismus, was für Mira aus der ungerechten Behandlung folgt. ➜ M3

4 Diese Aufgaben zu M4 sind schwierig, weil hier ein neuer Inhalt vorausgesetzt wird! Schaue deshalb auch im Glossar nach. Arbeite die folgenden drei Schritte ab:
a) Notiere ganz genau den Syllogismus in M4.
b) Bestimme die Unterschiede zwischen dem Syllogismus in M4 und dem praktischen Syllogismus.
c) Überprüfe die Konsistenz des Syllogismus in M4.

▶ Glossar: Alzheimer-Krankheit, deskriptiv, Lipman, Modus ponens, Modus tollens, normativ, Subsumtion

6 Stimmt das auch wirklich? – Wissen durch Erfahrung

M1 Wissen macht mächtig neugierig

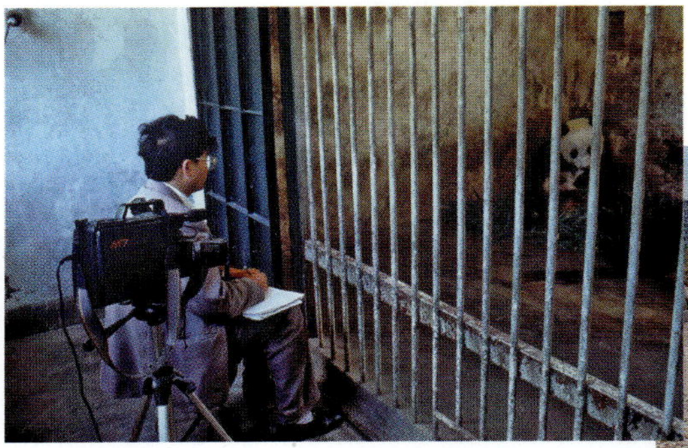

M2 Das Zeichen der Vier

Sherlock Holmes und Dr. Watson unterhalten sich darüber, wie wichtig die Kombinationsfähigkeit eines Detektivs ist, um Kriminalfälle zu lösen. Dr. Watson will den Londoner Meisterdetektiv auf eine Probe stellen:

„Sie haben einmal behauptet, es sei für einen Menschen schwierig, einen Gegenstand täglich in Gebrauch zu haben, ohne ihm den Stempel seiner Persönlichkeit aufzuprägen, so dass ein geübter Beobachter sie davon ablesen kann. Nun, ich habe hier eine Uhr, die kürzlich in meinen Besitz gekommen ist. Würden Sie die Freundlichkeit haben, mich über den Charakter oder die Gewohnheiten des Vorbesitzers aufzuklären?“

Ich reichte ihm die Uhr hinüber und freute mich diebisch dabei, denn nach meinem Dafürhalten war dieser Test eine Unmöglichkeit, und ich beabsichtigte, ihm wegen seines ziemlich dogmatischen Tones, den er zuweilen annahm, eine Lektion zu erteilen. Er wog die Uhr in seiner Hand, starrte auf das Zifferblatt, öffnete den hinteren Deckel und sah sich genau das Uhrwerk an, zunächst mit dem bloßen Auge und dann mit einem mächtigen Vergrößerungsglas. Als er den Uhrdeckel schließlich wieder zuschnappen ließ und mir die Uhr mit niedergeschlagenem Gesicht zurückreichte, konnte ich kaum ein Lächeln unterdrücken.

„Es gibt da so gut wie keine Anhaltspunkte“, bemerkte er. „Die Uhr ist kürzlich gereinigt worden, und damit raubt man mir alle Spuren, die ich hätte deuten können.“ „Sie haben recht“, antwortete ich. „Man hat sie reinigen lassen, ehe man sie mir schickte.“

Im Stillen fand ich, dass mein Freund sich mit einer äußerst lahmen und schwachen Entschuldigung aus der Affäre zu ziehen versuchte. Was für Anhaltspunkte konnte er von einer nicht gereinigten Uhr erhoffen?

„Wenngleich unbedeutend, so ist doch meine Untersuchung nicht ganz ohne Ergebnis geblieben“, bemerkte er, während er verträumt zur Decke hinaufstarrte. „Sie können mich korrigieren, aber ich möchte annehmen, dass die Uhr Ihrem älteren Bruder gehört hat, der sie von Ihrem Vater erbte.“ „Das schließen sie zweifellos aus dem H. W. auf der Rückseite des Deckels.“ „Ganz recht. Das W. lässt an Ihren Familiennamen denken. Das Datum der Herstellung der Uhr liegt nahezu fünfzig Jahre zurück, und die Initialen sind ebenso alt wie die Uhr. Also wurde sie für die vorige Generation angefertigt. Schmuck geht gewöhnlich an den ältesten Sohn über, und meist hat er den gleichen Vornamen wie der Vater. Ihr Vater ist, wenn ich mich recht erinnere, schon viele Jahre tot. Die Uhr ist daher im Besitz Ihres ältesten Bruders gewesen."

„Soweit richtig", sage ich. „Sonst noch irgendetwas?" „Es war wohl ein Mann, der keine Ordnung halten konnte – sehr unordentlich und unachtsam. Er hatte gute Aussichten, aber hat seine Chancen nicht genutzt, lebte zeitweise in Armut, gelegentlich ging es ihm auch wieder besser, fing schließlich zu trinken an und starb. Das ist alles, was ich daraus entnehmen kann."

„Wie kommen Sie um Himmels willen zu diesen Tatsachen? Sie stimmen absolut bis ins Detail." „Ah, da hatte ich Glück. Ich konnte nur sagen, was die Bilanz der Wahrscheinlichkeit war, und habe überhaupt nicht erwartet, dass ich es so genau träfe." „Es war also nur Raten auf gut Glück?" „Nein, nein, ich rate nie. Das ist eine grässliche Gewohnheit, destruktiv für das logische Denken. Wenn Ihnen hier etwas merkwürdig erscheint, so kommt das allein daher, weil Sie meinem Gedankengang nicht folgen oder die kleinen Dinge übersehen, von denen große Schlussfolgerungen abhängen. Zum Beispiel begann ich mit der Feststellung, dass Ihr Bruder unachtsam war. Wenn Sie sich den unteren Teil des Uhrgehäuses ansehen, bemerken Sie, dass es nicht nur an zwei Stellen eingebeult ist, sondern auch überall zerkratzt. Schuld ist die schlechte Gewohnheit, andere harte Gegenstände wie Münzen oder Schlüssel in derselben Tasche aufzubewahren. Gewiss ist das keine große Leistung, wenn man zu der Annahme kommt, dass ein Mann, der eine Fünfzig-Guinee-Uhr so barsch behandelt, ein unachtsamer Mensch sein muss. Auch die Schlussfolgerung ist nicht so weit hergeholt, dass jemand, der ein so wertvolles Stück erbt, auch sonst nicht schlecht gestellt sein muss."

Ich nickte, um zu zeigen, dass ich seiner Argumentation folgte. „In England ist es bei Pfandleihern allgemein üblich, wenn sie eine Uhr annehmen, dass sie mit einer Stecknadel die Nummer des Pfandscheins auf der Innenseite des Gehäusedeckels einkratzen. Es ist praktischer als ein Aufkleber oder Anhänger, da es hier nicht passieren kann, dass die Nummer verloren geht oder fälschlich an einen anderen Artikel gerät. Hier sind nicht weniger als vier Nummern unterm Vergrößerungsglas auf der Innenseite des Gehäusedeckels zu erkennen. Schlussfolgerung: Bei Ihrem Bruder war oft Ebbe in der Kasse. Zweite Schlussfolgerung: Gelegentlich ging es ihm besser, sonst hätte er den versetzten Gegenstand nicht auslösen können. Schließlich darf ich Sie bitten, sich einmal die Innenseite anzusehen, wo sich das Schlüsselloch befindet. Sehen Sie die tausend Kratzer rund um das Loch, wo der Schlüssel abgeglitten ist? Könnte ein nüchterner Mann mit dem Schlüssel solche Rillen und Kratzer verursachen? Aber nie werden Sie einen Trunkenbold ohne sie sehen. Er zieht sie des Nachts auf und hinterlässt diese Spuren seiner unsicheren Hand. Wo ist also hier irgendetwas Mysteriöses?"

nach Sir Arthur Conan Doyle, S. 12–15

Wissen durch Erfahrung

INFO

Empirische Wahrheiten (griech. *empeiria* „Erfahrung, Erfahrungswissen") werden durch Erfahrung (Beobachtung, Messung, Experiment) ermittelt. Erfahrungswissen wird in deskriptiven Aussagesätzen formuliert. Aussagesätze sind genau dann wahr, wenn zwei Bedingungen erfüllt sind:

1) Der Aussagesatz muss auf etwas in der Wirklichkeit Bezug nehmen (Referenz).

2) Der Aussagesatz muss über etwas eine Aussage machen (Bedeutung).

Beispiel: *Die Klasse 8a des Max-Planck-Gymnasiums hat 28 Schüler.*
Dieser Aussagesatz ist genau dann wahr, wenn es die Klasse 8a des Max-Planck-Gymnasiums wirklich gibt (Referenz) und die Anzahl der Schüler 28 beträgt (Bedeutung).

Aufgaben

1 Auf den Bildern werden Aktivitäten dargestellt, mit denen der Mensch Wissen erlangt. Benenne die jeweiligen Aktivitäten und bestimme, von welcher Art dieses Wissen ist. ➜ M1

2 Wie gelingt es Sherlock Holmes, vom Zustand der Uhr auf deren Besitzer zu schließen? Reicht dazu allein logisch korrektes Denken? ➜ M2

3 Kannst du weitere Aussagen über den Besitzer der Uhr machen? ➜ M2

▶ Glossar: destruktiv, dogmatisch

7 Nicht wirklich logisch – falsche Argumente erkennen

M1 Kleines Wörterbuch der Argumentationsfehler

Argumente ad hominem Hier gibt es zwei Varianten, eine positive und eine negative. Bei der positiven Variante wird die eigene Behauptung dadurch begründet, dies habe ein guter oder angesehener Mensch auch behauptet. Die negative Variante wird gerne dann angewendet, wenn die gegnerische Position geschwächt werden soll. Man verweist einfach darauf, dass ein böser Mensch dasselbe behauptet habe wie der Gegner.

Argumente ad misericordiam Dieses Pseudoargument macht sich folgenden Umstand zunutze: Im Allgemeinen empfinden Menschen Mitleid mit benachteiligten Menschen. Dies kann dazu führen, Ansichten und Behauptungen von benachteiligten Menschen weniger kritisch zu sehen. Appelle ans eigene Mitleid sind aber noch keine Argumente.

Wortrealismus Wortrealismus meint, es wird kein Unterschied zwischen Wort und Sache gemacht. Das kann zu folgendem Problem führen: Jeder weiß, wie die Worte „hoch" und „tief" in der Regel gebraucht werden, wenn wir beispielsweise Möbel vermessen. Man kann diesen Worten einen besonderen philosophischen Klang verleihen, indem man sie substantiviert und vom „Hohen an sich" oder vom „Tiefen an sich" spricht. Dadurch wird aber unklar, von welcher Sache hier die Rede ist, und diese Unklarheit lässt sich nutzen, um Argumentationslücken zu vertuschen.

Inopia verborum-Metaphorik Aufgrund eines Mangels an Worten (lat. *inopia verborum*) weichen wir auf sprachliche Bilder (Metaphern) aus. Das ist unvermeidlich, wenn wir etwas Unanschauliches, wie beispielsweise „Gott", „Tod" sprachlich anschaulich machen wollen. Metaphern sind aber keine Argumente: So ist die Metapher „Gott der Vater" noch kein Beweis dafür, dass es Gott gibt.

Leerformeln Die zwei wichtigsten Leerformeln lauten: Das Gute gutheißen. Das Böse verurteilen. Wer sich in einer Diskussion an diese zwei Regeln hält, erzeugt bei seinen Gesprächspartnern Einverständnis mit dem eigenen Standpunkt und schützt sich zugleich gegen Kritik. Denn nur Gutes zu wollen, darin sind sich alle einig, und jemand, der Böses und Schlechtes erkannt hat, ist nicht kritisierbar.

Modus volens Der modus volens ist ein falscher Syllogismus. Für einen korrekten Syllogismus benötigt man mindestens zwei Prämissen. Beim modus volens wird hingegen nur eine Prämisse angenommen, aus der dann völlig Beliebiges folgt. Das berühmteste Beispiel ist: „Ergo bibamus": Es ist alles so schrecklich, also lasst uns trinken! Es ist alles so wunderbar, also lasst uns trinken! Es ist langweilig, also lasst uns trinken! Usw.

Der Schluss vom Sein auf das Sollen Dieser Schluss wird „Naturalistischer Fehlschluss" genannt oder auch „Hume'sches Gesetz", weil der englische Philosoph David Hume (1711–1776) Folgendes erkannt hat: Aus Tatsachen allein lässt sich nichts Normatives logisch korrekt ableiten. Hier ein Beispiel: *Es regnet, also nimm den Schirm mit.* Allein aus der Tatsache, dass es regnet, folgt logisch nichts weiter. Genauso könnte man bei Regen auch zu Hause bleiben. Erst wenn man folgende normative Prämisse hinzunimmt, entsteht ein korrekter praktischer Syllogismus:
Bei Regen sollte man einen Schirm mitnehmen.
Es regnet.
Also: Man sollte einen Schirm mitnehmen.

Der Schluss von der Wirkung auf die Ursache Von der Wirkung auf die Ursache zu schließen ist etwas äußerst Unsicheres. Generationen von Schülern haben das an diesem Beispiel gelernt – ein echter Klassiker:
Wenn es regnet, ist die Straße nass.
Die Straße ist nass.
Also folgt daraus, dass es geregnet hat.
Das ist leider so nicht richtig. Dass die Straße nass ist, kann ganz unterschiedliche Ursachen haben wie beispielsweise ein Sprengwagen der Straßenreinigung oder ein Wasserrohrbruch. Korrekt ist allein der Schluss von der Ursache auf die Wirkung:
Wenn es regnet, ist die Straße nass.
Es regnet.
Also folgt daraus, dass die Straße nass ist.

nach Alfred K. Treml, S. 22ff

M2 Besser mal nachfragen

Seit Galileo Galilei ist doch klar, dass sich die Erde um die Sonne dreht und nicht umgekehrt.

Es ist eine wissenschaftliche Tatsache, dass unsere Erinnerungen selten der Wahrheit entsprechen. Darum sollte man der Erinnerung niemals trauen.

Es gibt keine moralische Rechtfertigung dafür, Leid unberücksichtigt sein zu lassen.

Das Leben hat einen Sinn.

Scheiße sagt man nicht!

Ein buddhistischer Mönch antwortete auf die Frage *Was ist der Tod?* auf folgende Weise: „Seele und Körper eines Menschen verhalten sich zueinander wie Tee und Teeschale. Zerbrich die Teeschale! Du siehst, es bleibt der Tee."

Der Yedi-Meister Yoda aus dem Film *Star Wars* rät: „Tu es oder tu es nicht, es gibt kein Versuchen."

Es macht keinen Sinn, gegenüber Geld negativ eingestellt zu sein. Denn jeder weiß doch, wie viel Gutes damit erreicht werden kann.

Freude an sich ist immer etwas Wertvolles.

Lehrerin: Schüler – egal ob leistungsstark oder schwach – sind am besten dadurch zu motivieren, dass man sie immer lobt.

Ich bin für mehr Toleranz und gegen Streit und Aggression.

Es ist besser, reich und gesund zu sein als arm und krank.

Wenn der Zweck wirklich absolut gut ist, dann ist jedes Mittel, das diesen Zweck verwirklicht, ebenfalls gut. Kurz: Der Zweck heiligt die Mittel.

Aufgaben

1 Finde zu jedem Argumentationsfehler ein eigenes Beispiel. → M1

2 Analysiere mithilfe des *Kleinen Wörterbuchs der Argumentationsfehler* die Äußerungen in M2.

8 Modell einer ethischen Entscheidungsfindung

Die Logik des Misslingens

Menschen lernen nur sehr ungern aus Fehlern, vor allem aus eigenen. Der Bamberger Psychologie-Professor Dietrich Dörner kennt sich mit typischen Denkfallen aus – und hat analysiert, wie wir angesichts komplexer Situationen dennoch das Richtige tun können.

●

Herr Professor Dörner, Sie beschäftigen sich seit vielen Jahren wissenschaftlich mit Entscheidungen in komplexen Situationen. Färbt das eigentlich ab? Sind Sie dadurch selbst ein besserer Entscheider geworden?

Ich denke schon. Ich urteile zwar nicht weniger intuitiv, aber ich achte stärker auf die langfristigen Auswirkungen meiner Entscheidungen. Ich lasse mich auch weniger ablenken und entscheide nicht mehr so impulsiv. Insofern bin ich rationaler geworden.

●

Sie haben Computermodelle entwickelt, mit deren Hilfe Menschen ihr Entscheidungsverhalten gleichsam im Zeitraffer üben und verbessern können. In den Simulationen geht es um komplexe Situationen, wie etwa im „Moroland". Die Teilnehmer sollen als Entwicklungshelfer das Überleben des Volksstammes der Moro sichern, der am Rande der Sahara von Rinderzucht und Ackerbau lebt. Sie haben beschrieben, wie es selbst ein Volkswirt und ein Physiker in kürzester Zeit fertigbrachten, das Volk in eine Hungerkatastrophe zu führen. Was war passiert?

Wie viele Testpersonen auch, waren die beiden ganz ergriffen von ihrer humanitären Aufgabe, den Moro zu einem besseren Leben zu verhelfen. Das Gutmenschentum brachte dann einen Aktionismus hervor, der direkt in die Katastrophe führte. Der entscheidende Fehler war, dass Fern- und Nebenwirkungen der Entscheidungen nicht berücksichtigt wurden. Die Teilnehmer hatten nur die unmittelbaren Wirkungen im Blick. Viele ließen erst einmal zahlreiche Brunnen bauen, um die Wasserversorgung zu verbessern und mehr Getreide anzubauen. Kurzfristig gelang das auch. Mittelfristig aber sank dadurch der Grundwasserspiegel irreversibel, weil in einer Wüstenregion natürlich nicht viel Grundwasser nachgebildet wird. Es lag also eigentlich auf der Hand, dass eine Wassernot entstehen musste – mit den entsprechenden Folgen.

●

Mit der Simulation „Lohnhausen" haben Sie das Entscheidungsverhalten Einzelner getestet. Dabei mussten sich die Probanden um das Wohl und Wehe einer Kleinstadt kümmern. Warum ruinierten die meisten Testbürgermeister die Stadt?

Sie scheiterten an der Komplexität der Probleme. Sie suchten sich Aufgaben, die ihnen von der Vorbildung her vertraut waren, die ihnen besonders am Herzen lagen oder die besonders augenfällig waren. Viele haben zunächst voll auf den Fremdenverkehr gesetzt, um einen Strukturwandel zu erzwingen. Das lief anfangs ganz gut. Aber Lohnhausen ist eben nicht die französische Riviera. Als sich längst Schwierigkeiten abzeichneten, machten die meisten munter weiter, forcierten das vermeintliche Erfolgskonzept sogar noch, um die Wende zum Besseren zu erzwingen. In der Psychologie nennt man das den „Effekt der versunkenen Kosten": Man hält an falschen Entscheidungen fest, weil man schon so viel investiert hat und die Investitionen nicht verlieren möchte.

●

Das hat dann geradewegs in den Ruin geführt?

Ja. Vor allem, weil alles Übrige liegen blieb, die Gesamtsituation aus dem Blick geriet und die Probleme immer drängender wurden. Hinzu kam das sogenannte Reparaturdienstverhalten: Die Teilnehmer reagierten nur noch auf die augenblicklichen Missstände, sie wurden zu Getriebenen der Situation und verloren den Gesamtzusammenhang aus den Augen.

●

Haben Sie Unterschiede zwischen den guten und den schlechten Entscheidern feststellen können?

Hinsichtlich der Intelligenz und der Kreativität gab es keine. Wichtig für einen erfolgreichen Testbürgermeister waren die Flexibilität bei der Bewertung von Informationen und die Fähigkeit, die eigene Handlungskompetenz adäquat einzuschätzen.

•

Seit einiger Zeit wird betont, wie wichtig Intuition und Bauchgefühl für gute Entscheidungen sind. Können Sie das durch Ihre Forschung bestätigen?

Keineswegs. Gerade wenn man sich nicht gut in einer Situation auskennt, kann es eine böse Falle sein, nur auf die Intuition zu vertrauen. Denn Intuition ist ihrem Wesen nach konservativ, sie stützt sich auf Erfahrungen der Vergangenheit. Hat die Realität sich inzwischen verändert, entscheide ich intuitiv falsch. Dann ist die richtige Entscheidung von gestern die falsche von heute. Darüber redet aber niemand. Wenn etwas gelingt, heißt es: „Das habe ich aus dem Bauch entschieden." Wenn es danebengeht, schiebt man es eher nicht auf den Bauch, denn das wäre das Eingeständnis eines individuellen Fehlers.

•

Und wenn man sich gut auskennt?

Auch dann sollte man ein Misstrauen gegenüber der eigenen Intuition haben – und versuchen, sie ans Licht zu heben und quasi zu Wissen zu verdichten. Wenn es sehr schnell gehen muss, kann man gar nicht anders, als sich allein auf die Intuition zu verlassen. Aber wenn noch ein wenig Zeit bleibt, ist es besser, besonnen zu agieren. Bei einem Tunnelbrand etwa würde man intuitiv zum näher gelegenen Ende rennen. Wenn in die Richtung aber der Wind bläst, können uns Feuer und Rauch rasch einholen. Da erhöht es die Überlebenschancen, kurz innezuhalten und zu der Überzeugung zu kommen, dass es besser ist, gegen den Wind zu laufen, selbst wenn der Ausgang weiter entfernt ist.

•

Was ist Ihre Lehre aus all den Unwägbarkeiten von Entscheidungen?

Die Grundregel lautet: Keine Entscheidungsregel ist in komplexen Situationen immer gültig. Man sollte so handeln, als sei jede Situation neu und noch nie da gewesen. Wenn sie sich als ein Problem bekannten Typs entpuppt – umso besser, denn dann liegt die Lösung auf der Hand. Und: Wann immer Sie genügend Zeit haben, noch einmal genau überlegen. Genau das aber widerstrebt den meisten Menschen. Es ist ja auch bequem, möglichst vieles nach festen Regeln abarbeiten zu können, so wie bei standardisierten Alltagsentscheidungen, also etwa der Frage, was man sich morgens aufs Brot schmiert. Wichtiger als alle Regeln ist es, den Geist geschmeidig zu erhalten, um sich den jeweiligen Situationen anpassen zu können. Das Nachdenken über das eigene Denken hilft dabei ungemein.

nach Claus Peter Simon, S. 53–56

Aufgabe

Forme die „Logik des Misslingens" in eine „Logik der gelingenden Entscheidung" um. Gehe dabei in folgender Weise vor:

1. Bildet zu den zwei Simulationen (Moroland, Lohnhausen) jeweils eine Gruppe.
2. Arbeitet in Gruppen die im Interview genannten Desorientierungen heraus und formuliert dazu passende Orientierungen.

Folgende Stichworte sollen euch bei der Formulierung der Orientierung helfen:

- Problemfeststellung: Was ist das Problem?
- Situationsanalyse: In welcher Situation muss entschieden werden?
- Entscheidungsalternativen: Welche Entscheidungsoptionen, welche Handlungsoptionen gibt es?
- Normenprüfung: Welche Normen, also Gebote, Verbote, Erlaubnisse, Empfehlungen, sind bei der Entscheidung zu berücksichtigen?
- Angemessenheitskontrolle: Welche Reichweite, Fern- und Nebenwirkungen hat die Entscheidung?

▶ Glossar: Dörner

9 Mit den Eltern in den Urlaub – was spricht dafür, was spricht dagegen?

M1 Nicht mit meinem Sohn

Soll der 15-Jährige noch mit in die Familienferien? Für Ulrike Artz und ihren Sohn Lukas ist die Antwort völlig klar: Auf gar keinen Fall!

Lieber Lukas,
gelber Sand, ein Pinienwald, dahinter kleine Bungalows. Sieht hübsch aus, die Ferienanlage. Zumindest im Internet. Vielleicht buche ich da was – für deinen Vater, deinen Bruder und mich.
Dich nehmen wir diesmal nicht mit. Das haben wir letztes Jahr in dem Urlaub beschlossen, den du uns so vermiest hast. Klar, ich wusste schon damals, dass du lieber zwei Wochen sturmfrei gehabt hättest (als ob wir dir das mit 14 erlaubt hätten!).
Dennoch war ich sicher, einen Ferienort gefunden zu haben, der uns allen zusagt – auch dir. Aber dann war es eher ein Griff ins Klo – um mal deine Ausdrucksweise zu zitieren.
Dein Vater und ich hatten uns sehr auf den Urlaub gefreut – endlich ausspannen, Zeit haben für dich und deinen Bruder.
Doch Familie war offensichtlich genau das, was du nicht wolltest. Bereits auf der Fahrt steckten die iPod-Stöpsel in deinen Ohren und für den Rest des Urlaubs blieben sie drin. Wir waren für dich unsichtbar, unhörbar sowieso.
Ausgenommen, du wolltest dich beschweren. Und das wolltest du oft: Viel zu heiß, viel zu viele Mücken, viel zu wenig Fernsehprogramme. Die Matratze zu weich, das Bett zu kurz, die Brötchen zu hart, der Pool zu weit weg, der Strand zu voll.
Auch dein Vater und ich hatten ausreichend Grund, uns mit dir und wegen dir in die Wolle zu kriegen: Du hast es zum Beispiel geschafft, zwei Wochen lang deinen Koffer nicht auszupacken, dein Zimmer war das reinste Chaos. Du hast deinen Bruder schwer enttäuscht, weil du kaum mit ihm gespielt hast. Und du hast uns jeden geplanten Ausflug – und das waren wenige! – madig gemacht: „Kein Bock", „Wie blöd ist das denn!", „Stinklangweilig!"
Wenn du dann endlich aufgestanden bist von Bett oder Liegestuhl, ging alles provozierend langsam. Dein Vater und ich waren auf 180, bevor wir die Wohnung verließen.
Die größte Zumutung für dich: der zehnminütige Fußweg in das romantische Städtchen, in das wir abends gerne spazierten.
Du (genervt): „Ist mir viel zu weit, ich bleib heute hier!"
Ich (wirklich sehr enttäuscht): „Aber wir wollen doch gemeinsam essen gehen."
Dein Bruder (weinerlich): „Wenn der Lukas nicht geht, bleib ich auch hier."
Dein Vater (sauer): „Verdammt noch mal, was soll das jetzt?"
Dann Widerworte – Bitten – Widerworte – Streit – Tränen (meine).
Ich zitiere wieder dich und sage: „Wie blöd ist das denn?!"
Auf diese Nerverei habe ich keinen Bock mehr. Nur eines würde mich interessieren:
Wirst du uns vermissen?

M2 Nicht mit meiner Familie

Lukas argumentiert für seinen Standpunkt folgendermaßen:

Hallo Mama,
ich habe keine Ahnung, ob ich euch vermissen werde. Vermutlich nicht.
Verdammt noch mal, ihr wart doch auch mal jung! Ihr müsst euch doch noch erinnern, wie das damals war: dass man lieber mit seinen Freunden zusammen ist als mit den Eltern und dem kleinen Bruder.
Ganz abgesehen davon, dass die Freunde nicht meckern, wenn ich mal nicht aufräume. Mich nicht um elf ins Bett schicken. Und mich nicht zu Ausflügen zwingen, auf die ich überhaupt keine Lust habe.
Was habt ihr eigentlich erwartet letzten Sommer? Dass ich „Juchuu" schreie, wenn ihr eine Touri-Bootsfahrt bucht? Dass ich mich für alte Kirchen begeistere oder für irgendwelche Dörfer? Dass ich Abend für Abend in den Ort gehe und die Geschäftsauslagen bewundere?
Tut mir leid, aber so gut heucheln kann ich nicht.
Wer weiß, vielleicht finde ich es ja irgendwann mal wieder ganz nett, für ein paar Tage mit euch zu verreisen. Aber das wird noch dauern.

M1, M2 nach Ulrike Artz, S. 63

Aufgaben

Die Aufgaben 1 bis 4 stellen einen Weg dar, den Konflikt zu analysieren, positiv zu kritisieren und aufzulösen. ➜ M1, M2

1 Fertigt für jeden Beteiligten eine Rollenkarte an, also nicht nur für die Mutter und Lukas, sondern auch für den Vater und Lukas' kleinen Bruder. Schreibt auf die Rollenkarte in Stichworten alle Informationen zu den Personen.

*– **2** Führt ein Rollenspiel durch, bei dem jedes Familienmitglied seine Meinung dazu äußert, ob Lukas in den Familienurlaub mitgenommen werden soll. Beurteilt im Anschluss, wie erfolgreich der Meinungsaustausch verlief.

3 Klärt die Voraussetzungen der Meinungen, indem ihr zu jedem Familienmitglied eine Erwartungskarte verfasst. Hier ein Beispiel:
Lukas erwartet, dass er im Urlaub nicht um elf Uhr schlafen gehen muss.
Analysiert, warum unter diesen Erwartungen Konflikte in der Familie vorprogrammiert sind.

4 Welche praktischen Syllogismen verstecken sich im Text? Hier ein Tipp:
Eltern ist es nicht erlaubt, ihre 14-jährigen Kinder zwei Wochen lang unbeaufsichtigt zu lassen.
Der 15-jährige Lukas möchte zwei Wochen ohne elterliche Aufsicht sein.
Also muss es Lukas verboten werden, zwei Wochen ohne elterliche Aufsicht zu sein.
Folgt aber daraus, dass Lukas (nicht) in den Urlaub mitgenommen werden muss?
Findet weitere Syllogismen und analysiert sie unter dieser Fragestellung. Überprüft auch die Prämissen.

5 Überlegt zur getroffenen Entscheidung der Mutter Alternativen. Seid Konfliktberater und formuliert eure Ergebnisse in Form eines Briefs an die Familie.

* schriftlich

10 Atomkraft zwischen *Ja bitte* und *Nein danke*

„Das finde ich hinterhältig!"

Vor 25 Jahren erschütterte der Super-GAU von Tschernobyl, im Früjahr 2011 die Katastrophe von Fukushima die Welt. Dennoch erlebt die Atomkraft eine globale Renaissance.

„Zu Recht", findet der Doktorand Lars Holt. Er wuchs neben dem Atomkraftwerk Emsland in Lingen auf. Lars hat Maschinenbau mit Schwerpunkt Energietechnik studiert und Praktika bei E.on Kernkraft und RWE Power absolviert. Derzeit verfasst er seine Doktorarbeit über Brennelemente. Der 25-Jährige ist in der Jungen Union und der Jungen Generation der Kerntechnischen Gesellschaft aktiv.

„Abschalten!", fordert die angehende Umweltingenieurin Elisabeth Schneider, die als Greenpeace-Aktivistin an spektakulären Aktionen gegen Atomkraft teilgenommen hat: Im November 2009 enterte sie in der Ostsee einen Frachter, der Bauteile für einen finnischen Kraftwerksneubau geladen hatte. Beim letzten Castor-Transport blockierte ein umgebauter Bierlaster eine Kreuzung, mit dabei Elisabeth. Für Stunden kam die Atommüllfuhre nicht voran. Die 22-Jährige studiert Umweltingenieurwesen.

Interviewer: Lars, Sie befürworten den Bau neuer Atomkraftwerke – wollen Sie die Energiewende überhaupt?

Lars: Ich bin für einen breiten Energiemix. Die Frage ist doch, wie lange wir die Kernenergie als Brückentechnologie noch brauchen. Solange wir keinen Stromspeicher haben, muss irgendwo Grundlast vorhanden sein. Wenn es nicht die Kohle sein soll, dann eben Kernkraftwerke.

Elisabeth: Aber Atomkraftwerke eignen sich schlecht als Grundlast-Träger. Sie können nicht je nach Wind oder Sonneneinstrahlung beliebig rauf- und runtergefahren werden.

Lars: Natürlich können sie das, und zwar wesentlich schneller als Gaskraftwerke. Von 40 bis 100 Prozent.

Elisabeth: Aber das ist total unökonomisch, und deswegen wird das auch nicht praktiziert.

Lars: Wie stellst du dir die Energieversorgung vor? Kohlekraftwerke sind nicht klimaneutral. Die Kernenergie ist dir zu gefährlich. Strom aus Gaskraftwerken ist teuer, und wir machen uns beim Gas von Russland abhängig. Wo ist die Alternative? Die sehe ich in deiner Argumentation nicht.

Elisabeth: Es wird 2050 möglich, dass erneuerbare Energiequellen den Strombedarf zu 100 Prozent decken. Greenpeace hat den „Plan B" entworfen, wo alles ausgearbeitet ist. Bis 2015 können die Atomkraftwerke abgeschaltet werden, und bis 2020 kann ein Erneuerbare-Energien-Anteil von 37 Prozent erreicht werden. Dafür brauchen wir bessere Stromnetze, die den Öko-Strom transportieren können. Und wir müssen Speichermöglichkeiten schaffen.

●

Gegen Pumpspeicherwerke gibt es allerdings auch Widerstand ...

Lars: ... ja, hier ist man gegen alles. Das ist das Problem an Deutschland. Hier wehrt man sich auch gegen Offshore-Windparks und Hochspannungsleitungen.

Elisabeth: Klar, es gibt Proteste. Viele Leute wollen zum Beispiel keine Stromtrasse in ihrem Dorf haben. Da muss man Kompromisse finden. Es gibt aber auch ganz andere Möglichkeiten. Smart Grids zum Beispiel, intelligente Stromnetze. Aber da wird nicht genügend investiert. Seit der Laufzeitverlängerung sind Investitionen nicht mehr so notwendig, weil die Konzerne mit den Atomkraftwer-

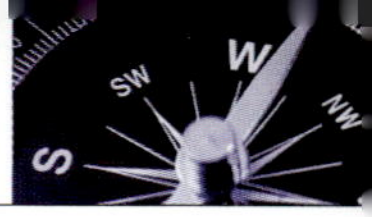

ken mehr verdienen können. Dazukommen muss natürlich noch Energieeffizienz, Energiesparen und eine Brückentechnologie aus dezentraler Kraftwärmekoppelung und regelbaren Gaskraftwerken. Die Frage ist doch, warum wir nicht jetzt alles in die Erforschung der Erneuerbaren stecken, anstatt 50 Jahre damit zu warten.

Lars: Tun wir doch. Die Wind- und Sonnenenergie wird durch das Erneuerbare-Energien-Gesetz gefördert. Im letzten Jahr haben wir 13 Milliarden Euro an Subventionen dafür ausgegeben. Jeder, der eine Photovoltaikanlage auf dem Dach hat, bekommt eine Vergütung. Das ist Planwirtschaft wie im Kommunismus. Weltweit lässt sich die Renaissance der Kernkraft nicht mehr aufhalten. China baut momentan 27 Kernkraftwerke! Eigentlich setzt jede Industrienation auf Kernenergie, schon aus Klimaschutzgründen. Nur Deutschland ist Geisterfahrer.

Elisabeth: Klar, so ein Atomkraftwerk produziert weniger CO_2 als ein Kohlekraftwerk. Doch soll man dafür die Risiken in Kauf nehmen? Und den Atommüll? In diesem Fall überzeugt mich das Argument Klimaschutz nicht.

Lars: Wenn es heute eine Kernschmelze gäbe, würde die Radioaktivität gar nicht nach außen dringen. Die neuen Kernkraftwerke haben den Core-Catcher, ein Auffangbecken für die Kernschmelze. Das begrenzt den Schaden auf die Anlage. Daher gibt's gar kein Risiko mehr für die Bevölkerung.

Muss man ein Atomkraftwerk von innen gesehen haben, um die Technik glaubwürdig kritisieren zu dürfen?

Lars: Nicht unbedingt, aber es ist schon so: Wer ein Kernkraftwerk besichtigt, kriegt mit, wie sicher es dort ist. Mein Nachbar ist Schichtleiter. Der lebt mit seiner Familie acht Kilometer vom Kernkraftwerk entfernt. Würde er das machen, wenn es gefährlich wäre?

Elisabeth: Dass die Mitarbeiter der Technik vertrauen, mag sein, das ist doch kein Argument! Fakt ist, dass Uran, der Brennstoff für Atomkraftwerke, in einigen Jahrzehnten aufgebraucht ist. Und dass er in Niger unter katastrophalen Bedingungen abgebaut wird.

Lars: Wenn die Uranvorräte tatsächlich bald zur Neige gingen, warum baut dann China massiv die Kernenergie aus? Außerdem wurden inzwischen Techniken entwickelt, mit denen sich Uran aus Meerwasser gewinnen lässt. Und dann gibt es noch die Wiederaufbereitungsanlagen. Klar, Uranminen sind ein sensibles Thema.

Elisabeth: Auch ist die Endlagerfrage völlig ungeklärt.

Lars: Gorleben hat sich noch nicht als ungeeignet herausgestellt. Ich hab's angesehen.

Und wie sieht es da aus?

Lars: Der Salzstock ist noch jungfräulich, im Gegensatz zur Asse, die tatsächlich der Salzgewinnung gedient hat. Zurzeit ist Gorleben ein Erkundungsbergwerk, kein Endlager. Da gibt es verschiedene Strecken, wo die Gesteinsformationen untersucht werden. Damit wären wir zehn Jahre weiter, wenn es kein Moratorium gegeben hätte.

Elisabeth: Was zehn Jahre weiter? Dass es jetzt durchgesetzt wäre?

Lars: Nein, aber wir wüssten jetzt, ob der Salzstock geeignet ist. Erst setzen die Gegner der Kernenergie durch, dass die Erkundung zehn Jahre unterbrochen wird, und dann sagen sie, wir haben aber kein Endlager – das finde ich hinterhältig.

Elisabeth: Endlager müssen natürlich gesucht werden, auch in Deutschland. Aber nicht unter politischen, sondern unter wissenschaftlichen Gesichtspunkten. Solange das nicht geklärt ist, darf es auch keine Laufzeitverlängerung geben.

Elisabeth, Lars, wir danken Ihnen für dieses Gespräch.

nach Rafaela von Bredow, S. 8–13

Aufgaben

1. Erstelle eine Liste mit allen Themen, die im Interview angeschnitten werden, und gliedere dann den Text mithilfe von Zwischenüberschriften.
2. Recherchiere alle Begriffe, die dir unbekannt sind. Erläutere insbesondere den Unterschied zwischen GAU und Super-GAU.
3. Verdeutliche die Perspektive von Lars Holt und Elisabeth Schneider, indem du für jede Perspektive ein eigenes Entscheidungsmodell entwickelst.
4. Überprüfe die Konsistenz der Argumente. Verwende dazu auch das Syllogismusschema.
5. Beurteile, an welchen Stellen im Interview argumentiert, an welchen eher manipuliert wird.

Grundwissen

Was wir wissen

Argumentieren ist eine Handlung, die nicht von selbst gelingt
Wer mit Argumenten überzeugen will, setzt eine ganze Reihe von Bedingungen voraus. Damit Argumentieren gelingt, müssen bestimmte Mindestanforderungen erfüllt sein:

Argumentieren ist eine Form des Denkens
Wir stellen an uns selbst und an andere den Anspruch, dass vertretene Meinungen, Ansichten und Behauptungen für alle gedanklich nachvollziehbar sind, d.h. Argumentieren ist eine gedankliche Tätigkeit. Der bloße Appell an Gefühle – auch wenn dahinter gute Absichten stecken – manipuliert und lässt keinen Raum für Argumente. (vgl. S. 10-13)

Argumentieren beinhaltet die Pflicht zur Begründung
Für alle Meinungen, Ansichten und Behauptungen gilt, dass sie entweder begründbar oder widerlegbar sein müssen. Das werden sie durch das Anführen von Gründen und Gegengründen. Wer überhaupt keine Gründe anführt, vertritt seine Meinung nur dogmatisch. Er hat kein Interesse daran, die eigenen Ansichten der Überzeugungskraft von Gegenargumenten auszusetzen. (vgl. S. 14-16)

Argumentieren muss den Regeln der Logik folgen
Argumentieren ist nicht einfach nur diskutieren. Diskussionen sind oft bloßer Meinungsaustausch. Argumentieren hingegen heißt: jede Begründung oder Widerlegung daraufhin zu prüfen, ob das, was behauptet wird, auch wirklich aus den angegebenen Gründen folgt. Die Behauptung soll sich als eine wahre Konklusion (Schlussfolgerung) aus wahren Prämissen (Aussagen) beweisen lassen. Weil man für das Argumentieren auf logische Regeln angewiesen ist, muss jedes Argument der Form des syllogistischen Schemas (vgl. S. 14) entsprechen. Wer also unlogisch wird, argumentiert nicht. (vgl. S. 14f)

Man kann nicht argumentieren, ohne etwas zu wissen
Wahre Voraussetzungen (Prämissen) sind Bedingung für wahre Schlussfolgerungen. Wie aber kommen wir zu wahren Prämissen? Wären wir allein auf die Regeln der Logik angewiesen, kämen wir nicht über Logikspiele wie Sudoku oder Schach hinaus, denn Logik ist eine *Form* des Denkens *ohne Inhalt*. Sie macht keine inhaltlichen Aussagen über die Welt und unser Leben. Damit das formal korrekte Argumentieren einen inhaltlichen Bezug zu unserem Leben bekommt und so *ethisches* Argumentieren möglich wird, müssen wir unsere Lebenserfahrungen und unser Wissen von der Welt in die Menge der Prämissen aufnehmen. Einen besonders hohen Stellenwert haben dabei die Wissenschaften: Sie überprüfen die Wahrheit (S. 19) von Aussagen bzw. das durch Erfahrung gewonnene Wissen durch Beobachtungen, Messungen und Experimente. (vgl. S. 20f)

Ethisches Argumentieren ist keine Alltagskommunikation
Ethische Argumentation wird vor allem in den Fällen nötig, wo unsere Alltagsintuitionen – der sogenannte gesunde Menschenverstand – und übliche Beurteilungen nicht mehr ausreichen.
Das tritt immer dann ein, wenn durch technische und wissenschaftliche Neuerungen neue oder bisher unbekannte Handlungsmöglichkeiten (Präimplantationsdiagnostik (PID), Genprodukte ...) entstehen. In all diesen Fällen muss genau geprüft werden, ob es aus ethischen Gründen geboten oder verboten ist, sich für oder gegen diese Möglichkeiten zu entscheiden. Weil Entscheidungen dieser Art ausgesprochen kompliziert sind, werden sie im Rahmen eines Modells reflektiert, um möglichst alle wichtigen Aspekte berücksichtigen zu können. (vgl. S. 24-25)

Was wir können

1. Welche der folgenden Sätze sind Tautologien?

   a) Alle Menschen brauchen Luft zum Atmen.
   b) Wer A sagt, muss auch B sagen.
   c) Messer sind scharf.
   d) Wenn A, dann A.

Lösung:
1 d)

2. Stelle die folgende Argumentation als praktischen Syllogismus dar. Welche der beiden Prämissen widerspricht unserer üblichen Auffassung?

   Zwischen dem Töten von Tieren und dem Töten von Menschen besteht kein natürlicher Unterschied. Töten ist Töten. Wenn das Jagen und Schlachten von Tieren erlaubt ist, dann ist auch das Jagen und Schlachten von Menschen erlaubt.

Lösung:
Prämisse 1: Es ist erlaubt, Tiere zu töten.
Prämisse 2: Das Töten von Tieren und das Töten von Menschen ist dasselbe.
Konklusion: Es ist erlaubt, sowohl Tiere als auch Menschen zu töten.

In der Regel stimmen wir der Prämisse 2 nicht zu: Das Töten von Tieren ist nicht dasselbe wie das Töten von Menschen. Für Prämisse 2 müsste eigens argumentiert werden. Eine solche Begründung fehlt hier aber. Die Überzeugungskraft des Textes beruht auf der Tautologie *Töten ist Töten*. Tautologien sind zwar immer wahr, aber aus der tautologischen Wahrheit folgt nicht die Erlaubnis zu töten.

3. Welche der drei Argumentationsformen sind logisch korrekt?

   a) Modus ponens
   b) Modus tollens
   c) Modus volens

Lösung:
a) und b)

4. Welcher Argumentationsfehler liegt hier jeweils vor? Schlage gegebenenfalls im *Kleinen Wörterbuch der Argumentationsfehler* auf S. 22 nach.

   a) Wenn die Sonne scheint, gehe ich zum Baden. Ich war beim Baden. Also schien auch die Sonne.
   b) Statistiken zeigen, dass heutzutage Jugendliche im Alter zwischen 14 und 16 Jahren ihre ersten sexuellen Erfahrungen machen. Ich gehöre zu dieser Altersgruppe. Also muss auch ich sexuelle Erfahrungen machen.
   c) Wer moralischen Menschen widerspricht, ist selbst unmoralisch.
   d) Ich will doch nur dein Bestes! Also tu das, was ich dir sage!

Lösung:
a) Falscher Schluss von der Wirkung auf die Ursache.
b) Naturalistischer Fehlschluss. Aus Tatsachen folgt logisch kein Sollen.
c) Argument ad hominem in Verbindung mit Immunisierung gegen Widersprüche.
d) Leerformel. Berufung auf das Gute ist noch kein Argument. Auch ist die Versicherung, Gutes zu wollen, noch keine Gewähr, Gutes bewirken zu können.

Selbst und Welt

Wer bin ich?

Ich nehme mein Leben in die Hand

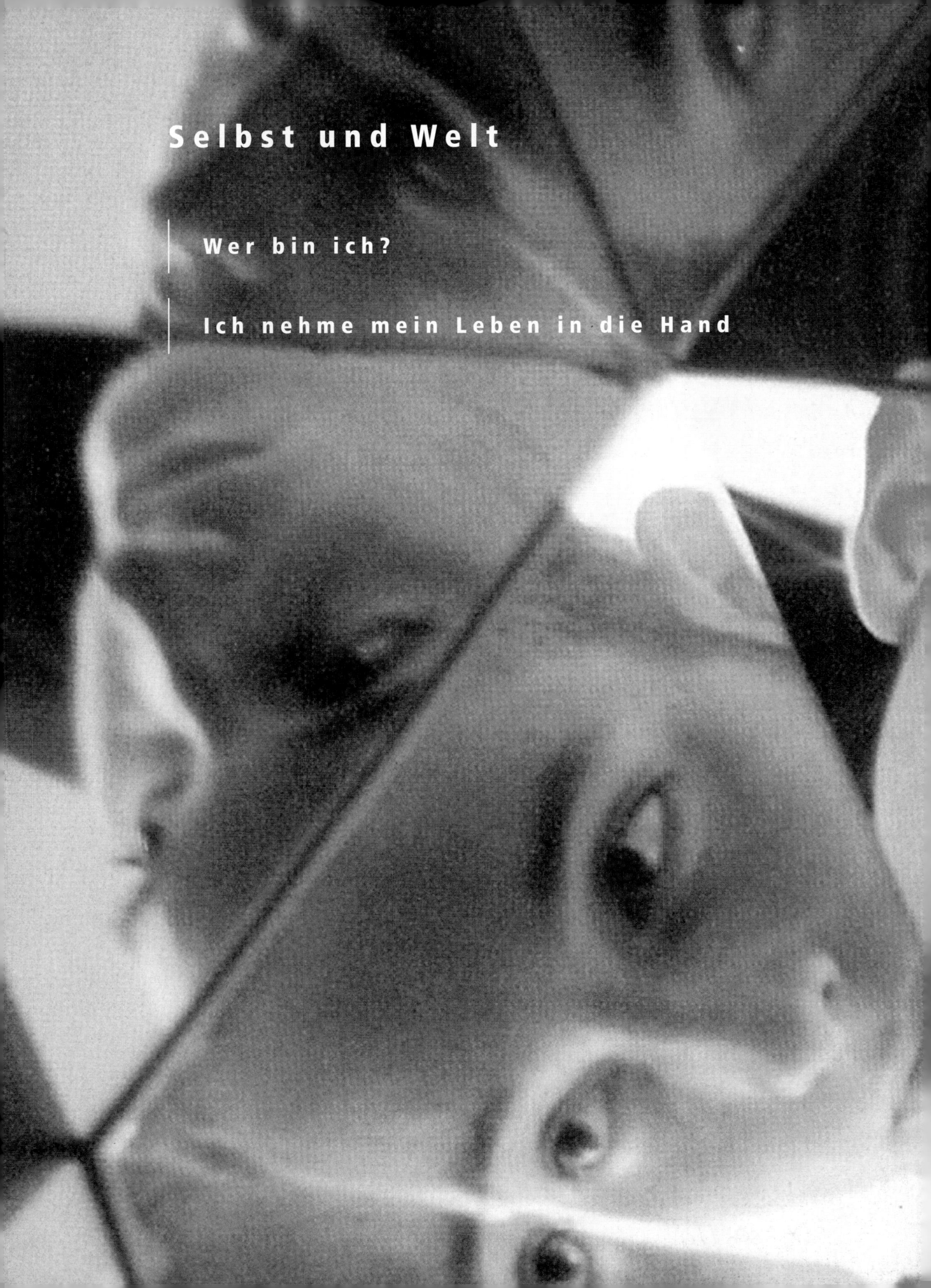

1 Abenteuer Ich

M1 Wer bist du?

Jostein Gaarder hat einen philosophischen Roman für Kinder und Erwachsene geschrieben; er heißt „Sofies Welt". Der Roman beginnt damit, dass die Hauptfigur, Sofie Amundsen, von einem Unbekannten Briefe erhält, die sie verwirren, aber auch neugierig machen.

Heute lag in dem großen grünen Briefkasten nur ein kleiner Brief – und der war für Sofie.

„Sofie Amundsen", stand auf dem kleinen Briefumschlag. „Kløvereien 3". Das war alles, kein Absender. Der Brief hatte nicht einmal eine Briefmarke. Sowie Sofie das Tor hinter sich geschlossen hatte, öffnete sie den Briefumschlag. Darin fand sie nur einen ziemlich kleinen Zettel, nicht größer als der dazugehörige Umschlag. Auf dem Zettel stand: *Wer bist du?*

Wenn sie das wüsste! Sie war natürlich Sofie Amundsen, aber wer war das? Das hatte sie noch nicht richtig herausgefunden. Wenn sie anders hieße? Anne Knutsen zum Beispiel. Wäre sie dann auch eine andere?

Die Antwort des Spiegels

Nun sprang sie vom Hocker und ging mit dem seltsamen Brief in der Hand ins Badezimmer. Sie stellte sich vor den Spiegel und starrte sich in die Augen.

„Ich bin Sofie Amundsen", sagte sie. Das Mädchen im Spiegel schnitt als Antwort nicht einmal die kleinste Grimasse. Egal, was Sofie auch machte, sie machte genau dasselbe. Sofie versuchte, dem Spiegelbild mit einer blitzschnellen Bewegung zuvorzukommen, aber die andere war genauso schnell. „Wer bist du?", fragte Sofie. Auch jetzt bekam sie keine Antwort, aber für einen kurzen Moment wusste sie einfach nicht, ob sie oder ihr Spiegelbild diese Frage gestellt hatte. Sofie drückte den Zeigefinger auf die Nase im Spiegel und sagte: „Du bist ich." Als sie keine Antwort bekam, stellte sie den Satz auf den Kopf und sagte: „Ich bin du."

Selbst-Bewusstsein

Sofie Amundsen war mit ihrem Aussehen nie besonders zufrieden gewesen. Sie hörte oft, dass sie schöne Mandelaugen hätte, aber das sagten sie wohl nur, weil ihre Nase zu klein und ihr Mund etwas zu groß war. Die Ohren saßen außerdem viel zu nah an den Augen. Am schlimmsten aber waren die glatten Haare, die sich einfach nicht legen ließen.

War es nicht ein bisschen komisch, dass sie nicht wusste, wer sie war? Und war es nicht auch eine Zumutung, dass sie nicht über ihr eigenes Aussehen bestimmen konnte? Das war ihr einfach in die Wiege gelegt worden. Ihre Freunde konnte sie vielleicht wählen, sich selber hatte sie aber nicht gewählt. Sie hatte sich nicht einmal dafür entschieden, ein Mensch zu sein. Was war ein Mensch? Sofie sah wieder das Mädchen im Spiegel an.

„Ich glaube, ich mache jetzt lieber meine Bio-Aufgaben", sagte sie.

Jostein Gaarder, S. 8ff

M2 Wie Kinder Namen bekommen – zum Beispiel in Afrika

Die meisten afrikanischen Namen haben eine Bedeutung. Manchmal geben sie Auskunft über die Umstände der Geburt. Wenn das Kind zum Beispiel während der Regenzeit geboren wurde, könnte es einen Namen bekommen, der „Wasser" oder „Regen" bedeutet. Andere Namen bedeuten „Reisender" oder „Heuschrecke".

Häufig richtet sich der Name nach dem Wochentag, an dem das Kind geboren wurde. Bei den Twi in Ghana weiß jeder genau, an welchem Wochentag er geboren wurde.

DIE NAMEN BEI DEN TWI

Wochentag	männlich	weiblich
Montag	KWADNO	ADUA
Dienstag	KOBNA	ABENA
Mittwoch	KWAKU	AKUA
Donnerstag	YAU	YAA
Freitag	KOFI	EFUA
Samstag	KWAME	AMA
Sonntag	KWASI	ESSI

nach Hans-Martin Große-Oetringhaus, S. 21

M3 Meine Person – mein Name – meine Rechte

Eigentlich selbstverständlich, einen Namen zu haben, könnte man denken. Einen Namen hat doch jeder. Und warum ist ein Name überhaupt so wichtig? So wichtig, dass das Recht auf einen Namen in der Kinderrechtskonvention der Vereinten Nationen aufgeführt ist?

Der Name hilft, uns selbst und andere zu erkennen: In ihm schwingen oft Hoffnungen, Wünsche und Gefühle der Eltern mit. Er ist ein Zeichen von Identität und Würde. *nach Hans-Martin Große-Oetringhaus, S. 25*

M4 Lust auf Entdeckungsreisen?

Quino, Mafalda

Aufgaben

1. Stell dir vor, du hättest wie Sofie auch einen solchen Brief erhalten. Schreibe an den Unbekannten einen Antwortbrief. ➜ M1
2. Erstelle zwei Listen, auf denen du deine Antworten zu folgenden zwei Fragen notierst:
   Was kann Sofie von sich im Spiegel sehen?
   Was kann Sofie von sich nicht im Spiegel sehen? ➜ M1
3. Finde zum dritten Textabschnitt „Selbst-Bewusstsein" passende alternative Überschriften. ➜ M1
4. Namen haben eine Bedeutung. Recherchiere, was der Name „Sofie" bedeutet, und finde heraus, welche Bedeutung dein eigener Name hat.
5. Wie würdest du bei den Twi heißen? ➜ M2
6. Was wäre, wenn Menschen keinen Namen hätten? Beschreibe eine solche Situation. ➜ M3
7. Welchen Namen würdest du dir selbst geben? ➜ M3
8. Zeichne eine kleine Comicfolge zum Thema „Erkenne dich selbst." ➜ M4

▶ Glossar: Identität, Kinderrechtskonvention, Vereinte Nationen

2 Identität

M1 Personalausweis

Vorderseite:
- Familienname
- ggf. Geburtsname
- Vornamen
- ggf. akademischer Grad (Dr., Prof.)
- Geburtstag
- Geburtsort
- Staatsangehörigkeit
- Unterschrift
- Bild

Rückseite:
- Anschrift
- (Körper-)Größe
- Augenfarbe
- ggf. Künstlername

M2 Ratschläge einer Raupe

Die kleine Alice gerät in ein Traumabenteuer, in dem ihr merkwürdige Wesen begegnen und in dem sie durch den Genuss von Pilzen und den Trunk aus einer Flasche ständig ihre Größe ändert.

Alice und die Raupe sahen sich eine Weile stumm an. Schließlich nahm die Raupe ihre Wasserpfeife aus dem Mund und fragte mit träger, schläfriger Stimme: „Wer bist denn du?“
Das war kein besonders ermutigender Auftakt für eine Unterhaltung. Ein wenig schüchtern sagte Alice: „Ich ... ich weiß es selbst eigentlich nicht so genau, jedenfalls im Augenblick ... also, ich weiß, wer ich war, als ich heute Morgen aufgestanden bin, aber seit-dem bin ich wohl ein paarmal verwandelt worden.“ „Was meinst du damit?“, fragte die Raupe streng. „Erkläre dich genauer!“ „Ich kann mich nicht genauer erklären, fürchte ich“, sagte Alice, „denn ich bin eben nicht mehr ich, verstehen Sie?“ „Nein, ich verstehe nicht“, sagte die Raupe. „Leider kann ich mich nicht klarer ausdrücken“, sagte Alice sehr höflich, „denn ich begreife es ja selbst nicht, und außerdem bringt es einen ganz durcheinander, wenn man am selben Tag so oft die Größe ändert.“ „Keineswegs“, sagte die Raupe. „Nun, vielleicht ist es Ihnen noch nie so gegangen“, sagte Alice, „aber wenn Sie sich verpuppen – und das werden Sie eines Tages tun, wissen Sie – und dann zu einem Schmetterling werden, kommen Sie sich bestimmt auch ein bisschen komisch vor, nicht?“ „Nicht im Geringsten“, sagte die Raupe. „Na ja, vielleicht sehen Sie das anders“, sagte Alice. „Mir jedenfalls würde es ausgesprochen komisch vorkommen.“
„Dir!“, sagte die Raupe geringschätzig. „Wer bist du überhaupt?“

Lewis Carroll, S. 52f

M3 Ich beschreibe mich selbst – ein Stellengesuch

39 bin ich nicht mehr; weder **Hochschulreife** noch Abitur kann ich bieten; langjährige Erfahrung im Beruf ja, den ich nicht mehr ausüben will; ca. 3 Jahre Büroerfahrung in **Verwaltung/Organisation, MS-Office-Kenntnisse, verantwortungsbewusst, kollegial, schnelle Auffassungsgabe, ausdauernd, humorvoll, offen für Neues,** das kann **ich** Ihnen bieten, **was bieten Sie?** Zuschr. u. ABCD123456 an SZ

Süddeutsche Zeitung, 07./08.01.2006, S. V1/22

INFO

Identität

Identität bedeutet einerseits Unterscheidung von anderen Menschen.
Ich bin „Ich" und eben nicht ein anderer. Zu diesem „Ich" gehören nicht nur Äußerlichkeiten wie z. B. mein Aussehen, meine Stimme, meine Art zu sprechen, sondern auch meine Hilfsbereitschaft, meine Kenntnisse und Erfahrungen, meine Einstellungen etc.
Andererseits kann ein Mensch nur als Teil eines Ganzen Identität erlangen: Ich gehöre zu einem „Wir", nämlich zur menschlichen Gesellschaft.
Identität ist also ein Wechselspiel von **Dazugehören** und **Abgrenzen**. *Werner Fuß, S. 11*

M4 Was ist Identität?

Die Identität eines Menschen besteht darin, dass dieser Mensch von anderen Menschen unterscheidbar ist und dass dieser Mensch als derselbe/dieselbe erkennbar bleibt, auch wenn er/sie sich verändert (z. B. durch einen neuen Haarschnitt, andere Kleidung oder höheres Alter).

Im Extremfall kann ich meine Identität verlieren: Ich verändere mich in meinem Wesen so sehr, dass mich keiner mehr erkennt; oder es ist plötzlich niemand mehr da, der mich erkennen könnte; es könnte schließlich sein, dass – aus welchen Gründen auch immer – 14 Jahre alte Wesen mit zwei Beinen, zwei Armen und einem Kopf, die Schuhe tragen und gerne Musik hören, nicht mehr als Mitglieder einer menschlichen Gesellschaft gelten; keiner beachtet mich.

Im Laufe der Zeit entwickelt sich meine Identität weiter: Ich werde größer, ich kann besser rechnen, ich lerne neue Leute kennen. Ich ärgere mich nicht mehr darüber, dass unsere Mannschaft ihr letztes Spiel verloren hat; ich kann jetzt meinem Nachbarn die Meinung sagen. Ich entscheide, ob ich in den Ferien lieber zuhause bleibe oder eine Reise mache; ich überlege, ob ich mir die Haare schneiden lasse oder ob ich lieber Gitarrenstunden nehme.

Aufgaben

1 Stell dir vor, du hättest die Möglichkeit, einen Personalausweis nach deinen Wünschen zu gestalten. ➜ M1
a) Welche Angaben, Bilder usw. würde dein Ausweis enthalten?
b) Überlege, wem du diesen Ausweis vorlegen würdest:
- deiner besten Freundin/deinem besten Freund;
- einem Polizisten, der dich fragt, was du nachts um 22:00 Uhr noch auf der Straße tust;
- einem Postbeamten am Schalter, bei dem du ein Paket abholen willst;
- dem Vereinsvorsitzenden bei der Anmeldung im Sportverein?

Begründe deine Antwort jeweils genau.
c) Welche Angaben würdest du in jedem Fall beibehalten?

2 Braucht die Raupe demnächst einen neuen Ausweis? Was würdest du aus ihrem alten Ausweis übernehmen? ➜ M2

3 Überarbeite diese Annonce. Begründe deine Änderungen. Entwirf einen Anzeigentext für dich selbst. ➜ M3

4 Stelle dir vor, du hättest deinen Namen geändert oder dein Gesicht. Was könnte dazu führen, dass du deine Identität änderst? ➜ M4

▶ Glossar: Ausweis, Carroll, Identität

3 Lebenspläne – Lebensgeschichten

M1 Junge Leute erzählen von ihren Lebensplänen

Frederik

Ich würde gern einen richtigen Beruf erlernen und eine Familie haben. Der Beruf sollte mir Spaß machen und trotzdem gut bezahlt sein. Ich habe keine Zweifel an meiner Zukunft. Ich bin ein guter Schüler und denke auch, dass ich mein Abitur schaffen werde. Ich habe schon den ersten Schritt Richtung Zukunft gemacht, indem ich nach der Grundschule aufs Gymnasium gegangen bin. Es ist eigentlich schon fest eingeplant, was ich machen werde. Das kann sich natürlich noch ändern, wenn irgendetwas Gravierendes passiert. Ich mache mein Abitur und dann studiere ich Mathe oder Physik. Ich kann auf Dinge verzichten, die ich nicht unbedingt brauche. Ich bin also auch sehr anpassungsfähig. Ich würde mir schon wünschen, dass alles so klappt, wie ich es mir denke. Ich kann mir aber auch vorstellen, dass ich mit einer anderen Situation genauso zufrieden sein kann.

nach Jugend 2000, S. 34

Büsra

Mein Wunschberuf ist Kindergärtnerin, ich will mit sehr vielen Kindern zu tun haben. Bis ich heirate, will ich bei meinen Eltern wohnen, danach mit meiner Familie. Heiraten will ich nicht jünger als zwanzig. Über die Zukunft rede ich mit meinen Eltern immer, wenn es Zeugnisse gibt. Ich will ein sehr schönes Haus, ein großes Haus. Man kann eigentlich nicht planen. Ich kann ja nicht wissen, was auf mich zukommt. Wenn ich mir vorstelle, wie mein Leben ist, und es kommt doch nicht so, dann versuche ich immer noch die bessere Seite von dem Teil zu sehen.

nach Jugend 2000, S. 37

Ibo

Nach dem Abitur möchte ich gerne eine Ausbildung zum Polizisten machen. Auch wenn das etwas dumm klingt, aber ich war schon immer für Gerechtigkeit. Am liebsten würde ich nach der Ausbildung bei der Pferdestaffel arbeiten! Da gibt es nur nicht so viele Möglichkeiten, vielleicht werde ich dann doch normaler Streifenpolizist. Beim Fernsehen oder beim Film zu arbeiten, war immer so ein Wunschtraum von mir. Das wäre sogar noch besser als Polizist. Wenn ich einen Film machen würde und sehe, da lacht jemand drüber oder weint oder denkt darüber nach, das wäre ein Erfolg. Aber zurzeit will ich erst mal meine Schule machen, das nimmt genug Zeit in Anspruch.

nach Jugend 2000, S. 367f

Maike

Ich möchte zunächst das Abitur mit guten Noten abschließen. Das ist auch Voraussetzung für meinen Traumberuf, Kriminalkommissarin. Wenn das nicht klappt, würde ich eben eine Stelle beim DRK nehmen. Also erst einmal den Beruf sichern und schönes Gehalt kriegen jeden Monat. Dann könnte man auch an Familie denken. Ich denke, man sollte erst genug Gehalt kriegen, um dann auch Kinder in die Welt zu setzen. Und mit achtzehn will ich den Führerschein machen. Ich suche mir konkrete Ziele für mein Handeln aus. Wenn ein Ziel erreicht ist, zum Beispiel eine Schulaufgabe geschrieben, suche ich mir ein neues Ziel.

nach Jugend 2000, S. 35

Ayberk

Ich habe Fachhochschulreife; ich bin aufs Wirtschaftsgymnasium gegangen. Filmfreak bin ich Anfang der 90er Jahre geworden. Auf dem Gymnasium habe ich gemerkt, dass ich berufsmäßig das machen will, was ich quasi als Hobby schon mache, also Vergnügen mit Beruf verbinden. Es ist vielleicht naiv, aber wirtschaftlicher Wohlstand hat keinen Stellenwert für mich verglichen damit, ob ich glücklich bin. Ich kann auf vieles verzichten, aber ich möchte nicht auf meine Persönlichkeit verzichten oder darauf, dass ich zufrieden bin mit dem, was ich mache. Es ist viel wichtiger herauszufinden, was einen glücklich macht, wie man mit seiner Familie zurechtkommt, mit seiner eigenen Persönlichkeit.
Ich hoffe natürlich, dass ich diesen türkischen Aspekt von Familienzusammengehörigkeit in meine Ehe und meine eigene Familie stark hineinfließen lassen kann, sodass ich quasi wie eine türkische Familie fungiere. Wo ich meiner Ehefrau und meinen Kindern irgendwie das Gefühl geben kann von Sicherheit, ein Gefühl von Familie, dass die Kinder wissen, dass ich für sie immer da bin, nicht nur bis sie 18 sind. Natürlich erziehe ich meine Kinder nicht als Türke oder als Deutscher, sondern als Ayberk. Ich als Persönlichkeit bin nicht geleitet durch irgendwelche Nationalitäten. Ich bin so, wie ich bin.

nach Jugend 2000, S. 189–199

M2 Lebensphasen – Who is who?

A E

B F

C G

D H

Aufgaben

1 Beurteile die einzelnen Zukunftspläne: Welche erscheinen dir realistisch, welche nicht? Welche könnten auch deine sein? ➜ M1

2 Notiere, welche Informationen du über die fünf Personen erhältst. Berücksichtige vergangene Ereignisse und aktuelle Situationen ➜ M1

3 Die acht Bilder zeigen zwei Personen: Welche Bilder gehören zu welcher Person? Begründet eure Antworten und vergleicht eure Ergebnisse. ➜ M2

4 Ich sehe dich, du siehst mich – und dann?

M1 Annäherungsversuch

Eva Müller

M2 Was sehe ich?

1. Wie er seine Jacke trägt, finde ich super. Er sieht da so lässig aus.
2. Meine Traumfrau habe ich schon mal gesehen. So eine möchte ich mal heiraten.
3. Man sieht ihr richtig an, dass sie Sport treibt. Aber reden kann man mit ihr nicht.
4. Er ist immer so verträumt und verplant. Sogar die Schuhe vergisst er zuzubinden. Das ist cool.
5. Also eigentlich mag ich das nicht so mit der hellen Haut. Aber zu Alex passt das irgendwie.
6. Immer diese engen Klamotten. Man kann sich doch auch anders anziehen.
7. Ist der wirklich schwul? Das ist mir egal.
8. Also, den Thomas finde ich ja ganz nett, aber wegen ihm würde ich mein Training nicht absagen.
9. Die Eltern haben richtig viel Kohle, das merkt man. Schade, dass wir nicht befreundet sind.

Werner Fuß, S. 14

M3 Checkliste

Teste, ob du schon ganz gut weißt, wie Mädchen ticken.

1. Du bist fürs Kino verabredet. Das Problem: Das Mädchen will sich eine Liebes-Schnulze ansehen, du stehst mehr auf Action-Filme. Wer gewinnt?
   A Na ja, wenn ich sie sehr mag, gebe ich nach.
   B Immer sie. Weil ich genau weiß, dass sie mich während des ganzen Action-Films sonst damit nervt, dass sie nicht kapiert, was abgeht.
   C Wir losen.
2. Du bist mit einem süßen Mädchen verabredet. Eigentlich kennst du sie nur lässig in Jeans und T-Shirt, und auf einmal läuft sie total geschminkt und richtig aufgemotzt mit engem Top und XS-Mini auf. Deine Gedanken?
   A Oh nein. Ich hab mich wohl in ihr getäuscht.
   B Bei ihrem Outfit hat sie diesmal komplett daneben gegriffen – vielleicht, um mich zu beeindrucken?
   C Sie läuft garantiert immer so rum, wenn sie ausgeht. Wahrscheinlich um sich älter zu machen.
3. Was meinen Mädchen, wenn sie über Mascara sprechen?
   A Eine neue Latino-Boyband.
   B Das könnte der Schlachtruf ihrer Cheerleader-Truppe sein.
   C Wimperntusche.
4. Was mögen Mädchen, wenn sie von einem Jungen angesprochen werden?
   A …
   B …
   C …
5. …

nach Karin Kampwerth, S. 13f.

M4 Sexualität und Beziehung

Heute spielt sich Jugendsexualität vor allem im Rahmen von Beziehungen ab. Bei den Männern ist der voreheliche Sex nun deutlich anders, „romantischer". Damit geht die Selbstbestimmung der weiblichen Sexualität einher. Ein kleines Beispiel hierfür: Sagten 1970 noch 80 Prozent der jungen Mädchen, sie hätten es das erste Mal „dem Jungen zuliebe" gemacht, so sind das 2005 weniger als 20 Prozent. Junge Männer wie junge Frauen betrachten Sexualität heute überwiegend als wechselseitig befriedigendes, auf Gegenseitigkeit beruhendes und verbindendes Erleben innerhalb einer festen Beziehung.

Ob man miteinander schläft oder nicht und welche Praktiken man dabei anwendet, ist für viele Jugendliche moralisch ohne Belang. Von Belang ist allein, dass es ausgehandelt, vereinbart ist. Und sogar Enthaltsamkeit kommt wieder zu Ehren, diesmal aber als freiwillige Haltung. Eltern stehen diesen Veränderungen meist akzeptierend, bisweilen ein wenig ratlos gegenüber. Die meisten Jugendlichen dürfen mit ihrem Freund oder ihrer Freundin in der elterlichen Wohnung übernachten. In meiner Generation wäre das Elternhaus der letzte Ort gewesen, wohin man mit dem oder der Liebsten geht. Anstelle von elterlichen oder gesellschaftlichen Verboten ist also die Eigenverantwortlichkeit Jugendlicher für ihr sexuelles Handeln getreten. *nach Gunter Schmidt, S. 18*

M5 Alles bestens?

Sexuelle Aggression und Gewalt gegenüber Frauen und Mädchen ist unübersehbar. Auf die Frage: „Hat ein Junge/Mann schon einmal versucht, Sie gegen Ihren Willen zu Sex oder Zärtlichkeiten zu bringen, indem er Sie unter Druck gesetzt hat?", berichteten im Jahr 2006 in einer Befragung 13 Prozent aller Mädchen, in irgendeiner Form bereits Opfer sexueller Gewalt geworden zu sein. Nach dieser Befragung wurden rund drei Prozent der männlichen Jugendlichen Opfer sexueller Gewalt, also seltener als Mädchen.

Die Mehrzahl der betroffenen Mädchen geht dabei mit der Thematik relativ offen um und vertraut sich einer anderen Person an. Meist stammt diese aus dem Kreis der Gleichaltrigen (68 Prozent). Jedes vierte Mädchen vertraut sich (auch) den Eltern an. Jungen dagegen gehen mit dem Erleben sexueller Gewalt weniger offen um als Mädchen. Jeder zweite Junge (49 Prozent) berichtet niemandem über das Erlebnis.

nach Bundeszentrale für gesundheitliche Aufklärung, S. 119-122

Aufgaben

1 Ergänze den Comic mit weiteren Gedankenblasen. ➜ M1

2 Überlege: Welchen Äußerungen kannst du zustimmen, welche lehnst du ab? Begründe. ➜ M2

3 a) Teilt euch in Gruppen mit jeweils nur Mädchen und nur Jungen. Jede Gruppe verfasst eine „Checkliste" mit verschiedenen Fragen und jeweils drei möglichen Antworten für das andere Geschlecht: Was müssen Mädchen über uns Jungs wissen, was die Jungen über uns Mädchen?

b) Nun werden die Checklisten ausgetauscht: Jede Jungen-Gruppe erhält eine Liste der Mädchen und umgekehrt. Vergebt jeweils Punkte für die drei Antworten (5 Punkte für eine tolle Antwort; 3 Punkte, wenn die Antwort in Ordnung ist; 1 Punkt für eine schlechte Antwort).

c) Vergleicht, welche Antworten die Jungen und welche die Mädchen besonders gut oder besonders schlecht fanden. Diskutiert die Ergebnisse und haltet fest: Was wünschen sich die Jungen von den Mädchen bzw. umgekehrt? ➜ M3

4 Beschreibe in eigenen Worten, wie sich die Einstellung zur Sexualität gewandelt hat. ➜ M4

5 Findet im Internet heraus, wo es in eurem Landkreis oder in eurer Stadt Hilfsangebote für Jungen und Mädchen gibt. Stellt diese Angebote in der Gruppe vor. ➜ M5

▶ Glossar: BZgA

5 Wir leben in Gruppen

M1 Jugendliche berichten von ihren Gruppen

Ich war schon in der Techno-Szene dringewesen, und da hab ich mich nicht wohl gefühlt. Ich musste mir Sachen anziehen, die wollte ich nur deswegen anziehen, damit ich bei denen gut ankomme.

Eigentlich war die Integration ganz leicht in Deutschland. Es muss selbstverständlich sein, wenn ich in Deutschland bin, dass man Deutsch spricht. Wenn ich mir die angucke, die Deutsch nicht lernen, dann sag ich: Ihr seid rückständig! Ihr müsst weiterdenken!

Zu den Lehrern sage ich: Was schreien Sie so, ich höre doch normal! Unsere Klasse hält immer zusammen, jeder verteidigt die anderen. Ich und mein Kumpel, meine Freundin Claudia, wir verteidigen uns immer, egal, ob wir recht haben oder nicht. Ich verteidige jeden!

Meine Mutter macht mir unglaublich schönes Essen! Das gemeinsame Essen ist der Moment, wo wir uns sehen und über alles reden, unser gesellschaftlicher Treffpunkt sozusagen. Wenn mir irgendetwas auf dem Herzen liegt, dann ist sie gleich da mit ihrer Meinung und ihrem Rat.

nach Jugend 2000, S. 115f; S. 55; S. 69; S. 189

M2 Bossy fasst Vertrauen

Bossy ist 13 Jahre alt. Im Gegensatz zu ihm ist sein älterer Bruder Arne ein richtig guter Schüler. Dafür ist Bossy Anführer einer Bande, die jüngeren Schülern auflauert, um sie fies zu ärgern. Herr Weidlich, Bossys allgemein beliebter Klassenlehrer, will die Schülerbande wieder auf den rechten Weg bringen.

Weidlich geht den leeren Flur entlang. Plötzlich merkt er, dass jemand hinter ihm läuft. Er schaut sich um. Bossy.
„Ich wollte Sie noch was fragen", sagt der. Er nimmt seine Mütze ab. Danach schaut er runter auf seine Baseballschuhe. Die Schnürsenkel hängen runter, darüber hängen die Jeans, darüber das große T-Shirt. Er fährt sich mit den Händen durch die Haare. „Wissen Sie, wie man sich so fühlt?", stottert er. „Das ist so", und er schaut wieder runter, „weil ich nicht so stark bin wie mein Bruder, bin nur der kleine Doofe und höre nur immer: ‚Guck, Arne, der macht was. Arne, der tut was. Arne, der will was.' Aber ich will ja auch was. Und das kapiert keiner. Bei uns hat doch nur der was zu melden, der gut ist. Die anderen nicht. Für die anderen ist es schon fast überflüssig, dass sie essen oder dass sie was anziehen – und dann tut man so etwas, weil man eine Null ist. Ich wollte doch nur auch mal wichtig sein."
Weidlich hört zu. Bossy stottert weiter, um die Stille zu füllen. „Wenn ich schlage, ist das wie auf der Überholspur, so fühlst du dich dann." Weidlich hört zu. „Meinen Vater, den kann man sowieso vergessen, der sagt immer nur: Lass ihn doch, das kommt noch! Der ist ein richtiger Wischiwaschi-Vater", sagt Bossy. „Und du würdest dir wünschen, dass er" – Weidlich zögert – „mal mit der Faust auf den Tisch haut?"
Bossy nickt. Doch auf einmal wird ihm bewusst, was er eben alles gesagt hat. Er setzt hastig seine Mütze auf, dreht sich auf dem Absatz und rennt über den Gang davon.

nach Elisabeth Zöller, S. 72f

M3 Gruppenregeln

M4 „In“ und „Out“

In vielen Gruppen orientieren sich die einzelnen Mitglieder an bestimmten gemeinsamen Vorstellungen, sogenannten Idealen. Solche Ideale können etwa das Aussehen, die Kleidung, bestimmte Verhaltensweisen oder innere Einstellungen betreffen. Manchmal treffen auch mehrere dieser Punkte zusammen. Eine Sportmannschaft etwa wird regelmäßig trainieren – das betrifft das Verhalten – und zugleich einen bestimmten Kleidungsstil bevorzugen. In anderen Gruppen ist es vielleicht „in“, sich die Haare dunkel zu färben und das Gesicht blass zu schminken sowie über Horoskope zu diskutieren. Und in einer weiteren Gruppe mag es üblich sein, sich samstags am Stadtplatz zu treffen, eine bestimmte Musikrichtung zu hören oder über einen speziellen Star zu fachsimpeln. Mit der Zugehörigkeit zu einer Gruppe ist aber zugleich eine Abgrenzung gegenüber Außenstehenden verbunden. Eine Gruppe von Techno-Fans wird kaum gemeinsam klassische Musik hören oder mit Fußballfans über ihre Idole diskutieren.

Werner Fuß, S. 17

INFO

Gruppen

Die erste Gruppe ist die, in die wir hineingeboren werden. Diese Gruppe nennt man „Familie“, die Soziologen nennen das auch „Primärgruppe“, d.h. „die erste Gruppe“.
Peer Group bedeutet „Gruppe von Gleichaltrigen“ oder „Gruppe von Gleichgestellten“. Jugendliche schließen sich solchen Gruppen ähnlichen Alters und meist gleichen Geschlechts an; sie orientieren sich – insbesondere bei Konflikten mit der Familie – häufig stärker an diesen Gruppen als an den eigenen Eltern. Peer Groups können Jugendliche etwa zu gewalttätigen Handlungen veranlassen. Mithilfe von Aufnahmeritualen oder von Mutproben können sie einen starken Einfluss besonders auf solche Jugendliche ausüben, die sich in ihrer Identität nicht sicher sind.
Die größte Gruppe, die direkten Einfluss auf uns ausübt, ist die Gesellschaft innerhalb eines Staates. Daneben gibt es viele weitere Gruppen unterschiedlicher Größe, denen wir angehören (z.B. die Klasse, die Schule, der Sportverein, die Glaubensgemeinschaft). Alle Gruppen haben eigene Regeln, die wir befolgen müssen, wenn wir der Gruppe angehören wollen oder müssen.

Werner Fuß, S. 17

Aufgaben

1 Zu welchen Gruppen gehören die Jugendlichen? ➔ M1

2 In welchen Gruppen bist du freiwillig, aus welchen könntest du nicht austreten? ➔ M1, M3, M4

3 Klärt gemeinsam: Welche Regeln gelten in Bossys Gruppe? ➔ M2

4 Veranstaltet einen Heißen Stuhl. Eine Schülerin oder ein Schüler nimmt die Rolle des Bossy, Arne oder Herrn Weidlich ein. Bleibt bei der Befragung immer in der Rolle. Die anderen fragen …
- Bossy danach, wie er in die Gruppe kam, wie er sich jetzt fühlt, warum er Herrn Weidlich angesprochen hat …
- Herrn Weidlich danach, was er von Bossy hält, was er bisher beobachtet hat, was er als nächstes tun will … ➔ M2

▶ Glossar: Identität, Peergroup, Soziologie

Was könnte B. auf die Frage antworten, wie er in die G. kam?

6 Brauchen wir das alles?

M1 Was gehört zu einem „ganz normalen Frühstück?

M2 Vom Kaufhaus zur Konsumlandschaft

Die meisten Innenstädte gleichen sich: Fußgängerzonen als Einkaufsstraßen mit vielen kleinen Geschäften und an den zentralen Punkten große Kaufhäuser. Seit Jahrzehnten sind solche Warenhäuser feste Ankerpunkte beim Einkaufsbummel: Was man in den kleinen Läden nicht findet, kann man ja noch im Kaufhaus besorgen; dort gibt es traditionell von allem etwas.

Das Warenhaus hat ausgedient

Doch diese Art Einkaufsbummel wird bald der Vergangenheit angehören. Denn das Kaufhaus, wo es von der Büroklammer über die Badewannenmatte bis zum Kleiderschrank alles gibt, ist ein Auslaufmodell. Seit 20 Jahren gehen seine Anteile am Gesamtkonsum zurück. Die neuen Einkaufszentren werden anders aussehen: Riesige Kaufhäuser mit vielen Markengeschäften als Untermietern, mit Kaffeehäusern, Reisebüros, Bankfilialen oder Fitness-Studios. Vorbild für diese Entwicklung sind die „Shopping malls“, die bereits in den 60er Jahren in den USA gebaut wurden. In diesen Konsumlandschaften werden keine Versorgungskäufe, sondern Erlebniskäufe getätigt.

Einkaufszentren als Erlebniswelten

Die Besucher kommen in die modernen Einkaufstempel großteils um sich zu unterhalten. Die durchschnittliche Verweildauer der Besucher steigt um ein Vielfaches gegenüber dem Besuch im klassischen Kaufhaus. Vor allem die Jugendlichen haben diese Orte längst zu ihren neuen Freizeitorten umfunktioniert. Die Mall erscheint den Besuchern als warme, bunte, fantasievolle Welt, in der sie dem Alltagsleben zumindest vorübergehend entkommen können. Fühlen die Menschen sich in dieser Welt wohl, so spekulieren die Geschäftsleute, weckt das auch ihre Kauflust. Mit den Waren, die sie kaufen, verbinden sie das Erlebnis, das sie in dieser angenehmen Welt haben, und die Vorstellung, dieses Erleben mit nach Hause nehmen zu können.

Gerhard Gräber, S. 110f

M3 Erlebniswelt?

M4 Warum shoppen wir so gerne?

Sechs Stunden pro Monat, sagen die Statistiker, flanieren wir von einem Geschäft zum anderen, lassen uns von Neuem überraschen, plaudern mit einer Verkäuferin über die neue Frühjahrskollektion, informieren uns über die neueste Digitalkamera, das River-Rafting-Programm eines Reiseveranstalters, die schnellsten Joggingschuhe und das beste Mountainbike.

Psychologen sagen, Shopping sei gut für die Seele. Es hebe das Selbstwertgefühl, sei ein Stück Unabhängigkeit, weil man frei von Zwängen auswählen und endlich auch mal selbst entscheiden könne. Shopping sei eine Art Fluchthaltung gegenüber Berufsstress und privaten Nöten.

nach Peter Haller, S. 90

M5 Verführung durch Marken

Was aber wäre Shopping ohne die visionären Bilderwelten der Marken, die uns vom Fernseher im eigenen Wohnzimmer bis in den Handel begleiten? Was wäre Einkaufen ohne verlockende Markenangebote in den Geschäften, ohne gut gemachte Verpackungen und attraktiv klingende Namen, mit denen sich viele von uns gerne identifizieren, dekorieren und positionieren? Marken sind mehr als ein gut funktionierendes Produkt. Sie haben einen emotionalen Mehrwert für den Verbraucher; und dieser Mehrwert ist es, der Shopping zum Einkaufserlebnis macht aus Freude am Konsum.

M6 Kauflust – Kaufsucht

Heute definieren sich vor allem Jugendliche mehr denn je über das Konsumieren.

Kaufen wird

- als Symbol für selbstständiges, kompetentes Entscheiden empfunden („Bei den Modefarben hab' ich den siebten Sinn, die Verkäuferinnen haben doch keine Ahnung"),
- ein Symbol für Überfluss und ein intensives Leben („Ich stelle mir vor, Geld spielt keine Rolle"),
- zur emotionalen Unterstützung („Einkaufen versetzt mich in Hochstimmung"),
- zur Bestärkung einer unsicheren Identität („Ich kaufe Sportgeräte oder teure Accessoires, um meinen Klassenkameraden/innen zu imponieren"),
- zum Ersatz für Anerkennung in anderen Lebensbereichen („Ich bin ja sonst nichts wert"). Grundlage ist meist eine unerfüllte Sehnsucht nach Liebe, Anerkennung, Zuneigung, Respekt und Beachtung. Dies ist auch daran abzulesen, dass Kaufsucht sehr häufig mit Depressionen einhergeht.

M5, M6 nach Angelika Schober-Penz, S. 15f

Marken und Image

INFO

Der Begriff „Marke" bezeichnete zunächst eine Markierung, beispielsweise das Erkennungszeichen eines Viehzüchters, damit er seine Tiere von denen seines Nachbarn unterscheiden kann.

Bei Produkten ist eine Marke ein rechtlich geschütztes Zeichen. Es dient dazu, Waren eines bestimmten Unternehmens zu kennzeichnen. Erwirbt man ein Markenprodukt, so will man nicht einfach nur einen Gebrauchsgegenstand, sondern auch eine Art Versprechen kaufen: „Dieses Produkt ist besonders haltbar oder modisch." Oft wird das Markenzeichen nach außen deutlich sichtbar gezeigt. Denn es soll, so die Werbung, damit zugleich etwas Positives über die Besitzer ausgesagt werden („Die Trägerin dieser Sonnenbrille ist sehr sportlich"). Markenprodukte haben also ein bestimmtes Image (lateinisch *imago*: das Bild). Werbung versucht dieses Image aufzubauen oder zu beeinflussen.

Werner Fuß, S. 19

Aufgaben

1 a) Schreibe auf: Was isst und trinkst du zum Frühstück?
b) Wähle vier dieser Nahrungsmittel aus, z. B. Marmelade, Croissants, Müsli, Kakao.
Findet in Gruppen heraus: Wo wird das hergestellt? Wo wurde es eingekauft? Welche Inhaltsstoffe sind enthalten und wo kommen diese her? Wie viele Kilometer hat das Produkt auf dem Weg zu dir ungefähr hinter sich? → M1

2 Entwerft in Gruppen ein Warenhaus für Jugendliche. Wie sollte es gestaltet sein, welche Waren oder Dienstleistungen sollten angeboten, welche ausgeschlossen werden? → M2, M3

3 Erarbeitet einen Fragebogen für eure Schule, mit dem ihr das Kaufverhalten von Jugendlichen verschiedenen Alters untersucht. → M4–M6

▶ Glossar: Depression, Identität, Konsum

7 Haben oder Sein?

M1 Wofür Kinder und Jugendliche ihr Taschengeld ausgeben

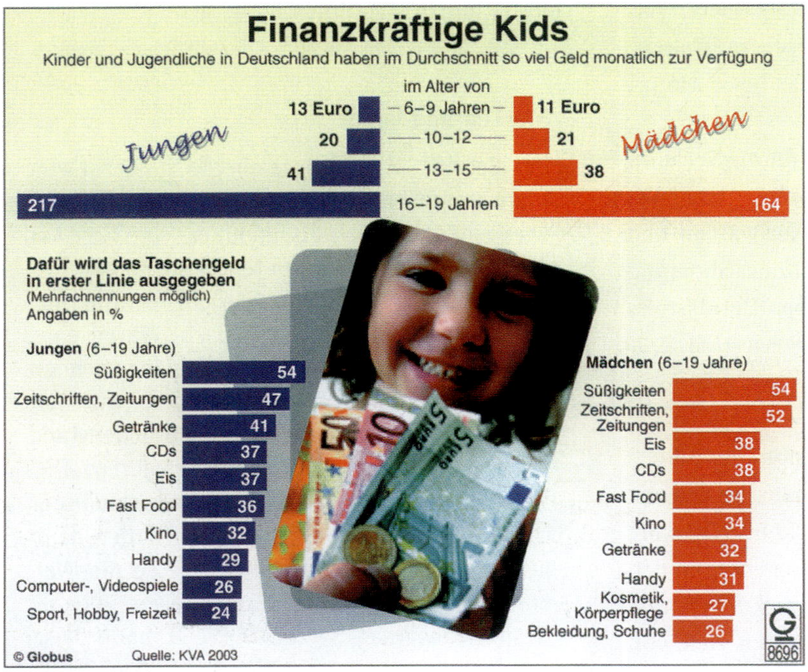

M2 Kinder und Jugendliche als Verbraucher

In Deutschland gibt es immer weniger Kinder und Jugendliche. Gleichzeitig werden Kinder und Jugendliche immer wichtiger – als Verbraucher. *Die Kaufkraft von Kindern und Jugendlichen ist von 2001 bis 2003 um 24 Prozent gestiegen – und dies trotz schwacher Konjunktur und allgemeiner Konsumzurückhaltung.* Als Zielgruppe für Werbung und Marketing sind sie deshalb besonders attraktiv. Während das verfügbare Einkommen in fast allen Bevölkerungsgruppen stagniert, verfügt die junge Generation über immer mehr Geld. Im Durchschnitt geben die etwa 11 Millionen Mädchen und Jungen im Alter von 6 bis 19 Jahren jährlich rund 1.800 Euro aus – ein historischer Rekordwert. Hinzu kommen Tausende von Euro, bei denen Minderjährige das Einkaufsverhalten ihrer Eltern direkt oder indirekt beeinflussen – sei es bei Lebensmitteln oder beim Kauf des Familienwagens. Entsprechend der Kaufkraft ist der Werbedruck besonders massiv, dem diese Zielgruppe in den einschlägigen Jugendzeitschriften, auf Plakaten, per SMS, via Internet und E-Mail und besonders im Fernsehen ausgesetzt ist. Bereits in den herkömmlichen Medien verwischt sich die Grenze zwischen redaktionellem Inhalt und Werbung immer mehr. Dies gilt aber erst recht für die neuen Werbemedien wie Internet, E-Mail oder SMS. Hinzu kommt: Die Bindung an ein Markenprodukt oder an eine Bank ist im Schnitt deutlich haltbarer als eine Ehe oder Partnerschaft. Deshalb sind aus Sicht der Unternehmen Investitionen in das Markenbewusstsein schon bei ganz jungen Kunden besonders wichtig.

Carel Mohn

M3 Handys – schnell und einfach Kosten laden!

Immer mehr Kinder und Jugendliche haben ein Handy oder einen Internetanschluss. Schon 7 Prozent der Kinder zwischen 6 und 9 Jahren besitzen ein eigenes Handy; bei den 10- bis 12-Jährigen ist bereits fast jeder Dritte im Besitz eines Mobiltelefons.

Kinder und Jugendliche werden massiv mit „günstigen“ Angeboten umworben, zum Beispiel für Mobilfunkverträge oder das Herunterladen von Spielen, Logos oder Klingeltönen. Grund- und Telefongebühren, das Versenden von SMS und die Nutzung von Sonderdiensten verschlingen jedoch oft mehr Geld, als den Kindern und Jugendlichen monatlich zur Verfügung steht. Für viele beginnt mit der Anschaffung des Handys der Weg in die Schuldenfalle.

M4 Zwei Lebensweisen

Der Philosoph und Psychoanalytiker Erich Fromm (1900 - 1980) hat mit seinem 1976 erschienenen Buch „Haben oder Sein" eine Kritik an der modernen Konsumgesellschaft verfasst.

Mit den Begriffen *Sein* oder *Haben* meine ich nicht bestimmte einzelne Eigenschaften eines Menschen, wie sie in Feststellungen wie „ich habe ein Auto" oder „ich bin glücklich" Ausdruck finden. Ich meine zwei grundlegende Lebensweisen, zwei verschiedene Arten des Verhaltens sich selbst und der Welt gegenüber. In der Lebensweise des Habens ist die Beziehung zur Welt die des Besitzergreifens und Besitzens, eine Beziehung, in der ich jedermann und alles, mich selbst eingeschlossen, zu meinem Besitz machen will.
Aber den meisten Menschen fällt es zu schwer, ihre Habenorientierung aufzugeben; jeder derartige Versuch erfüllt sie mit tiefer Angst; sie haben das Gefühl, auf jegliche Sicherheit zu verzichten. Sie wissen nicht, dass sie erst dann beginnen können, ihre eigenen Fähigkeiten zu gebrauchen und aus eigener Kraft zu gehen, wenn sie die Krücken des Besitzes weggeworfen haben. Was sie zurückhält, ist die Illusion, dass sie nicht allein gehen könnten und zusammenbrechen würden, wenn ihr Besitz sie nicht stützt.

nach Erich Fromm, S. 35, 90

M5 „Ich fühle mich fantastisch"

In einem Hafen liegt ein ärmlich gekleideter Mann in seinem Fischerboot und döst. Ein schick angezogener Tourist schreckt ihn auf: „Sie werden heute einen guten Fang machen." Kopfschütteln des Fischers. „Sie werden also nicht ausfahren?" Wieder Kopfschütteln. „Oh, fühlen Sie sich nicht wohl?" Endlich spricht der Fischer: „Ich fühle mich fantastisch." „Aber warum fahren Sie nicht aus?" „Weil ich heute Morgen schon ausgefahren bin, und der Fang war sogar für morgen und übermorgen genug." „Aber stellen Sie sich vor, Sie würden heute ein zweites, ein drittes und vielleicht sogar ein viertes Mal ausfahren – eines Tages würden Sie zwei Kutter haben, eine Marinadenfabrik, ein Fischrestaurant, und dann ..." Die Erregung verschlägt ihm die Sprache. „Was dann?", fragt der Fischer leise. „Dann könnten Sie beruhigt hier im Hafen sitzen und auf das herrliche Meer blicken."

nach Heinrich Böll, S. 464ff

M6 Konsumierst du noch – oder lebst du schon?

Gerhard Mester / Baaske Cartoons

Aufgaben

1. Die Zahlen in der Statistik (M1) und im Text (M3) stammen aus dem Jahr 2003. Überprüfe durch eine Internetrecherche die jetzt aktuellen Daten. Wofür gibst du dein Taschengeld aus?
2. Bei welchen Kaufentscheidungen innerhalb deiner Familie kannst du mitwirken? ➜ M2
3. Untersucht in Gruppen Werbung in Jugendzeitschriften und Jugendsendungen: Für welche Produkte wird geworben? Was verspricht die Werbung dem Konsumenten des Produkts?
4. Fasse die Aussagen des Textes in einer Tabelle zusammen und finde Beispiele. ➜ M4

Lebensweise Sein	Lebensweise Haben
in Ruhe Musik hören und genießen	den neuesten MP3-Player kaufen
...	...

5. Stelle gegenüber: Was „hat" der Tourist, was „hat" der Fischer? Diskutiert eure Ergebnisse. ➜ M5
6. Schreibe einen Kommentar zu dem Cartoon. ➜ M6

▶ Glossar: Böll, Fromm, Kaufkraft, Konsum

8 Die eigene Situation bewerten

M1 Ein Paradies?

ÜBEL

Ich bin auf eine einsame Insel verschlagen worden, ohne Hoffnung, je wieder fort zu kommen.

Ich bin, fern von anderen Menschen, zu lauter Unglück ausgewählt.

Ich bin ein Einsiedler und Verbannter.

Ich habe auch keine Kleider, mich zu bedecken.

Ich bin wehrlos und habe nur wenig Mittel, mich gegen wilde Tiere zu wehren.

GUT

Aber ich bin doch am Leben und nicht ertrunken wie alle Kameraden.

Aber ich wurde unter der ganzen Schiffsbesatzung ausgesondert, um dem Tod zu entgehen.

Aber ich sterbe nicht vor Hunger, und der Boden ist fruchtbar.

Aber ich bin in einem heißen Landstrich, wo ich kaum Kleider tragen könnte, auch wenn ich welche hätte.

M2 Die Robinson-Methode

Sicherlich kennt ihr den Roman „Robinson Crusoe“ von Daniel Defoe. Er erzählt das Schicksal eines Schiffbrüchigen, der alleine und hilflos auf einer unbekannten einsamen Insel strandet. Er ist verzweifelt, denn seine Lage erscheint hoffnungslos. Doch er gibt nicht auf, überlebt und wird Jahre später sogar gerettet.

Diese Rettung verdankt Robinson vor allem seinem Umgang mit negativen Gedanken und Gefühlen, denen er nicht nachgibt, sondern denen er das Positive entgegensetzt.

Robinson nimmt nach seiner Landung einen Stift, den er aus dem Schiff gerettet hat, und zieht Bilanz, indem er seine positiven Gefühle und Erfahrungen den negativen gegenüberstellt. Und er kommt zu dem Ergebnis, dass er sich besser und sogar zufriedener fühlt. Diese Einstellung rettet ihm das Leben. Hätte er sich seiner Verzweiflung ergeben, wäre er vermutlich bald zugrunde gegangen, hätte nie Freitag kennen gelernt und wäre nie gerettet worden.

Von Robinson Crusoe können wir deshalb lernen, uns gegen negative Gedanken und Gefühle zu wappnen. Fast jedes Erlebnis hat (mindestens) zwei Seiten, die wahr sind. Für welche Seite wir uns entscheiden, liegt in unserer Hand. Das ist wie bei der Frage, ob ein Glas halb voll oder halb leer ist. Meist ist es hilfreicher, sich für das halb volle Glas zu entscheiden.

Diese „Robinson-Crusoe-Therapie“ wird durch Psychologen heute bestätigt. Wir kennen das alle: Wenn wir niedergeschlagen sind, dann sehen wir alles negativ, ein Strom von negativen Gedanken zieht vorbei und wir nehmen nur das Negative und dies auch noch viel intensiver wahr. Wir geraten in einen Strudel, der uns nach unten zieht.

Hier hilft uns die Robinson-Methode. Schon das Aufschreiben der Befürchtungen und Ängste trägt dazu bei, sie loszuwerden, denn dadurch werden sie fassbarer und sind leichter zu überprüfen als Vorstellungen, die wir nur im Kopf herumwälzen. Wenn wir nun auch noch notieren, was gegen die negative Sichtweise spricht, sind wir auf dem besten Wege, uns dagegen zu wappnen.

nach Stefan Klein, S. 217-220

Selbstbeobachtung

Um sich über seine Gefühle und Gedanken klar zu werden, ist es wichtig, sich selbst zu beobachten. Dabei kannst du so vorgehen:

1. Du versetzt dich in eine bestimmte Situation, die du dir ausdenkst oder die du schon erlebt hast.
2. Du beschreibst dich, wie du fühlen und handeln würdest.
3. Du setzt dich gleichzeitig als Beobachter ein und beobachtest, wie es dir dabei ergeht.

Anschließend kannst du die Ergebnisse auswerten und fragen, warum du dich so gefühlt und darum so gehandelt hast.

Aufgaben

1. Überlege dir, was du benötigst, um auf einer einsamen Insel überleben zu können. ➜ M1
2. Welche andere Möglichkeiten nutzt du, um von negativen Gedanken/Gefühlen wegzukommen? ➜ M2
3. Lena ist völlig verzweifelt, weil ihre beste Freundin Anne mit ihren Eltern für vier Jahre in die Vereinigten Staaten zieht. Sie hat Angst davor und weiß nicht, wie sie ohne Anne auskommen kann; beide waren bis jetzt unzertrennlich.
   a) Lena wendet sich mit ihren Befürchtungen an eine Jugendzeitschrift. Was schreibt sie?
   b) Du bist bei der Jugendzeitschrift für die Leserzuschriften zuständig und schreibst einen Brief an Lena. ➜ M2
4. Dein Freund/deine Freundin ist traurig oder verzweifelt, weil das letzte Fußballspiel verloren wurde, weil die Mathe-Schulaufgabe misslungen ist, weil ...
   Wie kannst du deinen Freund/deine Freundin unterstützen? Spielt paarweise eine solche Situation; vertauscht anschließend die Rollen.
5. Stell dir vor: Du kommst richtig glücklich in die Klasse, weil deine Mannschaft den Pokal gewonnen hat, weil die Mathe-Schulaufgabe viel besser gelaufen ist als sonst, weil ...
   Wie könnten deine Mitschüler reagieren? Spielt das in der Klasse.

▶ Glossar: Defoe

9 Gedanken – Gefühle

M1 Wer denkt hier was?

M2 Ein verständnisvoller Gesprächspartner?

Eine junge Frau unterhält sich mit einem Gesprächspartner; sie beginnt:

Die Männer sind alle gleich.

In welcher Weise?

Sie machen uns immer wegen irgendwas verrückt.

Können Sie ein Beispiel nennen?

Na ja, die Idee zu diesem Gespräch stammt von meinem Freund.

Die Idee zu diesem Gespräch stammt von Ihrem Freund?

Er sagt, dass ich oft deprimiert bin.

Es tut mir leid, dass ich von Ihnen höre, Sie seien deprimiert.

Das stimmt, ich bin unglücklich.

Glauben Sie, dass dieses Gespräch Ihnen hilft, nicht mehr unglücklich zu sein?

Ich brauche jedenfalls Hilfe, das steht fest.

Was würde es für Sie bedeuten, Hilfe zu bekommen?

Vielleicht könnte ich lernen, mit meiner Mutter auszukommen.

Erzählen Sie mir mehr über Ihre Familie.

Meine Mutter erledigt fast alles für mich.

Wer in Ihrer Familie erledigt noch alles für Sie?

Mein Vater.

Ihr Vater?

Sie sind ein wenig wie mein Vater.

Welche Ähnlichkeit sehen Sie?

Sie sind nicht besonders aggressiv, aber ich glaube, Sie möchten nicht, dass ich das beachte.

Was lässt Sie vermuten, dass ich nicht sehr aggressiv bin?

Sie streiten nicht mit mir.

Wieso glauben Sie, dass ich nicht mit Ihnen streite?

Sie haben Angst vor mir.

Macht Ihnen der Gedanke Spaß, dass ich vor Ihnen Angst habe?

M3 Ein Computerwissenschaftler berichtet über das Programm ELIZA

Der menschliche Gesprächspartner tippt seinen Beitrag in den Computer, und der Computer analysiert diese Botschaft und stellt eine Antwort zusammen.

Das Programm ELIZA besteht aus einem Sprachanalysator sowie aus einer Reihe von Regeln, die in etwa denen gleichen, an die ein Schauspieler gebunden ist, der über ein bestimmtes Thema improvisiert.

Für mein erstes Experiment gab ich ELIZA Regeln ein, die es ermöglichen, die Rolle eines Psychotherapeuten zu parodieren, der mit einem Patienten das erste Gespräch führt. Ein solcher Therapeut ist leicht zu imitieren, da ein Großteil seiner Technik darin besteht, den Patienten dadurch zum Sprechen zu bringen, dass diesem seine eigenen Äußerungen wie bei einem Echo zurückgegeben werden.

Ich konnte bestürzt feststellen, wie schnell und wie intensiv Personen, die sich mit ELIZA unterhielten, eine emotionale Beziehung zum Computer herstellten und wie sie ihm eindeutig menschliche Eigenschaften zuschrieben. Einmal führte meine Sekretärin eine Unterhaltung mit ihm; sie hatte seit Monaten meine Arbeit verfolgt und musste daher wissen, dass es sich um ein bloßes Computerprogramm handelte. Bereits nach wenigen Dialogsätzen bat sie mich, den Raum zu verlassen. Ein andermal äußerte ich die Absicht, das Programm so zu schalten, dass man alle Unterhaltungen abrufen konnte. Sofort wurde ich mit Vorwürfen überschüttet, ich wolle die intimsten Gedanken anderer ausspionieren.

M2, M3 nach Joseph Weizenbaum, S. 14–19

M4 Die interessanteste Sache der Welt

... war das Thema von Harrys Hausaufgabe. Sein Aufsatz begann so:

„DENKEN

Für mich ist die interessanteste Sache der Welt das Denken. Ich weiß, dass viele andere Sachen auch sehr wichtig und wunderbar sind, wie Elektrizität und Magnetismus und Gravitation. Aber obwohl wir sie verstehen, können sie uns nicht verstehen. Daher muss das Denken etwas ganz Besonderes sein."

Harry schrieb noch einige Absätze, dann legte er sein Aufsatzheft in die Schultasche. Als er das tat, kam ihm plötzlich ein Gedanke. „In der Schule denken wir über Mathematik nach, wir denken über Rechtschreibung nach, und wir denken über Grammatik nach. Aber wer hat schon einmal davon gehört, dass wir über das Denken nachdenken?" Und so schrieb er noch folgenden Satz in sein Heft: „Wenn wir über Elektrizität nachdenken, können wir sie besser verstehen, aber wenn wir über das Denken nachdenken, scheinen wir uns selbst besser zu verstehen."

Matthew Lipman (2009), S. 33f

M5 Lüge und Vertrauen

Kein Mensch will belogen werden. Er vertraut auf die Wahrhaftigkeit der anderen Menschen. Es gibt für alle Menschen einen guten Grund, nicht zu lügen. Es wäre verheerend, wenn jeder lügen dürfte, wann immer er es will und für klug hält. Denn die Lüge schadet nicht nur dem, den man belügt. Sie widerspricht der allgemeinen Regel, die alle Menschen befolgen sollten, wenn sie einander trauen wollen. Und ohne ein solches Vertrauen könnte kein Zusammenleben auf die Dauer funktionieren.

nach Manfred Geier, S. 125f.

M6 Gefühl oder Verstand?

Wenn es um Vertrauen geht, spielen Gefühle und Verstand in besonderer Weise zusammen: Vertrauen ist zunächst ein Gefühl. Mit zunehmendem Alter wird Vertrauen aber stärker durch die Vernunft begründet und löst sich von spontanen Gefühlen wie Sympathie oder Antipathie. Besonders deutlich wird das z.B. bei Geschäften: Ein Händler muss darauf vertrauen können, dass seine Kunden auch bezahlen können. Wenn also ein Kunde seine Rechnung nicht bezahlt, wird der Händler mit ihm keine Geschäfte mehr abschließen, und zwar unabhängig davon, ob der Kunde ihm sympathisch ist.

Wie aber ist es bei ganz persönlichen Angelegenheiten wie Freundschaften, privaten Problemen oder Schwierigkeiten in der Schule?

Werner Fuß, S. 33

Aufgaben

1. Mache Vorschläge für den Inhalt der Sprechblasen und erarbeite den Unterschied zwischen Mensch und Roboter: ➜ M1
   Der Mensch kann denken, weil er ein Gehirn, einen Verstand hat, hier entstehen seine Gedanken.
   Der Roboter kann denken, weil er ...
   Seine Gedanken entstehen durch ...
2. Wie könnte das Gespräch weitergehen? Schreibe drei weitere Äußerungen der jungen Frau sowie die Entgegnungen des Gesprächspartners auf. ➜ M2
3. Spielt „ELIZA". Warum muss ein Mensch das Gespräch beginnen? Wie fühlen sich die „menschlichen" Gesprächspartner? ➜ M3
4. Warum ist Denken etwas ganz Besonderes? ➜ M4
5. Erläutere den Satz: „Wenn wir über das Denken nachdenken, scheinen wir uns selbst besser zu verstehen." ➜ M4
6. Probiere ALICE, eine Weiterentwicklung von ELIZA, im Internet aus: www.alicebot.org > chat with A.L.I.C.E
   Darfst du ALICE belügen, kannst du „ihr" vertrauen? ➜ M5

▶ Glossar: intim, Lipman, Weizenbaum

10 Kopf oder Bauch?

M1 Wie würdest du dich entscheiden?

Keith Haring, Untitled, 1987

Jan will sein Taschengeld aufbessern und bei den Nachbarn den Rasen mähen. Er spielt gerade ein neues Computerspiel und hat soeben die nächste Ebene erreicht. Er schaut kurz aus dem Fenster: Gleich wird es regnen. Aber Jan macht das Spiel jetzt so viel Spaß.

Eva will sich neue Schuhe kaufen. Ein top-modisches Paar, das auch ihre beste Freundin trägt, gefällt ihr sehr gut; es ist aber nur noch in einer Größe vorrätig. Beim Anprobieren merkt sie, dass die Schuhe etwas drücken.

Stefan könnte in den Ferien mit Freunden zu einer Wanderfreizeit in die Berge fahren. Eigentlich würde er aber lieber ans Meer fahren und dort schwimmen und vor allem schnorcheln – sein großes Hobby. Da würde aber keiner mitkommen, den er kennt.

Stefanie hat von ihrer Tante einen Geschenkgutschein von einem großen Kaufhaus im Wert von 50 Euro bekommen. Sie hat bereits eine Runde durch das Kaufhaus gemacht und überlegt: In der Klamottenabteilung gibt es für den Gutschein ein schickes Oberteil, in der Musikabteilung drei klasse CDs.

Simon hat Geld für einen Computer gespart. Im Laden spitzt sich die Wahl auf zwei Modelle zu. Das eine Gerät hat ein tolles Design, das ihm gut gefällt, das andere die etwas bessere Technik.

Manuela schreibt morgen eine schwierige Mathe-Schulaufgabe, eine gute Note könnte sie brauchen. Ihre Freundinnen rufen sie an und wollen mit ihr in den neuen Fantasy-Film gehen, da heute die letzte Vorstellung läuft.

M2 Ein Tag im Leben des Herrn Bauch

Als Herr Bauch eines Morgens aufwachte, fühlte er sich pudelwohl in seiner Haut. Er hatte gut geschlafen und durch die Jalousien blinzelte die Morgensonne. Als er auf den Wecker blickte, wurde er etwas nervös, denn er spürte, dass er eigentlich irgendwo hingehen sollte. Er hatte aber keine genaue Vorstellung davon mehr im Kopf und konnte auch mit der Uhrzeit nichts mehr anfangen. Er konnte sich nicht mehr erinnern und nicht mehr denken! Darüber erschrak er, ein Angstgefühl stieg in ihm hoch. Dann aber fand Herr Bauch wieder zu dem angenehmen, wohligen Gefühl beim Aufwachen zurück und ließ sich nochmals in die Kissen sinken.

M3 Was Hirnforscher herausgefunden haben

a) Unser Leben – ständige Gehirntätigkeit?

Jede Bewegung, die wir ausführen, ist mit Gehirntätigkeit verbunden. Hierbei müssen Gehirnzentren, die für die Bewegungssteuerung zuständig sind, aus einer Vielzahl möglicher Bewegungsabläufe genau einen Ablauf auswählen. Diese Entscheidung vollzieht sich unbewusst.

Komplizierte Situationen im Leben spielen sich mehr oder weniger bewusst im Spannungsbereich zwischen Verstand und Gefühl ab, z.B.: Welche Schule oder welchen Beruf soll ich wählen?

Im Lauf der Zeit verändert sich das Gehirn. Ständiges Training etwa führt bei Sportlern dazu, dass komplizierte Bewegungsabläufe unbewusst ablaufen.

b) Verstand und Gefühl

Gefühle wie Ärger, Freude, Zufriedenheit, Stolz usw. entstehen meist unbewusst, sind aber ebenfalls mit Gehirntätigkeit verbunden. Ein Teil dieser Gefühle wird bewusst, also mit dem Verstand, wahrgenommen, ein anderer Teil bleibt unbewusst; alle Gefühle aber beeinflussen uns bei Entscheidungen, und zwar auch bei solchen, die wir bewusst treffen.

Als Verstandesmensch gilt jemand, der seine Gefühle weitgehend im Griff hat und die Folgen seines Handelns genau abwägt. Ein Gefühlsmensch ist jemand, der seinen Stimmungen und Neigungen nachgibt, ohne zunächst die Folgen seines Handelns genau abzuwägen.

c) Das Zusammenwirken von Verstand und Gefühl

Gefühle scheinen erst einmal gar nichts mit unserem Gehirn zu tun zu haben, sondern mit unserem Körper. Uns hüpft das Herz vor Freude, vor unangenehmen Situationen haben wir Schweißausbrüche. Aber auch diese Gefühle werden vom Gehirn gesteuert. Im Gehirn speichern wir auch unsere Erfahrungen ab. Kommen wir wieder in ähnliche Situationen, so erinnern wir uns und entwickeln Gefühle, die uns entweder vor Handlungen warnen oder sie mit einer positiven Erwartung verbinden.

Manche behaupten: Das letzte Wort bei einer Entscheidung haben die Gefühle. Der Verstand zeigt uns zwar, welche Möglichkeiten es in neuen oder komplizierten Situationen gibt. Aber wenn die damit verbundenen Gefühle oder Erinnerungen widersprüchlich oder unüberschaubar werden, entscheiden wir uns für die Möglichkeit, die mit möglichst positiven Gefühlen verbunden ist.

Andere sind eher der Meinung, das letzte Wort bei einer Entscheidung habe der Verstand. Der Verstand ermöglicht uns, komplizierte oder neue Situationen zu durchschauen und zweckmäßig zu entscheiden, selbst wenn die damit verbundenen Gefühle oder Erinnerungen unangenehm sind oder unüberschaubar und widersprüchlich werden.

M4 Das Gehirn

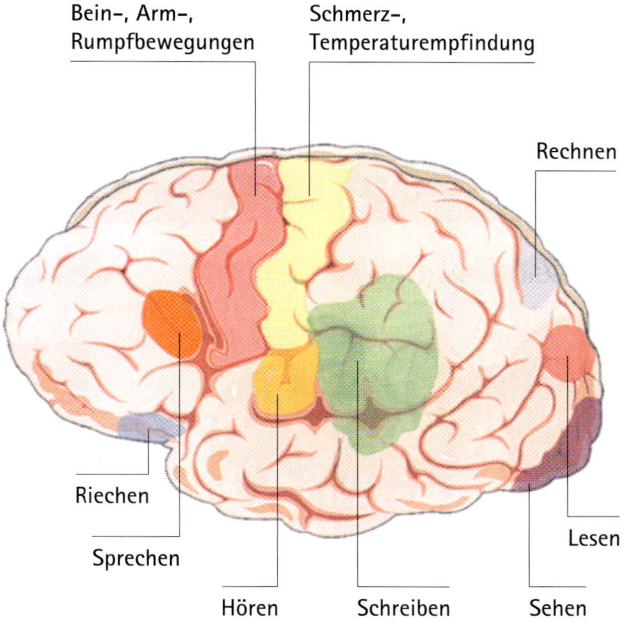

Aufgaben

1. Versetze dich in die Situationen von M1. Entscheide jeweils innerhalb einer Minute.
2. Wie könnte der Tag von Herrn Bauch weitergehen? Schreibe die Geschichte weiter. Verfasse auch den möglichen Tagesablauf von Frau Kopf, die eines Morgens aufwacht und plötzlich keine Gefühle mehr hat. → M2
3. Hat es Vorteile, wenn man etwas unbewusst tut? Hat es Nachteile, wenn man eine Entscheidung bewusst trifft? Finde Beispiele aus deinem Alltag. → M3
4. Zeichne eine „Landkarte" deines Gehirns. Je wichtiger dir ein Bereich ist, desto größer mache ihn. Beschrifte deine „Gehirnkarte" nach deinen Vorstellungen. → M4

11 Glück – mein Ziel?

M1 Ich bin glücklich

Ich bin wieder glücklich. Ich weiß nicht, warum. Sicher nicht, weil ich mein Leben in eine fabelhaft funktionierende Ordnung gebracht hätte. Der Punkt ist nur, dass der Druck gewichen zu sein scheint. Ich spüre stattdessen eine herrliche Ruhelosigkeit. Die Energie knistert mir aus den Fingerspitzen. Ich muss die Arme in die Luft werfen und mich auf der Promenade in imposanten Kreisen um mich selbst drehen. Ich spüre, ich strecke mich so sehr, dass ich nie mehr in meine alte Gestalt zurücksinken kann.

nach Brock Cole, S. 208

M2 Glück ist ...

Jan Tomaschoff / Baaske Cartoons

M3 Glück ist unser höchstes Ziel

Wonach sehnen sich alle Menschen? Die Antwort ist nicht schwierig: Alle Menschen sehnen sich danach, glücklich zu sein. Wo kann man das Glück finden? Wie wird man glücklich? Das ist eine Frage, der wir uns gleich zuwenden wollen. Fürs Erste genügt es aber festzuhalten, dass der Mensch von Natur aus glücklich sein will. Es gibt so etwas wie einen Instinkt – eine natürliche Neigung – zum Glück. Dieser Wunsch nach Glück bestimmt unser Leben so sehr, dass wir es uns nicht einmal vorstellen können, dass ein Mensch gegen seinen Willen glücklich ist. Oder kannst du dir einen Menschen vorstellen, der sich darüber ärgert, wenn er glücklich geworden ist?

Das höchste Ziel des Menschen ist das Glück. Was auch immer wir tun – vom Zähneputzen angefangen, bis zum Studium für einen Universitätsabschluss – wir tun es letztlich mit dem Ziel, glücklich zu werden. Alles, was wir wollen, ist ein Mittel oder Instrument, um glücklich zu werden. In allem, was der Mensch aus freien Stücken tut, geht es ihm letztlich um Glück – so unbedeutend sein Tun auch erscheinen mag. Natürlich sind dabei bestimmte Handlungen wichtiger als andere: Sich zwischen einem Stück Schinken und einer Schweinshaxe zu entscheiden, das ist nicht dasselbe, wie die Entscheidung, ob ich Maria oder lieber Gabriela zur Frau nehme.

Alle Menschen wollen notwendig glücklich sein. Das bedeutet nicht, dass alle Menschen auch immer glücklich werden. Was wir alle gemeinsam haben, ist die Sehnsucht nach dem Glück. Ob wir jedoch unser Ziel, glücklich zu sein, tatsächlich erreichen, steht auf einem anderen Blatt. Daraus, dass wir alle glücklich sein wollen, folgt ja noch nicht, dass wir auch alle glücklich werden müssen. Die Ethik ist nur die Lehre vom Glück; und sie ist auch eine praktische Anleitung zum Glücklichwerden. Die Ethik ist die Kunst, glücklich zu werden.

Héctor Zagal, S. 49f

M4 Flow – das Geheimnis des Glücks

Eine Bäuerin:

Die Arbeit auf dem Feld ist das Beste, was es gibt: Man ist erschöpft, aber man fühlt sich großartig. Ich versorge die Tiere, ich hacke, pflanze, ernte, kümmere mich um die Kartoffeln, das Gemüse und die Blumen. Wenn ich übers Feld schaue und alles gut aussieht, bin ich glücklich und zufrieden. Ich fühle mich frei.

Ein Tänzer:

Eine große Entspannung und Ruhe kommt über mich. Ich sorge mich nicht um Erfolg oder Misserfolg. Was für ein kraftvolles und warmes Gefühl das ist! Ich möchte mich dann ausdehnen, die Welt umarmen. Ich fühle eine enorme Kraft in mir, etwas Erhabenes und Schönes zustande zu bringen.

Eine Mutter, die das Zusammensein mit ihrer kleinen Tochter genießt:

Lesen gehört zu ihren Lieblingsbeschäftigungen, und wir lesen oft zusammen. Sie liest mir vor und ich lese ihr vor, und dann verliere ich den Kontakt mit dem Rest der Welt. Ich bin völlig in das vertieft, was ich tue.

Ein Musiker:

Es ist wirklich fantastisch. Ich achte nicht mehr auf meine Finger, die Tastatur, die Noten, den Raum. Nur meine Gefühle existieren, und durch meine Hände kommen sie nach außen. Du wirst eins mit der Musik, denn auch die Musik ist identisch mit dem, was du fühlst.

M5 So leben, dass die eigenen Kräfte wachsen

Entscheidend für das Glücks-Erlebnis ist nach Csíkszentmihályi, was mit der Arbeit oder der Freizeit getan wird. Verbringt ein junger Mensch seine Freizeit nur mit passivem Konsumieren und mit Tätigkeiten wie Fernsehen, in Eisdielen herumhocken oder mit dem Motorrad herumrasen? Oder ist er mit Tätigkeiten befasst, bei denen sich seine Fähigkeiten entwickeln, Selbstdisziplin, Selbstachtung, die sich auf wirkliche Leistung stützt? Aktivität, und zwar zielgerichtete Aktivität, das Annehmen von Herausforderungen, führt zur Entfaltung von Kräften und damit zu größerem Selbstbewusstsein. Von nichts aber hängt die Empfindung, ein glücklicher Mensch zu sein, mehr ab als vom Selbstwertgefühl.

Frankfurter Allgemeine Zeitung, 13.01.1999, S. 5

M6 Checkliste für Ziele

Wichtig für das Glückserleben durch Flow ist das Aufstellen von Zielen, die sich lohnen. Um sie herauszufinden, kannst du folgende Fragen stellen:

---

1. Was ist mein Ziel, was will ich?
   (Was sind meine Bedürfnisse, Wünsche, Sehnsüchte?)
2. Woran würde ich erkennen, dass ich das Ziel erreicht habe?
   (Was sehe, höre, fühle ich?)
3. Wie möchte ich das Ziel erreichen?
   (Mit wem, wann und wo?)
4. Wie verändert sich mein Leben, wenn ich mein Ziel tatsächlich erreicht habe?
   (Worauf muss ich verzichten? Was gewinne ich?)
5. Was benötige ich, um mein Ziel zu erreichen?
   (Welche Schritte muss ich tun? Welches ist der erste Schritt?)

M4, M6 nach Mihaly Czíkszentmihály, S. 80-88, 107

Aufgaben

1. Erinnerst du dich an einen Zustand, in dem du sehr glücklich warst? Beschreibe deine Gefühle, Gedanken und dein Verhalten in dieser Situation. ➜ M1
2. Sammelt Bilder, die Menschen in glücklichen Zuständen zeigen, und gestaltet eine Wandzeitung.
3. Erarbeite aus dem Text die Gründe, warum alle Menschen glücklich sein wollen. Wie lässt sich dieses Ziel am besten verwirklichen? ➜ M3
4. Stelle die Merkmale des Flow-Erlebnisses aus den Berichten der befragten Personen zusammen. ➜ M4
5. Finde eigene Beispiele für „Flow-Aktivitäten".
6. Erarbeitet in Gruppen, wie eine Schule aussehen müsste, damit sie Flow-Erlebnisse ermöglicht.
7. Formuliere anhand der Checkliste ein persönliches Lebensziel und den Weg, wie du es erreichen willst. ➜ M6

▶ Glossar: Czíkszentmihály, Flow

Grundwissen

Was wir wissen

Rechte und Pflichten

Kinder und Jugendliche genießen bestimmte Rechte und müssen bestimmte Pflichten erfüllen. Sie genießen z.B. ein Recht auf besondere Fürsorge von den Eltern, aber auch von der Schule, von Sportvereinen etc. Mit zunehmendem Alter nimmt diese Fürsorge langsam ab und die Eigenverantwortlichkeit zu. Ab der Volljährigkeit, also ab dem 18. Geburtstag, ist prinzipiell jeder für sich selbst voll verantwortlich.

Demgegenüber stehen einige Einschränkungen bzw. Pflichten der Kinder und Jugendlichen. Sie müssen z.B. eine Schule besuchen und sich an deren Regeln halten, und sie müssen Weisungen ihrer Eltern, ihrer Übungsleiter im Sportverein befolgen.

Manche dieser Rechte und Pflichten sind in Gesetzen geregelt: Dazu gehört z.B. das Jugendschutzgesetz, das Regelungen zum Verkauf und der Abgabe von Tabak, Alkohol, Filmen und Computerspielen sowie zum Aufenthalt in Diskotheken und Gaststätten beinhaltet. So sind für Jugendliche unter 18 Jahren das Rauchen in der Öffentlichkeit sowie der Kauf von Tabakwaren untersagt. Alkoholische Getränke dürfen nicht an Kinder und Jugendliche unter 16 Jahren verkauft werden.
Weitere gesetzliche Regelungen sind die „Religionsmündigkeit“ (d.h., ab dem 14. Lebensjahr können Jugendliche selbst entscheiden, ob bzw. welcher Religionsgemeinschaft sie angehören wollen) oder die eingeschränkte „Strafmündigkeit“ (ab dem 14. Lebensjahr können Jugendliche durch ein Gericht zu einer Jugendstrafe verurteilt werden).

Selbstbestimmung und Einflüsse

Kinder und Jugendliche sind während des Heranwachsens vielfältigen Einflüssen ausgesetzt, die sie positiv oder negativ beeinflussen können. Dazu gehören Einflüsse aus der Umwelt wie die Eltern, die Schule, die Gruppen, denen Jugendliche angehören, oder Medien und Werbung.
Es gibt aber auch Einflüsse, die mit der je eigenen Entwicklung verbunden sind, z.B. die körperliche Entwicklung einschließlich der Sexualität sowie die Weiterentwicklung geistiger Fähigkeiten wie erweiterte Wahrnehmungs-, Denk-, und Erfahrungsmöglichkeiten. Insbesondere die Wahrnehmung der eigenen Person entwickelt sich spürbar im Alter zwischen 12 und 14 Jahren.

Aus all diesen Umständen bildet sich für jeden eine eigene, einmalige Identität heraus. Diese Identität lässt sich zunehmend eigenständig und selbstverantwortlich zu einem je eigenen Leben gestalten.

Was wir können

1. a) Teilt euch in kleine Gruppen auf und sucht für jede der rechts stehenden Fähigkeiten und Fertigkeiten ein Beispiel.
   b) Bei welchen der genannten Punkte seid ihr ganz allein auf euch gestellt?
   c) Fasst in einer Tabelle zusammen: Bei welchen Punkten habt ihr es mit anderen Menschen zu tun? Wer sind diese anderen? Kennt ihr sie persönlich?

- sich selbst beobachten
- Gefühle wahrnehmen und beschreiben
- Kopf und Bauch unterscheiden
- den anderen wahrnehmen
- sich in den anderen einfühlen
- über eigene Stärken und Schwächen nachdenken
- Werbung und Konsumangebote beurteilen
- Gruppenzugehörigkeiten erkennen
- über das Denken nachdenken
- fragen können
- Begriffe erklären

2. Teilt euch in zwei Gruppen. Jede Gruppe beschäftigt sich mit einem Thema aus den verschiedenen Bereichen des Kapitels (z.B. Identität) und entwickelt Fragekärtchen dazu. Schreibt auf die Rückseite die wichtigsten Antworten.
Findet weitere Fragen zum Kapitel **Erwachsen werden**.

Gruppe 1: Wer bin ich?

Was macht meine Persönlichkeit aus?

Ich will mich selbst erforschen – wie mache ich das?

Ist der andere anders oder ist er so wie du?

Bin ich ein Ich oder viele Ichs?

Gruppe 2: Ich nehme mein Leben in die Hand

Welche Bedeutung haben Gefühle für die Persönlichkeit?

Sind Gefühle wichtig für unsere Entscheidungen und Handlungen?

Wie kommen wir zu unseren Gedanken?

Wie sollten wir mit Gefühlen umgehen?

3. Welche Rechte und Pflichten gehören zusammen? Ordne die untenstehenden Rechte und Pflichten einander zu, notiere jeweils die Paare der Kennbuchstaben.

Schüttle die Paare der Kennbuchstaben, und du erhältst einen Lösungssatz:

„XXX XXX XXXX anderer."

Ich habe das Recht, mir Freunde zu suchen. (K)

Ich habe das Recht auf eine Schulausbildung. (H)

Ich habe das Recht auf einen Namen. (I)

Ich habe das Recht auf meinen eigenen Lebensweg. (I)

Ich habe die Pflicht, in die Schule zu gehen. (B)

Ich habe das Recht auf Spielen. (I)

Meine Eltern haben die Pflicht, mir einen Namen zu geben. (N)

Die Schule und meine Eltern müssen mir Zeit zum Spielen lassen. (C)

Ich habe die Pflicht, mein Leben nach Möglichkeit selbst zu gestalten. (N)

Die Schule und meine Eltern haben die Pflicht, mir Freundschaften zu ermöglichen. (E)

Gewissen und Verantwortung

Verantwortung – was ist das?

Freundschaft – wie geht das?

Liebe – gibt es das?

1 Ver–Antwort–ung

M1 Und keiner schaut hin ...

Luis Murschetz

M3 Ich kann doch nichts dafür!

Im Werkunterricht arbeiteten alle Schüler still vor sich hin, jeder in seine Arbeit vertieft. Am Schluss der Stunde packten die meisten ihre Werkzeuge in die Schublade zurück, aber Alvaro hatte es wieder einmal eilig, zum Spielen hinauszukommen, und ließ einiges auf seinem Arbeitsplatz liegen, darunter auch sein Schnitzmesser. Margarita bemerkte es nicht, und als sie sich an seinem Tisch aufstützte, schnitt sie sich in den Finger, und es blutete.

Der Lehrer regte sich mächtig auf und trug Alvaro wegen unverantwortlichen Verhaltens ins Klassenbuch ein. Alvaro protestierte, weil er meinte, es gebe keinen Grund, ihn zu bestrafen. „Du hättest das Messer nicht liegen lassen dürfen“, sagte Gloria. „Was willst du?“, regte sich Alvaro auf. „Schließlich hätte Margarita besser aufpassen können. Da ist sie doch selbst schuld!“ „Du irrst dich, Alvaro!“, sagte Manuel entschieden. „Du bist für deine Sachen verantwortlich und hättest dein Werkzeug wegpacken müssen. Besonders dann, wenn man sich damit verletzen kann. Wie hätte Margarita wissen können, dass bei dir noch ein Messer herumliegt?“

„Ihr tut gerade so, als ob ich ihr mit Absicht in den Finger geschnitten hätte!“ „Du hattest bestimmt nicht die Absicht, ihr zu schaden“, sagte Camilla, „aber es war deine Pflicht, einem Schaden vorzubeugen.“ „Das ist bei Margarita nur nicht ganz einfach, so beschränkt wie die ist!“

Ernst Tugendhat, S. 44f

M2 Du hättest handeln „können"

Diesen Gedanken von „können“ und „hätte ... können“ wenden wir nur auf Personen (und vielleicht auf einige Tiere) an. Wenn wir sagen, „Das Auto hätte durchaus den Gipfel erreichen können“, so meinen wir, dass das Auto über genügend Leistung verfügte, um den Gipfel zu erreichen, „wenn“ es jemand dort hochführe. Wir meinen nicht, dass das am Fuß des Berges geparkte Auto irgendwann einfach von selbst hätte losfahren und den Gipfel erklimmen können, statt bloß tatenlos herumzustehen. Irgendetwas anderes hätte vorher geschehen müssen, etwa dass jemand einsteigt und den Motor anlässt. Bei Personen jedoch scheinen wir zu glauben, dass sie ...

Thomas Nagel, S. 42

M4 **Jüdische Parabel**

Ein Mensch geht über Land und trifft einen Bauer, der einen Johannisbrotbaum pflanzt. Den fragt er: „Was denkst du, wann wird das Bäumchen Früchte tragen?“ Und erhält die Antwort: „Vielleicht in siebzig Jahren.“ Da ruft der Wanderer aus: „Du Tor! Denkst du in siebzig Jahren noch zu leben und die Früchte deiner Arbeit zu genießen? Pflanze lieber einen Baum, der eher Früchte trägt, damit du dich noch in deinem Leben daran erfreust!“ Der Landmann aber, der sein Werk vollendet hat und freudig darauf schaut, antwortet: „Herr, als ich zur Welt kam, da fand ich Johannisbrotbäume und aß von ihnen, ohne dass ich sie gepflanzt hatte, denn das hatten meine Väter getan. Habe ich nun genossen, wo ich nicht gearbeitet habe, so will ich einen Baum pflanzen für meine Kinder und Enkel, dass sie davon genießen. Wir Menschen mögen nur bestehen, wenn einer dem anderen die Hand reicht. Siehe, ich bin ein einfacher Mann, aber wir haben ein Sprichwort: Gefährten oder Tod.“

Evangelische Akademie Baden, S. 116f

M5 **Verantwortung**

INFO

Verantwortlich handeln

Man kann auf verschiedene Weise handeln:

absichtlich	–	unabsichtlich
freiwillig	–	unfreiwillig
überlegt	–	unüberlegt
sorgfältig	–	nachlässig

Absichtlich handeln heißt, dass man bewusst durch seine Handlung etwas Bestimmtes bewirken will (Margarita mit dem Messer verletzen). Für die Folgen muss man die Verantwortung übernehmen.

A. 6 Überlege, warum man auch bei **unabsichtlichem** Handeln verantwortlich gemacht werden kann.

Monika Sänger, S. 100

Aufgaben

Situation kurz beschreiben

1. Verfasse einen Kurztext, der eine Antwort darauf gibt, was die drei Personen aktiv machen sollten. ➜ M1
2. Schreibe den Text zu Ende. ➜ M2
3. Spielt die Situation nach und erweitert die Argumente des Lehrers, Glorias, Alvaros, Manuels und Camillas. ➜ M3
4. Beschreibe die Verantwortung, die die Parabel aufzeigt. ➜ M4
5. Prüfe an einem selbstgewählten Beispiel, wofür und wovor du verantwortlich bist: Ich bin vor meinen Eltern/Lehrern/Freunden verantwortlich für ... ➜ M5

▶ Glossar: Parabel

2 Frei zur Verantwortung

M1 Er war's

Klaus Vonderwerth

M2 Ich war's

Verantwortlich sein heißt, sich wirklich frei zu wissen, für das Gute und das Schlechte: sich die Konsequenzen seiner Handlungen aufzuladen, das Schlechte zu meiden und vom Guten so viel wie möglich zu profitieren. Im Unterschied zu dem schlecht erzogenen und feigen Kind ist der Verantwortliche immer bereit, für seine Handlungen einzustehen: „Ja, ich bin es gewesen!" *Fernando Savater, S. 90*

M3 Stufen der Verantwortlichkeit

Wenn eine Mutter mit ihrem zweijährigen Kind die Straße überquert, fasst sie es normalerweise an der Hand, weil sie sich eben nicht sicher ist, ob es auch gehorcht. Später, wenn das Kind etwas älter geworden ist und einen Sinn für Verantwortlichkeit entwickelt hat, kann die Mutter es auch loslassen und mit ihm sprechen, sie kann zum Beispiel sagen: „Pass auf!" oder „Schau nach vorn!" oder „Nicht immer die Leute anrempeln!" oder auch „Das war jetzt deine eigene Schuld, dass du mit der Frau zusammengestoßen bist!"

In dem Moment, wo es Sinn macht, dem Kind vorzuhalten, dass etwas seine eigene Schuld war, beginnen wir von Zurechnungsfähigkeit zu sprechen. Das bedeutet, dass man die Handlung seiner freien Entscheidung ihm zurechnet und dass man ihm sagen kann, es hätte auch anders handeln können.

Das kleine Kind, das unabhängig sein will, aber noch nicht zurechnungsfähig ist, noch nicht zur Verantwortung gezogen werden kann, tut schon, was es selbst will, aber es ist noch nicht imstande, eine Regel zu befolgen, und schon gar nicht eine selbst gegebene. Wenn das Kind etwas größer ist, kann es schon Regeln befolgen, aber eben noch keine eigenen. Die Eltern müssen ihm zum Beispiel erst sagen: „Wenn du etwas versprochen hast, musst du es auch halten!" Das Kind hat dann die Möglichkeit, diese Regel einzuhalten oder nicht. Erinnert ihr euch noch an das, was wir über die Goldene Regel gesagt hatten? Sie bot die Möglichkeit, sich gegenseitig Regeln aufzuerlegen, die jede Person billigen würde. Das ist jetzt Selbstbestimmung: Die Person lebt nach Regeln, die sie sich selbst gegeben hat.

Ernst Tugendhat, S. 154ff

Freiheit ist Selbst-Verantwortung

INFO

Als freie Person bin ich verantwortlich für meine Entscheidungen, meine Handlungen, die Folgen meiner Handlung und für mich selbst, meinen Lebensplan und meine Zukunft.

ICH verantworte	**MICH** vor	**MIR SELBST**
▼	▼	▼
- bin frei in meinen Entscheidungen - bin zurechnungsfähig	- ich handle	- ich entwerfe ein Bild von mir: so will ich sein und handeln

Monika Sänger, S. 102

M4 Freiheit ist Verantwortung

Es geht darum, die Freiheit ernst zu nehmen, d. h. *verantwortlich* zu sein. Und das Ernste an der Freiheit besteht darin, dass sie unbezweifelbare Auswirkungen hat, die man nicht nach Belieben wieder rückgängig machen kann. Ich bin frei, den Kuchen, den ich vor mir habe, zu essen oder nicht zu essen; wenn ich ihn aber einmal aufgegessen habe, bin ich nicht mehr frei, ihn vor mir zu haben oder nicht. Wenn ich einen Stein in der Hand halte, bin ich frei, ihn zu behalten oder wegzuwerfen; wenn ich ihn aber weggeworfen habe, kann ich ihm nicht mehr befehlen zurückzukommen, damit ich ihn weiter in der Hand halten kann. Und wenn ich mit ihm jemandem den Kopf einschlage – na, weißt du, worauf ich hinaus will? Das Ernste an der Freiheit ist, dass jede freie Handlung, die ich begehe, meine Möglichkeiten zu wählen und eine von ihnen zu realisieren, einschränkt. Und die Masche zu warten, um zu sehen, ob das Ergebnis gut oder schlecht ist, bevor ich die Verantwortung dafür übernehme oder nicht, lohnt sich nicht. Vielleicht kann ich einen fernen Beobachter täuschen, wie es das Kind versucht, das sagt „Ich bin es nicht gewesen!", aber mich selbst kann ich in keiner Weise betrügen.

M5 Verantwortung übernehmen

M6 Spuren hinterlassen

Der Kern der Verantwortlichkeit – falls es dich interessiert – besteht nicht einfach darin, den Mut oder die Ehrenhaftigkeit zu besitzen, die eigenen Blamagen auf sich zu nehmen, ohne rechts und links nach Entschuldigungen zu suchen. Der verantwortlich Handelnde ist sich des Realen seiner Freiheit bewusst. Ich benutze „real" im doppelten Wortsinn von „echt" und „wirklich". Alle meine Entscheidungen hinterlassen in mir eine Spur, bevor sie diese in meiner Umwelt hinterlassen.

M4, M6 Fernando Savater, S. 91

Aufgaben

1 Schreibe einen Dialog, den der Vater und der ältere Sohn miteinander führen. ➜ M1

2 Stelle den Satz *Ich war's* auf die Probe mithilfe eines Gedankenexperiments. Gib eine Situation an, in der folgender Satz sinnvoll wäre: „Ich bin es zwar gewesen, aber ich bin nicht schuld." ➜ M2

3 Mit zunehmendem Alter wachsen auch die Erwartungen, die andere an einen stellen. Unterscheide die Phasen der verschiedenen Lebensalter und bestimme, welche Erwartung mit welchem Lebensalter einhergeht. ➜ M3, M4

4 Wer Verantwortung übernimmt, hinterlässt Spuren – in sich selbst und bei anderen. Diskutiert unter diesem Aspekt das abgebildete Verantwortungsprojekt. ➜ M5, M6

5 Vervollständige das ABC in deinem Heft. Suche fünf Bestimmungen heraus, die dir besonders wichtig erscheinen.

ABC der Verantwortung

V ....
E igene Entscheidungen treffen
R ....
A ....
N ....
T ....
W ....
O ....
R ....
T ....
U nrecht wiedergutmachen
N ....
G ....

▶ Glossar: Goldene Regel

3 Mein Leben – mein Körper

M1 Spider-Man – das Tier im Mensch

M2 Klettern – eine Lebensphilosophie

Alexander Huber gilt als einer der besten Kletterer der Welt. In seinem Buch „Free Solo" schildert Huber die Motive und Visionen, die hinter dem Klettern stecken. Aus seiner Sicht ist für wirkliche Könner eine Route ohne Sicherungen, ein Free Solo, nach intensivem Training und minutiöser Planung ein kalkulierbares Risiko.

Sommer 2002. Ich stehe unter der Großen Zinne. Über mir die 500 Meter hohe Nordwand und die Direttissima. Free solo will ich sie klettern. Die erste schwierige Stelle befindet sich in rund 80 Meter Wandhöhe. Wenn ich mich dort oben, am „Point of no return", entscheide weiterzuklettern, werde ich die Konsequenzen zu tragen haben – dann muss ich die weiteren 500 Meter klettern, ob ich will oder nicht. Viele Versuche werde ich nicht haben. Vielleicht wird sogar ein einziger Rückzug vom „Point of no return" reichen, um mental vor der erdrückenden Dimension der Wand zu kapitulieren. Dann wird es keinen weiteren Versuch mehr geben.

Mir ist klar, dass ich nicht einsteigen darf, solange mich meine schwarzen Gedanken nicht loslassen. Noch einmal gehe ich am Wandfuß der Großen Zinne auf und ab. Setze mich wieder hin. Ich weiß, dass ich es heute versuchen muss. Meine Gedanken, die voll und ganz von dieser Route gefangen sind, lassen es nicht zu, jetzt abzubrechen. Das Wechselbad der Gefühle weicht einem Gedankenchaos. Das Gehirn ist überfordert. Mechanisch ziehe ich die Kletterschuhe an, binde mir den Magnesiasack um die Hüfte und klettere die ersten paar Meter. Ich bin total betäubt, fühle nichts – so kann ich nicht weitermachen. Ich steige wieder zurück, setze mich noch einmal am Einstieg hin und bin völlig fertig mit der Welt. Dann, nach ein paar Minuten, kommt Erleichterung; ich weiß jetzt genau, dass ich bis zum „Point of no return" jederzeit in der Lage bin, den Versuch abzubrechen und zurückzusteigen. Ich bin zu nichts gezwungen! Nun fühle ich mich freier.

Nach einer kurzen Pause steige ich wieder ein, klettere die ersten zwei Seillängen hinauf. Während ich in den Stunden vor dem Durchstieg Angst hatte und übernervös war, verschwindet jetzt, als ich mich endlich in der Wand bewege, meine Betäubung. Unter dem reibungslosen „Normalbetrieb" wird das Denken frei für das Klettern. Ich spüre keine Angst mehr. Zu stark bin ich auf die Bewegung konzentriert, als dass ich jetzt noch Zeit zum Angsthaben hätte.

Ich klettere in die dritte Seillänge hinein. Nach vier Metern erreiche ich den „Point of no return". Die Entscheidung ist jedoch längst getroffen. Nicht hier, am kritischen Punkt, sondern am Einstieg lag die Schlüsselstelle – das Verlassen des Bodens war die Barriere, die ich überwinden musste.

nach Alexander Huber, S. 114–119

M3 Was der Körper über einen Menschen aussagt

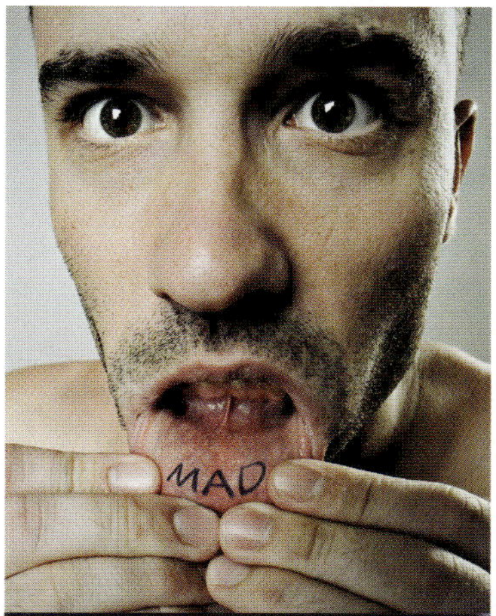

Aufgaben

1 Beschreibe unter dem Aspekt „Körperlichkeit" die Faszination der Comic-Figur „Spider-Man". Gehe dabei auch auf den Unterschied von Tier und Mensch ein. ➜ M1

2 Entwickle „10 Gebote einer Ethik des Kletterns". ➜ M2

3 So wie Sherlock Holmes (S. 20, 21) mithilfe der Uhr Rückschlüsse auf ihren Besitzer macht, sollst du ebenfalls Aussagen zu den Personen machen, indem du deren Umgang mit ihrem Körper zur Grundlage deines Urteils machst. ➜ M3

▶ Glossar: Direttissima

4 Freunde sind wichtig

M1 Freundschaftspuzzle

„Ohne meine Freundin könnte ich nicht leben. Sie **kümmert sich** um meine Gefühle und ist immer für mich da."

„Durch meine Freunde habe ich das Gefühl, gebraucht und **anerkannt** zu werden."

„Durch meine Freundin finde ich heraus, was **alles in mir** und was in ihr steckt. Ich messe mich mit ihr."

„In meiner Clique fühle ich mich geborgen. Dort wirst du von den anderen **angenommen**. Sie denken oft genauso wie du und beschäftigen sich mit den gleichen Problemen. Außerdem gibt mir die Clique Sicherheit."

„Mein Kumpel und ich **halten zusammen**. Mit dem verstehe ich mich manchmal besser als mit meinen Eltern."

„Unseren Freundschaftsbund haben wir besiegelt. Wir hoffen, er hält **ein Leben lang**."

Christa Bohschke, S. 34f

M2 Erwartungsvoll eine Freundschaft eingehen

Jena, den 31. August 1794

... Erwarten Sie bei mir keinen großen Reichtum von Ideen; dies ist es, was ich bei Ihnen finden werde. Mein Bedürfnis und Streben ist, aus Wenigem Viel zu machen, und wenn Sie meine Armut an allem, was man erworbene Erkenntnis nennt, einmal näher kennen sollten, so finden Sie vielleicht, dass es mir in manchen Stücken damit mag gelungen sein. Weil mein Gedankenkreis kleiner ist, so durchlaufe ich ihn eben darum schneller und öfter und kann eben darum meine kleine Barschaft besser nutzen und eine Mannigfaltigkeit, die dem Inhalt fehlt, durch die Form erzeugen. Sie bestreben sich, Ihre große Ideenwelt zu simplifizieren, ich suche Varietät für meine kleinen Besitzungen. Sie haben ein Königreich zu regieren, ich nur eine etwas zahlreiche Familie von Begriffen, die ich herzlich gern zu einer kleinen Welt erweitern möchte. ...

Der Ihrige

Schiller

Weimar, den 4. September 1794

... Dabei hätte ich Ihnen folgenden Vorschlag zu tun: Nächste Woche geht der Hof nach Eisenach, und ich werde vierzehn Tage so allein und unabhängig sein, als ich sobald nicht wieder vor mir sehe. Wollten Sie mich nicht in dieser Zeit besuchen? Bei mir wohnen und bleiben? Sie würden jede Art von Arbeit ruhig vornehmen können. Wir besprächen uns in bequemen Stunden, sähen Freunde, die uns am ähnlichsten gesinnt wären, und würden nicht ohne Nutzen scheiden. Sie sollten ganz nach Ihrer Art und Weise leben und sich wie zu Hause möglichst einrichten. Dadurch würde ich in den Stand gesetzt, Ihnen von meinen Sammlungen das wichtigste zu zeigen, und mehrere Fäden würden zwischen uns angeknüpft. ...

Leben Sie recht wohl und grüßen die Ihrigen

Goethe

M3 Zur Freundschaft gehört ...

Freundschaft kennt keine Grenzen, was Alter, Geschlecht, Nationalität, Religion und Wohnort anbelangt. Wie sie aussieht, wie sie sich anfühlt, regeln Freunde untereinander ganz individuell. Es gibt keinen Freundschaftsführerschein und auch keinen Mitgliedsausweis.

Alles ist offen, dennoch existieren ein paar Musts:

* Zur Freundschaft gehören mindestens zwei.
* Freundschaft beruht auf Gegenseitigkeit.
* Freundschaft ist von Anfang bis Ende etwas ganz und gar Freiwilliges.
* Freundschaft entwickelt sich erst nach und nach.
* Die Voraussetzungen für Freundschaft sind Sympathie und Zuneigung.
* Damit Freundschaft funktioniert, braucht es Verstehen, Verständnis und Verlässlichkeit.
* Freunde respektieren und helfen sich.
* Freunde sind sich nah, können den anderen aber genauso gut in Ruhe lassen.
* Streit muss in einer Freundschaft möglich sein.
* Freundschaft will gepflegt und gelebt sein.
* Im Unterschied zur Liebe gibt es in der Freundschaft keinen Sex.

Beate Herkendell, S. 22f

Aufgaben

1 Ordne die Texte den Bildern zu. Gibt es eine eindeutige Zuordnung? Begründe deine Auffassung. ➜ M1

2 Sammelt in der Klasse eure persönlichen „Freundschaftsbilder". Schreibt dazu, warum gerade diese Bilder für euch Freundschaft so gut symbolisieren. Ihr könnt hiermit den Anfang einer Wandzeitung zum Thema Freundschaft machen. ➜ M1

3 Die Freundschaft zwischen Goethe und Schiller stand 1794 noch ganz am Anfang. Bestimme anhand der Briefe, wie die beiden Freundschaft schließen und welche Erwartungen sie aneinander stellen. ➜ M2

4 Findest du die Aussagen zutreffend? Erstelle folgende Tabelle zu den „Musts" und begründe. Tauscht euch anschließend in der Klasse über die Ergebnisse aus und ergänzt gegebenenfalls. ➜ M3

„Musts" in einer Freundschaft	stimme zu	stimme nicht zu	Begründung
...			
...			

5 Welche „No-Gos" („Das geht auf keinen Fall in einer Freundschaft") würdest du demgegenüber aufstellen? Ergänze die Tabelle entsprechend. ➜ M3

6 Gedankenexperiment: Nehmen wir einmal an, deine Eltern würden dir ab jetzt jeglichen Kontakt mit deinen Freunden verbieten.

a) Zähle auf, was sich alles dadurch in deinem Leben verändern würde.

b) Benenne Situationen, in denen dir deine Freunde besonders fehlen würden.

5 Was Freundschaft ausmacht

M1 Fußball international

Meldin Bajramovic, 13, aus Bosnien, und Axel Schumann, 13, haben sich beim Fußballspielen kennengelernt.

Meldin Erst dachte ich, was ist das für ein Typ, der ist ja viel zu dünn, um im Mittelfeld zu spielen. Dann hat er ein Tor nach dem anderen geschossen, und seitdem treffen wir uns fast jeden Tag. Er ist mein bester Freund geworden, bei ihm zu Hause war ich trotzdem erst einmal. Es ist schön dort, aber seine Mutter ist immer weg, weil sie den ganzen Tag arbeiten muss.

Bei uns ist oft Besuch, meine Eltern laden Freunde und Nachbarn ein. Etwas ganz Besonderes ist das bosnische Bajram-Fest. Zweimal im Jahr kommen Männer aus der Verwandtschaft; im Wohnzimmer ist es dann so eng, dass kaum ein Kind mehr Platz hat. Sie trinken Tee, essen Pita, Blätterteig mit Spinatfüllung, und rauchen Zigaretten. Sie bringen Geschenke mit, und wir Kinder bekommen Geld.

Axel und ich wohnen im selben Stadtteil. In meiner Klasse gibt es nur einen Deutschen. Wir haben im Unterricht schon davon gehört, dass es Ausländerfeinde gibt, und im Fernsehen habe ich auch mal Nazis gesehen. Aber wir Kinder verstehen uns gut, weil alle hier aus verschiedenen Ländern kommen: Togo, Ghana, Türkei, Afghanistan, Bosnien, Kroatien. Kein Deutscher traut sich zu sagen: „Ausländer raus!" Oder so.

Manchmal schimpfe ich auf Bosnisch, wenn mich ein Mädchen ärgert. Axel findet das toll, weil es für ihn wie eine Geheimsprache klingt, die er auch können möchte. Ich spreche jeden Tag mit meiner Mutter bosnisch und finde das ganz normal.

Irgendwann kommt Axel mit zu uns nach Bosnien. Zweimal im Jahr fahren wir in unser Haus dort, bringen Möbel und Geschirr aus Deutschland mit und sehen unsere große Familie. Aber vorher muss Axel ein bisschen unsere Sprache lernen, sonst ist es langweilig.

Axel Meldin ist seit zwei Jahren mein bester Freund. Er ist nicht so ein toller Fußballspieler, aber er hat nie Angst. Sein Vater sagt, er soll sich immer wehren können, deshalb trainiert er in seiner Freizeit Kickboxen. Vor ein paar Wochen hatte ich Angst, vom Jugendtreff nach Hause zu gehen, weil mir ein 18-Jähriger aufgelauert hat, der meinen Tretroller klauen wollte. Da hat Meldin gesagt: „Komm, wir gehen jetzt raus, er tut dir schon nichts." Er ist der mutigste Freund, den ich habe.

Meldin hat zwei Heimatländer, Deutschland und Bosnien, das finde ich toll. Bei uns zu Hause bin ich nicht so oft, draußen ist es spannender. Da kann ich immer Fußball spielen, auch die Großen spielen mit, weil ich so gut bin. Oder wir sind bei Meldin. Bei ihm sind immer viele Leute, die reden, essen und viel lachen.

In unserer Schule und beim Sport gibt es kaum Deutsche. Meine Freunde kommen von überall her. Draußen zieh ich manchmal mit 20 Jungs aus verschiedenen Ländern durch die Gegend. Später möchte ich mal in all die Länder reisen, aus denen sie kommen, und ich möchte unbedingt mit Meldin nach Bosnien.

Bei meinen Eltern ist das anders. Obwohl sie nichts gegen Ausländer haben, kennen sie nur Deutsche. Manchmal wünsche ich mir, dass sie mehr unternehmen würden, aber sie arbeiten viel und sind danach sehr müde. Ich habe schon gehört, dass es Leute gibt, die Ausländer nicht mögen. Sie wollen nicht, dass Ausländer hier leben. Ich weiß gar nicht, warum.

nach Andin Tegen, S. 46

M2 Erst Zoff, dann aber Zuneigung

Aslihan Karagün, 12, und Viviane Kilian, 12, hatten ordentlich Krach, bevor sie sich langsam anfreundeten.

Aslihan Die Prügelei war ein Missverständnis, weil ich dachte, Viviane hätte schlecht über mich geredet. Hatte sie aber nicht. Dann entschuldigten wir uns beieinander und haben immer öfter in der Freizeit was unternommen. Viviane war noch nicht oft bei mir zu Hause. Meine Mutter mag Viviane sehr gern, aber meine Großmutter hat manchmal was gegen Fremde, außerdem spricht sie fast nur türkisch. Deshalb sind wir lieber bei Viviane.

Wir sind immer zusammen. Sie ist anders als meine anderen Freundinnen. Ich kann mich auf sie verlassen, und wenn ich traurig bin, hört sie mir zu. Wir teilen alles: unsere Klamotten, die Schminke, das Taschengeld. Sie ist wie eine Schwester. Nur meine Mama ist noch ein bisschen wichtiger für mich, von ihr möchte ich nie getrennt sein. Ich bin ihr einziges Kind, mein Vater hat uns vor vielen Jahren verlassen. Wenn meine Mutter Zeit hat, liest sie mir die Geschichte von Mohammed vor, unserem Propheten.

Sie zwingt mich nicht dazu, in die Moschee zu gehen oder zu beten, aber sie sagt: Es ist gut, wenn man weiß, welche Religion die eigene Familie lebt. Ich mag die Geschichten des Propheten und ich glaube an den Koran. Trotzdem lebe ich in Deutschland und finde auch die Bibel gut. Nur glaube ich nicht daran.

Meine Mutter trägt Kopftuch, ich selbst mag das nicht und muss es auch nicht. Wir essen kein Schwein, ansonsten ist es nicht streng bei uns, auch was die Kleidung betrifft.

Viviane Als ich Aslihan kennengelernt habe, hat sie sich sehr komisch und bunt gekleidet. Jetzt trägt sie Röcke und Schmuck und natürlich unser Freundschaftsband. Und sie weiß endlich, wie man sich schminkt.

Damals, nach unserer Prügelei, habe ich mich mit Aslihan versöhnt. Vorher fand ich sie einfach nur eingebildet. Sie ist sehr schön mit ihrem langen lockigen Haar und den langen Wimpern. Sie zieht sich auch immer gut an, das hab ich an ihr bewundert. Ich trug früher immer einen Zopf und weite Pullis. Aslihan hat mir gezeigt, wie man sich schön kleidet.

Auch bei Aslihan daheim sieht es ganz anders aus als bei uns. Da sind überall Teppiche mit Mustern, Deckchen und Plüschtiere. Es ist sehr gemütlich, finde ich. Aslihan lebt mit ihrer Mutter und ihren Großeltern zusammen. Der Vater hat sie verlassen, und manchmal weint Aslihan auch. Die Großmutter ist etwas schwierig.

Besonders beeindruckend finde ich das Fasten. Bei Ramadan isst Aslihan tagsüber nichts, dann guckt sie neidisch auf mein Schulbrötchen. Sie steht an den Fastentagen um vier Uhr morgens auf, isst und trinkt etwas, danach bedankt sie sich bei Allah dafür, dass sie durchgehalten hat. Den Tag über isst und trinkt sie wieder nichts. Dafür bewundere ich Aslihan.

Aslihans Mutter kommt aus einem kleinen Dorf in der Türkei, aber Aslihan ist noch nie da gewesen. Immer kam etwas dazwischen. Ich glaube, Aslihan würde gern mal in dieses Dorf, aber ohne ihre Mutter geht sie nirgendwo hin. Ihre Mutter ist ihre beste Freundin. Vielleicht bin ich einfach ihre zweitbeste Freundin.

nach Andin Tegen, S. 48

Aufgaben

1. Obwohl die Familien nicht miteinander befreundet sind, sind Meldin und Axel beste Freunde und Aslihan und Viviane beste Freundinnen. Finde für beide Fälle die Gründe, warum das gelingt. ➜ M1, M2
2. Viele Menschen haben Angst vor Dingen, die ihnen fremd sind. Erzähle für eine der beiden Freundschaften, wie die Angst vor dem Fremden überwunden wurde. ➜ M1, M2
3. Beurteile: Schließen Fremdheit und Freundschaft einander aus? Oder gibt es auch Freunde, die einem fremd sind? Begründe deine Meinung.

▶ Glossar: Bajram, Bibel, Koran, Mohammed, Ramadan

6 Keine Freundschaft ohne Konflikte

M1 Probleme unter Freunden

Jim Borgman / Jerry Scott

M2 Zickenterror? Eifersucht, Neid, Konkurrenz oder ...?

Wie findet ihr diesen Spruch von meiner Freundin?

gefragt von bienchen93 am 08.12.2013 um 19:00 Uhr

Meine Freundin Britta und ich waren heute in einer echt tollen Boutique mit vielen Schnäppchenpreisen. Sie hat Größe 38, ich 42. Sie zieht eine Röhrenjeans raus und sagt zu mir: „Wie schade, dass DU so was nicht tragen kannst!" Wie findet ihr das? Okay, weil ehrlich? Total daneben? Weder noch? Sonst was? Würde mich über eure Einschätzung freuen ;-)!! Danke!

beantwortet von jojo am 08.12.2013 um 19:04 Uhr

Klingt arrogant und so, als ob sie sich über dich stellen möchte.

beantwortet von Leon17 am 08.12.2013 um 20:01 Uhr

Klingt wie der ganz normale Zickenkrieg unter 14-Jährigen. Nichts Besonderes.

beantwortet von Julia94 am 08.12.2013 um 20:02 Uhr

Schon ein bisschen daneben. Sie hätte ja auch einfach die Klappe halten können. Obwohl ich schon dafür bin, dass man ehrlich zueinander ist. Aber verletzend braucht niemand zu sein. Vielleicht hat sie aber auch einfach nicht nachgedacht und es ist ihr so rausgerutscht.

Christa Bohschke, S. 38

M3 Enttäuschte Freundschaft? – Frag nach bei Knigge!

„Über den Umgang mit Menschen" aus dem Jahr 1788 ist Adolph Freiherr von Knigges bekanntestes Werk. Darin hat er wenig – wie viele Leute heute fälschlicherweise glauben – über den Umgang mit Messer und Gabel und über Kleiderordnung geschrieben. Sein Augenmerk lag auf dem achtsamen Umgang miteinander und mit sich selbst.

Knigge: Auch unter den vertrautesten Freunden können Missverständnisse eintreten. Wenn man darüber Zeit verstreichen lässt oder zugibt, dass sich Leute hineinmischen, so erwächst daraus nicht selten eine dauerhafte Feindschaft. Dringend rate ich daher, bei dem ersten Schatten von Unzufriedenheit über irgendein Betragen des Freundes auf Erläuterung zu dringen, vorausgesetzt, dass kein böser Wille obwaltet, wie man es denn bei gutgesinnten, wohlwollenden Freunden voraussetzen muss.

Schüler: Aber Herr Freiherr von Knigge, was ist, wenn wir uns in unseren Freunden täuschen?

Knigge: Mehrenteils sind wir selbst daran schuld, wenn wir bei näherm Umgange die Menschen anders finden, als wir sie uns anfangs gedacht haben. Wir denken uns die Freunde engelrein und sind nachher viel unduldsamer gegen diese als gegen fremde Leute. Spannet eure Meinung von euren Freunden nicht zu hoch, so wird euch ein menschlicher Fehltritt, den sie in Augenblicken der Versuchung begehen, nicht befremden, nicht ärgern.

nach Adolph Freiherr von Knigge, S. 273f

M4 Der Löwe und die Stiere

Eine zärtliche und enge Freundschaft verband vier junge Stiere. Ein Löwe beobachtete sie aus sicherer Entfernung, und seine Begierde nach ihnen wuchs von Tag zu Tag. „Vor diesen acht spitzen Hörnern", sagte er sich aber, „müsste ich fliehen! Ja, diese vier Stiere könnten mich sogar töten, wenn sie mich gemeinsam angreifen. Aber ich weiß, was ich tun muss!"
Er verbarg sich am Rand der grünen, saftigen Wiese, auf der die Stiere weideten, und wartete geduldig, bis sich einer von den anderen ein wenig entfernte. Dann schlich der Löwe hin und flüsterte dem Stier zu: „Ah, du bist es, den die anderen drei verspotten!" Dem nächsten Stier erzählte er: „Die anderen drei sind eifersüchtig auf dich, weil du größer und schöner bist als sie."
Am Anfang hörten die Stiere nicht auf den Löwen, aber bald fingen sie an, sich gegenseitig zu misstrauen. Sie gingen nicht mehr gemeinsam auf die Weide und nachts rückten sie voneinander ab. Das alles machte sie noch viel misstrauischer, und jeder dachte von den anderen: Sie warten auf eine Gelegenheit, mir ein Leid anzutun.
Als der Löwe schließlich die Nachricht verbreitete, die vier Stiere wollten sich gegenseitig bekämpfen, weil jeder der Stärkste sein und die anderen von der Weide verjagen wolle, da fielen sie einander sofort in heller Wut an. Sie schlugen mit ihren Hufen aufeinander ein und zerfetzten sich mit ihren Hörnern die Lenden.
Als der Löwe einen von ihnen anfiel, tötete und fortschleppte, kamen die anderen ihrem Gefährten nicht zu Hilfe. Der Löwe zerriss bald danach einen zweiten, dann tötete er den dritten, und auch der vierte Stier wurde in einigen Tagen, als der Löwe wieder Hunger hatte, dessen Opfer. *nach Johann Gottfried Herder, S. 21f*

Aufgaben

1 Beschreibe den Konflikt, der zwischen Roberto (links) und Jeremy (rechts) besteht. Was fühlen beide gerade? Wie beurteilst du das Verhalten der beiden? ➜ M1
a) Wie könnte das Gespräch zwischen den beiden weitergehen? Schreibt den Dialog in Partnerarbeit.
b) Sammelt andere Anlässe, die eine Freundschaft belasten bzw. gefährden könnten.

2 Führt in Vierergruppen den Chat als Schreibgespräch fort. Geht dabei auch auf die möglichen Ursachen für das Verhalten der Freundin ein. ➜ M2
a) Wie haben die Jungen und Mädchen der Klasse dieses Verhalten kommentiert? Gibt es (auffällige) Unterschiede?
b) Gibt es „typische" Konflikte für Mädchen- bzw. Jungenfreundschaften? Wenn ja, aus welchen Gründen?

3 Fasse die Aussagen zum Thema „Enttäuschte Freundschaft" von Adolph Freiherr von Knigge schriftlich zusammen. ➜ M3

4 Welche Fragen, welche Kritik hast du zu den Aussagen von Freiherr von Knigge? Schreibe ein Interview, bei dem du ihm deine Fragen stellst. ➜ M3

5 Welche Art von „Freundschaftskiller" wird durch die Fabel beschrieben? Welche Absicht hatte der Löwe? Wie ging er vor? Warum war sein Plan erfolgreich? ➜ M4

6 Wie hätten die Stiere den Ausgang positiv beeinflussen können? Formuliere entsprechende Ratschläge bezogen auf den Menschen. ➜ M4

7 Gibt es eine Beziehung zwischen der Fabel *Der Löwe und die Stiere* und den Aussagen von Freiherr von Knigge? Erläutere deine Antwort. ➜ M3, M4

▶ Glossar: Fabel, Herder, Knigge

7 Sexualität – und was jetzt?

M1 Du hast keine Chance – darum nutze sie

Übersicht

Im Alter zwischen 12 und 13 Jahren sind die meisten Jugendlichen geschlechtsreif.

Mit 12 Jahren hat die Hälfte der Jugendlichen schon mal auf den Mund geküsst. Selbstbefriedigung ist für die Mehrheit der Jungen ab 13 Jahren ein Thema.

Erste intime Erfahrungen mit Zungenküssen machen die Jugendlichen zwischen 13 und 15 Jahren.

Körperliche Zuneigung beim Petting erlebt die Mehrheit der Jugendlichen im Alter zwischen 15 und 16 Jahren.

Zum ersten Mal Sex haben die meisten Jugendlichen zwischen 16 und 17.

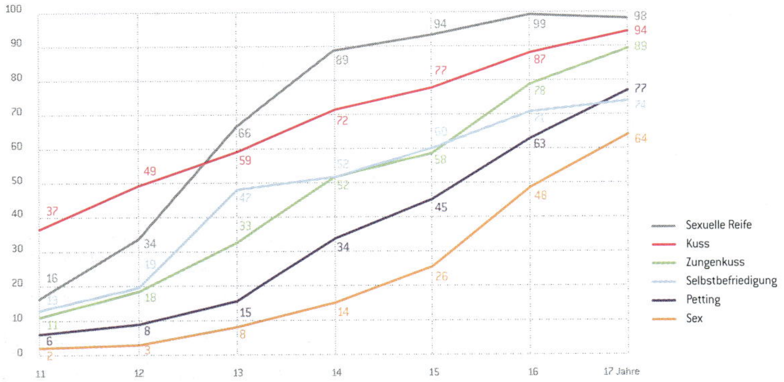

Alle Befragten, n = 1228,
Angaben in Prozent

Frage: Hast du schon mal bzw. hattest du schon mal …? („Ja")

M2 Die Antwort nimmt dir keiner ab

Unsere Epoche glaubt, über Sexualität alles herausgefunden zu haben. Unsere Zeit ist die Ära nach der sexuellen Revolution. Die von Religion und Muckertum errichteten Tabus sind gefallen, der Sexus ist erforscht und zur Sprache gebracht. Die Jugend kann alles nachschlagen oder anklicken, statt verbotener Wörter gibt es Sexualkundeunterricht und Pornos im Netz.

Pubertät aber heißt, die jeweils eigene Sexualität erleben – und über die hat noch niemand irgendetwas gesagt. Das Individuum muss die Gattungsgeschichte an sich selbst zugleich wiederholen und neu erfinden. Für jede Zwölfjährige ist die erste Monatsblutung die erste in der Menschheitsgeschichte überhaupt. Für jeden 14-Jährigen sieht es beim ersten Samenerguss nicht anders aus – zu schweigen von ersten sexuellen Kontakten. Das Nachschlagen und Anklicken und die Sexualkunde, sie nützen hier sehr wenig.

Barbara Sichtermann, S. 36

Erste Periode /erster Samenerguss

Die Schwankungen zur letzten Dr.-Sommer-Studie sind gering: Die meisten Jugendlichen werden im Alter zwischen 12 und 13 Jahren geschlechtsreif.

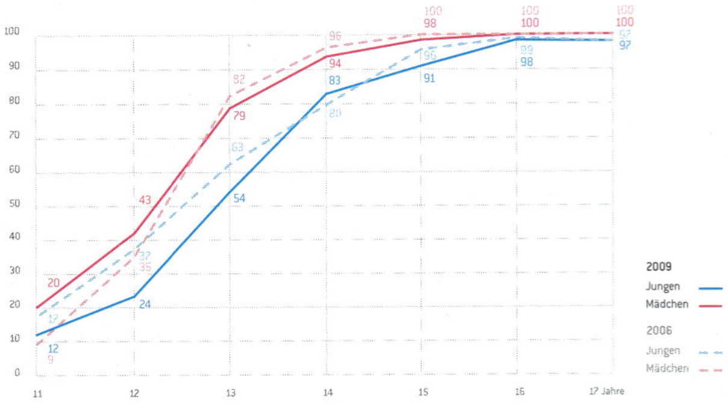

Alle Befragten, in 2009 n = 1228, Angaben in Prozent
Frage: Hattest du denn deine erste Regel oder Periode/ deinen ersten Samenerguss schon? („Ja")

M1, M4 BRAVO Dr.-Sommer-Studie 2009

M3 Grenzen erkennen und selbst setzen

Ruth Westheimer, 79, arbeitet seit vielen Jahren als Sexualtherapeutin und wird als Gastdozentin von vielen Universitäten wie Yale und Princeton eingeladen.

●

Frau Westheimer, kommt es heute noch vor, dass Heranwachsende nicht aufgeklärt sind?

Erstaunlicherweise verschieben viele Menschen das Gespräch mit ihren Kindern nach wie vor gern auf später – auch die Antworten auf deren Fragen.

●

Warum ist Aufklärung so schwierig?

Die Eltern oder Vertrauenspersonen müssen oft selbst erst lernen, über solche Dinge zu sprechen.

●

Was sollten die Erwachsenen den Jugendlichen unbedingt mitgeben?

Das Gefühl dafür, Grenzen zu erkennen und selbst zu setzen. Etwa, dass man niemanden anfassen darf, der das nicht will, und man sich selbst auch von niemandem gegen seinen Willen anfassen lassen sollte. Von Altersgenossen nicht und schon gar nicht von Erwachsenen. Wenn beispielsweise ein Mädchen keine Lust hat, sich mit einem Jungen einzulassen, muss man ihm die Sicherheit geben, dass das in Ordnung ist.

●

Ist der Umgang mit Sexualität für Jugendliche und Eltern heute leichter als noch vor zehn Jahren?

Im Gegenteil, er ist komplizierter geworden. Allein der gesellschaftliche Druck, eine möglichst perfekte Liebesbeziehung einzugehen, ist unermesslich gestiegen. Hinzu kommen die Illusionen durch Fernsehsendungen.

●

Worin besteht der Hauptunterschied zwischen erwachsener und jugendlicher Sexualität?

Ein wichtiger Aspekt in der Pubertät ist sicher schlichte Neugier. Etwas zu erleben, was man bis dahin noch nie erfahren hat. Daneben ist der Wunsch nach Geborgenheit wichtig. Und zwar eine Art von Geborgenheit, die anders ist als jene, die Jugendliche in der Familie erfahren: jemanden zu haben, der mich versteht, jemanden, dem ich Dinge anvertrauen kann, die ich meinen Eltern nicht sage. Eine Beziehung auf Augenhöhe.

nach Gabriele Riedle, S. 38f

M4 Generation Porno?

Hast du denn schon mal pornografische Bilder oder Filme gesehen?

69 % aller Jungen und 57 % aller Mädchen haben pornografische Bilder und Filme gesehen. Der Konsum nimmt bei den ab 13-Jährigen deutlich zu.

Nur 37 % aller Jugendlichen hatte noch keine Berührung mit Pornografie. Die Hälfte der 11- bis 13-Jährigen und ein Viertel der 14- bis 17-Jährigen wissen, dass diese Bilder und Filme nicht für ihre Augen bestimmt sind. Mädchen finden Pornografie abstoßend (46 %) und wollen sie nicht sehen (50 %). Jungen dagegen finden sie erregend (57 %). 47 % meinen, sie „können da was lernen".

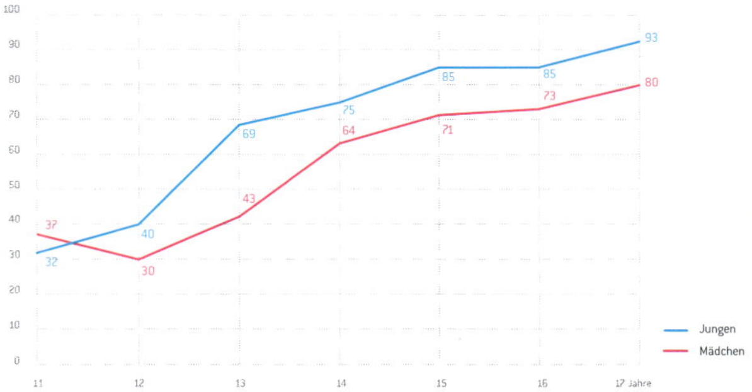

Alle Befragten, n = 1228, Angaben in Prozent
Frage: Hast du denn schon mal pornografische Bilder oder Filme gesehen, bei denen man sexuelle Handlungen wie Geschlechtsverkehr sehen konnte? („Ja")

Aufgaben

1 Viele Jugendliche wollen wissen, ob ihre eigene sexuelle Entwicklung in normalen Bahnen verläuft.
   a) Begründe am Beispiel der Statistiken in M1, warum statistische Zahlen hier nur sehr begrenzt Auskunft geben können.
   b) Erörtere, wo die Statistiken Druck aufbauen, wo sie aber auch Druck abbauen können.

2 These: *Statistiken sagen nichts darüber aus, wer du bist oder wer du sein sollst.*
   a) Erarbeite zur These eine passende Begründung. ➜ M2
   b) Analysiere mithilfe des „Kleinen Wörterbuchs der Argumentationsfehler" auf Seite 22, warum aus der Tatsache, dass fast die Hälfte der 16-Jährigen Sex hatte, nicht folgt, dass auch du spätestens mit 16 Sex gehabt haben musst.

3 Werdet selbst Experten, indem ihr euch die Interviewfragen untereinander stellt. Fasst eure Sicht zusammen und vergleicht sie mit der von Ruth Westheimer. ➜ M3

4 Veranstaltet eine Abschlussdiskussion zu folgender Frage: Sind Jugendliche überfordert, wenn sie in Büchern, Jugendmagazinen oder im Internet lesen, dass sie, kaum in die Pubertät gekommen, ein befriedigendes Sexualleben haben sollen? ➜ M1–M4

▶ Glossar: Integrität, intim, Mucker, Tabu

8 Mein Gefühl für dich

M1 Test für Verliebte

	Ja	Nein
Denkst du fast die ganze Zeit an ein bestimmtes Mädchen oder einen bestimmten Jungen?		
Läufst du an seiner oder ihrer Wohnung vorbei, um ihn oder sie „zufällig" zu treffen?		
Interessierst du dich plötzlich für Fußball (Reiten …), weil er oder sie sich dafür interessiert?		
Ist es dir in seiner oder ihrer Gegenwart peinlicher als sonst, wenn du dich mal ungeschickt verhältst?		
Wirst du eifersüchtig oder traurig, wenn er oder sie Spaß mit anderen hat und dich gar nicht beachtet?		
Bist du total cool zu ihm / ihr und ärgerst dich dann später darüber?		
Fängt dein Herz an zu rasen oder wirst du rot, wenn er oder sie dich anschaut?		
Bist du total verlegen, wenn du mit ihm oder ihr allein bist?		
Würdest du ihn oder sie gerne berühren?		
Könntest du dir vorstellen, ihn oder sie zu küssen?		

Sabine Thor-Wiedemann, S. 50f

M2 Willkommen im Club der Verliebten!

Alles ist auf einmal ganz anders. Bis vor kurzem war es für dich das Wichtigste mit deinen Freunden loszuziehen. Ganze Nachmittage hast du beim Shoppen mit deiner besten Freundin verbracht oder mit deinem besten Freund vor dem Computer gesessen. Doch jetzt drehen sich deine Gedanken nur noch um den coolen Typ aus der zehnten Klasse oder das Mädchen mit den langen schwarzen Haaren, das du immer morgens in der S-Bahn siehst. Du benimmst dich wie ein Trottel. Du lässt zwei Bahnen fahren, nur um schließlich in ihre einsteigen zu können. Dass du deshalb zu spät zur Schule kommst, ist dir auf einmal egal. Oder dein Blick fällt, wenn du in der Pause auf den Schulhof kommst, sofort in Richtung Schultor, wo er sich immer aufhält. Natürlich darf das keiner merken, wenn du dann ganz zufällig mit deiner Freundin in diese Richtung schlenderst. Du wartest sehnsüchtig auf einen Blick, ein Lächeln, ein noch so kleines Zeichen dafür, dass du ihm auch gefällst. Und wenn du dann zu Hause bist, musst du immer an ihn denken. Du malst Herzen in dein Schulheft, wo eigentlich die Mathehausaufgaben stehen müssten oder du wirst auf einmal rot – wie uncool! –, wenn du ihr nachmittags durch Zufall begegnest. Du hast dich verliebt! *Christa Bohschke, S. 40*

M3 Erwischt

ICH WEIß, DASS DICH DER HIMMEL SCHICKT
HOLDES GESICHT
ICH GLAUB, ICH WERD TOTAL VERRÜCKT
HOFFENTLICH

ICH STARR DICH STUNDENLANG NUR AN
STUR, UNBEIRRT
HAB NICHT MEHR ALLE BEISAMMEN
SCHWER VERWIRRT

WECK MICH NICHT AUF
ES IST SO TRAUMHAFT MIT DIR

ES HAT MICH WIEDER ERWISCHT
WIEDER ERWISCHT
ENDLICH WIEDER ERWISCHT
ICH SAG NIE MEHR NIE WIEDER

DU HAST MICH RESTLOS AUFGETAUT
ICH SCHMELZ DAHIN
MACHST MIR STÄNDIG EINE GÄNSEHAUT
VÖLLIG VON SINNEN

STERNSCHNUPPEN SAUSEN UM MICH RUM
ALLES VIBRIERT
DU TREIBST MICH INS DELIRIUM
NARKOTISIERT

WECK MICH NICHT AUF
ES IST SO TRAUMHAFT MIT DIR

ES HAT MICH WIEDER ERWISCHT …
WIEDER ERWISCHT
ENDLICH WIEDER ERWISCHT
ICH SAG NIE MEHR NIE WIEDER

Herbert Grönemeyer

M4 Berühmte Liebespaare

Auswertung des Tests für Verliebte

0- bis 3-mal Ja

Na ja, die große Liebe ist das sicher nicht. Vielleicht findest du den Jungen oder das Mädchen ja nur interessant, weil er oder sie in deiner Clique oder Klasse besonders beliebt ist? ♡

4- bis 7-mal Ja

Mit reiner Freundschaft lässt sich so viel Interesse bestimmt nicht erklären. Wenn ihr euch ein paar Mal auf „neutralem Boden" trefft (im Kino, beim Eisessen, im Schwimmbad ...), wird sich zeigen, ob die Sache ausbaufähig ist. ♡

8- bis 10-mal Ja

Dich hat es wirklich erwischt. Am besten schaust du erst mal, ob das Interesse auf Gegenseitigkeit beruht. Und dann brauchst du nur noch ein wenig Initiative. ♡

Aufgaben

1 Führe den Test durch. Die Auswertung findest du auf der nächsten Seite. ➜ M1

2 Wie beurteilst du den Test? Bestimme die Grenze seiner Aussagekraft, indem du dir die Voraussetzungen aller Testfragen verdeutlichst. ➜ M1

3 Erarbeitet in Gruppen, wie sich Verliebtsein bemerkbar macht. ➜ M2, M3

4 Benenne die Erwartungen, die das lyrische Ich im Songtext hat. Schreibe für die folgenden zwei Fälle (Du erwiderst die Liebe / Du erwiderst die Liebe nicht) einen respektvollen Antwortbrief, der nicht verletzend ist. ➜ M3

5 Was wisst ihr über diese Liebespaare? Erzählt euch ihre jeweilige Geschichte und stellt gegebenenfalls Recherchen an. ➜ M4

6 Bestimme den Unterschied zwischen Verliebtsein und Liebe. ➜ M1–M4

▶ Glossar: Delirium

9 Wenn die Liebe Kummer macht

M1 Aus und vorbei ...

M2 Liebeskummer

Ohne sie kann ich nicht leben. Wenn sie sich von mir trennt, weiß ich nicht, was ich tue.

Philipp, 16

Als er mir gesagt hat, dass er sich in Nadine verliebt hat, bin ich zuerst total ausgeflippt. Dann habe ich stundenlang nur noch geheult.

Anna, 14

Dass Mareike mich verlassen hat, ist für mich schlimmer, als wenn sie gestorben wäre. Sie ist noch da, bloß nicht mehr für mich.

Boris, 14

Das Schlimmste am Liebeskummer ist, dass er einen total beherrscht. Man kann an nichts anderes mehr denken.

Max, 15

Seit Daniel Schluss gemacht hat, kann ich fast nichts mehr essen und habe auf gar nichts mehr Lust.

Simone, 13

Es ist ein Gefühl, als ob es einem das Herz zerreißt.

Judith, 15

Christa Bohschke, S. 44

M3 Symphonie

Sag mir, was ist bloß um uns geschehen
Du scheinst mir auf einmal völlig fremd zu sein
Warum geht's mir nicht mehr gut
Wenn ich in deinen Armen liege
Es ist egal geworden, was mit uns passiert
Wo willst du hin, ich kann dich kaum noch sehen
Unsere Eitelkeit stellt sich uns in den Weg
Wollten wir nicht alles wagen
Haben wir uns vielleicht verraten
Ich hab geglaubt, wir könnten echt alles ertragen

Symphonie

Und jetzt wird es still um uns
Denn wir stehen hier im Regen
Haben uns nichts mehr zu geben
Und es ist besser, wenn du gehst

Denn es ist Zeit
Sich einzugestehen, dass es nicht geht
Es gibt nichts mehr zu reden
Denn wenn's nur regnet
Ist es besser aufzugeben
Und es verdichtet sich die Stille über uns
Ich versteh nicht ein Wort mehr aus deinem Mund
Haben wir zu viel versucht
Warum konnten wir's nicht ahnen
Es wird nicht leicht sein, das alles einzusehen

Symphonie

Und jetzt wird es still um uns
Denn wir stehen hier im Regen
Haben uns nichts mehr zu geben
Und es ist besser, wenn du gehst

Irgendwo sind wir gescheitert
Und so, wie's ist, so geht's nicht weiter
Das Ende ist schon lang geschrieben
Und das war unsere ...

Symphonie

Und jetzt wird es still um uns
Denn wir stehen hier im Regen
Haben uns nichts mehr zu geben
Und es ist besser, wenn du gehst
Denn es ist Zeit
Sich einzugestehen, dass es nicht geht
Es gibt nichts mehr zu reden
Denn wenn's nur regnet
Ist es besser aufzugeben

Silbermond

M4 Ist es unmoralisch, den Partner zu verlassen?

Wolfgang Lenzen vergleicht in seinem Buch „Liebe, Leben, Tod – Eine moralphilosophische Studie" die Liebe mit einem sportlichen Zweikampf.

Professor Lenzen, Sie haben sich in Ihrem Buch Gedanken zur Liebe gemacht. Wenn ich Sie recht verstanden habe, finden Sie es nicht unmoralisch, seinen Partner oder seine Partnerin wegen einer anderen bzw. eines anderen zu verlassen?

Genau so sehe ich das. Vergleichen wir die Liebe mal mit einem sportlichen Zweikampf oder einem Spiel. Wenn man sich auf einen Wettstreit oder ein Spiel einlässt, dann nimmt man damit doch auch in Kauf, dass man entweder als Gewinner oder als Verlierer daraus hervorgeht. Natürlich möchte man lieber der Gewinner sein, aber man muss auch damit rechnen, dass man zum Verlierer wird. So ist das eben bei einem Spiel.

Aber ein Spiel sollte doch immer fair ablaufen. Ist es nicht unfair, dass man die Gefühle des anderen verletzt, wenn man ihn verlässt? Der Verlassene leidet doch.

Wieso unfair? Es kommt doch auf die gleichen Bedingungen im Spiel an. Und da ist das Spiel der Liebe fair, denn beide Partner können mit gleicher Wahrscheinlichkeit derjenige sein, der bei nachgelassener Liebe den anderen verlässt. Und außerdem hat ja auch der Verlassene etwas von dem Spiel gehabt. Die Freuden der Liebe, die er während der Beziehung hatte, überwiegen doch meist den eventuellen Trennungsschmerz.

Ist das wirklich so? Es gibt doch das alte Sprichwort, das besagt, dass die Freuden der Liebe nur einen Moment dauern, während der Liebeskummer ein ganzes Leben lang anhält.

Das ist, wie gesagt, ein altes Sprichwort. Heutzutage werden doch die meisten Beziehungen unter der Voraussetzung begonnen, das Zusammenleben so lange auszukosten, wie die gegenseitige Liebe anhält. Wenn dann einer den anderen schließlich verlässt, ist das in Ordnung, denn er hat ja vorher alles gegeben und den anderen glücklich gemacht.

Christa Bohschke, S. 45

M5 Doch noch nicht zu spät?

Aufgaben

1 Beschreibe das Foto. Was ist wohl zwischen dem jungen Paar passiert? ➜ M1

2 Versetze dich in die Lage von Philipp, Max und Boris bzw. Anna, Judith und Simone. Wie macht sich der Liebeskummer bemerkbar? Kannst du ihre Aussagen bzw. Reaktionen nachvollziehen? Begründe deine Antwort. ➜ M2

3 Stelle dar, was mit dem Liebespaar im Einzelnen geschehen ist und mit welchen (sprachlichen) Bildern dies zum Ausdruck gebracht wird. ➜ M3

4 Fasse die wesentlichen Aussagen des fiktiven Interviews mit Professor Lenzen zusammen. ➜ M4
Benutze dabei folgende Satzanfänge:
- *Professor Lenzen ist der Meinung, dass …*
- *Er vergleicht die Liebesbeziehung mit …, denn …*
- *Weiterhin ist er der Meinung, dass …*

Schreibe deine Meinung auf:
- *Seinen Standpunkt kann ich nachvollziehen, denn …*
- *Seinen Standpunkt teile ich nicht, denn …*

5 Wie könnte man eine Beziehung, die in die Brüche zu gehen droht, retten? Schreibe dazu ein kurzes Gespräch auf, in dem die beiden Partner Gründe dafür finden, dass es „noch nicht zu spät ist". ➜ M5

10 | Für ein Leben lang?

M1 Lebensläufe der Liebe

Marianne und Stefan sind seit 29 Jahren verheiratet. Im Alltag gab es immer wieder Streitereien, z.B. über die Frage der Erziehung der Kinder. Trotzdem haben sie sich immer wieder zusammengerauft, auch dank gemeinsamer Interessen. Beide hören gerne Musik, gehen gern aus, essen und reisen gern. Sie freuen sich schon auf ihren 30. Hochzeitstag, die sog. Perlenhochzeit, die sie mit allen Verwandten groß feiern wollen. *nach Ursula Nuber, S. 24*

21 Jahre hat die Ehe von **Natalia und Richard** gehalten, dann haben sie sich scheiden lassen. Natalia hat sich hauptsächlich um die Kinder gekümmert, Richard ist seinen eigenen Interessen nachgegangen. Als seine Firma ihm kündigte und er eine Stelle in einer anderen Stadt annehmen musste, wollte seine Frau nicht umziehen. So kam er nur noch am Wochenende nach Hause, und die Beziehung zwischen ihnen kühlte vollends ab. Er verliebte sich in eine andere Frau, und Natalia reichte die Scheidung ein. *nach Ursula Nuber, S. 28*

Bernhard und Josie haben alle Klippen des Lebens miteinander umschifft und sind sich seit 53 Jahren treu. Nach dem Krieg hatten sie wenig zu essen, und es war nicht immer leicht, ihre fünf Kinder großzuziehen. Seit Josie im Alter von 70 Jahren an Demenz erkrankt ist, pflegt Bernhard sie aufopferungsvoll.

nach Henning Engelen, S. 28f

Mariannes und Heinrichs Liebe hat sich verbraucht; sie haben sich nichts mehr zu sagen. Trotzdem bleiben sie zusammen. Sie möchte sich nicht von ihm trennen, weil sie sonst wirtschaftlich nicht abgesichert wäre. Er hält aus Gewohnheit und Bequemlichkeit an der Ehe fest – wer würde sonst für ihn kochen und die Wäsche waschen?

nach Henning Engelen, S. 24f

M2 Eine Partnerschaft muss keine Lotterie sein

Es fällt niemandem ein, von einem Einzelnen zu verlangen, dass er glücklich sei – heiratet aber einer, so ist man sehr erstaunt, wenn er es nicht ist!

Rainer Maria Rilke

Rilke hat recht. Viele von uns haben mit sich selbst große Probleme, wieso sollten sie dann in einer Beziehung mit einem anderen Menschen, der auch seine Probleme mit in die Partnerschaft bringt, glücklich sein? Beziehungsprobleme sind unausweichlich. Und dennoch: Eine Partnerschaft muss keine Lotterie sein, in der Männer ihre Freiheit und Frauen ihr Glück aufs Spiel setzen.

In einer Beziehung gibt es jedoch Spielregeln wie in einem Fußballspiel. Wenn Sie gegen diese Regeln verstoßen, zeigt Ihnen Ihr Partner die rote Karte. Es ist möglich, eine dauerhafte und befriedigende Beziehung zu führen und ernsthafte Partnerschaftsprobleme zu vermeiden, wenn es uns gelingt, den richtigen Partner zu finden *und* wir der richtige Partner sind. Damit will ich sagen: Jeder der beiden hat zu gleichen Teilen die Verantwortung für die Partnerschaft und etwaige Beziehungsprobleme; *jeder* muss seinen Teil für das Gelingen der Beziehung beitragen.

Eine Partnerschaft ist wie eine Pflanze: Sie will gepflegt und gehegt werden. Überlässt man die Beziehung sich selbst, vergisst man, sie zu wässern und mit liebevollen Worten und Gesten zu düngen, dann geht sie ein.

Wenn Ihre Partnerschaft gedeihen soll, dann müssen Sie und Ihr Partner sich darum kümmern. Sich darum zu kümmern bedeutet nicht, jeden Tag endlose Gespräche zu führen und alles auszudiskutieren. Es geht vielmehr darum, immer mal wieder zu prüfen, ob man etwas vermisst oder ob es Gewohnheiten am anderen gibt, die einen stören.

Gelegentliche Beziehungsprobleme und Streitereien sowie daraus resultierende Beziehungskrisen sind normal und gehören zum Beziehungsalltag. In Gefahr ist eine Beziehung und Liebe nur dann, wenn man permanent das Gefühl hat, mehr zu geben als zu bekommen. Dann ist der Zeitpunkt für ein klärendes Gespräch oder gar für eine Trennung gekommen.

nach Doris Wolf

M3 Das Partnerschaftshaus

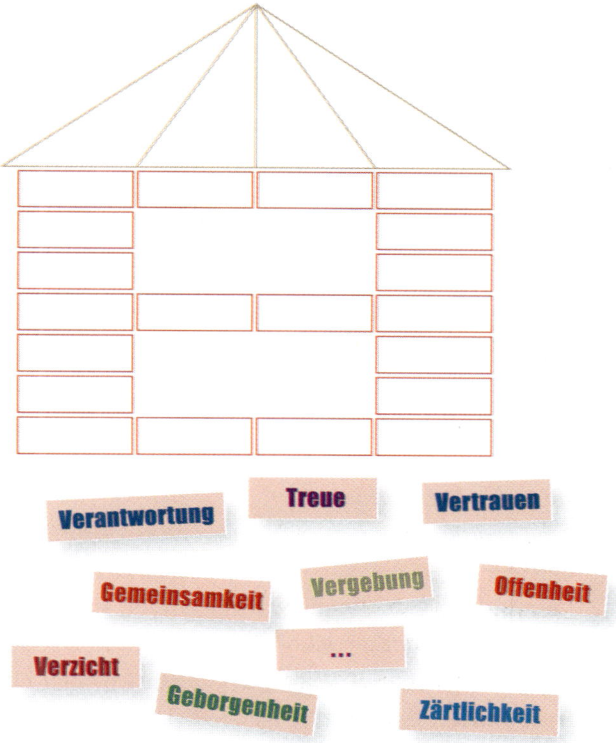

Aufgaben

1. Bildet Vierergruppen. Jedes Mitglied befasst sich mit einer Geschichte der vier Paare und erzählt sie den anderen. Arbeitet dabei heraus, welche Schwierigkeiten in einer Partnerschaft auftreten können und wie die einzelnen Paare mit den Schwierigkeiten umgegangen sind. ➜ M1
2. Erkläre, wie du die Aussage von Rilke verstehst. ➜ M2
3. Welche Ratschläge gibt Doris Wolf für das Gelingen einer Partnerschaft? Erstelle eine Liste. ➜ M2
4. Überlegt, welche Bausteine in das Haus eingefügt werden müssen, welche das Fundament bilden sollten, welche darauf aufbauen könnten. Denkt über weitere Begriffe nach, die ihr „einbauen" könntet, und überprüft auch, ob ihr alle vorgegebenen Begriffe verwenden wollt. Nehmt für jeden Stein des Partnerschaftshauses ein großes Blatt Papier (DIN A4) und gestaltet mit euren Bausteinen ein Partnerschaftshaus. ➜ M3
5. Überprüfe, ob sich Liebe, Freundschaft und Partnerschaft in den vier Beziehungen wiederfinden. ➜ M1, M3

▶ Glossar: Demenz, Rilke

Was wir wissen

Verantwortung – Freundschaft – Liebe

Verantwortung spielt eine zentrale Rolle für das Zusammenleben von Menschen. Das zeigt sich daran, dass lebenswichtige Bereiche wie Freundschaft und Liebe ohne die Bereitschaft, Verantwortung zu übernehmen, weder zustande kommen noch Bestand haben. Unverantwortliches Handeln kündigt Freundschaft auf und zerstört Liebe und Vertrauen.

Rechenschaft ablegen

Der Begriff der Verantwortung kommt ursprünglich aus der Rechtsprechung und bedeutet, dass jemand vor Gericht sein Handeln rechtfertigen muss und dafür auch haftbar ist. An der Gerichtsmetapher zeigt sich, dass der Begriff der Verantwortung ein relationaler Begriff ist. Folgende Relationen (Beziehungen) sind bei allen Aspekten von Verantwortung grundlegend:

- sich *für etwas* verantworten
- sich *vor jemandem* verantworten

Sozialer Aspekt

Menschen übernehmen Verantwortung für Menschen. Das ist grundlegend für jedes soziale Engagement. In besonderer Weise tun wir dies in der Familie, in Freundschaften und in Liebesbeziehungen:

Familie

In der Familie übernehmen Eltern Verantwortung für ihre Kinder, nicht umgekehrt. Kommen die Eltern ihrer Verantwortung nicht nach, weil sie nicht dem Wohle des Kindes dienen, müssen sie sich gegenüber staatlichen Aufsichtsbehörden wie dem Jugendamt verantworten. Umgekehrt sind Eltern auch dafür verantwortlich, dass ihr Kind anderen keinen Schaden zufügt. Es liegt in der Verantwortung der Eltern, dass ihr Kind lernt, selbst Verantwortung für sich und andere zu übernehmen.

Freundschaft

Freundschaft beruht auf Gegenseitigkeit: Freunde übernehmen füreinander Verantwortung. Sie vertrauen einander, erteilen sich Ratschläge und sorgen dafür, dass keiner von ihnen etwas Falsches tut; auch treten sie füreinander ein. Freunde sind sowohl *für*einander als auch *vor*einander verantwortlich. Wird diese Wechselseitigkeit verletzt, kommt es zwangsläufig zu Konflikten. Solange die Bereitschaft da ist, den Konflikt konstruktiv auszuräumen, kann die Freundschaft bestehen und sogar durch den Konflikt wachsen. Im anderen Fall zerbricht die Freundschaft daran.

Liebesbeziehung

Zwischen Liebe und Verliebtsein besteht hinsichtlich der Verantwortung ein Unterschied. Verliebtsein ist ein Gefühl, aus dem allein noch keine Verantwortlichkeit entsteht, weder für dich noch für deinen Schwarm. Wer beispielsweise in einen berühmten Schauspieler oder in den Frontmann einer Band verliebt ist, ist nicht deshalb auch gleich für ihn verantwortlich und umgekehrt.

Ist aber jemand in jemanden aus seinem näheren Umkreis verliebt und stößt das eigene Gefühl beim andern auf ein vergleichbares Gefühl, kann Liebe entstehen und damit der Wunsch, das Leben miteinander zu teilen. Die daraus erwachsende Verantwortlichkeit ist wie die der Freundschaft wechselseitig, aber von anderem Anspruch, denn Freundschaft beruht nicht auf sexueller Nähe. Egoismus, Machtkämpfe und Verletzungen, alles, was die Würde des Anderen beschädigt, macht Liebe unmöglich.

Was wir können

1. **Bestimme, welche Art von Verantwortung (*für sich selbst, für den eigenen Körper, für eine Sache*) in den folgenden Fällen vorliegt, und finde ein weiteres Beispiel dazu.**

   a) Luca, 18 Jahre alt, hat sich sein erstes Auto gekauft. „Endlich ein eigenes Auto!“, denkt er bei sich. „Aber leider auch jede Menge Verpflichtungen!“

   b) Pia ist im Mai 14 Jahre alt geworden. Mit der Vollendung des 14. Lebensjahres ist man in Deutschland religionsmündig. Pia weiß aber noch nicht, ob sie einer Religionsgemeinschaft angehören möchte.

   c) Ab dem 16. Lebensjahr ist es erlaubt, Bier, Sekt und Wein im Handel zu kaufen. In Anwesenheit der Eltern ist es aber bereits ab dem 14. Lebensjahr gestattet, Bier, Sekt und Wein zu trinken.

Lösung:
a) Verantwortung für eine Sache: Mit dem Kauf des Autos ist Luca als Fahrzeughalter für das Auto verantwortlich. Seiner Verantwortung muss er vor dem TÜV nachkommen.
b) Verantwortung für sich selbst: Religionsmündig zu sein bedeutet, selbst entscheiden zu können, ob man einer Religionsgemeinschaft angehören möchte. Bei dieser Frage ist jeder vor sich selbst und für sich selbst verantwortlich.
c) Verantwortung für den eigenen Körper: Ab dem 16. Lebensjahr ist jeder selbst verantwortlich, vor dem 16. Lebensjahr sind es die Eltern.

2. **Keine zwischenmenschliche Beziehung ist ohne Konflikte. Darum ist es unverzichtbar, sich nach der Beilegung eines Streits wieder zu versöhnen. Dafür sind Entschuldigungen das beste Mittel. Findet im Rollenspiel zu folgenden Situationen passende Entschuldigungen:**

   a) Du kommst zu einer Verabredung mit einem Freund / einer Freundin zu spät.

   b) Du hast in einem Spiel absichtlich betrogen. Nun haben es auch die Mitspieler bemerkt.

   c) Du hast im Vorbeigehen aus Versehen jemanden angerempelt.

   d) Dein Hund hat jemanden gebissen.

   e) Du hast ein Geheimnis weitererzählt, das dir dein bester Freund / deine beste Freundin anvertraut hat.

3. **Verfasse einen Essay zu einem der Sprichwörter:**

   Liebe macht blind.
   Gehe auch auf die Frage ein: *Wenn Liebe blind macht, macht sie dann auch verantwortungslos?*

   Liebe ist nur ein Wort.
   Berücksichtige auch die folgende Frage: *Ist das Gegenteil von Liebe auch nur ein Wort, und wenn ja, wie lautet es?*

   Liebe versetzt Berge.
   Hier wird der Liebe ungeheure Kraft zuerkannt. Wer oder was aber versetzt die Liebe?

4. **Ein Gedankenexperiment zur Liebe:**

   Mal angenommen, es gäbe „Liebespillen“. Wie könnten oder sollten sie eurer Vorstellung nach wirken? Welche Nebenwirkungen könnten eintreten? Wie oft würdet ihr eine solche Pille einnehmen? Was passiert, wenn ihr zu viele Liebespillen einnehmt? Hat Liebe, die von diesen Pillen beeinflusst wird, den gleichen Wert wie Liebe, die nicht von diesen Pillen beeinflusst wird?

DEPUTY U.S. MARSH
U.S. MARSH
norman

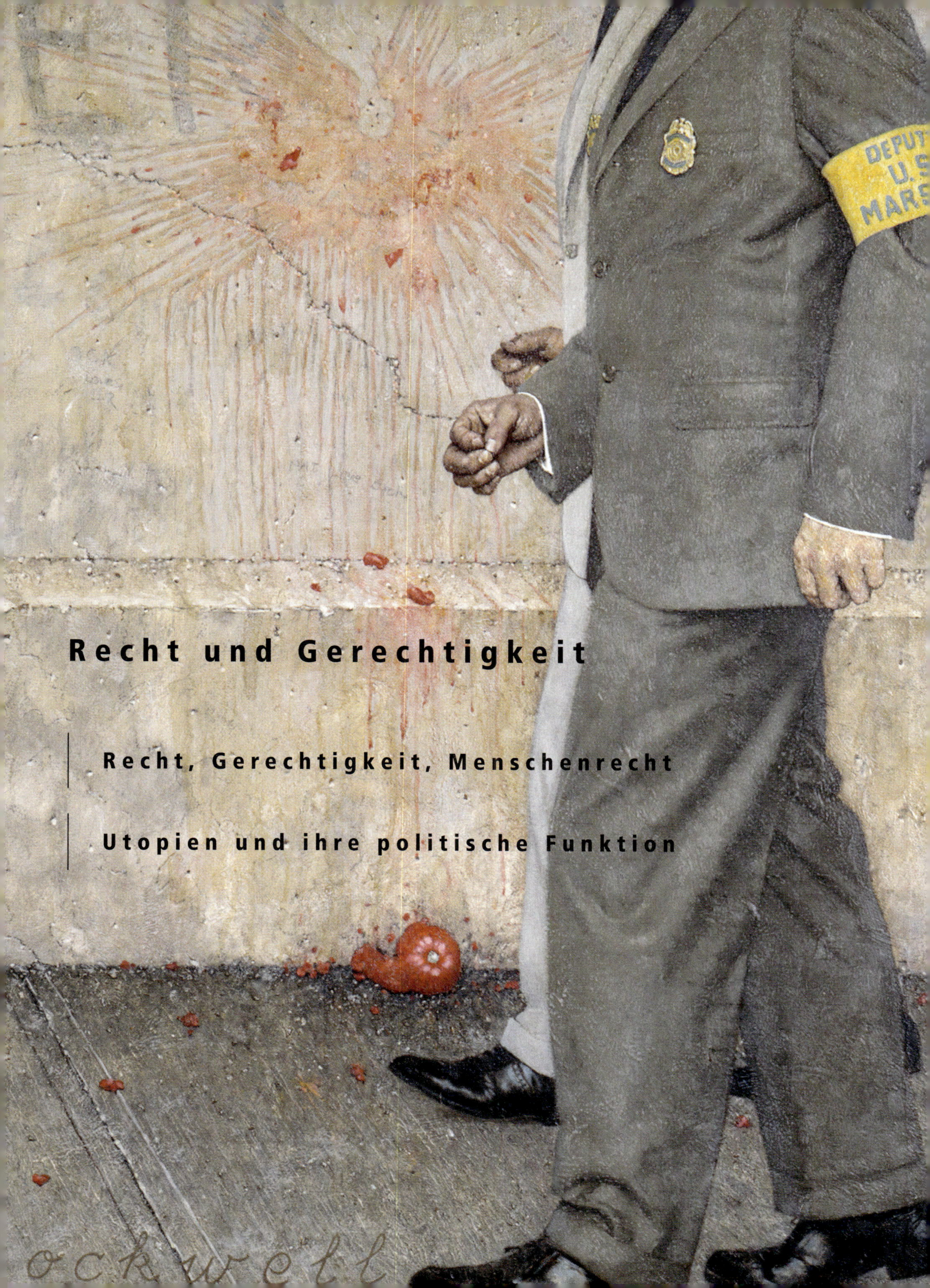

Recht und Gerechtigkeit

Recht, Gerechtigkeit, Menschenrecht

Utopien und ihre politische Funktion

Talionsprinzip: Schaden Opfer
" Täter Gleichgewicht

1 Verteilen, ausgleichen und beitragen

M1 Wie du mir, so ich dir

Charles M. Schulz

M2 Es gibt nicht nur eine Art der Gerechtigkeit

1. In einem Dorf sind Lebensmittel knapp geworden. Der Dorfälteste wird beauftragt, die Verteilung vorzunehmen. Er ist ein gerechter Mann. Er gibt jedem etwas, aber nicht allen das Gleiche. Erwachsene erhalten mehr als kleine Kinder, weil diese nicht so viel brauchen. Und wer schwere Arbeit verrichtet, bekommt mehr als diejenigen, deren Tätigkeiten wenig Kraft verlangen.
2. Herr A und Herr B haben vereinbart, dass B seinem Nachbarn beim Ausbau des Dachbodens hilft. B bekommt dafür nach der Schlachtung die Hälfte eines Schweins. Beide sind zufrieden.
   Herr X ist mit seinem Wagen über den Rand des Vorgartens von Frau Y gefahren. Er ersetzt die Blumen, die dabei plattgefahren wurden, und sorgt dafür, dass neue sorgfältig eingepflanzt werden. Frau Y bedankt sich sogar, obwohl sie dies nicht brauchte.
3. Frauen spielen Fußball, sie haben einen kleinen Verein gegründet. Die Gemeinde stellt den Platz zur Verfügung, der Verein muss sich selbst um die Instandhaltung kümmern. Fußballspielen macht Spaß, es fällt aber auch viel Arbeit an: Rasen mähen, Maulwurfshügel beseitigen, an kahlen Stellen Gras einsäen, Linien ziehen, Müll beseitigen. Jede Fußballerin sorgt durch ihre Arbeit dafür, dass der Platz in Ordnung ist und man gut spielen kann.

M3 Die drei Arten der Gerechtigkeit

1. Die im Dorf ausgeübte Gerechtigkeit nennt man *austeilende Gerechtigkeit (iustitia distributiva)*. Sie geschieht von „oben" nach „unten", sie betrifft immer mehrere Menschen. Von dem, was zur Verfügung steht, bekommt jeder nur das, was ihm angemessen ist. Die austeilende Gerechtigkeit spielt eine Rolle in dem Verhältnis von Eltern und Kindern, Lehrern und Schülern, Chef und Untergebenen, Arzt und Patienten, Regierung und Regierten usw.

2. Die im Fall von Herrn A und B als auch im Fall von Herrn X und Frau Y ausgeübte Gerechtigkeit heißt *ausgleichende Gerechtigkeit*. Hier haben es nur einzelne Menschen miteinander zu tun. Im ersten Fall spricht man von *Tauschgerechtigkeit*: Sie ist dann erfüllt, wenn das, was getauscht wird, den gleichen Wert hat. Im Fall eines verursachten Schadens spricht man von *korrektiver Gerechtigkeit*. Bei diesem Ausgleich muss die Leistung der Höhe des Schadens entsprechen. Wer weniger als das Geschuldete gibt oder gar nichts – was leider vorkommt –, verhält sich ungerecht.
3. Die von den Fußballerinnen ausgeübte Art der Gerechtigkeit heißt *Beteiligungsgerechtigkeit (iustitia contributiva)*. Jeder Einzelne trägt etwas zum Wohl der Gruppe oder Gemeinschaft bei, der er angehört. Er tut etwas für seine Familie, seine Klasse, seine Schule, seinen Verein, seine Partei, seine Gemeinde, seinen Staat. Wer sich hier drückt, ist ungerecht. Er gilt als Trittbrettfahrer.

M4 Der Fuchs und der Storch

Ein Fuchs hatte einen Storch zu Gaste gebeten und setzte die leckersten Speisen vor, aber nur auf ganz flachen Schüsseln, aus denen der Storch mit seinem langen Schnabel nichts fressen konnte. Gierig fraß der Fuchs alles allein, obgleich er den Storch unaufhörlich bat, es sich doch schmecken zu lassen.

Der Storch fand sich betrogen, blieb aber heiter, lobte außerordentlich die Bewirtung und bat seinen Freund auf den anderen Tag zu Gaste. Der Fuchs mochte wohl ahnen, dass der Storch sich rächen wollte, und wies die Einladung ab. Der Storch ließ aber nicht nach, ihn zu bitten, und der Fuchs willigte endlich ein.

Als er nun anderen Tages zum Storche kam, fand er alle möglichen Leckerbissen aufgetischt, aber nur in langhalsigen Geschirren. „Folge meinem Beispiele", rief ihm der Storch zu, „tue, als wenn du zu Hause wärest." Und er schlürfte mit seinem Schnabel ebenfalls alles allein, während der Fuchs zu seinem größten Ärger nur das Äußere der Geschirre belecken konnte und nur das Riechen hatte.

Hungrig stand er vom Tische auf und gestand zu, dass ihn der Storch für seinen Mutwillen hinlänglich gestraft habe.

Äsop

M5 Nur Egoisten?

Da sagt man immer, wir lebten in einer egoistischen Gesellschaft. Stimmt das denn? Immerhin ist in Deutschland ein Drittel der Menschen über 14 Jahren ehrenamtlich oder als Freiwillige tätig. Ohne Bezahlung! Es gibt die Betreuung von Kindern und alten Menschen, Dienste bei Natur-, Umwelt- und Katastrophenschutz, Arbeit in Sport- und Kulturvereinen. Zu nennen sind Mitglieder der freiwilligen Feuerwehren, der DLRG, des Arbeiter Samariter Bundes, des Deutschen Roten Kreuzes, des Malteser Hilfsdienstes und anderer Hilfsorganisationen. Helfer wie Grüne Damen und Herren sind in vielen Hospitälern, Altenheimen und Behinderteneinrichtungen tätig. Ohne die freiwilligen, unentgeltlichen Tätigkeiten sähe es bei uns finster aus.

M2, M3, M5 Helmut Engels, S. 94f

Aufgaben

1 Diskutiert, ob Lucys Rache gerecht ist oder nicht. ➜ M1

2 Der Satz „Wie du mir, so ich dir" kann als Grundsatz der Rache angesehen werden. Was haltet ihr von einer „gerechten" Rache?

3 Erkläre, inwiefern es sich in allen Beispielen um Gerechtigkeit handelt. ➜ M2

4 Ist eine der Formen der Gerechtigkeit für dich im Alltag wichtiger als die anderen? Begründe. ➜ M2, M3

5 Verdeutlicht die drei Arten von Gerechtigkeit durch eine Skizze. ➜ M2, M3

6 Inwiefern kann die Balkenwaage Symbol für alle drei Arten der Gerechtigkeit sein? ➜ M3

7 Erkläre anhand von Textbelegen, welche Art(en) der Gerechtigkeit in der Fabel angesprochen sind. ➜ M4

8 Welcher Form der Gerechtigkeit kann man die ehrenamtliche und freiwillige Arbeit zuordnen? Kennt ihr persönlich Menschen, die ehrenamtlich tätig sind? Erzählt davon. ➜ M5

▶ Glossar: Äsop, Ehrenamt, Fabel

2 Gerecht richten

M1 Rechtsprechung

Herr K. nannte oft als in gewisser Weise vorbildlich eine Rechtsvorschrift des alten China, nach der für große Prozesse die Richter aus entfernten Provinzen herbeigeholt wurden. So konnten sie nämlich viel schwerer bestochen werden (und mußten also weniger unbestechlich sein), da die ortsansässigen Richter über ihre Unbestechlichkeit wachten – also Leute, die gerade in dieser Beziehung sich genau auskannten und ihnen übelwollten. Auch kannten diese herbeigeholten Richter die Gebräuche und Zustände der Gegend nicht aus der alltäglichen Erfahrung. Unrecht gewinnt oft Rechtscharakter einfach dadurch, daß es häufig vorkommt. Die Neuen mußten sich alles neu berichten lassen; wodurch sie das Auffällige daran wahrnahmen. Und endlich waren sie nicht gezwungen, um der Tugend der Objektivität willen, viele andere Tugenden wie Dankbarkeit, die Kindesliebe, die Arglosigkeit gegen die nächsten Bekannten zu verletzen oder so viel Mut zu haben, sich unter ihrer Umgebung Feinde zu machen. *Bertolt Brecht, S. 134*

M2 Justitia

M3 Teen-Court

Die Idee des Teen-Court stammt aus den USA, wo das Jugendlichen-Gericht schon lange praktiziert wird. Auch in Deutschland gibt es in einigen Ländern Teen-Courts: Schüler sprechen erzieherische Maßnahmen gegen jugendliche Straftäter im Alter von 14-17 aus. Die Arbeit des Teen-Court ist an Voraussetzungen gebunden: Der Täter ist geständig, er ist zum ersten Mal mit dem Gesetz in Konflikt geraten und mit dem „Teen-Court" einverstanden. Die Annahme der Maßnahme ist freiwillig. Das Gespräch mit dem Täter dauert 30-90 Minuten und findet am runden Tisch statt. Mögliche Straftaten sind u.a.: Mofa-Frisieren, Fahren ohne Führerschein, Missbrauch von Notrufen, Graffiti-Sprühen, leichte oder minder schwere Körperverletzung.

Der Teen-Court geht folgendermaßen vor:

- Vor dem Gespräch berät das „Gericht" darüber, welche Fragen es an den Täter oder die Täterin stellen möchte.

- In dem Gespräch mit der Täterin oder dem Täter wird erforscht, welche Motive es für die Straftat gab. Außerdem muss darüber gesprochen werden, weshalb die Straftat etwas Schlechtes ist. Sieht der Jugendliche ein, weshalb es übel ist, so zu handeln, wie er gehandelt hat?
- Nach dem Gespräch berät das „Gericht" über erzieherische Maßnahmen. Außerdem sollte es überlegen, welche Ratschläge man dem Täter oder der Täterin mit auf den Weg geben kann.
- Nach der Verkündigung der Maßnahme muss gefragt werden, ob der Jugendliche einverstanden ist. Anschließend sollte das „Gericht" Ratschläge für die Zukunft erteilen.

Erzieherische Maßnahmen können sein: Wiedergutmachung, gemeinnützige Arbeit, Verkehrserziehung, wochenlanges Fernseh- oder Handy-Verbot, Entschuldigungsbesuch beim Opfer.

Ein Ladendieb musste im Obdachlosenheim arbeiten, damit er sieht, dass es Menschen gibt, die weniger haben, aber nicht stehlen. Ob es sinnvoll ist, dass ein Täter ein Jahr lang die Treppe in der Schule fegen muss, damit die ganze Schule sieht, dass er Mist gebaut hat, ist sehr fraglich.

Der Teen-Court muss gut überlegen, welche Maßnahme am ehesten verhindert, dass der Jugendliche rückfällig wird.

M4 Der Fall Denise

Denise, 15 Jahre alt, hat in einem Kaufhof Kosmetik gestohlen: Wimperntusche, Eyeliner, Anspitzer für den Eyeliner, Lippenstift, Lipgloss, Puderdose, Abdeckstift, teure Hautcreme. Ihre Begründung für die Straftat:

- Wenig Taschengeld: nur 20 Euro im Monat, da die Eltern sehr streng sind und meinen, sie müsse rechtzeitig lernen, mit Geld umzugehen.
- Die anderen Mädchen haben tolles Makeup; sie wollte nicht hinter den anderen in der Klasse und Clique zurückstehen.
- Die anderen haben auch schickere Klamotten als sie, gute Marken. Sie aber nicht, da die Eltern zu geizig sind. Sie wollte durch gutes Aussehen ausgleichen, dass sie nicht so gut angezogen ist.
- Außerdem haben auch andere Mädchen aus der Klasse schon mal was mitgehen lassen und erzählt, wie spannend das ist. Denise wollte nicht anders als die anderen sein.
- Außerdem ist das Leben manchmal langweilig. Klauen aber ist aufregend.
- Sie schadet niemandem wirklich, denn der Kaufhof kann die paar Dinge bestimmt verkraften.

Ihr Kommentar: „Es war nicht richtig, einfach etwas mitgehen zu lassen." Auf die Nachfrage, warum sie dies nicht richtig finde, sagt Denise: „Man kann ja erwischt werden, wie das mir passiert ist. Und dann hat man sich blamiert. Und vielleicht hat das ja auch Auswirkungen auf die Zukunft, auf den Beruf. Es spricht sich ja rum, dass man was geklaut hat."

M5 Der Fall Martin

Da sitzt Martin, 15 Jahre alt, sein T-Shirt ist schwarz. Auf der Vorderseite das Logo der „Ärzte", hinten die Tour-Daten. Er trägt eine schwarze Jeans. Er lümmelt sich nicht herum, sondern sitzt angespannt da, aufmerksam, hellwach. Er hat an die Gartenmauer eines großen Einfamilienhauses ein Graffiti gesprüht: ineinander geschlungene Buchstaben in grellen, aber zueinander passenden Farben. Er war fast fertig, da wurde er erwischt. Er ist ein Könner, sein Werk sieht schon gut aus. Aber die Eigentümer wollen eine weiße Mauer. Außerdem finden sie das „Geschmiere", wie sie sagen, scheußlich. *M3-M5 Helmut Engels, S. 96f*

Aufgaben

1. Erschließt aus dem Text, welche Eigenschaften ein guter Richter haben muss. ➜ M1
2. Was gehört sonst noch zu einem guten Richter? Denkt dabei auch an Schiedsrichter beim Sport oder an Juroren einer Preisverleihung (Kunst, Musik, Film usw.). ➜ M1
3. Deutet die Symbole der Justitia (Schwert, Waage und Augenbinde). ➜ M2
4. Hältst du die Einrichtung des Teen-Court für sinnvoll? Begründe deine Auffassung. ➜ M3
5. Welche im Text angesprochenen Maßnahmen hältst du für sinnvoll, welche nicht? ➜ M3
6. Bildet einen Teen-Court und urteilt über die Fälle „Denise" und „Martin". ➜ M4, M5

▶ Glossar: Brecht, Justitia, Objektivität

3 Rechte entdecken

M1 Etwas benötigen – zu viel haben

Ein Viertel unserer Lebensmitteleinkäufe werfen wir wieder weg.

In den großen Millionenstädten Indiens lebt fast ein Drittel der Einwohner im Elend.

M2 10 % besitzen etwa 50 %

Ein Mensch ist gerecht, wenn er anderen das zukommen lässt, was ihnen zusteht, auch wenn dies seinen eigenen Interessen Abbruch tut. Gerechtigkeit in diesem Sinne zählt zu den Tugenden.

Wir nennen aber nicht nur Menschen gerecht oder ungerecht, sondern auch: Gesetze, Regeln, Zustände, Ordnungen, Verteilungsschlüssel. Ein Gesetz, das nur den Männern oder nur den Besitzenden das Wahlrecht verleiht, halten wir für ungerecht. Und wenn in Deutschland die obersten zehn Prozent der Vermögenden etwa die Hälfte des Gesamtvermögens besitzen, dann sagen wir: Dieser Zustand kann doch nicht gerecht sein.

Letztlich stecken aber hinter gerechten oder ungerechten Gesetzen usw. doch immer Menschen, die gerecht oder ungerecht sind oder aber glauben, das Gerechte zu tun.

M3 Ein mehrdeutiger Begriff

Wie viele wichtige Begriffe ist der Begriff „Recht" mehrdeutig. Man unterscheidet mindestens zwei Bedeutungen:

1

„Recht" bedeutet Recht auf etwas, ein Anrecht, ein Anspruch, etwas, das mir zusteht oder das ich verdient habe.

2

„Recht" bedeutet die Gesamtheit der Gesetze und Regeln, die ein Staat erlassen hat und deren Einhaltung er durchzusetzen versucht. Diese Gesetze und Regeln können gerecht, aber auch ungerecht sein. Das heißt: Geltendes Recht kann ungerecht sein!

M4 Innerer Zwiespalt

Der Mensch hat eine Neigung, sich zu vergesellschaften: weil er in einem solchen Zustande sich mehr als Mensch fühlt. Er hat aber auch einen großen Hang, sich zu vereinzeln: weil er in sich zugleich die ungesellige Eigenschaft antrifft, alles bloß nach seinem Sinne richten zu wollen, und daher allerwärts Widerstand erwartet, so wie er von sich selbst weiß, dass er seinerseits zum Widerstand gegen andere geneigt ist.

Immanuel Kant (1724–1804)

M5 Diese seltsamen Anthros

Die Aliens Epsilon und Delta kommen von einer Reise durchs Weltall zurück und berichten dem Großen Rat von ihren Beobachtungen.

Epsilon: Wir haben auf dem Planeten Arret seltsame Lebewesen entdeckt, die faszinierend und zugleich abstoßend sind. Jeder ist auf den anderen angewiesen, und die Anthros sind fähig zu einer wirkungsvollen Kooperation, aber sie neigen dazu, andere auszunutzen und zu unterjochen. Sie sind liebevoll und fürsorglich, aber auch aggressiv und bösartig.

Delta: Die Anthros sind sehr kreativ und schaffen wundervolle Dinge, die es nie zuvor gegeben hat, aber sie sind auch in einem äußersten Maß zerstörerisch und vernichten einander in kleinen und großen Kriegen.

Epsilon: Die Anthros haben ein Gewissen, das ihnen sagt, wie sie handeln sollten, aber sie missachten es oft. Viele verehren Götter oder einen Gott, aber sie verfolgen andere für ihren Glauben. Ihre Sprache, ein wunderbares Mittel der Verständigung, wird als Waffe gegen andere benutzt.

Delta: Gegensätze sind unübersehbar: Manche leben im Überfluss, viele haben kaum das Nötigste zum Leben. Es gibt Anthros, die können ihr Leben selbst bestimmen, andere leben in größter Unfreiheit. Die Lebensspanne der Anthros weist große Unterschiede auf.

Der Große Rat: Wir haben Mitleid mit diesen seltsamen Wesen. Wir wollen, dass *alle* Anthros, soweit dies möglich ist, ohne Not und Furcht in Frieden leben können. Sorgt für Folgendes: Die wichtigsten Führer erhalten die Idee eingepflanzt, dass alle Anthros die gleichen Rechte bekommen sollten. Es müssen solche Rechte sein, denen jeder Anthro seine Zustimmung geben kann ...

Delta und Epsilon: Da wird man sich nie einigen!

Der Große Rat: ... seine Zustimmung unter folgender Voraussetzung: Er vergisst während seiner Überlegungen, was für ein Anthro er selbst ist und welche Stellung er in seiner Gesellschaft oder gar auf Arret hat. Wie die Anthros diese allgemeinen Rechte in Gesetze umwandeln, das müssen sie selbst herausfinden. Über die nötigen Pflichten für jeden Anthro reden wir später.

M2, M3, M5 Helmut Engels, S. 98f

Aufgaben

1. Schildert eure Eindrücke beim Anblick der beiden Bilder. ➜ M1
2. Erörtert, was zu einem menschenwürdigen Leben gehört. ➜ M1
3. Besprecht gemeinsam, was den Menschen im Elendsviertel zu einem menschenwürdigen Leben verhilft. ➜ M1
4. Wie kommt es dazu, dass Viele wenig und Wenige viel besitzen? ➜ M2
5. Beurteilt die beschriebenen Zustände. ➜ M2
6. Klärt die unterschiedlichen Bedeutungen von „Recht". ➜ M3
7. Diskutiert, ob und wie der Begriff „Recht" auf die Bilder bezogen werden kann. ➜ M1, M3
8. Welche Aussagen trifft Kant? Welche Folgerungen zieht ihr daraus in Bezug auf das Recht des Menschen? ➜ M4
9. Setzt euch in Gruppen zusammen und überlegt, welchen Rechten jeder Anthro zustimmen könnte. ➜ M5

▶ Glossar: Kant

4 Gleiche Rechte für alle Menschen

M1 Ein großer Fortschritt ...

Norman Rockwell, The Problem We All Live With, 1964

M2 Nach langen Diskussionen

Der Gedanke, dass alle Menschen Rechte haben, ist uralt. Doch wurde die *Allgemeine Erklärung der Menschenrechte* erst am 10.12.1948 vor der UNO verkündet. Es waren zwei Jahre harter Arbeit vorausgegangen: Acht Männer und Frauen aus Australien, Chile, China, Frankreich, dem Libanon, der Sowjetunion, Großbritannien und den USA hatten in zähen Verhandlungen um ihre Formulierung gerungen. Die damals 58 Mitgliedstaaten der Vereinten Nationen nahmen die Erklärung ohne Gegenstimme, aber mit acht Enthaltungen an. Sie verpflichteten sich, schrittweise die Einhaltung der allgemeinen Rechte zu sichern, was bis heute keineswegs überall geschehen ist! Viele meinen, die Beachtung der Menschenrechte sei nur Sache der Staaten. Die Vorsitzende der Menschenrechtskommission Eleanor Roosevelt war anderer Ansicht: „*Wo beginnen die Menschenrechte?*“ Auf diese Frage gab sie folgende Antwort: „An den kleinen Plätzen, nahe dem eigenen Heim. So nah und so klein, dass diese Plätze auf keiner Landkarte der Welt gefunden werden können. Und doch sind diese Plätze die Welt des Einzelnen: die Nachbarschaft, in der er lebt, die Schule oder die Universität, die er besucht, die Fabrik, der Bauernhof oder das Büro, in dem er arbeitet. Das sind die Plätze, wo jeder Mann, jede Frau und jedes Kind gleiche Rechte, gleiche Chancen und gleiche Würde ohne Diskriminierung sucht. Solange diese Rechte dort keine Geltung haben, sind sie auch woanders nicht von Bedeutung.“

Julia Lohrmann

M3 Aus der allgemeinen Erklärung der Menschenrechte von 1948

1. Freiheit, Gleichheit, Brüderlichkeit
   Alle Menschen sind frei und gleich an Würde und Rechten geboren. Sie sind mit Vernunft und Gewissen begabt und sollen einander im Geiste der Brüderlichkeit begegnen.
2. Verbot der Diskriminierung
   (1) Jeder Mensch hat Anspruch auf die in dieser Erklärung verkündeten Rechte und Freiheiten, ohne irgendeine Unterscheidung, wie etwa nach Rasse,

Farbe, Geschlecht, Sprache, Religion, politischer und sonstiger Überzeugung, nationaler oder sozialer Herkunft, nach Eigentum, Geburt oder sonstigen Umständen. […]

- Recht auf Leben und Sicherheit der Person
- Verbot der Sklaverei und des Menschenhandels
- Verbot der Folter, grausamer, unmenschlicher erniedrigender Strafen und Misshandlungen
- Gleichheit vor dem Gesetz
- Anspruch auf ein faires und öffentliches Gerichtsverfahren
- Schutz der Freiheitssphäre des Einzelnen
- Recht zu heiraten und eine Familie zu gründen
- Recht auf Eigentum
- Gedanken-, Gewissens- und Religionsfreiheit
- Meinungs- und Informationsfreiheit
- Allgemeines und gleiches Wahlrecht; Zulassung zu öffentlichen Ämtern
- Recht auf soziale Sicherheit […]
- Recht auf Erholung und Freizeit
- Recht auf einen angemessenen Lebensstandard
- Recht auf Bildung, Erziehungsziele, Elternrecht

M4 Ein Mensch kann die Welt verändern

Rosa Parks, eine Schwarze, wuchs in Alabama auf. Das ist ein Bundesstaat im Süden der USA. Es ist gar nicht so lange her, da gab es dort strenge Gesetze, die die Rassentrennung regelten. Es gab Schulen für Weiße und Schulen für Schwarze. Parkbänke und Aufzüge, die für Weiße reserviert waren, durften von den Schwarzen nicht benutzt werden. Und in den Bussen waren die vorderen Sitze für die Weißen bestimmt, die hinteren für die Schwarzen. Hinten war immer alles überfüllt. In der Mitte gab es Sitze, die von den Schwarzen benutzt werden durften. Aber wenn sich auch nur ein einziger Weißer dorthin setzte, musste die ganze Reihe von den Schwarzen geräumt werden. Im Jahr 1955 geschah in Montgomery, der Hauptstadt von Alabama, Folgendes: Rosa Parks fuhr mit dem Bus zur Arbeit wie die meisten Schwarzen. Sie saß auf einem Platz in der Mitte, wo sie sitzen durfte, neben ihr drei Männer. Als sich ein Weißer in die Reihe setzen wollte, forderte der Busfahrer die Schwarzen auf, ihren Platz zu räumen. Die Männer standen auf und gingen nach hinten. Dort mussten sie stehen. Nur Rosa Parks blieb sitzen. Der Busfahrer rief die Polizei und verlangte die Verhaftung von Rosa Parks. Sie wurde festgenommen und ins Gefängnis gesteckt. Sie musste nur eine kleine Strafe bezahlen, verlor aber ihre Arbeit, und es gab Morddrohungen. Die Bürgerrechtsvereinigung, zu der auch Rosa Parks und ihr Mann gehörten, rief zum Boykott der Busse auf. Länger als ein Jahr wurden in Montgomery die Busse nur von Weißen benutzt. Die Schwarzen bildeten Fahrgemeinschaften oder gingen lange Strecken zu Fuß. Den Bus-Boykott leitete der später so berühmte schwarze Pastor Martin Luther King. Das Ergebnis des Boykotts: Das Oberste Gericht der USA urteilte 1956, dass die Rassentrennung in Bussen verfassungswidrig war.

Immer mehr Menschen forderten die Gleichberechtigung von Schwarz und Weiß und setzten sich für die Bürgerrechte ein. 1963 gab es den Marsch nach Washington. Über 200 000 Menschen aller Rassen versammelten sich vor dem Capitol und demonstrierten für Gerechtigkeit, unter ihnen auch Rosa Parks.

1964 wurde endlich ein Gesetz erlassen, das gleiche Rechte für alle garantierte, auch für die Schwarzen. Das war ein überwältigender Erfolg der Streiter für die Bürgerrechte. Durch ihre Tat – oder soll man sagen: durch ihr Nicht-Tun? – hat Rosa Parks ein ganzes Land verändert.

Helmut Engels, S. 101

Aufgaben

1. Beschreibt das Bild. Welche Situation ist hier dargestellt? Auf welches Problem in den USA der 1960er Jahre will Rockwell aufmerksam machen? ➜ M1
2. Recherchiere, wie es zu der *Allgemeinen Erklärung der Menschenrechte* kam. ➜ M2
3. Wo überall haben nach Roosevelt die Menschenrechte Bedeutung? Finde Beispiele aus dem Alltag. ➜ M2
4. Vergleicht die Ergebnisse eurer Arbeit zu Aufgabe 9 der vorangegangenen Doppelseite mit der Übersicht über die Allgemeinen Menschenrechte. Wie beurteilt ihr die Unterschiede? ➜ M3
5. Wie haben die Afroamerikaner für ihre Rechte gekämpft? Fasse zusammen. ➜ M4

▶ Glossar: Diskriminierung, King, Rockwell, Roosevelt

5 Besondere Rechte für U18?

M1 Setz dich für deine Rechte ein!

M2 Ja, sind die denn nötig?

Die allgemeinen Menschenrechte sind für alle da, auch für Kinder und Jugendliche. Dennoch haben die Vereinten Nationen ein Übereinkommen über die Rechte des Kindes getroffen, und zwar am 20.11.1989. Dabei muss man wissen, dass mit dem Begriff „Kind" hier nicht nur die Kinder gemeint sind, sondern alle Menschen, die jünger als 18 Jahre alt sind. „Kinder- und Jugendlichenrechte" wäre ein besserer Begriff, der nicht so missverständlich wäre. Wenn man sich die allgemeinen Menschenrechte anschaut, merkt man bald, dass jüngere Kinder gar nicht immer gemeint sein können: Zwei Beispiele: Wahlrecht für alle (Artikel 21) oder das Recht, zu heiraten und eine Familie zu gründen (Artikel 16).

Die Kinderrechtskonvention ist wesentlich umfangreicher als der Menschenrechtskatalog: Sie enthält 54 Artikel auf etwa 20 Seiten, und die Sprache ist keineswegs kindgemäß. Die UNO hat gemerkt, dass Kinder und auch Jugendliche in einem besonderen Maße schutzbedürftig sind und für sie viel mehr durch Rechte geregelt werden muss als für Erwachsene. Bis auf Somalia und die USA haben alle Länder der Erde der Konvention zugestimmt. Das bedeutet leider nicht, dass sie nicht oft in ungeheurem Maße missachtet wird. – Der 20. November ist Kinderrechtstag.

Helmut Engels, S. 102

M3 In aller Kürze

Die 54 Artikel der Konvention verknüpfen erstmals politische Bürgerrechte, kulturelle, wirtschaftliche und soziale Rechte der Kinder in einem völkerrechtlich bindenden Vertrag. Schutz und Hilfe für Kinder sind damit nicht mehr allein von Mitgefühl oder Moral abhängig, sondern die Staaten verpflichten sich, alles zu tun, um Kindern menschenwürdige Lebensbedingungen zu bieten. Die Kinderrechtskonvention beruht auf vier Prinzipien:

- § Das **Recht auf Gleichbehandlung**: Kein Kind darf benachteiligt werden – sei es wegen seines Geschlechts, seiner Herkunft, seiner Staatsbürgerschaft, seiner Sprache, Religion oder Hautfarbe, einer Behinderung oder wegen seiner politischen Ansichten.
- § Das **Wohl des Kindes** hat Vorrang: Wann immer Entscheidungen getroffen werden, die sich auf Kinder auswirken können, muss das Wohl des Kindes vorrangig berücksichtigt werden – dies gilt in der Familie genauso wie für staatliches Handeln.
- § Das **Recht auf Leben und Entwicklung**: Jedes Land verpflichtet sich, in größtmöglichem Umfang die Entwicklung der Kinder zu sichern – zum Beispiel durch Zugang zu medizinischer Hilfe, Bildung und Schutz vor Ausbeutung und Missbrauch.
- § **Achtung vor der Meinung des Kindes**: Alle Kinder sollen als Personen ernst genommen und respektiert und ihrem Alter und ihrer Reife gemäß in Entscheidungen einbezogen werden.

Aus diesen Prinzipien leiten sich zum Beispiel das Recht auf medizinische Hilfe, auf Ernährung, auf den Schutz vor Ausbeutung und Gewalt sowie auf freie Meinungsäußerung und Beteiligung ab. *unicef*

M4 Kinder dürfen sagen, was sie denken

Es gibt viele Dinge auf der Welt, die für Kinder wichtig sind: die Trennung der Eltern, die Gestaltung der Pausenplätze, die Gefahren im Straßenverkehr usw. Die Konvention sagt, dass Kinder zu allen Dingen, die sie betreffen, sagen können, was sie denken, was sie fühlen und was sie möchten. Die Meinung der Kinder muss von den Regierungen berücksichtigt werden, die bei ihren Entscheidungen an die Kinder denken sollen. Seine Meinung frei äußern heißt aber noch nicht, dass der andere mit mir einverstanden sein muss. Es bedeutet erst mal, dass er mir zuhören soll, über meine Ideen nachdenken wird und erst dann entscheidet. Immer aber muss gefragt werden, ob das, was das Kind sagt, auch gut für das Kind selbst, für die anderen Kinder und die Erwachsenen ist. Je älter das Kind ist, desto mehr weiß es von der Welt und ihren Problemen. Es macht sich Gedanken darüber, ob das, was es denkt und tut, nur für es selbst vorteilhaft ist oder auch anderen dient. Je mehr die Kinder sich mit solchen Gedanken auseinandersetzen, desto stärker werden die Erwachsenen ihre Meinung berücksichtigen. Sie sagen dann, die Kinder sind reif genug mitzubestimmen. Kleinere Kinder haben eine andere Reife als größere Kinder und Jugendliche. Sie sind von anderen Dingen betroffen und bestimmen somit auch bei anderen Dingen mit.

unicef Schweiz

M5 Kinderarbeit ist verboten

Artikel 32:

(1) Die Vertragsstaaten erkennen das Recht des Kindes an, vor wirtschaftlicher Ausbeutung geschützt und nicht zu einer Arbeit herangezogen zu werden, die Gefahren mit sich bringen, die Erziehung des Kindes behindern oder die Gesundheit des Kindes oder seine körperliche, geistige, seelische, sittliche oder soziale Entwicklung schädigen könnte.

UN-Kinderrechtskonvention

M6 Nebenher was verdienen?

Sina hat eine Frage: „Ich würde gern in den Ferien mal einen Ferienjob machen, aber ich bin erst zwölf Jahre alt und würde daher gern wissen, ob ich einen Ferienjob machen darf und wo bzw. was."

Die Antwort des Deutschen Kinderhilfswerks: Ab wann du dir etwas Taschengeld dazu verdienen darfst, regelt das Jugendarbeitsschutzgesetz und das sagt, dass grundsätzlich niemand arbeiten darf, der jünger als 13 Jahre ist. Ab 13 Jahren sind dann leichte Arbeiten erlaubt, z. B. Zeitungen austragen, Nachhilfestunden geben und ähnliches. Diese entgeltlichen Tätigkeiten dürfen aber nur zwischen 8:00 und 18:00 Uhr und nur mit Zustimmung eines Erziehungsberechtigten ausgeführt werden. Jugendliche ab 15 Jahren dürfen bis zu vier Wochen Vollzeit (ca. 35 bis 40 Stunden in der Woche) in den Ferien arbeiten.

Kindersache

Aufgaben

1. Diskutiert, weshalb Menschen unter 18 Jahren besondere Rechte brauchen. → M1, M2
2. Nenne Beispiele dafür, dass die genannten Grundsätze nicht überall eingehalten werden. → M3
3. Wobei solltet ihr nach eurer Meinung öffentlich Gehör finden? Stellt eine Liste zusammen. → M4
4. Erläutert den Artikel 32 der UN-Kinderrechtskonvention an Beispielen. → M5
5. Begründe, ob Sina arbeiten darf, obwohl sie erst 12 Jahre alt ist. → M6

▶ Glossar: Deutsches Kinderhilfswerk, Kinderrechtskonvention, Menschenrechte, UNICEF, UNO, Vereinte Nationen

Projekt: Rechte wahrnehmen

Fragt bei den entsprechenden Stellen eurer Gemeinde (Bürgermeister, Rat der Stadt etc.) nach, ob und welche Möglichkeiten ihr habt, eure Meinung vorzutragen.
Wählt Themen aus, die euch betreffen (z. B. Schulwegsicherheit, Freizeiteinrichtungen für Jugendliche etc.), und bereitet in Gruppenarbeit Stellungnahmen vor.
Macht eure Meinung öffentlich (Teilnahme an einer Bürgermeistersprechstunde, Leserbrief an die Tageszeitung etc.).
Wertet die Reaktionen auf euer Engagement aus.

6 Irgendwo im Nirgendwo

M1 Im Schlaraffenland

Oskar Herrfurth

Vom sagenhaften Schlaraffenland wird erzählt, dass alle Brunnen voll besten Weines und voll Champagner sind, die jedem nur ins Maul hineinlaufen, wenn er es hinhält. Die Häuser sind mit Eierkuchen bedeckt, die Wände aus Lebkuchen, die Balken aus Schweinebraten, die Zäune aus Bratwürsten geflochten. Dahin würde mancher gerne auswandern, wenn er nur wüsste, wo das Schlaraffenland liegt.

Im schönen Schlaraffenland fliegen die Vögel gebraten in der Luft herum, ja sogar direkt ins Maul, wenn man es aufmacht. Die Bäume tragen Würste und Schinken, die Sträucher knusperige Brötchen, die Käse wachsen wie Steine. Spanferkel laufen gebraten umher und tragen auf dem Rücken sogar Messer und Gabel. In den Bächen fließt Milch und Honig und ein echter Schlaraff braucht nur Bst! Bst! zu machen, so kommen die gebratenen Fische in die Hand.

Damen haben es im Schlaraffenland besonders herrlich. Im Walde hängen auf Bäumen die schönsten Kleider, vom Hemd bis zum Mantel, in allen Farben und Stoffen. Die Sträucher tragen Perlen, Broschen und Ringe. Feinste Stiefel und Schuhe, Hüte und Mützen gibt's im Tannenwald. Was wollen die schönen Frauen mehr?

Auch im Schlaraffenland wird man alt und hässlich. Aber auch dagegen hat man ein Mittel, den Jungbrunnen oder die Alt-Weiber-Mühle. Alte Frauen kommen in das Jungbad für drei Tage. Dann sind sie wieder jung und schön wie Mädchen von achtzehn Jahren, so dass eitel Freude herrscht, wenn sie wie neugeboren vom Mann nach Hause getragen werden.

Wer im Schlaraffenland am meisten essen, trinken, spielen und schlafen kann, wer der Gefräßigste und Faulste zugleich ist, wird König. Er braucht sich nur auf seinen Thron zu setzen und sich zu füttern lassen, bis er einschläft. Wer will König von Schlaraffenland werden?

Wo ist das Schlaraffenland? Nur ein Blinder kann den Weg zeigen. Zuletzt steht der Sucher vor einer berghohen Mauer aus Reisbrei, die um das ganze Land geht. Wer hinein will, der muss sich erst durchfressen. Wer will's probieren? *Jutta Assel; Georg Jäger*

* Und die alten Männer? Alt-Weiber-Mühle?

M2 Im Zukunftsstaat

Friedrich Eduard Bilz

M3 Was eine Utopie ist

Der Begriff Utopie setzt sich aus den beiden griechischen Wörtern „ou“ und „topos“ zusammen. „Ou“ bedeutet „nicht“ und „topos“ lässt sich mit „Ort“ übersetzen. Die Utopie ist also ein Nicht-Ort oder anders gesagt, ein Ort, den es nicht gibt und den es niemals geben wird.

Das Ziel einer Utopie besteht darin, eine bessere, ja sogar die bestmögliche aller Welten zu beschreiben, um auf diese Weise die Welt, wie man sie derzeit vorfindet, zu kritisieren. Mithilfe der Utopie kann man seinen Zeitgenossen einen kritischen Spiegel vorhalten und deutlich machen, was gesellschaftlich und politisch im Argen liegt. Die Utopie ist somit eine Wunschvorstellung, die nicht oder zumindest nicht sofort realisiert werden kann. *Jörg Peters, S. 105*

Aufgaben

1. Erzähle die Geschichte vom Schlaraffenland nach. Begründe, warum du gern bzw. nicht gern dort wärst. ➜ M1
2. Was ist der Unterschied zwischen dem Schlaraffenland und dem Paradies? Schaue dir auch die Paradiesvorstellungen in der Bibel (Gen 2,8-25 und Offenbarung 21,1-5) und im Koran (Suren 18,30; 39,73; 47,16-17; 88,8-16) an.
3. Beschreibe, wie die Gesellschaft im Jahre 1904 (linke Seite) und in der Zukunft (rechte Seite) dargestellt ist. ➜ M2
4. Benenne die Merkmale einer Utopie. ➜ M3
5. Fertige eine Werbeanzeige für den Ort an, der dir besonders lebenswert erscheint. ➜ M1-M3

▶ Glossar: Bilz, Schlaraffenland

7 Über das Leben der Utopier

M1 Die ideale Gesellschaft

Thomas Morus hat mit seiner Schrift „Utopia" (1516) eine neue Gattung der (philosophischen) Literatur geschaffen.

Überall da, wo es noch Privateigentum gibt, wo alle alles nach dem Wert des Geldes messen, wird es kaum jemals möglich sein, gerechte oder erfolgreiche Politik zu treiben, es sei denn, man wäre der Ansicht, dass es dort gerecht zugehe, wo immer das Beste den Schlechtesten zufällt, oder dort glücklich, wo alles an ganz wenige verteilt wird und auch diese nicht in jeder Beziehung gut gestellt sind, die übrigen jedoch ganz übel.

UTOPIA
Die bessere Gegenwelt

Daher erwäge ich oft die überaus klugen und ehrwürdigen Einrichtungen der Utopier, bei denen alles durch so wenige Gesetze so zweckmäßig geordnet ist, dass einerseits die Leistung ihren Lohn findet, andererseits infolge der allgemeinen Gleichheit allen alles reichlich zugemessen ist. Deshalb bin ich fest davon überzeugt, dass der Besitz nur dann auf gleichmäßige und gerechte Weise verteilt oder die Geschicke der Menschen nur dann glücklich gestaltet werden können, wenn das Privateigentum aufgehoben worden ist; solange es besteht, wird immer auf dem weitaus größten und weitaus besten Teile der Menschheit die drückende und unvermeidliche Bürde der Armut und des Kummers lasten.

Um einen solchen Zustand zu vermeiden, sind alle Utopier verpflichtet, sich um das Gemeinwohl zu kümmern und zu arbeiten. Ein Gewerbe ist allen Männern und Frauen gemeinsam: der Ackerbau; den versteht jedermann. Darin werden alle von Kindheit an unterwiesen. Aber von den übrigen Handwerken lernt jeder eins, nicht nur die Männer, sondern auch die Frauen; doch treiben diese als die Schwächeren nur die leichteren Gewerbe, den Männern sind die übrigen, mühsamen Handwerke zugewiesen. Das wichtigste und beinahe einzige Geschäft der Syphogranten [Gemeindevorstände] besteht darin, dafür zu sorgen und Maßregeln zu treffen, dass keiner müßig herumsitzt, sondern jeder fleißig sein Gewerbe treibt, ohne indessen vom frühen Morgen bis tief in die Nacht wie ein Lasttier sich beständig abzurackern. Das wäre ja eine mehr als sklavische Schinderei! Und doch ist es fast überall das Los der Handwerker, außer bei den Utopiern, die nur sechs Stunden am Tag der Arbeit widmen. Die Stunden zwischen der Arbeits-, Schlafens- und Essenszeit sind jedem zu beliebiger Beschäftigung freigestellt, nicht um sie durch Üppigkeit und Trägheit zu missbrauchen, sondern um die Zeit, die einem jeden sein Handwerk frei lässt, nach Herzenslust auf irgendeine andere nützliche Beschäftigung zu verwenden. Die meisten widmen diese Pausen geistigen Studien. Es ist nämlich üblich, täglich in den Frühstunden öffentliche Vorlesungen zu halten, zu denen aus allen Ständen eine Menge Hörer, Männer und Frauen, hinströmen, der eine hierhin, der andere dorthin, je nach den individuellen Anlagen. Nach dem Abendessen verbringen sie dann eine Stunde mit Sport und Spiel, im Sommer in den Gärten, im Winter in öffentlichen Hallen. Dort treiben sie Musik oder erholen sich im Gespräch. Würfeln und dergleichen unschickliche und verderbliche Spiele kennen sie nicht einmal.

nach Thomas Morus, S. 44–58

M2 Zu sich selbst finden

Herr Marx und Herr Engels, Sie vertreten die Ansicht, dass Arbeiter in einer kapitalistischen Gesellschaft leben, um zu arbeiten; aber nicht arbeiten, um zu leben. Der Arbeiter, so sagen Sie weiter, könne erst in einer kommunistischen Gesellschaft zu sich finden. Was meinen Sie damit?

Karl Marx: Das liegt doch auf der Hand. Jeder Mensch flieht in einer kapitalistischen Gesellschaft vor der Arbeit, wenn es ihm möglich ist, da er in der Regel nicht für sich oder die Gemeinschaft, sondern für einen Kapitalisten arbeitet. Von dem Zeitpunkt an, an dem die Arbeit verteilt wurde, wurde jedem ein bestimmter Tätigkeitsbereich aufgedrängt, aus dem er nicht mehr heraus kann; er ist Jäger, Fischer oder Hirt oder kritischer Kritiker und muss es bleiben, wenn er seinen Lebensunterhalt verdienen will. In einer kommunistischen Gesellschaft dagegen hat keiner einen ausschließlichen Tätigkeitsbereich. Jeder kann sich in einem beliebigen Zweig ausbilden lassen, weil die Gesellschaft die allgemeine Produktion regelt und es jedem somit ermöglicht, heute dies, morgen jenes zu tun, morgens zu jagen, nachmittags zu fischen und abends Viehzucht zu treiben, wie er gerade Lust hat, ohne je Jäger, Fischer oder Hirt zu werden.

•

Was bedeutet das für die einzelnen Menschen?

Karl Marx: Wenn die Arbeit erst einmal emanzipiert ist, dann ist jeder Mensch ein Arbeiter und nicht nur diejenigen, die bereits jetzt Produkte herstellen. Man kann es philosophisch auch so ausdrücken: Die produktive Arbeit hört auf, eine Klasseneigenschaft zu sein.

•

Und was heißt das für die Arbeitszeit des Einzelnen?

Friedrich Engels: Wenn alle Menschen – und ich meine wirklich alle, die dazu fähig sind – arbeiten bzw. arbeiten müssen, dann fällt der Gegensatz von Überarbeiteten und Faulen weg. Die Konsequenz wäre, dass das Kapital aufhören würde zu existieren. Die kommunistische Gesellschaft wird innerhalb von 6 Stunden den benötigten Überfluss produzieren, und es ist abzusehen, dass in dieser Zeit mehr geleistet wird als bislang in 12 Stunden. Alle werden 6 Stunden Freizeit, den wahren Reichtum, haben. Damit meine ich jene Zeit, die nicht der unmittelbar produktiven Arbeit zum Opfer fällt, sondern dem Genuss, der Muße dient, so dass sie zur freien Tätigkeit und Entwicklung Raum gibt.

•

Können Sie das noch genauer erklären?

Karl Marx: Natürlich. Friedrich Engels sagt, in einer kommunistischen Gesellschaft muss jeder nur so viel arbeiten wie nötig, um so viel Freizeit wie möglich zu erhalten. Dies setzt aber voraus, dass die Arbeit auf alle, die in der Lage sind zu arbeiten, verteilt werden muss. Die Arbeitszeit eines jeden kann dann so beschränkt werden, dass für alle genug freie Zeit bleibt, um sich an den allgemeinen Angelegenheiten der Gesellschaft theoretisch oder praktisch zu beteiligen. Wenn dies gelingt, dann ist jede herrschende und ausbeutende Klasse überflüssig, ja ein Hindernis der gesellschaftlichen Entwicklung geworden.

Jörg Peters, S. 107

Aufgaben

1 Bildet arbeitsteilige Gruppen, fertigt Schaubilder zu den Ausführungen von Morus (Gruppe 1) bzw. Marx und Engels (Gruppe 2) an und präsentiert sie dem Kurs. → M1, M2

2 Arbeitet heraus, worin die beiden Utopien übereinstimmen und worin sie sich unterscheiden. → M1, M2

3 Wie beurteilt ihr die Utopien von Morus bzw. Marx und Engels? → M1, M2

▶ Glossar: Engels, Kapitalismus, Kommunismus, Marx, Morus

8 Atlantis oder: Was ist der ideale Staat?

M1 Atlantis

Der Untergang eines idealen Staates

Das mächtige Inselreich Atlantis wurde zum ersten Mal von dem griechischen Philosophen Platon erwähnt und auch ganz genau beschrieben. Der Name „Atlantis“ bedeutet so viel wie „Insel des Atlas“. In der griechischen Mythologie war Atlas der älteste Sohn des Meeresgottes Poseidon. Ihm wurde laut Überlieferung die Macht über die Hauptstadt von Atlantis übertragen, während seine Brüder über das übrige Reich herrschen durften.

Die Bewohner der Insel – die Atlantiden – sollen eine mächtige Seemacht gewesen sein, die große Teile von Europa und Afrika unterworfen hatte. Der Mythos von Atlantis war ein Vorbild des gesellschaftlichen Zusammenlebens. Es war ein idealer Staat, aber durch Hochmut, Gier und Macht wurde auch deutlich, wie ein solcher Staat zum Untergang verurteilt war.

Die Atlantiden meinten, es mit den Athenern aufnehmen zu müssen. Dafür wurden sie Platon zufolge von Atlas und seinen Brüdern bestraft. Nur kurz nach ihrer Niederlage gegen Athen, um 9600 v. Chr., soll es dann zum legendären Untergang von Atlantis gekommen sein. Schuld daran, dass das gesamte Inselreich auf Nimmerwiedersehen im Meer verschwand und alle seine Bewohner mitriss, war der Überlieferung nach eine gewaltige Naturkatastrophe. Ein starkes Erdbeben wühlte die See auf und Atlantis wurde völlig überflutet.

Wahrheit oder Legende?

Ob es Atlantis wirklich gegeben hat, kann niemand mit völliger Sicherheit sagen. Die meisten Wissenschaftler gehen allerdings davon aus, dass Atlantis – ein Inselreich als „idealer Staat“ – nur eine Erfindung Platons ist. Nach Meinung vieler Wissenschaftler war das Ganze eine Art Gedankenspiel. Was wäre, wenn Athen gegen eine mächtige Seemacht wie Atlantis ankämpfen müsste? Vielleicht war Atlantis auch als eine Art warnendes Beispiel gedacht: Hochmut kommt vor dem Fall.

An der Theorie, dass Atlantis nichts weiter als eine Erfindung Platons ist, gibt es aber immer wieder Zweifel. Normalerweise hat es Platon nämlich immer sehr deutlich gemacht, welche seiner Geschichten seiner Vorstellung entsprungen sind und bei welchen es sich um tatsächliche Begebenheiten handelte. Bei seiner Schilderung des versunkenen Kontinents war Platon allerdings nicht so deutlich. An keiner Stelle bezeichnet er Atlantis klar als Mythos.

Versuche, die Überreste der Insel Atlantis zu finden, gab es viele. Bisher hatte aber noch keiner der Forscher Erfolg bei seiner Suche nach der Insel. Niemand konnte beweisen, dass es Atlantis wirklich gab – aber andererseits kann das Gegenteil bislang auch nicht bewiesen werden.

nach Silvia Hähnel

M2 Der Staat der Philosophen

In dem philosophischen Roman „Sofies Welt" von Jostein Gaarder erklärt der Briefeschreiber Alberto Knox, wie sich der berühmte Philosoph Platon den idealen Staat vorgestellt hat. Platon hat seine ideale Staatskonzeption in einem Text 370 v. Chr. niedergelegt. Dabei greift er auch auf frühere Beschreibungen von Atlantis zurück. Alberto Knox schreibt an Sofie:

Platon stellt sich einen Musterstaat vor – oder das, was wir als „utopischen" Staat bezeichnen. In aller Kürze können wir sagen, dass Platon meint, der Staat solle von Philosophen gelenkt werden. Bei seiner Begründung nimmt er den Ausgang vom einzelnen Menschen.

Platon zufolge besteht der menschliche Körper aus drei Teilen, nämlich *Kopf, Brust* und *Unterleib*. Jedem dieser Teile entspricht eine Charaktereigenschaft. Zum Kopf gehört die *Vernunft*, zur Brust der *Wille* und zum Unterleib die *Lust* oder das *Begehren*. Zu jeder dieser Charaktereigenschaften gehört außerdem ein Ideal oder eine *Tugend*. Die Vernunft soll nach *Weisheit* streben, der Wille soll *Mut* zeigen, und das Begehren muss gezügelt werden, damit der Mensch *Mäßigkeit* zeigt. Erst, wenn die drei Teile des Menschen als Einheit fungieren, erhalten wir einen harmonischen oder rechtschaffenen Menschen. In der Schule müssen die Kinder erst lernen, ihr Begehren zu zügeln, dann wird der Mut entwickelt, und zum Schluss sollen sie Vernunft und Weisheit erlangen.

Platon stellt sich nun einen Staat vor, der genau wie ein Mensch aufgebaut ist. Wie der Körper „Kopf", „Brust" und „Unterleib" hat, hat der Staat *Herrscher*, *Wächter* (oder Soldaten) und den *Handelsstand* (zu dem, außer den eigentlichen Händlern, auch die Handwerker und Bauern zählen). Hier wird deutlich, dass Platon sich die griechische medizinische Wissenschaft zum Vorbild nimmt. Wie ein gesunder und harmonischer Mensch Gleichgewicht und Mäßigung zeigt, kennzeichnet es einen *gerechten Staat*, dass jeder darin seinen Platz im Ganzen kennt.

Wie Platons Philosophie insgesamt ist auch seine Staatsphilosophie vom *Rationalismus* geprägt. Entscheidend für die Schaffung eines guten Staates ist, dass er mit Vernunft geleitet wird. So wie der Kopf den Körper lenkt, müssen die Philosophen die Gesellschaft lenken.

Platons Idealstaat kann an das alte indische Kastenwesen erinnern, wo jeder Einzelne seine spezielle Funktion zum Besten des Ganzen hatte. Seit Platons Zeit – und noch früher – kennt das indische Kastenwesen genau diese Dreiteilung zwischen der leitenden Kaste (oder Priesterkaste), der Kriegerkaste und der handeltreibenden Kaste.

Heute würden wir Platons Staat vielleicht als totalitären Staat bezeichnen, und es gibt Philosophen, die Platon deshalb hart kritisieren. Aber wir müssen immer bedenken, dass er in einer ganz anderen Zeit gelebt hat. Und wir können festhalten, dass er der Meinung war, Frauen könnten im Staat ebenso gut herrschen wie Männer. Und zwar, weil Herrscher eben aufgrund ihrer Vernunft den Stadtstaat lenken sollen. Platon glaubte, Frauen könnten genau dieselbe Vernunft haben wie Männer, wenn sie nur dieselbe Ausbildung erhielten und ansonsten vom Kinderhüten und der Hausarbeit befreit würden. Und Platon wollte bei den Herrschern des Staates und seinen Wächtern Familie und Privateigentum abschaffen. Die Kindererziehung war auf jeden Fall zu wichtig, um den Einzelnen überlassen zu werden. Die Kindererziehung musste in die Verantwortung des Staates fallen.

Jostein Gaarder, S. 112f

Aufgaben

1 Beschreibt zunächst das Bild. Was berichtet Silvia Hähnel von Atlantis? → M1

2 Stelle in einem Schaubild dar, wie nach Platon der ideale Staat aufgebaut ist. → M2

3 Platon nimmt eine Zuordnung von Körper, Seele (bzw. Charaktereigenschaft), Tugend und Staat vor. Übertrage und ergänze die Tabelle. Was entspricht einander? → M2

Körper	Seele	Tugend	Staat
Kopf			
Brust			
Unterleib			

4 Sprecht darüber, ob ihr gerne in Platons Staat leben würdet. → M2

▶ Glossar: Atlantis, Kaste, Platon, Rationalismus, totalitär

9 Das neue Atlantis

M1 Fortschritt

Illustration zu Francis Bacons „Neu-Atantis" von 1627

M2 Wissenschaft und Technik

Das Bild, das ihr links seht, zeigt einige der Errungenschaften auf der Insel Bensalem, die ich in meinem 1627 erschienenen Buch *Neu-Atlantis* beschreibe. Oh, ich vergaß mich vorzustellen. Mein Name ist Francis Bacon. Das Neue an meinem *Neu-Atlantis* ist, dass hier Wissenschaft und Technik den eigentlichen Kern des Gemeinwesens darstellen.

Die Grundlage für diese Form eines Staates bildet die Gesetzgebung Bensalems, die auf zwei unveränderbaren Voraussetzungen fußt, seit der weise Herrscher Solamonas sein Reich im Jahre 300 v. Chr. auf dieser Insel gründete: 1. Das Reich und das Volk müssen glücklich sein. 2. Alle Einrichtungen, die Solamonas schuf, sollen für alle Zeiten festgelegt sein.

Die Politik wird dort von hochkarätigen Naturwissenschaftlern bestimmt. Sie haben das Herrschaftsmonopol inne, weil sie durch ihre Kenntnisse ganz entscheidend zum Staatszweck beitragen, nämlich Reich und Volk zu beglücken. Du fragst, warum das so ist? Ganz einfach: Die Naturwissenschaften haben eine aufklärerische Aufgabe. Durch Experimente können sie die Welt entzaubern, so dass Magie, Aberglauben, Dämonen etc. keinen Platz mehr in ihr finden. Auf der anderen Seite kann ihr Wissen dazu benutzt werden, die Natur zu

unterwerfen. Die Ausbeutung der Natur ist nämlich die Voraussetzung für die Erreichung des Staatszwecks: das Glück des Volkes.
Zwölf Wissenschaftler besorgen unter Geheimhaltung in fremden Ländern Bücher und Versuchsmuster. Jeweils drei Wissenschaftler führen Versuche in allen mechanischen Künsten und auch in allen angewandten Wissenschaften durch, entwickeln neue Experimente, fassen die Versuchsergebnisse zusammen und überwachen die Versuche ihrer Mitarbeiter. Diese Forschung ist kein Selbstzweck, sondern dient dem Ziel, die erkannten Gesetzmäßigkeiten der Natur dem Menschen für den täglichen Gebrauch und für die Praxis nutzbar zu machen. Bei den technischen Errungenschaften handelt es sich beispielsweise um Kunstdünger, synthetische Nahrungsmittel, die Erfindung von Mikroskopen, Flugzeugen, Automaten, Maschinen und Werkzeugen für jede Art von Triebwerken.

Jörg Peters, S. 111

M3 Gullivers Reisen

Jonathan Swift übt in seinem Buch „Gullivers Reisen" (1726) Kritik an der Utopie von Francis Bacon. Sein Held Gulliver erreicht auf einer seiner Reisen die Inseln Laputa und Balnibarbi.

Nach zwei Monaten auf Laputa gestattete mir Seine Majestät die Insel Balnibarbi zu besuchen. Am nächsten Morgen machten Lord Munodi und ich einen Spaziergang durch Lagado. Die Gebäude waren sehr heruntergekommen und die Menschen gingen in Lumpen; auf ihren Gesichtern stand Verzweiflung geschrieben. Mein Gastgeber erklärte mir, dass dieses Elend begonnen hatte, als einflussreiche Bewohner der Insel mit dem Kopf voller Pläne von einem Besuch auf Laputa zurückgekehrt waren. Sie verlangten, dass alles nach neuen Theorien organisiert werden sollte, und verwarfen die bewährten praktischen Methoden. In jeder Stadt wurde eine Akademie der Erfinder gegründet, in der neue Ideen entwickelt wurden; aber keine dieser Ideen hatte eine Verbesserung, sondern im Gegenteil immer nur Verschwendung und Verarmung zur Folge gehabt. Da mich Erfindungen stets interessierten, besuchte ich die Akademie der Erfinder in Lagado. Dort wurde in über 500 Räumen an so zahlreichen und verschiedenartigen Projekten gearbeitet, dass ich hier nur wenige davon beschreiben kann.
Ein Forscher versuchte seit acht Jahren aus Gurken Sonnenschein zu gewinnen. Er glaubte, sein Projekt in weiteren acht Jahren erfolgreich beenden zu können. Da seine Gurkenvorräte zur Neige gingen, bat er mich um etwas Geld, um sie aufzustocken. Lord Munodi wusste, dass die Erfinder die Besucher immer anbettelten, und hatte mir ausreichend Kleingeld zugesteckt.

Aus einem anderen Raum drang entsetzlicher Gestank, weil der Wissenschaftler darin versuchte, menschliche Ausscheidungen in ihre ursprünglichen Bestandteile zurückzuverwandeln. Ein Labor war voller Spinnweben. Dort versuchte man, von den Spinnen farbige Fäden zu erhalten, indem man sie mit gefärbten Fliegen fütterte. Nachdem ich [das gesehen hatte,] begann ich über meine Rückkehr nach England nachzudenken.

nach Jonathan Swift, S. 50f

Aufgaben

1. Beschreibe das Bild möglichst genau. In der Abbildung finden sich die gelb unterlegten Buchstaben a, b, c, d, e, f, g, h, i, j, k: Welche (sehr viel später erst Wirklichkeit gewordenen) wissenschaftlichen bzw. technischen Errungenschaften werden hier bereits dargestellt? ➜ M1
2. Benenne das Ziel der von Bacon entworfenen Utopie. Durch welche Mittel soll dieses Ziel erreicht werden? ➜ M2
3. Fasse Swifts Kritik an Bacons Utopie in eigenen Worten zusammen. ➜ M3
4. Sprecht darüber, welche Gründe Swift bewogen haben könnten, Bacons Utopie anzugreifen. ➜ M2, M3

▶ Glossar: Bacon, Monopol, Swift

10 Schöne neue Welt?

M1 Herzlich willkommen ...

Die Welt geht unter, doch bei uns ist Party, Halli-Galli,
alles im Eimer, doch wir hüpfen wie bei Dalli-Dalli.
Jeder sagt: Das Klima ist 'ne Riesenkatastrophe.
Doch bald brauchen wir nur noch Bikini und 'ne Badehose.
Ich will mehr Fastfood fressen, wer braucht schon Regenwald?
Solang mein Konto voll ist und für mich noch Luft zum Leben bleibt.
Alle sind Hammer drauf, keiner braucht mehr Angst zu haben,
keiner wird mehr krank, weil wir eh schon jede Krankheit haben.
Und fliegt das Kraftwerk in die Luft, fängt jeder an zu strahlen!

Überall sind Kameras, was für 'ne Riesenshow.
Egal wer meine Daten hat, ich hab mein eigenes Video!
Dank Überwachungsstaat kann ich jetzt selig schlafen,
jeder hat 'nen Chip im Kopf, liegt im Bettchen, zählt die Schafe.
Alle sind fröhlich, ha'm ihr Botox-Lächeln aufgesetzt,
Fett abgesaugt und weg, die Nase sitzt jetzt auch perfekt.
Wir können so viel aus uns machen, auch für kleines Geld,
Brust raus, Bauch rein, schön wie aus dem Ei gepellt.
Aufgestellt in Reih und Glied, ein Hoch auf unsre heile Welt!

Uns geht es blendend, alles Lüge, was die Zeitung sagt,
ich betreibe Klimaschutz, mein Auto fährt mit Treibhausgas!
Von wegen Öl geht aus, die lügen doch die Ölstaaten.
Es gibt genug, wenn sogar Enten schon in Öl baden!
Die Erde füllt sich weiter, und es geht immer schneller.
Halb so wild, zum Glück ha'm wir 'ne zweite Welt im Keller.
Wozu den Kopf zerbrechen? Es kann so einfach sein.
Lasst uns einfach mit Computerspielen unsre Zeit vertreiben!
Herzlich willkommen, hier bei Jubel-Trubel-Heiterkeit!

Refrain:

Herzlich willkommen, herzlich willkommen, in unsrer schönen neuen Welt.
Ab heute bleibt nichts wie es war, alles wird auf den Kopf gestellt!
Herzlich willkommen, herzlich willkommen, in unsrer schönen neuen Welt.
Was morgen wird, ist scheißegal.
Wir feiern – bis alles zerfällt.

Culcha Candela, Schöne neue Welt

M2 Brave New World

Ein grauer gedrungener Bau, nur vierunddreißig Stockwerke hoch. Über dem Haupteingang, die Worte:

BRUT- UND
NORMZENTRALE
BERLIN-DAHLEM.

Darunter, auf einer Tafel der Wahlspruch des Weltstaats:

GEMEINSCHAFTLICHKEIT,
EINHEITLICHKEIT,
BESTÄNDIGKEIT.

Der Direktor führte Studenten durch die Zentrale und erklärte ihnen das Bokanowskyverfahren, mit dem gleiche Menschen produziert werden: „Ein Embryo – ein Mensch: Das ist der natürliche Weg. Ein bokanowskysiertes Ei dagegen knospt und sprosst und teilt sich. Bis zu 96 Menschenleben können heute entstehen, wo früher nur eines entstand. Das Bokanowskyverfahren ist eine der Hauptstützen für eine stabile Gesellschaft.“

Päppler, der Assistent des Direktors, erläuterte dann weiter: „Wir normen auch. Wenn wir unsere Kleinlinge, früher nannte man sie Babys, entkorken, sie also aus ihrer Flasche, in der sie in Fruchtwasser liegen, herausholen, haben sie bereits einen festen Platz in der Gesellschaft, als Alphas oder Epsilons, als künftige Kanalreiniger oder künftige Brutdirektoren.“

Ein junger beta-minus Mechaniker arbeitete mit Schraubenzieher und -schlüssel an der Blutsurrogatpumpe einer Flasche. „Mit dem Blutsurrogat werden die Embryos versorgt“, sagte Assistent Päppler.

„Hier geht es gerade um die Verringerung der Umdrehungsgeschwindigkeit. Das Blutsurrogat zirkuliert langsamer und fließt daher in längeren Abständen durch die Lunge, führt also dem Embryo weniger Sauerstoff zu. Es geht nichts über Sauerstoffverknappung, wenn man einen Embryo unter dem Durchschnitt halten will.“ „Ja, warum wollen Sie denn den Embryo unterdurchschnittlich halten?“, fragte ein Student naiv. „Ist Ihnen denn noch nie aufgefallen, dass ein Epsilonembryo auch eine Epsilonumwelt, nicht nur eine Epsilonerbmasse haben muss? Daher erhält ein Embryo weniger Sauerstoff, je niedriger sein Rang ist.“

Die Flaschen legten den Rest der Reise in einer Art Tunnel zurück. „Wärmegewöhnung“, erklärte Päppler. Hitzetunnel wechselten mit Kältetunneln ab. Kälte war gekoppelt mit Unbehagen, das durch starke Röntgenstrahlen verursacht wurde. Wenn die Embryos entkorkt wurden, war ihnen das Grauen vor Kälte bereits eingefleischt. Sie waren dafür geeignet, in die Tropen auszuwandern, Bergarbeiter oder Stahlarbeiter zu werden. Später wurde ihr Verstand dazu gezwungen, dem Instinkt ihres Körpers zu folgen. „Wir normen sie darauf, dass es ihnen bei Hitze gutgeht“, schloss Päppler. „Die Kollegen im Stockwerk über uns bringen ihnen die Liebe zu ihr bei.“ „Und darin“, warf der Direktor salbungsvoll ein, „liegt das Geheimnis von Glück und Tugend: Tue gern, was du tun musst! Unser ganzes Normungsverfahren verfolgt dieses Ziel: die Menschen lehren, ihre unumstößliche soziale Bestimmung zu lieben.“

nach Aldous Huxley, S. 19-30

Aufgaben

1. Notiere, welche Themen von Culcha Candela angesprochen werden. ➜ M1
2. Vergleiche das Bild mit dem Songtext. ➜ M1
3. Erkläre, was du unter den Begriffen „Gemeinschaftlichkeit“, „Einheitlichkeit“ und „Beständigkeit“ verstehst. ➜ M2
4. Beschreibe, wie das Bokanowsky-Verfahren funktioniert. ➜ M2
5. Welche Aspekte des Bokanowsky-Verfahrens lassen sich im Lied von Culcha Candela wiederfinden? ➜ M1, M2

▶ Glossar: Botox, Brave New World, Embryo, Instinkt, Surrogat, Treibhausgase

11 Das darf nie passieren!

M1 Equilibrium

Das, was ich dir jetzt erzähle, ist geheim und darf nicht an die Öffentlichkeit dringen: Mein Name ist John Preston. Ich lebe im Stadtstaat *Libria* und der Dritte Weltkrieg ist seit geraumer Zeit vorbei. Wie du bestimmt weißt, ist wissenschaftlich bewiesen worden, dass die menschlichen Emotionen der entscheidende Auslöser für den Krieg waren. Daher erhält jeder Bürger unserer Stadt seit dem Friedensschluss ein Medikament namens *Prozium II*, das uns gleichmütig macht und unsere Gefühle auf ein Minimum reduziert.

Allerdings gibt es in unserer Stadt Menschen, die sich gegen die Einnahme des Medikaments auflehnen. Diese Widerständler oder auch *Sinnestäter* leben im Untergrund, weil sie das Bedürfnis haben, zu fühlen.

Von Beruf bin ich einer der Leiter der *Grammaton-Kleriker*. Als Elite-Polizeitruppe bekämpfen wir die Sinnestäter, eliminieren sie und vernichten jegliche Gefühle auslösende Gegenstände wie Kunst, Literatur, Musik, Filme usw. und töten auch Haustiere.

Aber diese Aufgaben will ich nicht mehr erfüllen. Seit mein Sohn vor einigen Wochen meine morgendliche Ampulle *Prozium* versehentlich zerstörte, habe ich – wenn auch nicht ganz freiwillig – die Welt der Gefühle für mich entdecken dürfen. Und ich liebe sie!

Mittlerweile habe ich Kontakt zu den Führern der Widerstandstruppen aufgebaut. Am Anfang standen sie mir natürlich skeptisch gegenüber, aber jetzt haben wir einen Plan, wie wir das uns beherrschende Regime vernichten wollen: Die Widerstandsführer lassen sich von mir verhaften, und ich werde anschließend wegen meines Erfolgs den Herrscher unserer Stadt kennenlernen. Bei dieser Audienz habe ich dann die einmalige Chance, ihn und die übrige Führung unseres Staatswesens auszuschalten. Sollte das gelingen, können die Rebellen die *Prozium*-Werke zerstören. Auf diese Weise würde das System fallen, und Gefühle könnten in die Gesellschaft wieder einziehen.

Jörg Peters, S. 114

M2 Fahrenheit 451

Captain [ruft]: Montag! Montag! So etwas hast du noch nicht gesehen. Schnell, nicht so lahm. Das ist ein Anblick. Ah, Montag. Ich hab's gewusst. Ich hab's gewusst. Fantastisch, nicht? Die Existenz einer geheimen Bibliothek war höheren Orts bekannt, aber es war nicht ranzukommen. Nur einmal in meinem Leben habe ich so viele Bücher beieinander gesehen. Gehört alles uns, Montag. Ich werd' dir was sagen: Einmal möchte jeder Feuerwehrmann erfahren, welches Geheimnis diese Bücher bergen. Er brennt darauf zu erfahren, was dort geschrieben steht. Ich geb' dir mein Wort darauf, Montag, es steht gar nichts drin. Die Bücher haben nichts zu sagen. Lauter dummes Geschwätz über Leute, die es nie gegeben hat. Die Menschen, die dieses Zeug lesen, zerfallen mit sich und der Welt. Sie möchten ein Leben führen, das mit der Wirklichkeit nicht übereinstimmt. Komm her, Montag. Hier, die ganze Philosophie. [Er reißt einen Stapel Bücher von einem Regal.] Vernichten wir sie. Sie ist schlimmer als alle Romane. Die Denker, die Philosophen, sagen immer dasselbe: In einem Jahrhundert behaupten sie, das Schicksal des Menschen ist vorherbestimmt, im nächsten erzählen sie dir, der Mensch hat Willensfreiheit. [Er sieht ein weiteres Buch.] Und hier ein Buch über Lungenkrebs. Das versetzt alle Zigarettenraucher in Panik. Und wegen ihres Seelenfriedens verbrennen wir es. Ah, das hier muss sehr tiefgründig sein. Die Ethik des Aristoteles. Jeder, der das gelesen hat, muss sich für mehr halten als die, die es nicht kennen. Siehst du, und das ist schlecht, Montag, wir müssen alle gleich sein. Und darum müssen die Bücher brennen, Montag. [Er nimmt als letztes Buch Hitlers *Mein Kampf* in die Hand und hält das Buch hoch.] Alle Bücher!

Jörg Peters, S. 114

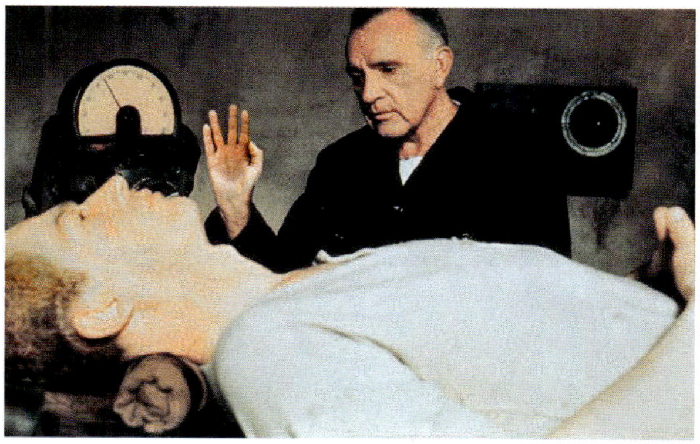

M3 1984

Winston Smith lebt in einem Land, in dem jeder Mensch einer ständigen Kontrolle durch die „Partei" unterliegt. Er stellt sich gegen die Partei, doch dann wird er von O'Brien, seinem erbittertsten Gegner, festgenommen und in eine Zelle gesperrt. Wie viel Zeit er dort verbracht hat, weiß Winston nicht. Die Zellentür wird aufgeschlossen und O'Brien tritt ein.

O'Brien: Ich hab' Sie schon vor langer Zeit erwischt. [...] Sie wussten, dass das mal passieren wird. [Ein Soldat tritt auf Winston zu und schlägt ihn mit einem Knüppel nieder.]
Winston [fällt auf den Boden und schreit]: Ahhhh! [Winston werden die Haare stückchenweise bis auf die Kopfhaut abgeschnitten.]
O'Brien: Wissen Sie, weshalb Sie hier sind? Um Sie zu heilen. [Überblende: Winston liegt jetzt angeschnallt auf einer Streckbank.] Um Sie gesund zu machen. [O'Brien setzt die Streckbank in Bewegung.]
Winston [schreit]: Ahhhhhhhhhh! Nein! Nein! Nein!
O'Brien: Das war Stärke 40. Vergessen Sie bitte nicht, während unserer Unterhaltung hab' ich jederzeit die Möglichkeit, Ihnen Schmerzen zuzufügen so viel ich will. Es liegt also nur an Ihnen.
Winston [vom Schmerz gezeichnet]: Ja.
O'Brien: Erinnern Sie sich, was Sie in Ihr Tagebuch geschrieben haben? „Freiheit ist die Freiheit zu sagen, dass 2 + 2 = 4 ist." – **Winston** [schwach]: Ja.
O'Brien [hält vier Finger hoch]: Sagen Sie, Winston, wie viele Finger sind das? – **Winston** [schwach]: Vier.
O'Brien [wieder etwas schärfer im Ton]: Wenn die Partei sagt, es sind nicht vier, sondern fünf, wie viel sind's dann?
Winston [schwach]: Fünf. [O'Brien setzt den Hebel der Streckbank erneut in Bewegung.]
Winston [schreit]: Ahhhh!
O'Brien: Nein. Es hat keinen Zweck. Sie lügen. Wie viele Finger, bitte?
Winston [schmerzverzerrt]: Vier. ... Vier. ... Was kann ich schon anderes sagen? ... Fünf. ... Oder was Sie wollen. Aber machen Sie Schluss mit diesen Schmerzen. Wie ... wie kann ich was anderes sagen, als das, was ich sehe? 2 + 2 = 4.
O'Brien: Manchmal ist es fünf, und manchmal ist es drei. [O'Brien setzt die Streckbank wieder in Bewegung.]
Winston: Ahhhhhh! Ich weiß es nicht. Ich weiß es nicht.
O'Brien: Schon besser. Niemand entgeht uns, Winston. Alle hier abgelegten Geständnisse sind wahr. Wir vernichten den Rebellen nicht, weil er Widerstand leistet. Solange er uns Widerstand leistet, denken wir nicht daran, ihn zu vernichten. Wir machen ihn zu einem von uns, bevor wir ihn töten. Wie viele Finger halte ich hier vor Ihnen hoch? – **Winston** [vier Finger sehend]: Fünf.
O'Brien: Eine Frage: Wie bekommt ein Mensch Macht über einen anderen?
Winston [mit festerer Stimme]: Indem er ihn leiden lässt.
O'Brien: Sehr richtig. Macht bedeutet auch Schmerz und Demütigung zufügen. Andernfalls ist man nicht sicher. Macht heißt aber auch, den menschlichen Geist zerlegen und ihn wieder neu zusammensetzen, in neuer Form, die wir selbst bestimmen. Macht ist kein Mittel zum Zweck. Sie ist der Zweck.
Winston: Ihr werdet versagen. Weil es unmöglich ist. Weil Hass und Furcht kein Leben haben.
O'Brien: Ist denn der Hass weniger stark als die Liebe?
Winston [mit schwacher Stimme]: Das weiß ich nicht. Aber ihr werdet versagen. Irgendetwas wird euch besiegen. Das Leben wird euch besiegen.

Jörg Peters, S. 115

Aufgaben

1 Gruppenpuzzle: Jede (Experten-)Gruppe bearbeitet ein Material nach folgenden Stichwörtern: ➔ M1-M3
Gruppe 1: politische Situation in Libria; Gründe für die Vernichtung von Gegenständen und Haustieren; Grund für den Plan zur Beseitigung der Staatsführung
Gruppe 2: Aufgabe der Feuerwehr; Geheimnis der Bücher (Z. 9-11); Bedeutung der Bücherverbrennung
Gruppe 3: Art und Gründe für Winstons Folterung; Chancen für die Möglichkeit eines künftigen Versagens des staatlichen Systems (Z. 53-58)

2 Erkläre, wie in den drei Texten das Ausschalten von Gefahr jeweils verstanden wird. ➔ M1-M3

▶ Glossar: 1984, Aristoteles, Equilibrium, Fahrenheit 451, Kleriker, Regime

Was wir wissen

Drei Arten der Gerechtigkeit

Der Begriff der Gerechtigkeit umfasst viele Bedeutungen. Damit diese klar unterschieden und benannt werden können, wird der Begriff analog zu Begriffen der Tier- oder Pflanzenwelt klassifiziert: So wie sich beispielsweise die Vogel*gattung* in verschiedene Vogel*arten* unterscheiden lässt, wird auch der Begriff der Gerechtigkeit nach Art (Besonderes) und Gattung (Allgemeines) unterschieden. Im Allgemeinen bezieht sich die Gerechtigkeit auf Handlungen des Menschen. Im Besonderen werden drei Handlungen unterschieden, nämlich „etwas verteilen", „etwas ausgleichen" und „etwas beitragen". Aus den drei Handlungen leiten sich drei verschiedene Arten der Gerechtigkeit ab (S. 84f):

1. Verteilungsgerechtigkeit: *Wie wird ein knappes Gut gerecht verteilt?*
2. Ausgleichende Gerechtigkeit: *Wie wird ein entstandener Schaden gerecht ausgeglichen?*
3. Beteiligungsgerechtigkeit: *Was sollte der Einzelne für die Gemeinschaft gerechterweise beitragen?*

Das Verhältnis von Recht und Gerechtigkeit

Die Bedeutung des Gerechtigkeitsbegriffs wird erweitert, wenn er ins Verhältnis zum bestehenden oder noch zu schaffenden Recht (das sind in aller Regel Gesetze) gesetzt wird. Dabei ist folgende Frage grundlegend: *Ist das Recht auch ein gerechtes Recht?* Die Frage unterstellt damit, dass es auch ungerechtes Recht bzw. ungerechte Gesetze gibt. Als historische Beispiele für ungerechte Gesetze lassen sich anführen: Die Nürnberger Rassengesetze von 1935 bis 1945 in Deutschland oder die Apartheidsgesetze von 1940 bis 1980 in Südafrika. Diese Gesetze sind von der Überzeugung getragen, dass nicht alle Menschen als Menschen gleich sind. Solche Gesetze privilegieren eine bestimmte Gruppe von Menschen und diskriminieren die Ausgegrenzten, indem sie ihnen den Anspruch auf Grund- und Bürgerrechte verweigern (S. 88–91).

Menschenrechte

Die Erfahrung mit ungerechten Gesetzen, die wie im Falle der Rassengesetze die Massenvernichtung von Menschen zur Folge hatten, hat nach 1945 dazu geführt, Rechte zu definieren, auf die jeder Mensch als Mensch einen Anspruch hat. Grundlage der Menschenrechte ist die Menschenwürde, die kein Recht, kein Gesetz aufheben darf. Die Würde des Menschen ist der Inbegriff, der alle weiteren Ansprüche umschließt, wie Recht auf Leben und Sicherheit der Person, Verbot von Sklaverei und Menschenhandel ... (S. 90f).
Auf den Menschenrechten beruhen auch die Rechte, die jedem Kind zuerkannt werden. Die besondere Schutzbedürftigkeit des Kindes macht eine Erweiterung der Menschenrechte erforderlich (S. 92f).

Der gerechte Staat

In Form von Utopien (*griech.* „Nicht-Ort") werden Staatsformen als gerecht oder ungerecht bewertet. Es lassen sich zwei Arten von Utopien unterscheiden: die positive und die negative. Positive Utopien (S. 96–100) kritisieren im Aufzeigen besserer Alternativen bestehende reale Staatsformen; negative Utopien (S. 101–105) warnen vor zukünftigen Entwicklungen und sind eher am Erhalt bestehender Staatsformen interessiert. Beiden Utopieformen geht es aber um die (Be-)Wahrung der Menschenwürde, der jede Staatsform verpflichtet ist: Der Staat dient den Menschen, nicht umgekehrt.

Was wir können

Der Fall Cindy:

In Windeseile machten die Filme die Runde an der Schule. „Alle haben gelacht, alle fanden sie voll witzig", erinnert sich Cindy stolz. Sie zeigten, wie das blonde Mädchen an der Bushaltestelle ihre Intimfeindin Jennifer angriff, die wie sie die neunte Klasse der Hauptschule besuchte. Jennifer konnte sich der Schläge nicht erwehren, blutete aus der Nase, verlor das Gleichgewicht, stürzte und bekam von Cindy noch einen Tritt verpasst, als sie schon am Boden lag.
Heute findet Cindy die Attacke nicht mehr so toll. Die anderen hätten sie aufgestachelt. Drei aus der Klasse hatten die Schlägerei gefilmt und Cindy dabei angefeuert – „Los! Hau ihr aufs Maul!" Aber ihr Mitleid mit Jennifer hält sich in Grenzen. Geschehe der doch recht, schließlich habe Jennifer sie als „Hurentochter" beschimpft. Auf eine Entschuldigung wartet Jennifer bis heute. Cindy wechselte die Schule, man sah sich nicht wieder. „Ist mir doch egal, was Jennifer dabei gefühlt hat", erklärt Cindy achselzuckend.

Aufgabe 1
Teilt eure Klasse in Teen-Courts ein. Ein Teen-Court besteht immer aus drei Jugendlichen. Alle Teen-Courts sollen den Fall Cindy bearbeiten und sich auf das erste Vorgespräch vorbereiten. Berücksichtigt bei der Erarbeitung folgende Aspekte und lest noch einmal die Seiten 86 und 87 durch:

- Was ist das Ziel eines ersten Vorgesprächs?
- Gibt es Klärungsbedarf; wenn ja, welchen?
- Welche Personen sollen zum Vorgespräch kommen, welche hingegen nicht?
- In was für einem Rahmen soll das Vorgespräch stattfinden?
- Braucht ihr Unterstützung; wenn ja, von wem?
- Bedenkt auch, ab wann es besser oder sogar notwendig ist, den Fall zurückzuweisen und der Staatsanwaltschaft zu überlassen.

Aufgabe 2
Cindy ist sich unsicher, ob sie ihren Fall einem Teen-Court anvertrauen soll, denn für sie ist nicht klar, warum sie einem Teen-Court mehr vertrauen soll als der Staatsanwaltschaft. Schreibe ihr einen Informationsbrief, mit dessen Hilfe sich Cindy besser entscheiden kann.

Aufgabe 3
Cindy hat sich für das Teen-Court entschieden. Bildet wieder Teen-Courts und beratet über eine angemessene Strafe für Cindy. Bedenkt dabei, dass sich Cindy auch dann noch gegen das Teen-Court-Verfahren entscheiden kann, wenn der Teen-Court sein Urteil gesprochen hat. Macht in eurer Urteilsbegründung deutlich, was der Sinn der Strafe ist. Vergleicht die Gruppenergebnisse.

Mensch, Natur und Technik

Mensch und Natur

Wissenschaft und Natur

Ethik und Natur

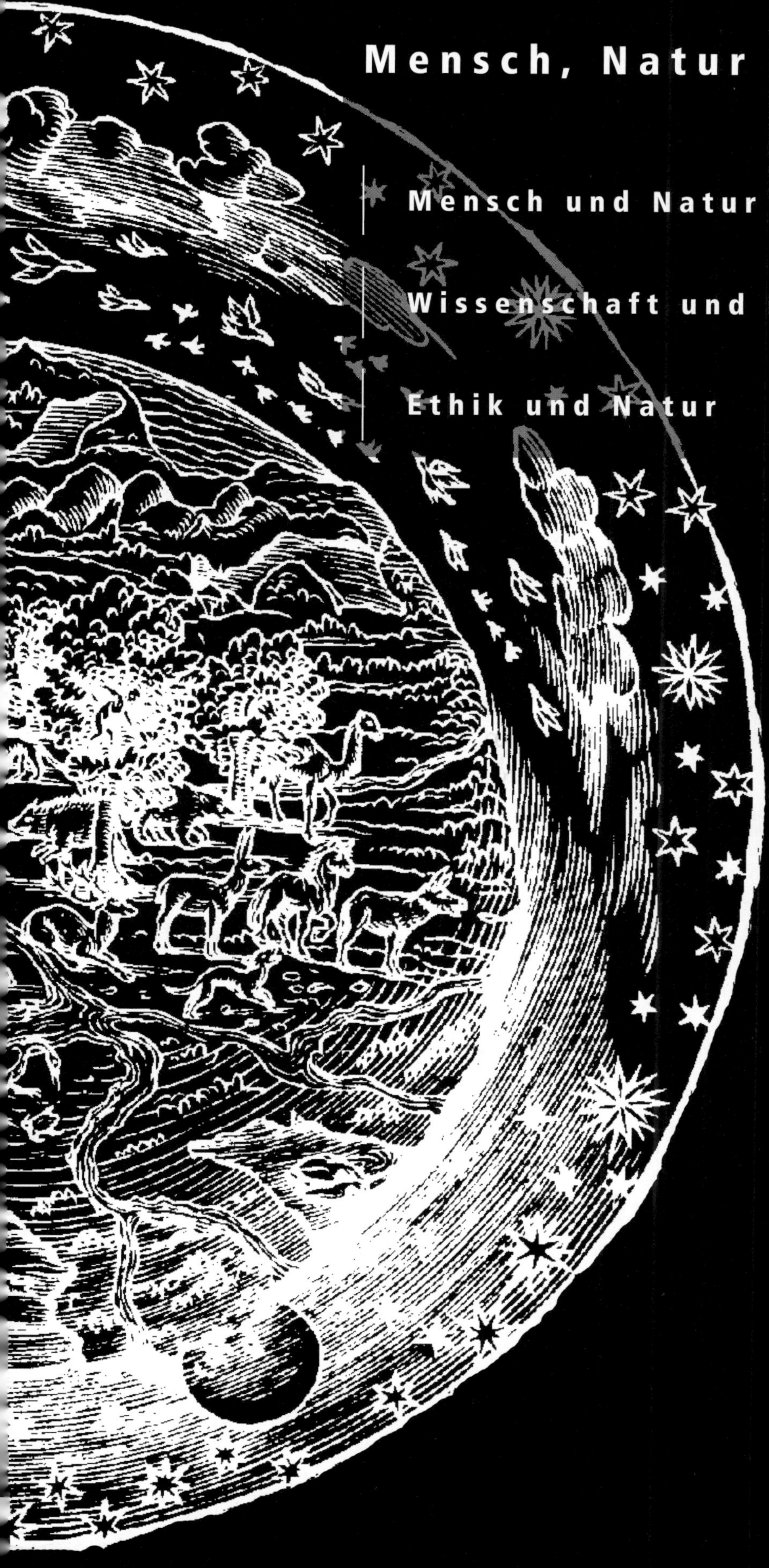

1 … natürlich Natur

M1 Alles Natur?

M2

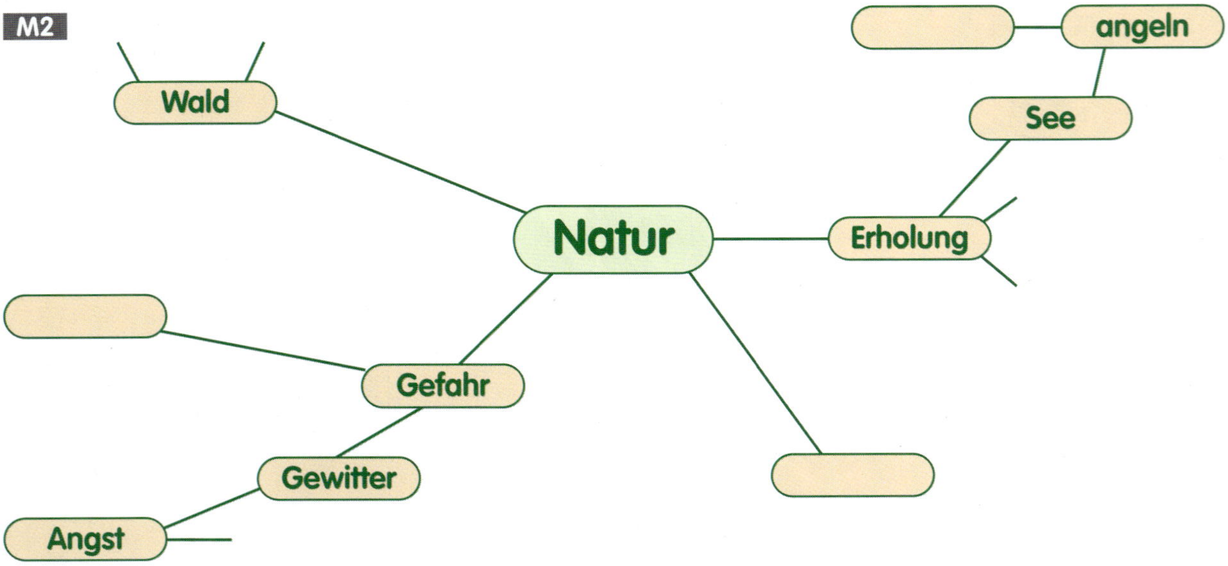

M3 Natur – schön und bedrohlich

Marcel Pagnol berichtet in seinem Buch „Eine Kindheit in der Provence", wie er sich als Junge in der einsamen Bergwelt der Provence verirrt.

Diese Schlucht war genau wie die andere ein Dickicht von Sträuchern, besonders Sandelbäume und Rosmarin. Die Pflanzen hier schienen älter als alle, die ich bisher gesehen hatte; ich bewunderte einen Busch, der so hoch und breit war, dass er wie eine gotische Kapelle aussah, und Rosmarinstauden, die größer waren als ich. Wenig Leben gab es in dieser Einöde. Eine Grille zirpte matt, und drei oder vier himmelblaue Fliegen folgten mir unermüdlich und brummten wie schlecht gelaunte Erwachsene.
Plötzlich glitt ein Schatten über das Buschholz. Ich hob den Kopf und sah den Kondor. Er war vom Zenit heruntergekommen und kreiste majestätisch. Die Spannweite seiner Flügel war sicher zweimal so groß wie die meiner ausgebreiteten Arme. Er entfernte sich nach links. Ich dachte, er sei aus bloßer Neugierde heruntergekommen, um einen Blick auf den Eindringling zu werfen, der es gewagt hatte, sich in seinem Königreich zu zeigen. Aber ich sah ihn in einer großen Kurve auf meiner rechten Seite wieder auftauchen und stellte mit Schrecken fest, dass er einen Kreis zog, dessen Mittelpunkt ich war, und dass dieser Kreis immer enger und niedriger wurde.
Ich suchte mit den Augen – die er mir mit seinem gebogenen Schnabel aushacken wollte – eine Zuflucht. Welches Glück! Zwanzig Meter vor mir öffnete sich die Felswand in einem Spitzbogen. Ich hielt mein Messer in die Höhe, und während ich den Vogel mit angsterstickter Stimme beschimpfte, suchte ich in höchster Not das rettende Obdach zu erreichen.

nach Marcel Pagnol, S. 52ff

M4 Jugendreport Natur 2010 der Universität Marburg

Seit Mitte der 1990er-Jahre wird in regelmäßigen Abständen für die Studie „Jugendreport Natur" das Wissen von Kindern und Jugendlichen im Alter von 11 bis 15 Jahren über Natur getestet – so auch wieder im Jahr 2010:

Was dabei herauskam, ist nur auf den ersten Blick lustig: So wussten nur sechs Prozent, dass das Junge vom Hirsch mit einem Reh nur entfernt verwandt ist und Kalb heißt – weder Rehkids noch Rehkitz, aber auch nicht Hirschling oder Bambi, wie tatsächlich einige antworteten. Auch legen Hühner danach im Durchschnitt 3,1 Eier pro Tag – bis zu elf, glauben manche. Und auf die Frage, wie die Früchte der Rose heißen, blieben sogar neun von zehn Kindern die richtige Antwort „Hagebutte" schuldig. Für viele Kinder geht die Sonne im Norden auf. Oder doch im Süden? Oder eher im Westen? Nur knapp 60 Prozent der Elf- bis 15-Jährigen wussten mit „Osten" die richtige Antwort. Demnach haben Kühe oft auch deutlich mehr als vier Zitzen. Und nur ein Fünftel der Kinder wusste, dass Milchvieh keine H-Milch im Euter hat. Was für viele früher selbstverständlich war, nämlich im Sommer auf dem Bauernhof zu helfen oder selbst im Garten zu arbeiten, fällt heute unter die Rubrik exotisch.
Landkinder schnitten bei der Befragung übrigens nicht besser ab als Stadtkinder. Und begleitende Umfragen von Marburger Studenten ließen ähnliche Tendenzen auch unter Erwachsenen erkennen.

nach dpa in: der tagesspiegel, 10.06.2010

Den Test findest du unter:
www.ccbuchner.de
Gib in das Suchfeld folgenden Mediencode ein:
6577-01

Aufgaben

1 Betrachte die Bilder, notiere in Stichworten deine Eindrücke und werte deine Stichworte aus, indem du sie in einem Cluster anordnest. ➜ M1, M2

2 Gliedere den Text in Abschnitte. Formuliere zu jedem Abschnitt eine Überschrift und schreibe die Geschichte weiter. ➜ M3

3 Mache selbst den Test und vergleiche deine Ergebnisse mit denen des Jahres 2010. ➜ M4

▶ Glossar: Zenit

2 Natürlich nur das Natürliche

M1 Draußen in der Natur

Sempé

M2 Natur wie sie ist

Wenn man die Wahl hätte zwischen einem Bad im Meer und dem Bad in einem Swimmingpool, wenn man die Wahl hätte zwischen einem unbehandelten Apfel und einem gespritzten und gewachsten, wenn man die Wahl hätte zwischen einem „naturbelassenen“ Urlaubsort und dem industrialisierten Betrieb etwa Teneriffas, dann wäre die Entscheidung wohl klar: natürlich Natur. Vorausgesetzt freilich, im Meer schwimmen keine Haifische, giftige Quallen und Plastiktüten. Vorausgesetzt, der Apfel ist nicht gerade pockennarbig und voller Würmer. Vorausgesetzt, die naturbelassene Natur ist das Paradies.

Die mehr oder weniger mitgedachten Einschränkungen im Plädoyer für Natur scheinen dies nicht etwa in Frage zu stellen, sondern eher zu bestätigen. Die Natur mag heute durch den Menschen verschmutzt und zerstört sein, an sich ist sie dem Menschen zuträglich. So ist man in der Wahl von Naturprodukten auch keineswegs bereit, Beeinträchtigungen hinzunehmen: Die sauer gewordene Vorzugsmilch wird dem Produzenten zurückgegeben. Und von der naturbelassenen Natur wird erwartet, dass sie kultiviert sei, eben ein Paradies: sicher und sauber.

Die Natur muss geschützt werden. Gut, aber ist die Natur, die wir schützen und lieben, Natur, wie sie von sich aus ist? Ist vielleicht Kultur unsere Weise, die eigene Natur zu leben? Was heißt dann natürliche Lebensweise und worin besteht sie?

nach Gernot Böhme, S. 9f

M3 So haben Menschen die Erde zum ersten Mal vom Weltraum aus gesehen

Erdaufgang, fotografiert am 24.12.1968 bei der Apollo-8-Mission

Aufgaben

1 Warum ist das Bild eine Karikatur? Begründe deine Antwort, indem du es interpretierst. ➜ M1

2 Gernot Böhme beschreibt das menschliche Verhalten gegenüber der Natur als widersprüchlich. Erläutere, was im Text „widersprüchlich" meint, finde weitere Beispiele und beantworte die drei Fragen am Ende des Textes. ➜ M2

3 Das erste Foto eines Erdaufgangs hat das Bewusstsein der Menschen verändert. Warum ist bis heute der Blick aus dem Weltall auf die Erde so faszinierend? Berücksichtige in deiner Antwort auch den historischen Aspekt. ➜ M3

▶ Glossar: Apollo-8-Mission, Plädoyer

3 Natur beherrschen, achten, nachahmen

M1 ... sich der Natur bemächtigen

1886 veröffentlichte Werner von Siemens, der Begründer der Siemenswerke, seine Sicht zum Thema „Mensch und Natur". Im naturwissenschaftlichen Fortschritt erkennt er die Basis für eine Verbesserung der Welt. Er schreibt:

Wir erkennen leicht, dass im Zeitalter der Herrschaft der Naturwissenschaften dem Menschen die schwerere Körperarbeit, von der er in seinem Kampfe um das Dasein stets schwer niedergedrückt war und großenteils noch ist, mehr und mehr durch die wachsende Benutzung der Naturkräfte zur mechanischen Arbeitsleistung abgenommen wird, dass die ihm zufallende Arbeit immer mehr eine intellektuelle wird, indem er die Arbeit der eisernen Arbeiter zu leiten, nicht aber selbst schwere Körperarbeit zu leisten hat. Wir sehen ferner, dass im naturwissenschaftlichen Zeitalter die Lebensbedürfnisse und Genussartikel mit weit weniger Menschenarbeit herzustellen sind. Wir finden, dass durch die Verbesserung und Beschleunigung des Kommunikations- und des Transportwesens ein immer leichterer Austausch der Produkte der verschiedenen Länder und Klimate ermöglicht wird, der das Leben der Menschen genussreicher gestaltet und ihr Dasein gegen die Folgen lokalen Misswuchses sicherstellt. Es erscheint sogar sehr wahrscheinlich, dass es der Chemie im Bunde mit der Elektrotechnik dereinst gelingen wird, aus der unerschöpflichen Menge der überall vorhandenen Elemente der Nahrungsmittel diese selbst herzustellen und dadurch die Zahl der zu Ernährenden von der schließlichen Ertragsfähigkeit des Bodens unabhängig zu machen. Diese sich progressiv steigernde Leichtigkeit der Gewinnung der materiellen Existenzmittel wird dem Menschen wegen der kürzeren Arbeitszeit, die er darauf zu verwenden hat, den nötigen Überschuss an Zeit zu seiner besseren geistigen Ausbildung gewähren. Halten wir dabei an der Überzeugung fest, dass das immer tiefer die ganze menschliche Gesellschaft durchdringende Licht der Wissenschaften den erniedrigenden Aberglauben und den zerstörenden Fanatismus, diese größten Feinde der Menschheit, in wirksamer Weise bekämpft, so können wir mit stolzer Freude an dem Aufbau des Zeitalters der Naturwissenschaften weiterarbeiten, in der sicheren Zuversicht, dass es die Menschheit moralischen und materiellen Zuständen zuführen werde, die besser sind, als sie je waren und heute noch sind, und dass die Machtfülle sie nicht erniedrigen kann, sondern sie auf eine höhere Stufe des Daseins erheben muss.

Werner von Siemens, S. 92-96

M2 Natur fordert Respekt

Um 1855 bot der amerikanische Präsident, Franklin Pierce, den Duwamish-Indianern an, ihr Land abzukaufen. Auf dieses Angebot soll der damalige Häuptling Seattle mit folgendem Brief geantwortet haben:

Wie kann man den Himmel kaufen und verkaufen – oder die Wärme der Erde? Diese Vorstellung ist uns fremd. Wenn wir die Frische der Luft und das Glitzern des Wassers nicht besitzen – wie könnt ihr sie von uns kaufen?

Jeder Teil dieser Erde ist meinem Volk heilig, jede glitzernde Tannennadel, jeder sandige Strand, jeder Nebel in den dunklen Wäldern. Wir sind ein Teil der Erde und sie ist ein Teil von uns. Die duftenden Blumen sind unsere Schwestern, die Rehe, das Pferd, der große Adler – sind unsere Brüder. Die felsigen Höhen, die saftigen Wiesen, die Körperwärme des Ponys – und des Menschen – sie alle gehören zur gleichen Familie.

Wir wissen, dass der weiße Mann unsere Art nicht versteht. Ein Teil des Landes ist ihm gleich jedem anderen, denn er ist ein Fremder, der kommt in der Nacht und nimmt von der Erde, was immer er braucht. Die Erde ist sein Bruder nicht, sondern Feind, und wenn er sie erobert hat, schreitet er weiter. Er stiehlt die Erde von seinen Kindern – und kümmert sich nicht. Er behandelt seine Mutter, die Erde, und seinen Bruder, den Himmel, wie Dinge zum Kaufen

und Plündern. Sein Hunger wird die Erde verschlingen und nichts zurücklassen als eine Wüste.
Ich weiß nicht – unsere Art ist anders als die eure. Was immer den Tieren geschieht – geschieht bald auch den Menschen. Alle Dinge sind miteinander verbunden.
Was die Erde befällt, befällt auch die Söhne der Erde. Denn das wissen wir – die Erde gehört nicht den Menschen, der Mensch gehört zur Erde – das wissen wir. Der Mensch schuf nicht das Gewebe des Lebens, er ist darin nur eine Faser.
Wenn die Büffel alle geschlachtet sind – die wilden Pferde gezähmt – die heimlichen Winkel des Waldes, schwer vom Geruch vieler Menschen – und der Anblick reifer Hügel geschändet von redenden Drähten – wo ist das Dickicht – fort, wo der Adler – fort, und was bedeutet es, Lebewohl zu sagen dem schnellen Pony und der Jagd: das Ende des Lebens und den Beginn des Überlebens. Gott gab euch Herrschaft über die Tiere, die Wälder und den roten Mann aus einem besonderen Grund – doch dieser Grund ist uns ein Rätsel.

Seattle, S. 8-34

M3 Von der Natur lernen

In Taiwan steht ein 503 Meter hoher Turm, „Taipei 101". Da in Taiwan regelmäßig schwerste Erdbeben auftreten, ist der Bau von Hochhäusern besonders schwierig. Den widrigen Umweltbedingungen konnten aber die Architekten trotzen. Sie orientierten sich an der Natur: Die Stahlkonstruktion von Taipei 101 ist wie ein Bambus gebaut. Bei einem Erdbeben bewegt sich das Hochhaus wie ein Bambus im Wind, ohne dabei zu zerbrechen – hoffentlich.

Aufgaben

1 Stelle in einer Liste zusammen, welche Vorteile sich Werner von Siemens vom naturwissenschaftlichen Fortschritt verspricht. Suche dann im Text die Nachteile dieses Fortschritts. Was fällt dir auf? Schreibe einen Leserbrief. ➜ M1

2 Häuptling Seattle vertritt die Ansicht, dass der weiße Mann den Respekt vor der Natur verloren hat. Finde im Text alle Voraussetzungen, unter denen es geboten ist, diesen Respekt erneut einzufordern. ➜ M2

3 Finde weitere Beispiele dafür, dass Menschen auch von der Natur lernen können. Fertige aus deinen Ergebnissen ein Wandplakat. ➜ M3

▶ Glossar: Seattle, Siemens

4 Die Erde hat Fieber

M1 Das Wetter spielt verrückt

Flutkatastrophe in Deutschland Sommer 2002
Weltweit nimmt die Zahl der Überschwemmungen infolge sintflutartiger Regenfälle zu.

Dürre in Indien 2003
Immer mehr Gegenden der Erde sind von extremer Trockenheit bedroht. Viele Flüsse und Seen, z. B. der Tschadsee in Afrika, trocknen aus.

M2 Der Weltklimabericht 2007

Der Weltklimarat der Vereinten Nationen, IPCC (Intergovernmental Panel on Climate Change), legte Anfang 2007 seinen 4. Klimabericht vor, an dem 2 500 Forscher aus 124 Ländern sechs Jahre lang gearbeitet hatten. Demnach ist die Durchschnittstemperatur auf der Erdoberfläche in den letzten hundert Jahren permanent gestiegen, und zwar insbesondere in jüngster Zeit. Elf der vergangenen zwölf Jahre sind die wärmsten seit Beginn der Klimaaufzeichnungen 1860. Durch die höhere Temperatur nimmt die Luft mehr Feuchtigkeit auf, so dass die Niederschläge zunehmen und die Stürme häufiger und stärker werden. Andererseits kommt es zu größeren Dürreperioden, weil sich die Niederschläge geografisch verschieben und die warme Luft den Boden stärker austrocknet.

Der Weltklimarat sagt voraus, dass sich die globale Erwärmung in dramatischer Weise fortsetzen wird. Bis 2100 könnte die mittlere Jahrestemperatur um 6,4 Grad steigen; wenn effektive Gegenmaßnahmen eingeleitet werden, lässt sich der Anstieg auf 2,5 bis 4 Grad begrenzen. 5 Grad globale Mitteltemperatur – das macht den Unterschied zwischen einer Eiszeit und einer Warmzeit aus. Während der letzten Eiszeit betrug die mittlere Temperatur 10 Grad, in der Zeit danach 15 Grad. Was wird geschehen, wenn die mittlere Temperatur auf 20 Grad steigt?

Bernd Rolf, S. 132f

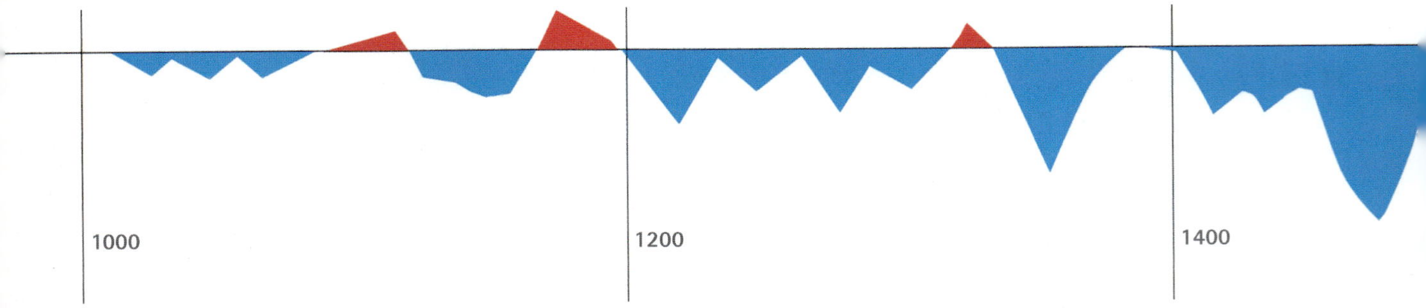

Schmelzwasser im Eis von Grönland 2005
So wie der arktische Eisschild schmelzen auch das Eis am Südpol und fast alle Gletscher der Erde, z. T. sogar sehr schnell.

Satellitenaufnahme des Hurricanes Katrina, der 2005 New Orleans zerstörte
Wirbelstürme haben seit den 1970er Jahren um 50 % an Intensität zugenommen. Sie treten neuerdings auch dort auf, wo es sie noch nie gegeben hat, z. B. in Brasilien.

Aufgaben

1 Recherchiere, welche Umweltkatastrophen sich nach 2005 ereignet haben.
   a) Dokumentiere deine Recherche mit Bildern und verfasse wie in M1 kurze Erläuterungstexte.
   b) Welche Umweltkatastrophen sind durch den Klimawandel verursacht, welche nicht? Verwende dafür auch Informationen aus dem Geografieunterricht. ➜ M1

2 Überprüfe die Aussagen des Weltklimaberichts mithilfe des Diagramms zur Temperaturentwicklung:
   a) Welche Aussagen beziehen sich auf die Vergangenheit?
   b) Welche Aussagen beziehen sich auf die Gegenwart?
   c) Lässt sich aus a) und b) eine Prognose ableiten? Problematisiere vermittels von Fragen. Verwende auch hier Informationen aus dem Geografieunterricht. ➜ M2

Die Temperaturentwicklung in den letzten 1 000 Jahren:

Durch Untersuchungen von Bohrkernen aus dem Jahrtausende alten Eis von Gletschern auf allen Kontinenten gelang es Wissenschaftlern, die Temperatur der Erde 6 500 Jahre zurückzuverfolgen. Die unten abgebildete Kurve zeigt die mittleren Jahrestemperaturen auf der Nordhalbkugel in den letzten 1 000 Jahren.

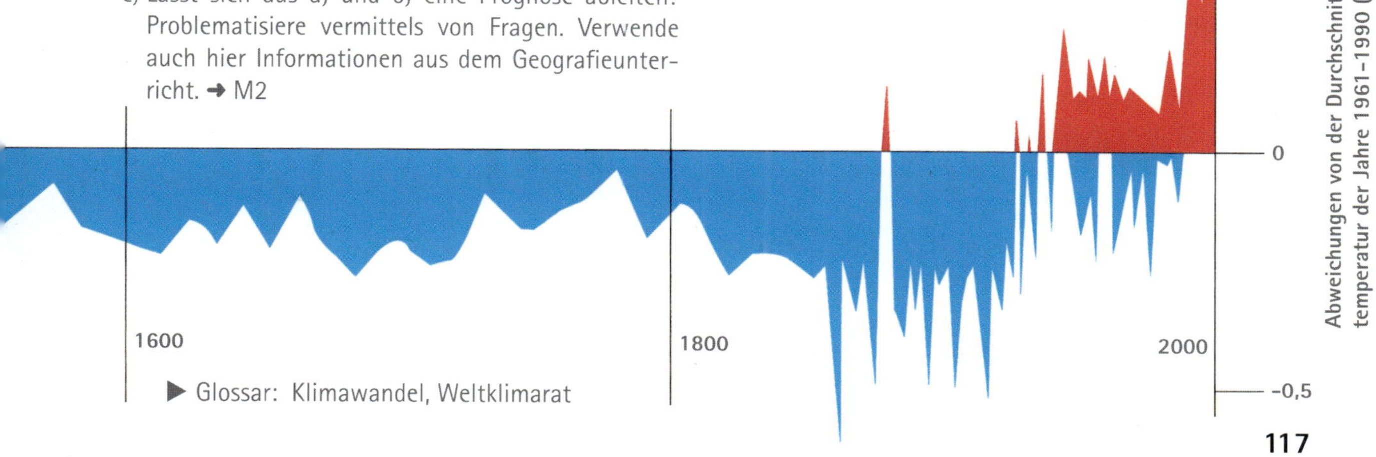

▶ Glossar: Klimawandel, Weltklimarat

5 Klimakiller Kohlendioxid

M1 Ursachen der globalen Erwärmung

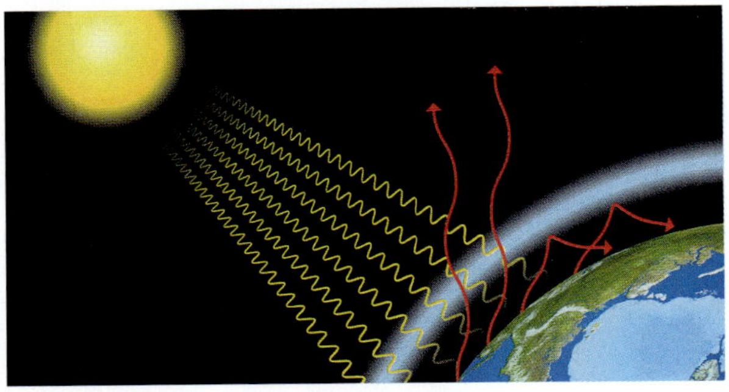

Die Temperaturen auf der Erdoberfläche unterliegen natürlichen Schwankungen, die u. a. zum Teil mit der Sonnenaktivität zusammenhängen. Die globale Erwärmung der letzten Jahrzehnte lässt sich allerdings nicht mehr allein durch natürliche Ursachen erklären, der Mensch ist – dem Weltklimarat zufolge mit 90%iger Sicherheit – mitverantwortlich für die Klimakrise. Als Hauptursache des Temperaturanstiegs haben Wissenschaftler die sog. Treibhausgase, allen voran das Kohlendioxid (CO_2), ausgemacht. Zwischen der in Bohrkernen aus Gletschereis gemessenen CO_2-Konzentration und der Temperaturentwicklung über 650 000 Jahre besteht ein eindeutiger Zusammenhang.
In den Zeiten vor der industriellen Revolution betrug die CO_2-Kontration zu keinem Zeitpunkt mehr als 300 ppm (parts per million), zum gegenwärtigen Zeitpunkt liegt sie bei 380 ppm. Wenn die Menschheit nichts gegen den Anstieg unternimmt, wird sie im Jahr 2050 über 600 ppm liegen – und so einen dramatischen Anstieg der mittleren Erdtemperatur bewirken.
Wissenschaftler erklären die globale Erwärmung so: Je mehr CO_2 die Erdatmosphäre enthält, desto höher steigt die Temperatur an der Erdoberfläche, weil mehr Sonnenenergie absorbiert wird.
Die Energie der Sonne dringt in Form von Lichtwellen in die Atmosphäre ein und heizt die Erde auf. Auf der Erdoberfläche wird ein Teil dieser Energie in Wärme umgewandelt, der Rest wird in Form von infraroter Strahlung reflektiert. Unter normalen Umständen wird ein Teil dieser infraroten Strahlung von der Atmosphäre eingefangen – und das ist auch gut so, denn dadurch bleibt die Temperatur auf der Erde innerhalb erträglicher Grenzen. Auf der Venus ist der Anteil der Treibhausgase in der Atmosphäre so hoch, dass die Temperaturen extrem hoch sind.
Dagegen gibt es auf dem Mars fast gar keine Treibhausgase, daher ist er extrem kalt. Nur auf der Erde waren die Temperaturen genau richtig für die Entstehung von Leben.
Das Problem ist, dass sich die dünne Schicht der Erdatmosphäre immer mehr mit vom Menschen produziertem CO_2 and anderen Treibhausgasen anreichert. Durch diese Gase wird ein großer Teil der infraroten Strahlung eingefangen, die sonst durch die Atmosphäre hindurch ins Weltall reflektiert werden würde. Die Folge ist, dass die Temperatur der Atmosphäre und der Weltmeere gefährlich ansteigt. Und darum geht es, wenn wir von der Klimakrise sprechen.

Al Gore, S. 27f

M2 Woher stammt das CO_2?

Kohlendioxid entsteht hauptsächlich beim Verbrennen fossiler Energieträger (Kohle, Gas, Öl, Holz), also bei der Energieerzeugung, und bei der Zerstörung von Biomasse, z. B. bei Brandrodungen. In Deutschland hat die Erzeugung von Energie aus fossilen Energieträgern, z. B. in Kohlekraftwerken, einen Anteil von 43,5 % an

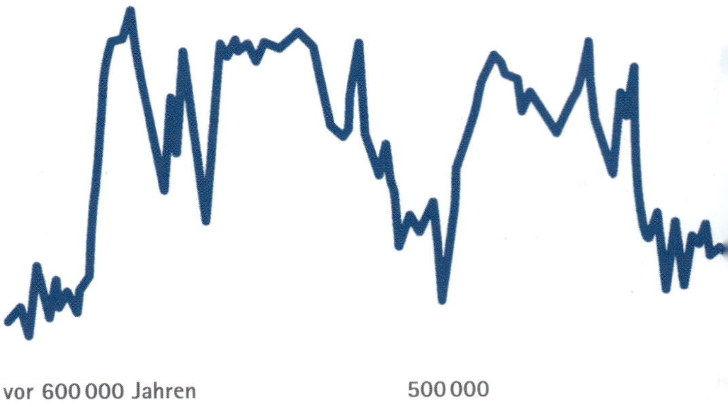

der Emission von CO_2, die privaten Haushalte steuern durch Gas- und Ölheizung sowie Stromverbrauch 14 % bei. Die Industrie hat mit ihrem Energieverbrauch einen Anteil von 12,7 % an der Emission des Treibhausgases. 20,1 % des CO_2 in der Atmosphäre werden durch den Verkehr, durch Autos und Flugzeuge, verursacht, auf sonstige Verursacher entfallen 9,1 %.

M3 Die Bevölkerungsexplosion

Die Weltbevölkerung nimmt gegenwärtig in einem solchen Maße zu, dass man von einer „Bevölkerungsexplosion“ sprechen kann. Vom ersten Auftauchen des Menschen vor ca. 160 000 bis 190 000 Jahren bis zum Beginn unserer Zeitrechnung war die Anzahl der Menschen auf eine Viertelmilliarde angewachsen. 1776 erreichte sie eine Milliarde und 1945 überschritt sie die Zwei-Milliarden-Marke. 2006 war sie auf 6,5 Milliarden angestiegen, und bis 2050 wird sie weiter auf 9 Milliarden steigen. Es dauerte ungefähr 10 000 Generationen, bis die Weltbevölkerung 2 Milliarden erreicht hatte, und nun schnellt sie während der Lebensspanne zweier Generationen von 2 auf 9 Milliarden. Das hat dramatische Konsequenzen für unser Verhältnis zur Erde.

M2, M3 Bernd Rolf, S. 134f.

Aufgaben

1. Inwiefern kann man sagen, dass die globale Erwärmung durch den Menschen verursacht ist? ➜ M1
2. Erkläre den Treibhauseffekt anhand des Schaubildes. ➜ M1
3. Erläutere das unten auf der Doppelseite abgedruckte Diagramm zur CO_2-Konzentration in der Atmosphäre. Was bedeutet der exponentielle Anstieg der Kurve zum Schluss?
4. Erstelle eine Liste mit Verursachern von CO_2; veranschauliche ihre Anteile durch ein Diagramm. ➜ M2
5. Fertige ein Schaubild zur Bevölkerungsexplosion an und überlege, welche Konsequenzen die Zunahme der Weltbevölkerung auf die CO_2-Emission hat. ➜ M3
6. Was müsste die Menschheit unternehmen, um die Zunahme von CO_2 in der Atmosphäre aufzuhalten? ➜ M2, M3

Hier siehst du das CO_2-Niveau in 45 Jahren, wenn wir nicht bald dramatische Veränderungen einleiten.

Hier siehst du das gegenwärtige CO_2-Niveau – weit über dem, was in den letzten 650 000 Jahren gemessen wurde.

CO_2-Konzentration in der Atmosphäre

(Angaben in ppm = parts per million, Millionstel)

▶ Glossar: Atmosphäre, Biomasse, CO_2, globale Erwärmung, Gore, Industrielle Revolution, Treibhausgase, Weltklimarat

400

300

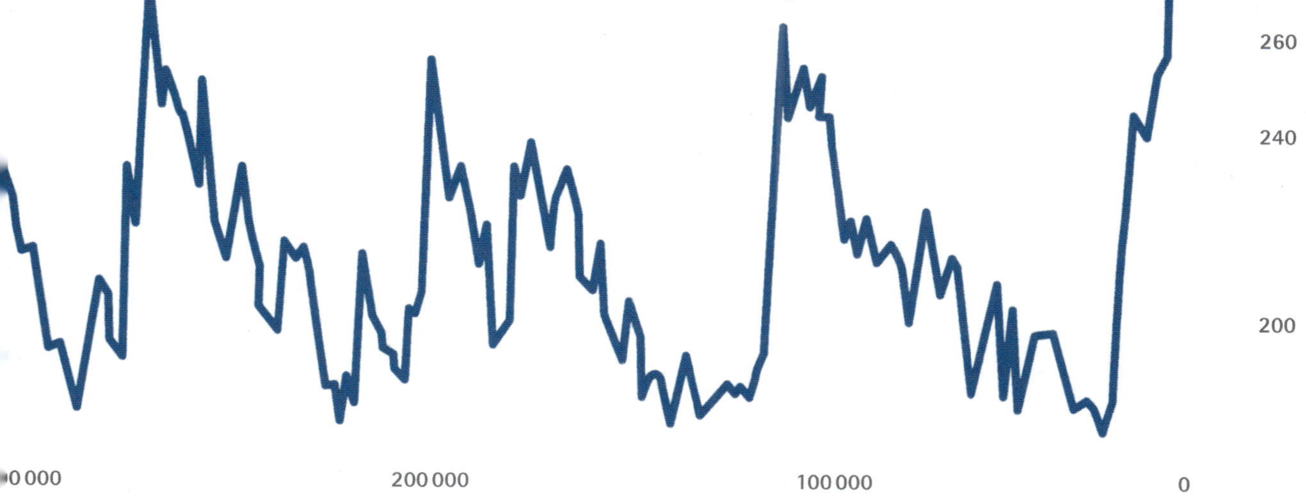

6 Es ist fünf vor zwölf

M1 Ein Experiment

Lass ein Stück Eis in einem mit Wasser gefüllten Glas schwimmen. Markiere den Wasserstand vor und nach dem Schmelzen des Eises.
Fülle in ein anderes Glas mit Wasser so viel Eis, dass die letzten Eisstücke nicht mehr im Wasser schwimmen und markiere ebenfalls den Wasserstand vor und nach dem Schmelzen des Eises.
Welchen Unterschied kannst du feststellen? Wie ist er zu erklären? *Bernd Rolf, S. 136*

M2 Eisschmelze

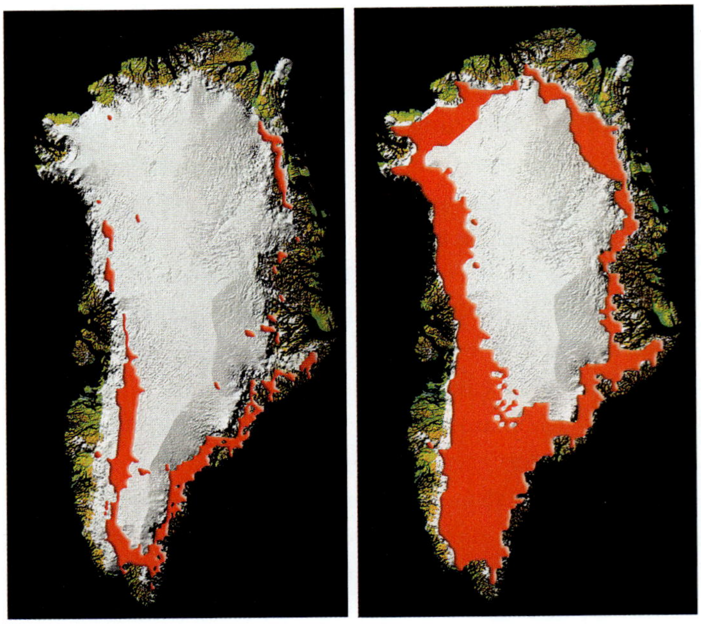

Die rot markierten Gebiete zeigen die Abschmelzfläche des Festlandeises in Grönland 1992 (links) und 2005 (rechts). Einige Klimamodelle sagen das Abschmelzen des Grönlandeises für 2035 voraus.

M3 Die Landkarte der Erde neu zeichnen

Wissenschaftler haben errechnet, dass der Meeresspiegel 6–7 m ansteigen würde, wenn infolge der globalen Erwärmung das Festlandeis Grönlands oder das Festlandeis der Antarktis oder jeweils die Hälfte von beiden abschmelzen würde. Die Abbildungen zeigen, welche Auswirkungen das z. B. für die Niederlande oder Florida haben würde. Im Großraum Peking würden mehr als zwanzig Millionen Menschen obdachlos, im Großraum Shanghai 40 Millionen, in Kalkutta und Bangladesch 60 Millionen usw. Die Landkarte der Erde müsste neu gezeichnet werden.
Das Schmelzwasser könnte ferner den Golfstrom zum Erliegen bringen, der für milde Temperaturen in Europa sorgt. Eine Folge davon wäre eine neue Eiszeit; das gesamte Klimasystem der Erde könnte aus den Fugen geraten. *Bernd Rolf, S. 136*

Auf den Abbildungen der Niederlande (oben) und Floridas (unten) ist der jetzige Küstenverlauf zu erkennen und – blau eingefärbt – das Land, das im Falle des Schmelze des Grönlandeises überschwemmt würde.

M4 Hoffnung? Keine!

Im Jahr 1989 veröffentlichte Bill McKibben sein hellsichtiges, äußerst schlüssiges und zutiefst deprimierendes Meisterwerk *Das Ende der Natur*, dessen These zufolge der Mensch die Umwelt so verändert hat, dass die Erde nicht mehr, wie von zahllosen Generationen vor uns, als „natürlich“ begriffen werden kann, weil sie mittlerweile der menschlichen Einflussnahme unterliegt. Er argumentierte, dass vom Menschen verursachte Phänomene wie Erderwärmung, Artensterben, Lebensraumzerstörung und saurer Regen in der Biosphäre eine bleibende Veränderung bewirkt haben, die durchaus als hausgemacht zu bezeichnen ist. Wir leben in einem Fischglas, dessen Wasser wir selbst verschmutzt haben.

Das Gegenargument lautet, dass alles, was wir schaffen definitionsgemäß natürlich ist, da wir ja ein Teil der Natur sind. Folgt man dieser Beweisführung, die zumeist von Verfechtern des Status quo vorgebracht wird, dann ist alles bestens und die Belastbarkeit der Erde unbegrenzt. Logisch weitergedacht, hieße das natürlich – und die Fürsprecher dieser Argumentationslinie geben das nur ungern zu –, dass die Natur sich selbst reinigt. Nämlich von uns. Wenn wir von der Rettung des Planeten sprechen, meinen wir ganz dezidiert seine Rettung um unseretwillen. Die Natur – ob von Menschenhand beeinträchtigt oder nicht – verfügt über eine furchterregende Macht, mit der sie uns zerstören kann, und zwar nicht nur durch Unwetter, Dürreperioden und verhängnisvolle Umweltveränderungen, wie sie derzeit auf der ganzen Welt zu beobachten sind; sondern indem sie jede Art, die ihre Ressourcen überbeansprucht, mit Krankheiten schlägt oder gleich mit Haut und Haaren verschlingt.

Wir werden also untergehen, eine weitere ausgestorbene Art, und die Natur – verändert vielleicht und noch einmal verändert durch den nächsten Asteroiden oder die Art nach uns – wird fortdauern. Die Natur ist überaus lebendig und wird ihren Tribut fordern. Einen schmerzlich hohen Tribut für die große und bleibende Sünde, dass es uns gibt.

nach T. C. Boyle, S. 47

M5 Ein moralisches Problem

Die globale Erwärmung ist anders als jedes Problem, mit dem wir uns vorher befasst haben. Die Erde ist unsere einzige Heimat und unser Einsatz ist wirklich sehr hoch: die Möglichkeit, weiter auf der Erde leben zu können, als Zivilisation eine Zukunft zu haben. Ich glaube, das ist ein moralisches Problem. Künftige Generationen haben durchaus Grund, sich die Frage zu stellen: Was haben sich unsere Eltern gedacht? Warum sind sie nicht aufgewacht, als sie die Möglichkeit dazu hatten? Es ist wichtig, dass wir uns diese Frage jetzt stellen.

Al Gore

M6 Die Uhr des Jüngsten Gerichts

Die *Doomsday Clock* (Uhr des Jüngsten Gerichts) in Chicago zeigt seit 1947 symbolisch die Gefahr, die von nuklearen Spannungen in der Welt ausgeht. Als die Uhr im Januar 2007 wegen des Atomstreites mit Nordkorea und dem Iran von sieben auf fünf Minuten vor zwölf umgestellt wurde, setzte der britische Astrophysiker Stephen Hawking den Klimawandel mit den Atomwaffen gleich: „Von beidem geht eine planetarische Bedrohung aus.“

Bernd Rolf, S. 137

Aufgaben

1 Beziehe die Ergebnisse des Experiments auf die Abbildungen des Grönlandeises. Welche Folgen hätte das Schmelzen des Eises? → M1, M2

2 Zeichne die Umrisse der Niederlande und Floridas im Falle einer Erhöhung des Meerwasserspiegels. → M3

3 Diskutiert über die Folgen der Erhöhung des Meerwasserspiegels. Berücksichtigt dabei, dass Millionen von Menschen aus der sogenannten „Dritten Welt“ obdachlos werden. → M3

4 Bestimme, welche Intention T. C. Boyle mit seinem Text verfolgt. → M4

5 Stimmst du der Auffassung Al Gores zu? Begründe deine Meinung. → M5

6 Diskutiert die Auffassung Stephen Hawkings. Schreibt gegebenenfalls einen Brief an Politiker, in dem ihr begründet, warum es „fünf vor zwölf“ ist. → M6

▶ Glossar: Asteroiden, Gore, Klimawandel, Ressourcen, Status quo, Tribut

7 Der Mensch – nichts als ein Schmarotzer?!

M1 Der Mensch als Parasit der Erde

Angesichts der totalen Ausbeutung der Natur durch den Menschen liegt es auf der Hand, die Menschheit als Ganze in ihrem Verhalten gegenüber der Natur als einen Parasiten zu bezeichnen. Für den Menschen können dabei fast sämtliche Arten sowohl von Pflanzen wie auch von Tieren zu einem Wirt werden. Der Mensch als Parasit ist ein Unmensch. Zum Zwecke der Fleischproduktion und der Pelzgewinnung hält er die Tiere in sogenannten Tierfabriken zu den untierischsten Bedingungen gefangen und fügt ihnen ungeheure Leiden zu. Gegen Ende ihres Passionsweges werden die Tiere dann in fahrende Kisten eingepfercht, als wären sie bereits tot, und unter großen Qualen noch um die halbe Welt zu ihrem Schlachter transportiert. Wir alle kennen die entsprechenden Bilder aus den Medien. Die Fleischproduktion steht dabei im Dienste nicht nur der Ernährung des Menschen selber, sondern auch der Ernährung ausgewählter anderer Tiere, der Lieblingstiere Hund und Katze. Das fabrikmäßig hergestellte Fleisch und die fabrizierten Pelze werden ergänzt durch das Fleisch und die Pelze aus der Jagd sowie der Fallenstellerei. Auch zum Spaß geht der Mensch jagen, er nennt es Safari. Im Tierexperiment bzw. Tierversuch muss das Tier die abartigsten Torturen über sich ergehen lassen zum sogenannten Nutzen des Menschen. Ferner werden Wildtiere als Arbeitstiere missbraucht; sie werden durch vollkommen artfremde Haltung zu Haustieren gemacht. Die sogenannten Haustiere werden zu Wohnungstieren verkrüppelt und als Ersatzpartner ausgenutzt. Das Tier ist Gefangener im Zoo, im Großaquarium und im Zirkus. Es wird gequält beim Rodeo, geschunden beim Pferdesport, gehetzt beim Hunderennen, es wird zur Unterhaltung getötet beim Stierkampf, Hundekampf, Hahnenkampf. Die parasitäre Ausbeutung des Tieres durch den Menschen hat Methode und System.

M2 Selbstbild des Menschen?

M3 Die „Moral" des Parasiten

Die Menschen wissen sehr genau, wie sie mit den Tieren umgehen. Es bietet zwar keine unbewältigbare Schwierigkeit, sich selber als grausam zu erkennen; doch vermag der Mensch es aber nur schwer zu ertragen, wenn er im Spiegel seines Ich-Bildes oder vor den anderen Menschen als amoralisch dasteht. Dies muss darum in einen Nebel beschönigender Worte eingehüllt, es muss versteckt werden: Der Parasit erinnert sich seiner Künste als Anästhesist. Die Beispiele betäubender Beredsamkeit sind zahlreich: „Der Mensch ist ein Fleischesser, ohne Fleisch erleidet er

Mangelerscheinungen." „Pelze hat der Mensch schon von Urzeiten an getragen." „Safaris bringen den Entwicklungsländern die von ihnen dringend benötigten Devisen." „Gewisse Tierarten können überhaupt nur noch im Zoo überleben." „Ohne Tierversuche werden wir niemals ein Mittel gegen all die tödlichen Krankheiten wie Krebs oder Aids erhalten." Diese und ähnliche „Argumente" stellen insgesamt Versuche dar, das beschriebene parasitäre Verhalten als moralkonform zu verstehen, es gewissermaßen in die Moral der Menschen zu integrieren. Was indessen die Tiere betrifft, denunzieren jene Argumente die menschliche Moral als eine Moral der Parasiten.

M1, M3 nach Urs Thurnherr, S. 56-59

M4 Wir und die Umweltkrise

Eines haben wir der „Umweltkrise" und den „Grenzen des Wachstums" zu danken: Ohne sie wären wir um einige Einsichten ärmer – auch wenn man die gewonnenen Einsichten immer schon und ohne die „Krise" hätte machen können.

Welche Einsichten haben wir dank der „Umweltkrise" und der „Grenzen des Wachstums" gewonnen? Erstens die Einsicht in die Unvermeidlichkeit von Nebenwirkungen. Umweltprobleme sind Nebenwirkungen menschlichen Einwirkens auf die Natur. Sie wurden bisher zum Teil bewusst in Kauf genommen, zum Teil „verdrängt", zum Teil gar nicht wahrgenommen. Je massiver allerdings die Einwirkungen auf die Natur, desto weitreichender und unübersehbarer die Nebenfolgen. Und je größer das Wissen von den Wirkungsläufen, desto unabweisbarer die Notwendigkeit, Verantwortung für sie zu übernehmen.

Zweitens die Einsicht in die Endlichkeit der Ressourcen und die Gefährdetheit der natürlichen Lebensgrundlagen. Es liegt etwas Erschreckendes in der Vorstellung, dass Ressourcen wie das Erdöl, im Laufe geologischer Zeiträume entstanden, in nur wenigen Jahrzehnten des 20. Jahrhunderts wortwörtlich verheizt werden, oder dass empfindliche natürliche Gleichgewichte, von denen die Lebensfähigkeit der Vegetation und der Schutz vor gesundheitsschädigender Strahlung abhängt, um eines „Wachstums" willen gefährdet werden, von dem nicht klar ist, ob es die Menschen, denen zuliebe es veranstaltet wird, wachsen oder verkümmern lässt.

Drittens die Einsicht in die Tendenz zur Übernutzung jeder Ressource, die keinen Preis hat. Nur wenigen fällt es ein, sich bei der Nutzung von knappen, aber kostenlosen Umweltgütern wie Luft, Wasser oder Ruhe zum eigenen Nachteil Beschränkungen aufzuerlegen, ohne die Gewähr zu haben, dass andere zu ähnlichen Beschränkungen gezwungen werden.

Viertens die Einsicht in die Grenzen unseres Wissens von der Natur und die Grenzen technischer Machbarkeit. Die Komplexität ökologischer Zusammenhänge übersteigt die Kapazität auch der fortgeschrittensten Computergenerationen. Die Risiken avancierter Technologien wie der Schnellen Brutreaktoren sind wegen der begrenzten Anwendbarkeit von „trial and error"-Verfahren nicht vollständig überblickbar. Offenbar hat es der „Krise" (im publizistischen, nicht im realen Sinne) bedurft, um uns diese seit langem bekannten Tatsachen ins Bewusstsein zu hämmern.

M5 Was ist ökologische Ethik?

Die ökologische Ethik ist der besondere Beitrag der Philosophie zur Krisenbewältigung. Wie andere Formen angewandter Ethik auch verbindet sie Explikation und Analyse mit Normsetzung und Normbegründung. Ihre eine Aufgabe besteht darin, die in ökologischen Debatten meist implizit bleibenden Normsetzungen, Werthaltungen und Einstellungen mitsamt ihren deskriptiven und normativen Voraussetzungen zu klären, zu präzisieren und damit erst diskursfähig zu machen. Ihre andere Aufgabe besteht darin, Normen, Werte und Leitbilder des menschlichen Umgangs mit der Natur zu entwickeln und zu begründen.

M4, M5 Dieter Birnbacher, S. 18f

Aufgaben

1. Erläutere: Was ist ein Parasit/Schmarotzer? ➜ M1-M3
2. Erörtere die These: der Mensch – ein Parasit. ➜ M1, M2, M4
3. Vergleiche die Aussagen Thurnherrs und Birnbachers: Welche Aufgaben hat die Umweltethik? ➜ M3, M5

▶ Glossar: Anästhesist, avanciert, Brutreaktor, denunzieren, Devisen, Diskurs, Explikation, Grenzen des Wachstums, Parasit, Tortur, Trial and error

8 Umwelt in Gefahr? – ein Gruppenpuzzle

M1 Lecker – ein Schnitzel!

Kennt ihr das Phänomen? Ein Stück Schweinefleisch schrumpft beim Braten in der Pfanne derart zusammen, dass man sich eigentlich seinen Schlachter mal so richtig zur Brust nehmen möchte. Ihr müsst keine Zauberer sein, um dieses Phänomen zu deuten, das bei dem sogenannten PSE- (pale = blass, soft = weich, exudative = wässrig) oder DFD-Fleisch (dark = dunkel, firm = fest, dry = trocken) auftritt. Solch ein schrumpfendes oder trockenes Stück Fleisch ist ein ziemlich sicheres Indiz dafür, dass die Tiere während des Transportes und/oder auf dem Schlachthof einer zu großen Belastung ausgesetzt waren. Die heute „produzierten“ Tiere besitzen einen hohen Magerfleischanteil (ganz wenig Fett) und ein hohes Körpergewicht. Man weiß heute, dass diese Tiere sehr stark auf Überlastung beim Transport und vor der Schlachtung reagieren. Stehen sie unter zu starkem Stress, kommt es zu Stoffwechselstörungen und das Fleisch weist später Qualitätsmängel auf. Es schrumpft in der Pfanne, ist blasser oder dunkler als normal und in jedem Falle ist es zäh. So zeigt euch ein schrumpfendes Stück Fleisch, dass das Tier nicht schonend behandelt worden ist. Vielleicht ist euch das egal, und ihr wollt einfach in Ruhe ein Stück Fleisch essen. Aber vielleicht findet ihr es ja besser, wenn die Tiere gut behandelt worden sind.

M2 Schönheit – um welchen Preis?

Etwas Puder, ein bisschen Wimperntusche: „Fertig!“ Louisa sah in den Spiegel und klatschte in die Hände: „Der Typ kann kommen!“ Das Letzte, was Louisa will, ist sicher, dass sie eitrige Pickel, fiese Hautreizungen oder Akne-Attacken hat, wenn ihr neuer Schwarm ihr auf dem Schulhof begegnet. Weil Louisa dann die benutzten Kosmetika mit Sicherheit nie wieder kaufen würde, sind diese Nebenwirkungen natürlich auch das Letzte, was der Hersteller der Produkte will. Also testet dieser, bevor sie auf den Markt kommen, seine Produkte ganz genau durch. Außerdem testet er, ob sie krebserregend oder erbgutverändernd sein könnten oder eventuell die Fruchtbarkeit beeinflussen. In vielen Fällen werde diese Tests an Tieren durchgeführt. In den meisten Fällen bereiten sie den Tieren Schmerzen. Louisa sitzt gewaltig in der Zwickmühle. Sie möchte natürlich hübsch aussehen und sich schminken. Aber dass Tiere während der Tests leiden, das will sie auch nicht. Dabei ist die Situation noch viel komplizierter: Innerhalb der EU wurden 2004 Tierversuche für die Prüfung fertiger kosmetischer Mittel verboten. Tierversuche für neue Inhaltsstoffe sind allerdings bis 2009 erlaubt. Auch Kosmetika, die außerhalb der EU in Tierversuchen getestet werden, können hier uneingeschränkt verkauft werden. Was aber kann Louisa tun: Die Konkurrenz schläft nicht beim Aufbrezeln, aber dass Tiere leiden, hasst sie auch.

M1, M2 nach Erna-Graff-Stiftung für Tierschutz, Berlin

M3 Grönland schmilzt, die Eisbären sterben

Wegen des kräftigen Temperaturanstiegs [gibt es] kein Treibeis mehr in der Diskobucht vor Grönlands drittgrößtem Städtchen. Die Fischer können nicht mehr losziehen, um vom Eis aus Heilbutt zu fangen. Während die Menschen sich aber noch mit neu angeschafften Booten behelfen können, sieht es für die Eisbären schlechter aus. Die Riesenraubtiere verlieren mit dem Verschwinden des Treibeises buchstäblich den Boden unter den Füßen. Schon jetzt sinken die Bestandszahlen massiv, weil Eisbären entweder verhungern oder bei der Jagd ertrinken. 2040 wird es im arktischen Sommer überhaupt kein Treibeis mehr geben, sagen die Klimaforscher voraus. Das bedeutet akute Gefahr für den ohnehin dünnen Bestand der Bären.

Thomas Borchert

Das Gruppenpuzzle

Stell dir vor, du besuchst mit deinen Eltern und Geschwistern ein Familientreffen. Jeder freut sich darauf, bestimmte Cousinen und Cousins endlich wieder einmal zu sehen und mit ihnen all das zu besprechen, was jeder in der vergangenen Zeit so erlebt hat. Ist Jonas noch mit Naomi zusammen ... und machen die Eltern immer noch Stress? Nach einem ereignisreichen Tag sitzt du nun wieder während der Rückfahrt gemeinsam mit deiner Familie im Auto. Du hast alles über Jonas und seine Freundin herausbekommen (die Eltern sind begeistert von Naomi!), aber du bist nicht dazu gekommen, noch mit deiner Tante Laura zu sprechen. Glücklicherweise hat dein Bruder Elias sich ausführlich mit ihr unterhalten. Und so beginnt ihr zu erzählen. Nach einer Stunde hat jeder aus der Familie das Wichtigste wiedergegeben, du bist gut informiert worden und hast so ein wenig das Gefühl, mit allen auf dem Familientreffen gesprochen zu haben. Dieses Verfahren zur arbeitsteiligen Informationsbeschaffung sollt ihr euch im Folgenden zunutze machen, um die relevanten Ansätze einer ökologischen Ethik zu erarbeiten.

Ein Gruppenpuzzle für z. B. 16 Schüler/innen:

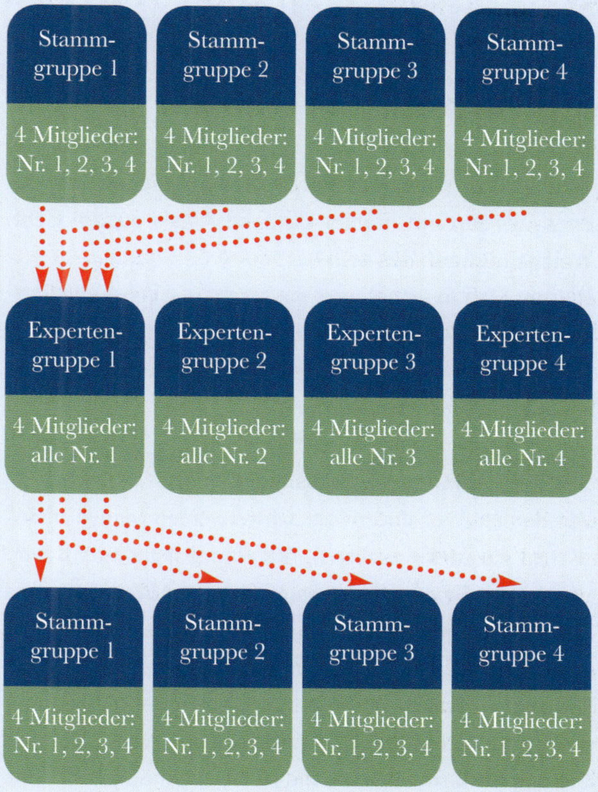

Vorgehen:

1. Schritt: Bildet zunächst gleich große **Stammgruppen** und bearbeitet die Aufgabe auf dieser (und der vorhergehenden) Doppelseite. Dabei gilt die Regel: Jedes Gruppenmitglied protokolliert alles Wesentliche selbst mit.

2. Schritt: Nachdem alle einzelnen Stammgruppen ihre Arbeit beendet haben, trennt ihr euch in vier gleich große **Expertengruppen** auf. An jeder der vier Expertengruppen muss mindestens ein Mitglied jeder Stammgruppe teilnehmen.

Die Aufgabe jeder Expertengruppe ist es nun, einen der Ansätze ökologischer Ethik zu bearbeiten, die ihr auf den folgenden vier Doppelseiten findet (Anthropozentrismus, Pathozentrismus, Biozentrismus, Holismus). Dabei ist es auch hier sehr wichtig, dass jedes Gruppenmitglied alle Ergebnisse, aber auch Fragen, Probleme und Kritik mitprotokolliert. Am Ende eurer Bearbeitung könnt ihr eure Ergebnisse auf der nachfolgenden fünften Seite (Ökologische Ethik – ein Überblick) überprüfen.

3. Schritt: Ist die Arbeit in den Expertengruppen abgeschlossen, kommt ihr wieder zurück in eure **Stammgruppe**. Nun sitzen vier Experten in jeweils einem ökologischen Ethikansatz am Tisch. Da jeder aber über alle Ansätze Bescheid wissen will, berichtet ihr nun der Reihe nach den anderen Gruppenmitgliedern von eurer Arbeit in der Expertengruppe. Dabei könnt ihr auch miteinander diskutieren und offene Fragen versuchen zu klären. Wichtig ist, dass jedes Gruppenmitglied am Ende alle vier Ansätze verstanden hat.

Aufgaben

1 Informiert euch über das „Gruppenpuzzle" als Arbeitsmethode und bildet Stammgruppen.

2 Erstellt in den Stammgruppen – ausgehend von den Beispielen auf dieser Doppelseite – eine Liste von umweltschädlichem Verhalten im Alltag. Überlegt gemeinsam Alternativen. Wie lassen sich diese rechtfertigen? ➜ M1–M3

9 Expertengruppe 1: **der Anthropozentrismus**

M1 Das Zeitalter der Einsamkeit

SPIEGEL: Alle 20 Minuten verschwindet eine Spezies von der Erde. Das bedeutet, im Verlauf dieses Gespräches werden ein halbes Dutzend Arten ausgelöscht. Welche könnten das sein?

Wilson: Man muss betonen, dass nicht nur Vögel und Säugetiere vom Aussterben bedroht sind, der größere Teil des Artensterbens betrifft sehr kleine, wenig bekannte Kreaturen, darunter Insekten, Würmer.

•

SPIEGEL: Können Sie Beispiele nennen?

Wilson: In den nächsten paar Jahren werden wir den chinesischen Flussdelfin verlieren. Auf Hawaii mindestens zehn Vogelarten. Die derzeit seltenste Pflanze der Welt ist Cookes Kokio. Davon gibt es nur noch etwa ein Dutzend Exemplare.

•

SPIEGEL: Die von Ihnen genannten Arten gehören zu den rund 1,5 Millionen Spezies auf der Welt... Können Sie uns erklären, warum die Natur nicht auch mit sehr viel weniger, sagen wir, mit 10 000 Arten zurechtkommt?

Wilson: Wir beginnen gerade erst zu erforschen, welches die bestimmenden Faktoren für die Zahl der Spezies in einem ausbalancierten Ökosystem sind. Richtig ist, dass die Artenvielfalt wahrscheinlich ihren Höhepunkt erreichte, kurz bevor der Mensch auf der Szene erschien. Die Menschheit hat diese Entwicklung, sozusagen mit kreischenden Bremsen, in den vergangenen 10 000 Jahren zum Stillstand gebracht. Der Mensch hat einen großen Teil der Schauplätze der Evolution vernichtet. Er hat die Wiege zerstört, in der neue Spezies geboren werden. Wenn wir bis ins kommende Jahrhundert hinein fortfahren wie bisher, dann wird die Welt bankrott gehen.

•

SPIEGEL: Wird die Artenvielfalt den Menschen auch direkt zugutekommen, Stichwort: Ameisen als Nahrungsquelle?

Wilson: Ich glaube, weniger als Nahrungsquelle, aber zum Beispiel zur Gewinnung von Antibiotika. Ameisen sind bekannt dafür, dass sie extrem sauber sind und frei von Infektionen. Nach dem Zeitalter der Dinosaurier und dem der Säugetiere könnte es sein, dass wir jetzt an der Schwelle zu einem Zeitalter stehen, das ich das „Zeitalter der Einsamkeit" genannt habe. Es werden so viel weniger Arten sein als heute, dass wir uns einsam fühlen werden. Vieles von dem, was das Leben einmal war, werden wir aus den Museen kennen. Aber es wird nicht länger mit uns sein.

M1, M2 nach Edward O. Wilson, S. 186; S. 193-204

M2 Gendatenbanken sind notwendig

„Die Zukunft der Menschheit", urteilt E. Saouma, Ex-Generaldirektor der Welternährungsorganisation, „könnte davon abhängen, ob es uns gelingt, die biologische Vielfalt zu verteidigen und umweltverträglich zu nutzen." Denn mit der paradiesischen Artenvielfalt verschwindet der älteste und zugleich wertvollste Rohstoff der Menschheit. Der genetische Reichtum der Wildformen von Kulturpflanzen bildet das lebendige Versicherungskapital der Menschheit gegen Hungersnöte. Nur Bruchteile davon können in den Tiefkühltruhen von Samenbanken gerettet werden, ehe sie für immer verloren gehen.

M3 Der Mensch als Herrscher über die Natur

Mit Gewissheit können wir so viel sagen: Der Mensch kann überhaupt nur als Ausbeuter leben, sei es in Hinblick auf Pflanzen oder tierische Lebewesen. Und will er eine Zivilisation schaffen, so muss er weiter darüber hinausgehen. Er muss Tiere und Pflanzen domestizieren und sich insoweit zum Herrn und Meister wenigstens über einen Teil der Natur machen. Sofern er notwendig in dieser Weise handelt, ist es sinnlos zu meinen, der Mensch solle *überhaupt nichts* unternehmen, um die bestehenden ökologischen Systeme zu beeinflussen, und nicht den geringsten Versuch machen, ihrer Herr zu werden. *John Passmore, S. 215*

M4 Die Sonderstellung des Menschen

Dass der Mensch in seiner Vorstellung das Ich haben kann, erhebt ihn unendlich über alle anderen auf Erden lebende Wesen. Dadurch ist er eine *Person*, d.i. ein von *Sachen*, dergleichen die vernunftlosen Tiere sind, mit denen man nach Belieben schalten und walten kann, durch Rang und Würde ganz unterschiedenes Wesen.

Immanuel Kant, Anthropologie, S. 407

M5 Pflichten gegenüber den Tieren

Im Unterschied zum Menschen spricht Kant den Tieren jede Form von Selbstbewusstsein und damit des Denkens ab, wodurch sie zu bloßen Mitteln werden. Die Tiere gehören demzufolge nicht zur moralischen Gemeinschaft. „Allein weil Tiere nur als Mittel da sind, so haben wir gegen die Tiere unmittelbar keine Pflichten, sondern die Pflichten gegen die Tiere sind indirekte Pflichten gegen die Menschheit.“ Die angesprochenen indirekten Pflichten gegenüber den Tieren bestehen darin, sie nicht unnötig zu quälen, nicht grausam ihnen gegenüber zu sein. Diese Pflichten bezeichnet Kant darum als indirekte Pflichten, weil sie eigentlich nur wegen der Menschen selber bestehen. Ein Mensch – so befürchtet Kant –, der zu den Tieren grausam ist, wird sich leicht daran gewöhnen, anderen Lebewesen ohne Mitgefühl Leiden zuzufügen. Indem dadurch die Hemmschwelle der Grausamkeit insgesamt herabgesetzt wird, dürfte es jenem Menschen sodann auch leichter fallen, sich gegenüber anderen Menschen grausam zu verhalten. Im Mittelpunkt von Kants ethischen Erwägungen in Bezug auf das Tier steht folglich allein der Mensch.

nach Urs Thurnherr, S. 62f.

M6 Tierschutzgesetz

§ 1: Zweck dieses Gesetzes ist es, aus der Verantwortung des Menschen für das Tier als Mitgeschöpf dessen Leben und Wohlbefinden zu schützen. Niemand darf einem Tier ohne vernünftigen Grund Schmerzen, Leiden oder Schäden zufügen.

www.tierundnatur.de

M7 Schweineorgane für Menschen?

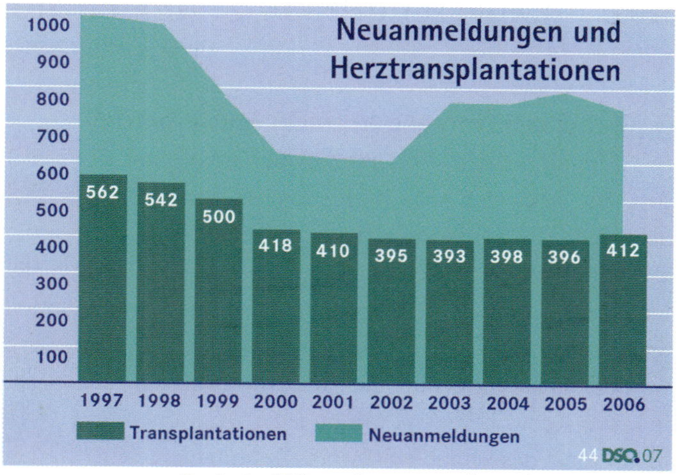

Deutsche Stiftung Organtransplantation, www.dso.de

Ein Drittel aller Patienten, die in Deutschland auf der Warteliste stehen, sterben, bevor ein geeignetes Herz gefunden werden kann. Xenotransplantation könnte für viele Rettung bedeuten.

M8 Tierversuche sind notwendig!

Tierversuche haben Entwicklungen ermöglicht, deren Ergebnisse im Kampf gegen Krankheit und Leiden bei Mensch und Tier eingesetzt werden. Insbesondere im Dienste der menschlichen Gesundheit können in vielen Fällen nur mit Tierversuchen Fortschritte bei der Aufklärung der Mechanismen sowie der Diagnose und Therapie von vielfältigen Krankheiten erzielt und den von diesen Krankheiten betroffenen Menschen Hoffnungschancen eröffnet werden (z.B. Krebs, Herzinfarkt, Schlaganfall, Aids, Parkinson, Rheuma ...).

Hubert Markl, S. 1f

Aufgaben

1. Sammelt Gründe, warum wir eurer Meinung nach etwas gegen das Artensterben unternehmen sollen.
2. Ergänzt die Liste aus Aufgabe 1 durch weitere Gründe. ➜ M1, M2
3. Beschreibt die Position von Kant und Passmore: Welches menschliche Verhalten ist gegenüber Pflanzen und Tieren gerechtfertigt? ➜ M3-M5
4. Erkläre, wie Kant seine Position begründet. ➜ M4, M5
5. Erläutert und diskutiert die Konsequenzen, die sich für den Einzelnen/die Gesellschaft aus der Position des Anthropozentrismus ergeben. ➜ M6-M8

▶ Glossar: domestizieren, Spezies, Tierschutzgesetz, Welternährungsorganisation, Wilson, Xenotransplantation

10 Expertengruppe 2: der Pathozentrismus

M1 Schlachtvorgang in einem Musterbetrieb

In Gruppen werden die Tiere zur Betäubung getrieben. Die Schweine schnüffeln, zögern, laufen dann aber. Jede Gondel fasst zwei Schweine und befördert sie hinab in die Tiefe, wo Kohlendioxid die Tiere empfängt. Kaum ist die Gondel unten, schnappen die Schweine nach Luft, bis sie, nach zehn, fünfzehn Sekunden, zusammenbrechen und in ein Koma fallen. Das Koma hält zwei Minuten an. Wie an einem Skilift ruckt das betäubte Schwein kopfunter baumelnd in die Höhe, dem Stecher entgegen. Rudi Gatzke steht breitbeinig auf erhöhtem Sims. Sein Schutzhelm ist weiß, die eigentlich auch weiße Gummischürze blutüberströmt. Mit der einen Hand hebt Gatzke die rechte Vorderpfote des Schweins leicht an, stößt dann im Zehnsekundentakt des Laufbandes sein Messer in die Halsschlagader – 6-mal in der Minute, 360-mal pro Stunde, 3 000-mal am Tag. Der Tötung folgt die zehn Meter lange Entblutebahn. „Hier haben die Schweine Zeit, um auszubluten", erklärt Michael Vogler und bahnt sich mit dem Ellenbogen einen Weg durch die Schweineleiber, die mit Pfoten und Köpfen zucken und aus deren Hälsen armdicke Schwälle Blut sprudeln. Jedes Schwein lässt 3,5 Liter. Die täglich anfallenden 10 000 Liter fließen durch Roste ins Bluttanklager. 10 Prozent davon werden als Lebensmittelblut zur Herstellung von Wurst verkauft. Das geronnene „Dickblut" geht an Hundefutterfirmen. Jetzt schweben die Schweine der eigentlichen Schlachtstraße entgegen. Hier geht alles Schlag auf Schlag – „nicht anders als bei VW", sagt Bodo Krüger, Bandmeister und Schlachter, „das Schwein, das einzelne Lebewesen, das darfst du hier natürlich nicht sehen, sonst könntest du hier nicht mehr arbeiten. Das geht nicht, das kannst du dir bei den Massen, die wir hier durchjagen, nicht mehr klarmachen. Wir arbeiten je nach Anlieferung, bis sie tot sind, bis alles verschwunden ist."

nach Karl-Heinz Farni, S. 34ff

M2 Massentierhaltung – einige Fakten

In der industriellen Tierhaltung haben die Tiere in ihren Boxen und Käfigen oft nur so viel Platz, wie ihr eigener Körper einnimmt. Um Kämpfe zwischen den Schweinen zu verhindern, gibt es in den Ställen nur Dämmerlicht, was die Aktivität herabsetzt. Kälber werden so kurz angebunden, dass ihre einzige Bewegungsmöglichkeit Aufstehen und Hinlegen ist. Sie werden bei 30–36 Grad Wärme zum Schwitzen gebracht, damit sie mehr Flüssigkeit aufnehmen; dann jedoch bekommen sie kein durststillendes Wasser, sondern fette Milch oder Milchersatz. Schweine, Kälber und Mastrinder werden auf Metallrosten gehalten, weil Boden mit Stroheinstreu mehr Arbeitsaufwand bedeuten würde. Das verursacht schmerzhafte Deformationen an den Hufen. Mehr wäre über die Qualen beim Transport zu sagen. In der BRD sterben beim Transport jährlich ca. 400 000 Schweine. Die übergewichtigen Tiere sind gehunfähig und geraten im Schlachthof in Panik. Es bedarf keines großen Kommentars, um zu sehen, dass diese Beobachtungen einem Folterbericht entnommen sein könnten.

nach Ursula Wolf, S. 9f

M3 Tiere – mehr als eine bloße Sache

Dass diejenigen Handlungen moralisch gut sind, die das größtmögliche Glück für die von der Handlung Betroffenen anstreben, ist die grundlegende Einsicht Jeremy Benthams (1748–1832). Anspruch auf ein solches Leben möglichst frei von Unlust haben nach Bentham nicht nur Menschen.

Der Tag mag kommen, an dem die übrigen Geschöpfe jene Rechte erlangen werden, die man ihnen nur mit tyrannischer Hand vorenthalten konnte. Die Franzosen haben bereits entdeckt, dass die Schwärze der Haut kein Grund dafür ist, jemanden schutzlos der Laune seines Peinigers auszuliefern. Es mag der Tag kommen, da man erkennt, dass die Zahl der Beine, der Haarwuchs oder das Ende des *os sacrum* [Kreuzbein] gleichermaßen unzureichende Gründe sind, ein fühlendes Wesen demselben Schicksal zu überlassen. Was sonst ist es, das hier die unüberwindbare Trennlinie ziehen sollte? Ist es die Fähigkeit zu denken, oder vielleicht die Fähigkeit zu sprechen? Aber ein ausgewachsenes Pferd oder ein Hund sind unvergleichlich vernünftigere und mitteilsamere Lebewesen als ein Kind, das erst einen Tag, eine Woche oder selbst einen Monat alt ist. Doch selbst vorausgesetzt, sie wären anders, was würde es ausmachen? Die Frage ist nicht: können sie *denken*? oder können sie *sprechen*?, sondern *können sie leiden*?

Jeremy Bentham, S. 84

M4 Rassismus und Speziesismus

Nach Singer bildet das Prinzip der Gleichheit, verstanden als gleiche Interessenabwägung, eine vernünftige moralische Basis nicht nur für die Beziehungen zu den Mitgliedern unserer menschlichen Gattung, sondern auch zu den nichtmenschlichen Lebewesen.

Die Fähigkeit, zu leiden und sich zu freuen, ist eine Grundvoraussetzung dafür, überhaupt Interessen haben zu können. Eine Maus hat ein Interesse daran, nicht gequält zu werden, weil sie dabei leiden wird. Wenn ein Wesen leidet, kann es keine moralische Rechtfertigung dafür geben, sich zu weigern, dieses Leiden zu berücksichtigen. Das Gleichheitsprinzip verlangt, dass sein Leiden ebenso zählt wie das gleiche Leiden irgendeines anderen Wesens. Deshalb ist die Grenze der Empfindungsfähigkeit die einzig vertretbare Grenze für die Rücksichtnahme auf die Interessen anderer. Diese Grenze durch irgendwelche anderen Merkmale wie Intelligenz oder Rationalität festzusetzen hieße sie willkürlich festsetzen. Weshalb dann nicht irgendeine andere Eigenschaft wie zum Beispiel die Hautfarbe herausgreifen? Rassisten europäischer Abstammung akzeptieren nicht, dass der Schmerz, den Afrikaner verspüren, ebenso schlimm ist wie der, den Europäer verspüren. Ähnlich messen jene, die ich „Speziesisten" nennen möchte, da, wo es zu einer Kollision ihrer Interessen mit denen von Angehörigen einer anderen Spezies kommt, den Interessen der eigenen Spezies größeres Gewicht bei. Menschliche Speziesisten erkennen nicht an, dass der Schmerz, den Schweine oder Mäuse verspüren, ebenso schlimm ist wie der von Menschen verspürte.

nach Peter Singer, Praktische Ethik, S. 85f

Aufgaben

1 Versucht zu erklären, wie Rudi Gatzke und Bodo Krüger diese Arbeit durchführen können. ➜ M1

3 Sammelt Gründe, die zu einer industriellen Massentierhaltung führen. ➜ M2

4 Bewertet eure Ergebnisse: Ist es eurer Meinung nach richtig, auf diese Weise mit Tieren umzugehen? ➜ M2

5 Stellt dar, welche Gemeinsamkeiten Bentham zwischen Menschen und Tieren sieht. ➜ M3

6 Erläutert und diskutiert die Konsequenzen, die sich nach Singer aus dem Gleichheitsprinzip für die Behandlung von Tieren für den Einzelnen und die Gesellschaft ergeben. ➜ M4

▶ Glossar: Bentham, Rassismus, Singer, Speziesismus

11 Expertengruppe 3: **der Biozentrismus**

M1 Versuchsbeschreibung

Den Einfluss verschiedener Behandlungsmethoden auf die Heilung von künstlich hervorgerufenen Kieferschäden beschreibt eine Untersuchung aus dem Jahr 2006:

Fünf sechsjährigen Beagles werden unter Narkose acht Backenzähne gezogen. Nach vier Wochen Heilungszeit werden sechs Schraubenimplantate eingebracht und täglich mit einer Zahnbürste geputzt. Nach drei Monaten werden Baumwollfäden um die Implantate gelegt. Durch diese werden Taschen im Zahnfleisch gebildet, in denen sich Bakterien ansiedeln können. Die Zähne werden nicht mehr geputzt. Die Fäden bewirken eine Entzündung und Zerstörung des Knochengewebes um die Implantate. Wenn das Knochengewebe zu 40 % zerstört ist, werden die Fäden entfernt. Weitere 4 Wochen später werden die Knochenschäden auf unterschiedliche Weise behandelt. Zum Teil wird das entzündete und abgestorbene Gewebe mit einem Löffel abgeschabt. Drei Monate nach der Behandlung werden die Hunde durch Überdosis eines Barbiturates (= Schlafmittel) getötet, die Kiefer werden untersucht.

nach Frank Schwarz

M2 Misshandlung oder gerechtfertigte Qual?

- Wenn Sie einen Hund bei sich zu Haus absichtlich vergiften, droht Ihnen eine hohe Haftstrafe – bis zu 3 Jahre.
- Wenn Sie – als Wissenschaftler – einen Hund in einem Labor absichtlich vergiften, winken Ihnen hohe Fördergelder.
- Für den Hund ist es immer ein qualvoller Tod – egal wann, egal wo.
- Schluss mit Tierversuchen!

nach: http://tierrechte.de

M3 Versuchstiere in Zahlen, Deutschland 2005

Mäuse und Ratten	2 003 749
Katzen	1 023
Hunde	4 892
Pferde, Esel, Maultiere	755

Schweine	14 004
Affen	2 105
Fische	101 551

nach: http://aerzte-gegen-tierversuche.de

M4 Solidarität zwischen Mensch und Tier

Diejenigen, die an Tieren Operationen und Medikamente versuchen oder ihnen Krankheiten einimpfen, um mit den gewonnenen Resultaten Menschen Hilfe bringen zu können, dürfen sich nie allgemein dabei beruhigen, dass ihr grausames Tun einen wertvollen Zweck verfolge. In jedem einzelnen Falle müssen sie erwogen haben, ob wirklich Notwendigkeit vorliegt, einem Tier dieses Opfer für die Menschheit aufzuerlegen. Und ängstlich müssen sie darum besorgt sein, das Weh, so viel sie nur können, zu mildern. Gerade dadurch, dass das Tier als Versuchstier in seinem Schmerze so Wertvolles für den leidenden Menschen erworben hat, ist ein neuartiges, einzigartiges Solidaritätsverhältnis zwischen ihm und uns geschaffen worden. Ein Zwang, aller Kreatur alles irgend mögliche Gute anzutun, ergibt sich daraus für jeden von uns. Indem ich einem Insekt aus seiner Not helfe, tue ich nichts anderes, als dass ich versuche, etwas von der immer neuen Schuld der Menschen an die Kreatur abzutragen. Wo irgendwie das Tier zum Dienst des Menschen gezwungen wird, muss jeder von uns mit dem Leiden beschäftigt sein, die es um dessentwillen zu tragen hat. Keiner von uns darf ein Weh, für das die Verantwortung nicht zu tragen ist, geschehen lassen, soweit er es nur verhindern kann. Keiner darf sich dabei beruhigen, dass er sich damit in Sachen einmischen würde, die ihn nichts angehen. Wenn so viel Misshandlung der Kreatur vorkommt, tragen wir alle Schuld daran.

nach Albert Schweitzer, S. 340f

M5 Einkehr

Bei einem Wirte, wundermild;
da war ich jüngst zu Gaste;
ein goldner Apfel war sein Schild
an einem langen Aste.

Es war der gute Apfelbaum,
bei dem ich eingekehret;
mit süßer Kost und frischem Schaum
hat er mich wohl genähret.

Es kamen in sein grünes Haus
viel leichtbeschwingte Gäste;
sie sprangen frei und hielten Schmaus
und sangen auf das Beste.

Ich fand ein Bett zu süßer Ruh
auf weichen, grünen Matten;
der Wirt, er deckte selbst mich zu
mit seinem kühlen Schatten.

Nun fragt' ich nach der Schuldigkeit,
da schüttelt' er den Wipfel.
Gesegnet sei er allezeit
von der Wurzel bis zum Gipfel!

Ludwig Uhland

M6 „Ich bin Leben, das leben will, inmitten von Leben, das leben will" (Albert Schweitzer)

Wie in meinem Willen zum Leben Sehnsucht ist nach dem Weiterleben und Angst vor der Vernichtung also auch in dem Willen zum Leben um mich herum, ob er sich mir gegenüber äußern kann oder ob er stumm bleibt.

Ethik besteht also darin, dass ich die Nötigung erlebe, allem Willen zum Leben die gleiche Ehrfurcht vor dem Leben entgegenzubringen wie dem eigenen. Damit ist das denknotwendige Grundprinzip des Sittlichen gegeben. Gut ist, Leben erhalten und Leben fördern; böse ist, Leben vernichten und Leben hemmen.

nach Albert Schweitzer, S. 330f

M7 Gemeinschaft Mensch, Tier, Pflanze

Die biozentrische Sicht auf die Natur setzt sich aus vier wesentlichen Bestandteilen zusammen.

(1) Menschen werden als Mitglieder der Gemeinschaft alles Lebendigen betrachtet; sie können diese Mitgliedschaft nur zu den gleichen Bedingungen beanspruchen, die auch für alle nichtmenschlichen Mitglieder gelten.

(2) Die natürlichen Ökosysteme der Erde in ihrer Gesamtheit gelten als ein komplexes Netz miteinander verknüpfter Elemente, in dem das gesunde biologische Funktionieren jedes Einzelnen von dem gesunden biologischen Funktionieren der anderen abhängig ist.

(3) Jeder individuelle Organismus wird als ein teleologisches Zentrum von Leben verstanden, das sein eigenes Wohl auf seine Weise verfolgt.

(4) der Anspruch, Menschen seien anderen Spezies aufgrund ihrer Natur überlegen, ist eine unbegründete Behauptung, und sie muss, angesichts der oben aufgeführten Punkte (1), (2) und (3), als ein rein irrationales, uns selbst begünstigendes Vorurteil zurückgewiesen werden.

nach Paul W. Taylor, S. 125

Aufgaben

1 Ein Tierversuch unter Tausenden: Beschreibt eure Eindrücke. ➜ M1, M2

2 Diskutiert, unter welchen Bedingungen euch Tierversuche berechtigt erscheinen, und klärt, ob es für euch einen Unterschied bedeutet, Versuche z. B. an Einzellern, Ratten, Schweinen, Fischen oder Affen vorzunehmen. ➜ M1-M3

3 Erläutert das „Solidaritätsverhältnis" zwischen Mensch, Tier und Pflanze nach Albert Schweitzer und Ludwig Uhland. ➜ M4, M5

4 Beschreibt die Position von Schweitzer und Taylor, und klärt, wie sie begründet wird. ➜ M6, M7

5 Erläutert und diskutiert die Konsequenzen, die sich für den Einzelnen/die Gesellschaft aus der Position des Biozentrismus ergeben. ➜ M6, M7

▶ Glossar: Ökosystem, Schweitzer, Solidarität, teleologisch, Uhland

12 Expertengruppe 4: **der Holismus**

M1 Hat die Brandseeschwalbe einen Wert?

Die Brandseeschwalbe ist vom Aussterben bedroht. Umweltschützer haben „Seevogelfreistätten“ eingerichtet, um sie zu schützen.

Warum war es richtig, dass sie dies getan haben? Weil die Brandseeschwalbe für den Menschen nützlich ist? Diese Begründung überzeugt gerade bei der Brandseeschwalbe denkbar wenig. Für einen ökonomischen Nutzen ist sie zu selten. Das Absammeln von Eiern lohnt sich nicht und würde die letzten Bestände vernichten. Wegen ihrer Seltenheit ist auch ihr ökologischer Nutzen nahezu gleich Null. Als Spitzenart der Nahrungspyramide wird sie für die Aufrechterhaltung ökologischer Systemfunktionen nicht gebraucht. Zwar ist die Brandseeschwalbe als Teil des Ökosystems Wattenmeer vollständig von den Heringen und Sandaalen der Nordsee abhängig, doch diese könnten auf die Brandseeschwalbe leicht verzichten. Und der ästhetische Nutzen? Dass die Brandseeschwalbe hier einiges in die Waagschale werfen könnte, ist für den kundigen Naturfreund keine Frage. Doch Touristen kann dieser Gesichtspunkt natürlich nicht überzeugen. Gerade diese Form der „Nutzung“ wird ihnen durch das Betretungsverbot der Brutstätten ja verwehrt! Was bleibt dann noch zur Verteidigung der Brandseeschwalbe? Viele Naturschützer sehen sich hier in einer Zwickmühle. Einerseits „wissen“ sie intuitiv, dass es neben eventuellen Nutzenerwägungen einen weiteren und letztlich gewichtigeren Grund gibt, die Brandseeschwalbe vor dem Aussterben zu bewahren: *die Vögel selber.* Andererseits glauben sie, dass der Verweis auf ihren Eigenwert in der politischen Diskussion nicht viel zählt. Vielfach wird er für „bloß emotional“ gehalten. Das ist falsch.

M2 Ist nur die belebte Natur schützenswert?

Sollen wir Regenwälder, Wüsten und Hochgebirge nur erhalten, weil Menschen das nützlich oder schön finden? Wenn sie es nicht mehr tun oder nicht mehr nötig haben, könnte man dann die Gebirge abtragen etc.? Vielleicht würde das Gleichgewicht des Klimas darunter leiden, aber ist das ein prinzipielles Problem für menschliche Technik?
Nur die holistische Vorstellung einer guten Welt als Mannigfaltigkeit der Formen des Natürlichen und der Kulturen kann diesen Eigenwert beimessen. Allerdings gibt es eine Fülle von Abwägungsproblemen bei Konkurrenzen zwischen Interessen.

Ludwig Siep, S. 16

M3 Uluru – eine heilige Stätte der Aborigines

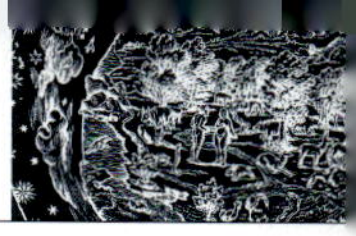

M4 Rücksichtnahme auf das Ganze

Der Holismus (gr. holos: ganz, vollständig) nimmt nach Gorke im Gegensatz zum Egoismus den „moralischen Standpunkt" ein.

Darunter versteht man die Grundsatzentscheidung, mit anderen nicht nach Belieben und aus einer Position der Macht heraus umzuspringen, sondern sich in seinem Umgang mit ihnen nach verallgemeinerbaren ethischen Prinzipien auszurichten. Die „Goldene Regel" beispielsweise ist ein solches Prinzip. Sie verbietet, anderen etwas anzutun, was man bei vertauschten Rollen nicht akzeptieren würde.

Was hat diese freiwillige Selbstbeschränkung des Handelns mit der Frage zu tun, welchen Naturwesen ein Eigenwert zugebilligt werden soll? Hat man sich zugunsten des moralischen Standpunktes entschieden, kann man bei der Antwort nicht wählerisch sein. Würde man nämlich bestimmten Wesen einen Eigenwert zubilligen und anderen nicht, würde man genau jene Haltung der Macht und Willkür an den Tag legen, die Kennzeichen des Egoismus ist. Die konsequente Alternative zum Egoismus kann also nur lauten: Rücksicht auf beliebiges Anderes.

M1, M4 nach Martin Gorke, S. 6f

M5 Grundsätze des Holismus

Arne Naess fasst seine holistische Position, genannt „deep ecology", in einer Reihe von Lehrsätzen zusammen:

1. Das Wohlbefinden und Gedeihen menschlichen und nichtmenschlichen Lebens auf der Erde hat Wert in sich selbst (Synonyme: intrinsischer Wert, *inhärenter Wert*). Dieser Wert ist unabhängig von der Nützlichkeit der nicht-menschlichen Welt für menschliche Zwecke.

3\. Menschen haben kein Recht, diesen Reichtum […] zu beeinträchtigen, außer um lebensnotwendige Bedürfnisse zu befriedigen.

Diese Formulierung bezieht sich auf die Biosphäre oder genauer: auf die Ökosphäre als Ganzes. Dies schließt Individuen, Spezies, Populationen, Lebensräume genauso ein wie menschliche und nicht-menschliche Kulturen. Gehen wir von unserem gegenwärtigen Wissensstand über die Interdependenz ökologischer Beziehungen aus, bedeutet dies eine fundamentale Sorge und einen tiefen Respekt gegenüber der gesamten Ökosphäre. Alle ökologischen Prozesse auf dem Planeten sollten intakt bleiben. „Die gesamte Umwelt sollte ‚natürlich' bleiben." (Gary Snyder)

Der Begriff „Leben" wird hier in einer umfassenderen Weise benutzt und bezieht sich auch auf das, was von Biologen als „nicht-lebendig" klassifiziert wird: Flüsse (Stromgebiete), Landschaften, Ökosysteme. Für Unterstützer von „Tiefenökologie" stehen Slogans wie „Lasst den Fluss leben!" für diese breitere Verwendung.

„Das Vorhandensein inhärenten Wertes in einem natürlichen Objekt ist unabhängig von jeglicher Kenntnis, jeglichem Interesse oder jeglicher Wertschätzung desselben durch irgendein bewusstes Wesen."

nach Arne Naess, S. 188-189

M6 Der Mensch in der Natur

Der einzelne Mensch ist nicht über oder außerhalb der Natur. Der Mensch ist Teil des Schöpfungsprozesses. Der Mensch sorgt sich um die Natur, verhält sich der nicht-menschlichen Natur gegenüber respekt- und ehrfurchtsvoll, liebt sie im Zusammenleben mit ihr, ist ein Mitglied des „Haushalts Erde" und lässt „Lebendiges leben", lässt nicht-menschliche Natur ihren jeweiligen evolutionären Bestimmungen nachgehen.

Bill Devall, S. 23

Aufgaben

1 Sammelt die fehlschlagenden Begründungen zur Rettung der Brandseeschwalbe. Wieso sollen wir sie dennoch schützen? ➜ M1

2 Erörtert, ob die genannten Gründe für den Vogelschutz auch auf die unbelebte Natur zutreffen. Welche Probleme können auftreten? ➜ M2, M3

3 Stellt dar, wie der Holismus als ethische Position begründet wird. (Informiert euch hierzu über die Bedeutung der „Goldenen Regel" und auf S. 114f über das Naturverständnis der Indianer.) ➜ M3-M6

4 Erläutert und diskutiert die Konsequenzen, die sich für den Einzelnen/die Gesellschaft aus der Position des Holismus ergeben. ➜ M5, M6

▶ Glossar: Biosphäre, Eigenwert, Goldene Regel, Interdependenz, Ökosphäre, Ökosystem, Uluru

Grundwissen

Was wir wissen

Umweltethik reflektiert das Verhältnis von Natur, Mensch und Technik. Anspruch der Umweltethik ist, diejenigen Orientierungen ethisch zu bewerten, die das menschliche Handeln im Umgang mit der Natur leiten und bestimmen. Zum Verhältnis der drei Faktoren Natur, Mensch und Technik lässt sich im Einzelnen das Folgende sagen:

Natur

In der Umweltethik finden sich mindestens drei verschiedene Bedeutungen des Begriffs Natur:

1. *Natur als Lebensgrundlage*
   Zu diesem Bereich gehört der Teil der Welt, der für die Existenz von Leben grundsätzlich unverzichtbar ist, wie beispielsweise Wasser, Luft oder ein bestimmtes Klima, das für das Leben weder zu kalt noch zu warm ist.
2. *Natur als schöne Natur*
   Natur wird als ästhetischer Gegenstand verstanden, dem Achtung und Respekt entgegengebracht werden sollte. Beispiel hierfür sind Landschaften wie die Bayerischen Alpen, die auch aufgrund ihrer ästhetischen Qualität unter Naturschutz stehen.
3. *Natur als Vorbild*
   Natur gibt Orientierung für das menschliche Handeln. Als Beispiel ließe sich die Bionik anführen. Diese Forschungsdisziplin nimmt sich bei der Entwicklung technischer Produkte die Natur zum Vorbild. Ein einfaches Beispiel ist der Klettverschluss, der tatsächlich nach dem Vorbild von Klettfrüchten entwickelt wurde.

In allen drei Bedeutungen gilt die Natur als etwas, das bewahrt werden muss und deshalb schützenswert ist. Die Umweltethik macht es sich zur Aufgabe zu bestimmen, was dies für den Umgang mit der Natur bedeutet. Allen umweltethischen Positionen liegt also ein normativer Naturbegriff zugrunde.

Mensch

Vor der Industriellen Revolution – also noch bis ins 19. Jahrhundert hinein – galt die Natur als etwas, das sich menschlicher Kontrolle weitestgehend entzieht. Natur war damals für den Menschen ein unerfindliches Ganzes, innerhalb dessen er selbst nur ein kleiner Teil ist. Natur wurde als etwas Menschenfeindliches empfunden, von dem Gefahren ausgehen und das erst durch Menschen sicher und bewohnbar gemacht werden muss. Mit der rasanten Entwicklung von Wissenschaft und Technik im 19. und 20. Jh. kehrte sich dieses Verhältnis um. Mussten sich also früher die Menschen vor der Natur schützen, so muss heute umgekehrt der Mensch die in zunehmendem Maße bedrohte Natur bewahren.

Technik

Dass sich das Verhältnis von Mensch und Natur so grundsätzlich ändern konnte, ist dem wissenschaftlich-technischen Fortschritt zu verdanken. Allerdings hat dieser Fortschritt seinen Preis. *Denn mit dem technischen Fortschritt ...*

- *wächst der Bedarf an Energie.*
  Viele Energieressourcen wie Erdöl, Gas und Kohle stehen nicht unbegrenzt zur Verfügung, sondern werden in absehbarer Zeit erschöpft sein.
- *werden die Folgen menschlichen Handelns in zeitlicher und räumlicher Hinsicht immer weitreichender und unkalkulierbarer.*
  Das Problem der sicheren Endlagerung von Atommüll oder die Folgen des CO_2-Ausstoßes werden weltweit alle nachfolgenden Generationen betreffen.
- *werden bestimmte Entwicklungen unumkehrbar.*
  Beispielsweise führt die verbesserte Versorgung der Menschen (Medizin, Ernährung) zu einem ständigen Anstieg der Weltbevölkerung mit der Folge, dass der eigentlich weltweit zu senkende Verbrauch von natürlichen Ressourcen ebenfalls immer weiter ansteigt.

Was wir können

Nachhaltigkeit

Umweltethische Reflexion wird unter dem Stichwort Nachhaltigkeit konkret: Man bezeichnet Produkte als nachhaltig, wenn ihr „Lebensweg" (von der Entwicklung über Herstellung und Gebrauch bis hin zur Entsorgung) ökologisch unbedenklich ist (d.h. wenn dabei die natürlichen Ressourcen, die Umwelt und das Klima geschont werden). Inwieweit dies der Fall ist, geht aus sogenannten Ökobilanzen hervor.

Aufgabe: Besorge dir die Ökobilanz eines Produkts, das du täglich benutzt, wie beispielsweise dein Handy, deinen Computer, dein Fahrrad.

Bionik

Zahlreiche technische Produkte sind der Natur abgeschaut.

Aufgabe: Recherchiere unter dem Stichwort „Bionik", welche Produkte das sind, und erörtere, ob sie allein deshalb, weil sie Vorbildern der Natur folgen, schon umweltverträglich sind.

Umweltbewusstsein

Fachleute gehen davon aus, dass viele Umweltprobleme spürbar zum Besseren verändert werden können, wenn jeder Einzelne bereit ist, seinen Beitrag zum Schutz der Umwelt zu leisten.

Aufgabe: Sammle Berichte zum Thema „Umweltbewusstsein". Überprüfe an einzelnen Fällen beispielsweise aus dem Bereich Energiesparen (Elektroauto) oder der Nahrungsmittelproduktion (Bioprodukte), welche konkreten Vorschläge und Möglichkeiten es gibt. Versuche dann Gründe zu finden, warum es so schwierig ist, sich umweltbewusst zu verhalten.

Umweltethische Positionen

Die umweltethischen Positionen Pathozentrismus, Biozentrismus und Holismus werden in schematischen Übersichten oft unter dem Begriff Physiozentrismus zusammengefasst und dem Anthropozentrismus entgegengestellt.

Aufgabe: Beschreibe in eigenen Worten den Unterschied zwischen Physiozentrismus und Anthropozentrismus und erläutere, warum der Anthropozentrismus nicht ebenfalls unter den Physiozentrismus fällt.

Freiheit und Würde

Lust und Pflicht

Glück – der Sinn des Lebens

1 Was uns antreibt

M1 Flucht vor der Pflicht

Bill Watterson

M2 Lust und Unlust

Es gibt vieles, das uns im Leben antreibt: Eltern, Lehrer, Trainer, Freunde ... Aber der stärkste Antrieb kommt nicht von außen, er steckt in uns selbst. Es ist das Streben nach Lust, das uns in vielen Situationen zum Handeln motiviert. Im Grunde ist Lust eine Art Wohlempfinden, ein schönes, angenehmes Gefühl. Lust auf etwas zu haben bedeutet, etwas zu wollen, sich auf etwas zu freuen, weil es sich gut anfühlt, dies zu tun. Wer z. B. Lust auf ein Computerspiel hat, empfindet die Spannung beim Spielen als angenehm.

So wie wir gerne Dinge tun, auf die wir Lust haben, so vermeiden wir Aktivitäten, die mit Unlust verbunden sind. Unlust lässt in uns den Wunsch entstehen, etwas anderes tun zu wollen als das, womit wir gerade beschäftigt sind. Manchmal führt Unlust dazu, dass Aufgaben, die dringend erledigt werden müssen, dennoch nicht getan werden.

M3 Immer dieselbe Leier

Emmas Mutter blickt von der Zeitung auf und sieht ihre Tochter streng an. Genervt rollt Emma die Augen. „Sag nichts! Ich weiß auch so, was du denkst: Wenn man sich entschieden hat, muss man auch zu dieser Entscheidung stehen.“ Unwillig rutscht Emma vom Stuhl und schnappt ihre Tasche. Die Stimme ihrer Mutter nachahmend fährt sie fort: „Man kann nicht nur das tun, wozu man Lust hat. Wenn sich alle so verhalten würden! Disziplin ist wichtig!“ Im Flur angelangt zerrt Emma ihre Jacke von der Garderobe, immer noch schimpft sie im Stil ihrer Mutter: „Man muss sich aufeinander verlassen können! Dazu gehört vor allem, die anderen nicht im Stich zu lassen. Natürlich kann ich dich nicht zwingen, aber du musst doch einsehen, dass du eine Verpflichtung eingegangen bist!“ Hastig zieht sie ihre Schuhe an: „In einer Gemeinschaft ist es nun mal wichtig, dass alle das Ihrige dazu beitragen.“ Sie rennt in die Küche und stopft eine Flasche Wasser in ihre Tasche: „Und schließlich gilt es, ein Ziel zu erreichen ...!“ Sie bleibt kurz vor ihrer Mutter stehen und die beiden blicken sich an. „Ist es nicht schön, dass ich schon so erwachsen bin?“, seufzt Emma und rennt zur Haustür hinaus. Lächelnd wendet sich die Mutter wieder der Zeitung zu.

M2, M3 Rita Sandbrink, S. 63

M4 Aufgabenliste

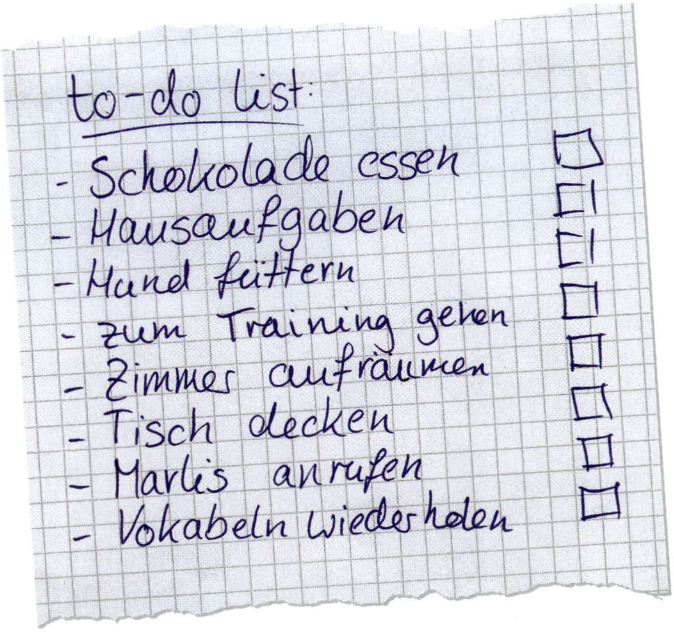

Setze „Schokolade essen“
ganz oben auf deine Liste
der zu erledigenden Dinge.
Auf diese Weise
wirst du zumindest
eine Sache abhaken können.

Kalenderspruch

Aufgaben

1. Schreibe in dein Heft einen passenden Text für die leeren Denk- und Sprechblasen des Comics. ➜ M1
2. Sprecht darüber, welche Bedeutung Lust und Unlust für unser Handeln haben. ➜ M2
3. Nenne fünf gute Gründe, warum man für eine Klassenarbeit lernen sollte. Warum lässt man es trotzdem oft sein? ➜ M2
4. Überlege, welche Verpflichtung Emma eingegangen sein könnte. Was spricht dafür, was dagegen, die Verpflichtung einzuhalten? ➜ M3
5. Erkläre, warum die Mutter lächelt. ➜ M3
6. Viele Menschen arbeiten heute mit einer „To-do-Liste“. Schreibe drei Vorteile einer solchen Liste auf. ➜ M4
7. Erstelle eine eigene Liste mit den zu erledigenden Aufgaben der kommenden Woche. Überprüfe nach Ablauf der Woche, wie viele dieser Aufgaben du tatsächlich erledigt hast. ➜ M4

2 Ein Leben voller Lust

M1 Mit Lust werben

„Sex Sells“ gilt seit Jahrzehnten als ein ständiges Motto der Werbeindustrie. Es drückt aus, dass ein Produkt, unabhängig davon, ob es sich um einen Schokoladenriegel oder eine Motorsäge handelt, leichter verkauft werden kann, wenn es mit sexuellen Inhalten verbunden wird.

Bereits im Jahr 1880 kam eine amerikanische Brauerei auf die Idee, mit der Abbildung schöner Frauen Bier zu verkaufen. Seitdem ist die Verwendung erotischer Motive aus der Werbung nicht mehr wegzudenken. Im Gegenteil: Die Freizügigkeit in der Darstellung hat stetig zugenommen. Allerdings steht sie nicht mehr für sich allein. Sie wird zum Sinnbild für die Freiheit und Unabhängigkeit des Einzelnen in einer Gesellschaft, in der Lustbefriedigung oftmals gleichbedeutend ist mit dem Streben nach Glück.

Rita Sandbrink, S. 64

M2 No Sex!

Stephenie Meyers Twilight*-Saga gehört zur meistgelesenen Jugendliteratur weltweit. Die Fantasiegeschichte wird erzählt aus der Sicht der Schülerin Bella und handelt von der Liebesbeziehung zwischen ihr und dem Vampir Edward. 2010 kam die Verfilmung des dritten Bandes* Eclipse – Bis(s) zum Abendrot *in die Kinos.*

Wie schon bei *Harry Potter* sind die Fans von *Twilight* hauptsächlich im Teenager-Alter. Anders als in Europa ist die amerikanische Teenager-Generation riesig. In Deutschland nimmt die Zahl zwar ab, aber die Gefühlsjugendlichen nehmen zu; hierzulande ist Jugend längst kein Zeitabschnitt mehr, sondern ein Lebensgefühl.

Twilight-Kritiker werden vor allem einwenden, dass auch *Eclipse* nicht mehr ist als ein Werbefilm für sexuelle Enthaltsamkeit. Das erzkonservative Motiv, mit dem *Twilight*-Autorin und Mormonin Stephenie Meyer angeblich nicht bewusst spielt. In *Eclipse* will Bella Sex, Edward aber erst nach der Heirat. Dass heutige Kids dieser altbackene Stoff fasziniert, lässt nur eine Interpretation zu: Sie sind froh, dass es zur Abwechslung mal um Nicht-Sex geht. *Twilight* hat vielmehr das Hobby von Generationen Teenagern wiederbelebt, nämlich die romantische Schwärmerei – laut Entwicklungspsychologen übrigens die Schutzfunktion vor frühzeitigem Sex.

nach Verena Stehle

M3 Nur der Lust verpflichtet?

„Kinder, das ist was für Ökos und Loser“, sagt Stefanie, Innendesignerin, Ende zwanzig und mit glasklaren Prinzipien: „Gut ist, was der Karriere und dem Genuss dient.“ Zum Beispiel ihr Freund Stefan, der Chef eines Architekturbüros. Sie gehört zu den „Winnern“, arbeitet bis zu 15 Stunden täglich, unterbrochen von rauschhaften Fluchten in die teuren Boutiquen dieser Welt.

„Warum soll ich nicht für ein Wochenende nach New York fliegen? Nur weil andere es sich nicht leisten können?“ Nichts fürchtet sie so sehr wie „die Prolls“ und dass diese Proleten schon morgen Stefans und Stefanies Lieblings-Italiener entdecken könnten.

Auch Daniel, 30, hat wenig Lust und schon gar keine Zeit, sich mit dem Rest der Gesellschaft abzugeben. Schließlich muss er drei Berufe unter einen Hut bringen: Kunsthistoriker, Immobilienmakler und Diskjockey. Den einen hat er studiert, der andere sichert sein – aufwändiges – Single-Dasein, der letzte macht ihm Spaß. Und Porsche fahren. Er ist Nichtwähler, trotzdem mag er Deutschland, „weil es hier kein Tempolimit gibt“.

Walter Dreher

M4 Die größte Lust

Herr Mill, können Sie uns Ihre Sicht vom Prinzip des größten Glücks darstellen?

John Stuart Mill: Zunächst einmal unterscheide ich zwischen Handlungen, die moralisch richtig sein können, und Handlungen, die verwerflich sind. Falsch sind all jene Handlungen, die Unglück hervorrufen, während umgekehrt solche Handlungen richtig sind, die Glück erzeugen. *Unglück* ist demnach einerseits *das Fehlen von Lust* und andererseits Unlust. Beides ist nicht erstrebenswert, während Lust und das *Freisein von Unlust* erstrebenswerte Ziele sind, weil sie *Glück* bedeuten. Daher ist alles, was in sich lustvoll ist, sowie alles, was in irgendeiner Weise zur Beförderung von Lust bzw. zur Vermeidung von Unlust beiträgt, wünschenswert.

•

Wenn ich Sie richtig verstehe, dann ist z. B. Sex lustvoll und fördert meine Freude, mein Glück.

John Stuart Mill: Du denkst wie die meisten Menschen. Aber genau das meine ich *nicht*. Mit Lust ist nicht allein die sexuelle Lust gemeint, denn dann wäre der Mensch ja nicht besser als ein Schwein oder ein anderes Tier, das nur nach seinen Lüsten, nach seinen Trieben lebt.

•

Was soll das heißen?

John Stuart Mill: Na, das liegt doch auf der Hand. Man muss anerkennen, dass es unterschiedliche Arten von Freude gibt. Einige davon sind wünschenswerter und wertvoller als andere. Daher kommt es nicht ausschließlich auf die Quantität einer Freude an. Vielmehr muss neben der Quantität auch noch die Qualität Berücksichtigung finden.

Jörg Peters; Bernd Rolf, S. 25

Aufgaben

1. Beschreibe, mit welchen Mitteln das Motto „Sex Sells“ in der Werbeanzeige umgesetzt wird. ➜ M1
2. Erkläre, warum sich Produkte besser vermarkten lassen, wenn Sex als Werbemittel eingesetzt wird. ➜ M1
3. Erstelle anhand einer Fernsehzeitschrift eine Liste aller Fernsehausstrahlungen einer Woche, die die Themen Liebe, Freundschaft oder Partnerschaft behandeln. Stelle anschließend fest, bei wie vielen dieser Sendungen sich aus der Programmbeschreibung schließen lässt, dass Sex in ihnen eine Rolle spielt. ➜ M2
4. Warum sind so viele Teenager von *Twilight* fasziniert? Gib Gründe dafür an. ➜ M2
5. Sprecht darüber, ob ihr die Äußerungen von Stefanie und Daniel zu „dem Rest der Gesellschaft“ für angemessen haltet. ➜ M3
6. Kannst du dir vorstellen, eines Tages ein ebensolches Leben zu führen? Begründe deine Antwort. ➜ M3
7. Arbeite die unterschiedlichen Lustvorstellungen bei Mill heraus. Finde Beispiele für die Qualität und Quantität in der Lustbefriedigung. ➜ M4
8. Ordne die auf dieser Doppelseite präsentierten Lustvorstellungen nach Mills System ein. ➜ M1–M4

▶ Glossar: Mill, Prolet

3 Lust auf Pflicht?

M1 Verpflichtungen eingehen

A1

B1

C1

A2

B2

C2

M2 Rias größter Wunsch

Heute Abend würde sie es wieder versuchen. Sie hatte schon einiges unternommen, aber nichts hatte geholfen, weder Bitten noch Betteln, kein Schmollen und schon gar nicht ihre Erpressungsversuche.

Dieses Mal, so nahm Ria sich vor, würde sie die ganze Zeit sachlich bleiben und gute Argumente vorbringen, um ihre Eltern zu überzeugen.

Christoph, ihren großen Bruder, hatte sie in ihren Plan eingeweiht. Er würde eine große Hilfe sein.

„Was ist eigentlich aus der Sache mit Rias Reitbeteiligung geworden?“, eröffnete er das Gespräch beim Abendtisch. „Nicht schon wieder“, stöhnte der Vater auf. „Das haben wir doch schon x-mal diskutiert. Eine Reitbeteiligung ist mit einigen Kosten verbunden und wir haben uns gerade einen neuen Wagen angeschafft.“

Das war ihr Stichwort. „Ich könnte mich an den Kosten beteiligen und vor der Schule Zeitungen austragen.“

Ihre Mutter schüttelte den Kopf. „Das werde ich keinesfalls erlauben. Du hast jetzt schon kaum noch Freizeit.“

„Aber Freizeit bedeutet doch, dass man tut, wozu man Lust hat. Mir würde nichts mehr Spaß machen, als mich um ein Pferd zu kümmern, auch wenn ich dafür zusätzlich einen Teil meiner Freizeit opfern müsste, um zu jobben.“

„Allein die Reitbeteiligung würde bereits eine große Anzahl neuer Aufgaben für dich bedeuten. Und deine schulischen Verpflichtungen darfst du auf keinen Fall vernachlässigen.“

„Du hast Recht: Schule ist wichtig.“ Sie nickte bekräftigend mit dem Kopf. „Andererseits braucht man bei so viel schulischer Arbeit einen Ausgleich. Und viel Bewegung an frischer Luft wäre da doch ideal.“

„Die Bewegung im Stallmist ebenfalls“, warf Christoph grinsend ein. Ihre Eltern zogen es vor, diese Bemerkung zu ignorieren. „Aber mal im Ernst“, fuhr Christoph fort, „Ria könnte doch ihre Mitgliedschaft im Tanzstudio aufgeben. Dadurch würdet ihr die hohen Mitgliedsgebühren sparen und sie hätte mehr Zeit für ihre neuen Aufgaben.“

Ihre Eltern sahen Ria fragend an. Sie schluckte. Auch wenn Ria ebenso gut wir ihr Bruder wusste, dass sie eigentlich nicht besonders gern tanzte, war sie wegen der anderen Mädchen ganz gerne dort hingegangen. „Ja“, sagte sie schließlich. „Das ist doch wirklich eine gute Idee.“

Rita Sandbrink, S. 66

M3 Aus einem alten Poesiealbum

Der Weg zum Glück
ist gar nicht weit,
und kostet dich nicht viel.
Tu' deine Pflicht
mit Fröhlichkeit,
dann bist du schon am Ziel.

M4 Eine neue Erfahrung …

Frau Müller, 45, Biologielehrerin:

In den Ferien entschloss ich mich, das Computerspiel kennenzulernen, das meinen Sohn so sehr begeistert. Ich war erstaunt, wie vielschichtig dieses Spiel war. Es bestand aus einer großen Anzahl aufeinanderfolgender Szenen. In jeder dieser Szenen galt es, verschiedene Aufgaben zu erledigen. Dazu musste das Bild mit einer Spielfigur abgelaufen werden, um alle animierten Gegenstände dieses Levels und ihre Eigenschaften kennenzulernen. Anschließend galt es, immer komplexere Kombinationen aus Gegenständen und den Fähigkeiten meiner Spielfigur herzustellen und zur Lösung von Problemsituationen zu verwenden. Die Bewältigung dieser Situationen war übrigens Pflicht. Es bestand keine Möglichkeit, zum nächsten Level zu gelangen, ohne die Aufgaben vorher gelöst zu haben.

Die Lust an diesem Spiel gewinnt mein Sohn offensichtlich durch die durchaus anspruchsvollen strategischen Herausforderungen, die diese elektronische Welt für ihn bereithält.

Rita Sandbrink, S. 67

M5 Lust durch Pflicht

Wer hätte nicht jene Lustschauer empfunden, die einem über den Rücken laufen, nachdem eine große Tat vollbracht wurde? Wer hätte nie die Wonnen eines ausgeführten Planes genossen? Wer hätte nicht äußerste physische Anstrengung lustvoll genossen beim Sport, langen Märschen oder in stechender Sonnenhitze? Wer kennt nicht die Lust, einen hoch sich auftürmenden Berg von Arbeiten (einen wahren Augiasstall) zügig, konzentriert und in einer sich ständig steigernden Kraftanstrengung wegzuarbeiten? Solche Lust ist augiastisch.

nach Bazon Brock

Aufgaben

1. Vergleiche die Bilder A1/A2, B1/B2 und C1/C2 miteinander. Welche Verpflichtungen sind die Menschen auf beiden Bildern gleichermaßen eingegangen? Welche Verpflichtungen teilen sie jedoch nicht? ➜ M1
2. Welche Pflichten würde Ria durch die Reitbeteiligung auf sich nehmen? ➜ M2
3. Stelle eine Liste der Pflichten zusammen, die Jugendliche in deinem Alter zu erfüllen haben.
4. Der Poesiealbumspruch gibt den Rat, seine Pflichten nicht nur ernst zu nehmen, sondern sie auch gern zu tun. Diskutiert, ob der Ratschlag sinnvoll und umsetzbar ist. ➜ M3
5. Bestimme das Verhältnis, in dem Lust und Pflicht im Computerspiel zueinander stehen. ➜ M4
6. Entwerft in Gruppenarbeit ein Computerspiel, das Lust darauf macht, alltägliche Pflichten zu erfüllen. ➜ M4
7. Beschreibe mit eigenen Worten, was „augiastisch" meint. Suche weitere Beispiele für Situationen, die augiastische Lust hervorrufen können. ➜ M5

▶ Glossar: Augiasstall, Czíkszentmihály, Flow

4 Schulpflicht und Schülerpflichten

M1 Schreckgespenster

Jonas Stalfort

M2 Wenn aus Pflicht Zwang wird

Für manche Jugendliche ist der Besuch der Schule mehr als nur lästige Pflicht. Für sie wird der Gang zur Schule wortwörtlich zum täglichen „Horrortrip" und einige von ihnen werden zu den sogenannten Schulverweigerern oder Schulmüden. Sie kommen ihrer gesetzlichen Pflicht zum Schulbesuch nur noch unregelmäßig oder gar nicht mehr nach. Oftmals sind familiäre Probleme oder die Angst, dem Unterricht nicht folgen zu können, der Grund für dieses Verhalten.

In Sozialprojekten wird versucht, diese Jugendlichen wieder zum freiwilligen Besuch der Schule zu bewegen. Gelingt dies nicht, ändert sich die gesetzliche Grundlage. Aus der allgemeinen Schulpflicht wird der Schulzwang für den einzelnen Schüler. Der Staat sorgt nun mit härtesten Mitteln (dem Einsatz von Polizeikräften) für den täglichen Besuch der Schule. Versagt auch diese Maßnahme, kann den Eltern das Sorgerecht entzogen und der Schulpflichtige in staatliche Erziehungsanstalten eingewiesen werden.

Rita Sandbrink, S. 68

M3 Schulpflicht in Deutschland

Recht auf schulische Bildung und Auftrag der Schule

§ 1

Recht auf schulische Bildung

(1) Jeder junge Mensch hat ein Recht auf Bildung. Dieses Recht wird durch ein Schulwesen gewährleistet, das nach Maßgabe dieses Gesetzes einzurichten und zu unterhalten ist. Aus diesem Recht auf schulische Bildung ergeben sich einzelne Ansprüche, wenn sie nach Voraussetzungen und Inhalt in diesem Gesetz oder aufgrund dieses Gesetzes bestimmt sind.

(2) Für die Aufnahme in eine Schule dürfen weder Geschlecht, Behinderung, Herkunftsland oder Religionsbekenntnis noch die wirtschaftliche oder gesellschaftliche Stellung der Eltern bestimmend sein.

Auszug aus dem hessischen Schulgesetz

M4 UN-Kinderrechtskonvention

Die UN (United Nations, Vereinte Nationen) sind ein Zusammenschluss von 192 Staaten zur Sicherung des Weltfriedens, zur Einhaltung des Völkerrechts und zum Schutz der Menschenrechte. 1989 verabschiedeten sie ein Übereinkommen über das Recht des Kindes, kurz: UN-Kinderrechtskonvention.

Artikel 28

(1) Die Vertragsstaaten erkennen das Recht des Kindes auf Bildung an; um die Verwirklichung dieses Rechts auf der Grundlage der Chancengleichheit fortschreitend zu erreichen, werden sie insbesondere

a) den Besuch der Grundschule für alle zur Pflicht und unentgeltlich machen;

b) die Entwicklung verschiedener Formen der weiterführenden Schulen allgemeinbildender und berufsbildender Art fördern, sie allen Kindern verfügbar und zugänglich machen und geeignete Maßnahmen wie die Einführung der Unentgeltlichkeit und die Bereitstellung finanzieller Unterstützung bei Bedürftigkeit treffen;

c) allen entsprechend ihren Fähigkeiten den Zugang zu den Hochschulen mit allen geeigneten Mitteln ermöglichen;

d) Bildungs- und Berufsberatung allen Kindern verfügbar und zugänglich machen;

e) Maßnahmen treffen, die den regelmäßigen Schulbesuch fördern und den Anteil derjenigen, welche die Schule vorzeitig verlassen, verringern.

(2) Die Vertragsstaaten treffen alle geeigneten Maßnahmen, um sicherzustellen, dass die Disziplin in der Schule in einer Weise gewahrt wird, die der Menschenwürde des Kindes entspricht und im Einklang mit diesem Übereinkommen steht.

(3) Die Vertragsstaaten fördern die internationale Zusammenarbeit im Bildungswesen, insbesondere um zur Beseitigung von Unwissenheit und Analphabetentum in der Welt beizutragen und den Zugang zu wissenschaftlichen und technischen Kenntnissen und modernen Unterrichtsmethoden zu erleichtern. Dabei sind die Bedürfnisse der Entwicklungsländer besonders zu berücksichtigen. *Vereinte Nationen*

Projekt:

„Wir haben ein Recht auf Bildung"

Nicht überall auf der Welt ist es selbstverständlich, zur Schule gehen zu dürfen.
Recherchiert, ob und inwiefern der Artikel 28 der Kinderrechtskonvention der UN umgesetzt worden ist.

Folgende Internetadressen können euch weiterhelfen:

- www.hanisauland.de
- www.unicef.at/kinderrechte
  Stichwort: Kinderrechte

Präsentiert eure Ergebnisse in einer Ausstellung zu diesem Thema.

Aufgaben

1 Warum macht die Mutter ihrer Tochter Angst? ➜ M1

2 Beurteile das Verhalten der beiden. ➜ M1

3 Erstelle eine Pflichtenliste für Schüler (z.B. pünktliches Erscheinen, vollständige Arbeitsmaterialien, Erledigung der Hausaufgaben, höflicher und respektvoller Umgang mit Lehrern und Mitschülern usw.). Welche Pflichten erscheinen dir sinnvoll, welche weniger?

4 Erstelle eine Pflichtenliste für Lehrkräfte.

5 Stell dir vor, eine Freundin bzw. ein Freund von dir würde alle ihre / seine Pflichten als Schülerin bzw. Schüler für eine längere Zeit vernachlässigen. Welche Konsequenzen würde dieses Verhalten nach sich ziehen? Benenne Konsequenzen dieses Verhaltens und mögliche Gegenmaßnahmen. ➜ M1, M2

6 Beschreibe mit eigenen Worten, wem laut Schulgesetz Rechte und Pflichten zukommen. ➜ M3

7 Beschreibe das Verhältnis von Schulpflicht und Kinderrechten. ➜ M3, M4

▶ Glossar: Kinderrechtskonvention, UNO

5 Grenzen der Pflichterfüllung

M1 Pflicht zur Hilfeleistung?

Miriam hatte es eilig, als sie auf ihrem Fahrrad in den Waldweg einbog. Sie hatte versprochen, um zehn Uhr zu Hause zu sein, und jetzt war es fast elf. Sie wusste, dass ihre Eltern sich Sorgen machen würden, und bereute ihre Entscheidung, noch ins Kino gegangen zu sein. Wenn sie wenigstens ihr Handy nicht vergessen hätte!

Hastig trat sie in die Pedale. Der Fahrradweg war an dieser Stelle gut ausgebaut und Miriam kam schnell voran. Sie erschrak, als sie in einiger Entfernung vor sich den dunklen Umriss eines Menschen im Gegenlicht der Straßenlaterne erblickte. Er schien leicht zu schwanken und fiel dann an den Rand der Grabenböschung. Jetzt sah sie auch das Fahrrad, das auf der anderen Seite des Straßengrabens verkehrt herum im Gras lag.

Da braucht jemand dringend Hilfe, dachte Miriam und fuhr schneller. Vielleicht aber auch nicht, schoss es ihr durch den Kopf. Vielleicht ist das ein Trick. Aber wenn nicht ..., ich muss doch helfen! Verzweifelt blickte sie sich um, aber die Landstraße lag leer und verlassen im Dunkel. Langsam rollte sie auf die Unfallstelle zu. Sie musste sich entscheiden, jetzt ...

Rita Sandbrink, S. 72

M2 Unterlassene Hilfeleistung

Wer bei Unglücksfällen oder allgemeiner Gefahr oder Not nicht Hilfe leistet, obwohl dies erforderlich und ihm den Umständen nach zuzumuten, insbesondere ohne erhebliche eigene Gefahr und ohne Verletzung anderer wichtiger Pflichten möglich ist, wird mit Freiheitsstrafe bis zu einem Jahr oder mit Geldstrafe bestraft. *StGB § 323c*

M3 Gehorsamspflicht

„Jetzt räum' endlich dein Zimmer auf!" Diese klare Anweisung von elterlicher Seite wird sicher oft genug einfach ignoriert. Dabei haben die Eltern das Gesetz auf ihrer Seite. Es steht nämlich fest: Kinder sind zum Gehorsam ihren Eltern gegenüber rechtlich verpflichtet!

Aber nicht nur für Kinder gilt die Gehorsamspflicht, sondern auch für die Bediensteten des Staates, also für Beamte und Soldaten. Das bedeutet, dass alle Anweisungen und Befehle von Weisungsbefugten ausgeführt werden müssen. Sollte ein Beamter allerdings Bedenken gegen die Ausführung eines Befehls haben, muss er seinen Vorgesetzten darüber informieren. Kann er diesen von seinen Einwänden nicht überzeugen, ist er verpflichtet, den Anweisungen trotz seiner Vorbehalte Folge zu leisten. Die Verantwortung für die Folgen seines Handelns trägt nun der Vorgesetzte.

Die Gehorsamspflicht ist innerhalb des Militärs von besonderer Wichtigkeit. Im deutschen Wehrrecht wird unmissverständlich klargestellt: Der Untergebene hat den Befehl des Vorgesetzten *vollständig, gewissenhaft und unverzüglich* auszuführen.

Aber es gibt auch bei Beamten und Soldaten Ausnahmen: Wenn der Befehlsempfänger der Ansicht ist, dass er mit der Befolgung gegen die Würde des Menschen verstößt oder eine Straftat begeht, muss er den Gehorsam verweigern. *Rita Sandbrink, S. 72*

M4 Blinder Gehorsam

Ordnet jemand den eigenen Willen bedingungslos dem Willen anderer Menschen oder einer Organisation unter, spricht man vom blinden Gehorsam oder auch Kadavergehorsam. Der Begriff Kadavergehorsam geht zurück auf einen Satz von Ignatius von Loyola, dem Gründer des Ordens der „Gesellschaft Jesu". In den Satzungen des Ordens aus dem 16. Jahrhundert heißt es:

Wir sollen uns dessen bewusst sein, dass ein jeder von denen, die im Gehorsam leben, sich von der göttlichen Vorsehung mittels des Oberen führen und leiten lassen muss, als sei er ein toter Körper, der sich wohin auch immer bringen und auf welche Weise auch immer behandeln lässt, oder wie ein Stab eines alten Mannes, der dient, wo und wozu auch immer ihn der benutzen will, der ihn in der Hand hält.

Ignatius von Loyola, S. 740f

M5 Der Fall Eichmann

Adolf Eichmann war während des nationalsozialistischen Regimes für den Transport der jüdischen Bevölkerung Europas in die Vernichtungslager der zuständige Beamte. Auf diese Weise trug er die Mitverantwortung für die Ermordung von Millionen Menschen. Nach dem Krieg floh Eichmann aus Deutschland nach Argentinien. Der israelische Geheimdienst spürte ihn dort auf und brachte ihn nach Israel, wo er sich vor einem israelischen Gericht für seine Taten zu verantworten hatte. Seine Verteidigung übernahm der deutsche Anwalt Robert Servatius. Servatius versuchte unter anderem in seiner Verteidigung zu belegen, dass Eichmann als „kleines Rädchen im System" des nationalsozialistischen Vernichtungsapparates als Beamter nur den Befehlen seiner Vorgesetzten gehorcht habe. Er könne daher nicht für die Morde zur Verantwortung gezogen werden. Das Gericht folgte dieser Argumentation nicht. Es stellte klar, dass kein Beamter einen verbrecherischen Befehl befolgen dürfe. Eichmann wurde auch in allen anderen Anklagepunkten für schuldig befunden und am 1. Juni 1962 hingerichtet. Die Philosophin Hannah Arendt hat den Eichmann-Prozess in Israel genau verfolgt und ihre Beobachtungen in einem viel diskutierten Buch dargelegt. Sie spricht darin von der „Banalität des Bösen", die in dem menschenverachtenden Verhalten Eichmanns, seiner Dienstbeflissenheit und seiner Weigerung, Verantwortung zu übernehmen, deutlich werde.

Rita Sandbrink, S. 73

Adolf Eichmann vor Gericht

Aufgaben

1. Sprecht über das Plakat und klärt, warum es „schovel" ist, nach einem Unfall einfach davonzufahren. → M1
2. Wie sollte Miriam reagieren? Finde eine rechtlich korrekte Möglichkeit. → M1
3. Unter zumutbaren Bedingungen ist Hilfeleistung bei Unfällen auch für Jugendliche gesetzliche Pflicht. Recherchiert, unter welchen Umständen Jugendliche nur eingeschränkt verpflichtet sind, an Unfallorten Hilfe zu leisten. → M2
4. Überlegt, warum im militärischen Bereich die Gehorsamspflicht von so großer Bedeutung ist. → M3
5. Beschreibt den Begriff „blinder Gehorsam" mit eigenen Worten. → M4
6. Worin besteht der Unterschied zwischen Gehorsamspflicht und blindem Gehorsam? → M3, M4
7. Recherchiere selbst: Wie hat Eichmann sich während des Prozesses in Israel verhalten? Wie beschreibt er seine Tätigkeit als Beamter in einer Abteilung, die für die Deportation von Millionen Menschen zuständig war? → M5

▶ Glossar: Arendt, Eichmann, Ignatius von Loyola

6 Die Erfüllung aller Wünsche

M1 Glücksmomente

M2 Das Glück – ein Schmetterling?

Blauer Schmetterling

Flügelt ein kleiner blauer
Falter vom Wind geweht,
Ein perlmutterner Schauer,
Glitzert, flimmert, vergeht.
So mit Augenblicksblinken,
So im Vorüberwehn
Sah ich das Glück mir winken,
Glitzern, flimmern, vergehen.

Hermann Hesse, S. 145

M3 Wunschlos glücklich ...

Siebzig war er gut und gern, der alte Mann, der mir in der Kneipe gegenübersaß. Seine Augen blitzten wie eine blankgefegte Eisbahn. „Oh, sind die Menschen dumm“, sagte er. „Das Glück ist schließlich keine Wurst, von der man sich täglich seine Scheibe herunterschneiden kann.“

„Stimmt“, meinte ich, „obwohl gerade Sie aussehen, als hinge bei Ihnen zu Hause der Schinken des Glücks im Rauchfang.“

„Ich bin eine Ausnahme“, sagte er. „Ich bin nämlich der Mann, der einen Wunsch frei hat.“

Er blickt mir prüfend ins Gesicht und dann erzählt er seine Geschichte. „Das ist lange her“, begann er, „sehr lange. Vierzig Jahre. Ich war noch jung und litt am Leben. Da setzte sich, als ich eines Mittags verbittert auf einer grünen Parkbank hockte, ein alter Mann neben mich und sagte beiläufig: ‚Also gut. Wir haben es uns überlegt. Du hast drei Wünsche frei. Wünsch dir, was du willst – das ist deine Sache. Aber werde endlich glücklich. Deine Unzufriedenheit geht uns auf die Nerven.‘ Er sah aus wie der Weihnachtsmann in Zivil. Ich weiß nicht, ob Sie sich in meine Lage versetzen können. Ich saß auf einer Bank und haderte mit Gott und der Welt. Und neben mir saß nun dieser alte Quatschkopf! Ich wurde wütend. Und als er sein weißwattiertes Großvatermündchen von neuem aufmachen wollte, stieß ich zornzitternd hervor: ‚Damit Sie alter Esel mich nicht länger duzen, nehme ich mir die Freiheit, meinen ersten und innigsten Wunsch auszusprechen: Scheren Sie sich zum Teufel!‘ Und weg war er! Wie fortgeweht. In der gleichen Sekunde. In nichts aufgelöst. Mir wurde ganz übel vor lauter Schreck. Die Sache mit den Wünschen schien zu stimmen. Und wenn der erste Wunsch sich erfüllt hatte, dann war der gute, liebe, brave Großpapa, wer er nun auch sein mochte, beim Teufel! Dann war er in der Hölle! Was sollte ich machen? Der alte Mann musste wieder her, ob’s nun eine Hölle gab oder nicht. Ich musste meinen zweiten Wunsch dransetzen, den zweiten von dreien, o ich Ochse! Ich schloss die Augen und flüsterte ängstlich: ‚Ich wünsche mir, dass der alte Mann wieder neben mir sitzt.‘ In der nämlichen Sekunde war er wieder da. Er blickte mich vorwurfsvoll an und sagte gekränkt: ‚Hören Sie, junger Mann – fein war das nicht von Ihnen!‘

Ich stotterte eine Entschuldigung. Da lächelte er freundlich. ‚Nun haben Sie nur noch einen Wunsch frei, den dritten. Mit ihm gehen Sie hoffentlich ein bisschen vorsichtiger um. Versprechen Sie mir das?‘ Ich nickte und schluckte. ‚Ja‘, antwortete ich, ‚aber nur, wenn Sie mich wieder duzen.‘ Da musste er lachen. ‚Gut, mein Junge‘, sagte er und gab mir die Hand. ‚Leb wohl. Sei nicht allzu unglücklich und gib auf deinen letzten Wunsch acht. ‚Ich verspreche es Ihnen‘, erwiderte ich feierlich."

„Und? Seitdem sind Sie glücklich?"

„Glücklich?" Mein Nachbar stand auf, sah mich mit seinen blitzblanken Augen an und sagte: „Den letzten Wunsch habe ich vierzig Jahre lang nicht angerührt. Manchmal war ich nahe dran. Aber nein. Wünsche sind nur gut, solange man sie noch vor sich hat. Leben Sie wohl!"

Ich sah vom Fenster aus, wie er über die Straße ging. Und er hatte ganz vergessen, mir zu sagen, ob wenigstens er glücklich sei. Oder hatte er mir absichtlich nicht geantwortet? Das ist natürlich auch möglich.

nach Erich Kästner, S. 94-97

M4 Sieben Wünsche frei

In dem Spielfilm „Teuflisch" trifft der unglücklich in Allison verliebte Elliot den Teufel – in Form einer attraktiven Frau. Sie verspricht ihm: „Ich kann dir alles geben, wovon du immer geträumt hast." Elliot hat sieben Wünsche frei – nachdem er dem Teufel seine Seele verkauft hat. Aber immer wenn ihm ein Wunsch erfüllt worden ist, merkt er, dass ihn das nicht vollkommen glücklich gemacht hat. So überlegt er sich immer wieder einen neuen Wunsch, bis er seine sieben Wünsche verbraucht hat:

1) „Ich wünschte, ich hätte einen BigMac und eine große Cola."
2) „Ich wünsche mir, mit Allison verheiratet zu sein, und ich möchte wahnsinnig reich und unglaublich mächtig sein."
3) „Ich wünsche mir, ich wär der emotional sensibelste Mann auf der Welt, und ich will, dass sie mich liebt."
4) „Ich wünsche mir, ein Profibasketballer zu sein."
5) „Ich wünsche mir, dass ich klug und eloquent bin ..."
6) „Ich wünsche mir, ich wäre der Präsident der Vereinigten Staaten."
7) „Ich wünsche mir, dass Allison ein glückliches Leben führt."

M5 Glücksversprechen

Aufgaben

1. Betrachte die Bilder und beurteile, ob du die jeweilige Darstellung von Glück überzeugend findest. ➜ M1
2. Beschreibe die Auffassung von Glück in dem Gedicht von Hesse. Suche weitere Bilder für das Glück: „Glück ist wie ..." ➜ M2
3. Warum hat der Mann seinen dritten Wunsch nicht verbraucht? Ist er glücklich? ➜ M3
4. Bewertet die Wünsche Elliots. Vergleicht Elliot mit dem alten Mann in Kästners Märchen. ➜ M3, M4
5. Wie würdest du freie Wünsche einsetzen? ➜ M3, M4
6. Untersuche Werbung im Hinblick auf das Thema Glück. Findest du die Darstellung von Glück darin überzeugend? ➜ M5

▶ Glossar: Hesse, Kästner

7 Macht Glück glücklich?

M1 Goofy im Glück

M2 Gustav Gans zieht das große Los

M1, M2 Walt Disney

M3 „Glück haben" und „glücklich sein"

Glück im Sinne des englischen Wortes *luck* (französisch: *bonne chance*, lateinisch: *fortuna*) erkennt man im Deutschen meist an der Formulierung „Glück haben". Damit meinen wir einen erfreulichen Zufall, z.B. die Fragen in einer Arbeit, zu denen wir ohne Lernen zufällig die richtigen Antworten wissen; oder den Ball genau so erwischt zu haben, dass er im Tor dort landet, wo der Torwart gerade nicht hinkommt. Glück haben wir dann, wenn das geschieht, was wir wollten, was wir gehofft haben, was wir aber nicht sicher erreichen konnten. Besonders groß ist das Glück, wenn das Erreichte sogar unwahrscheinlich war.

Aber auch Gesundheit, besondere Erfolge und Wohlstand bezeichnen wir als Glücksgüter. Ein „glückliches Händchen" in diesem Sinne schreiben wir dem zu, der bei seinen Unternehmungen zumeist erfolgreich ist. Glück im Sinne des englischen Wortes *happiness* (französisch: *bonheur*, lateinisch: *beatitudo*) formuliert man im Deutschen zumeist als „glücklich sein". Damit ist eine Empfindung bzw. ein Gefühl gemeint. Das kann ein Hochgefühl nach einem besonderen Erfolg, ein körperliches Wohlfühlen oder allgemein die Empfindung von Spaß, Vergnügen oder Genuss sein.

Ob man glücklich ist, hängt nicht unbedingt von den äußeren Umständen ab, sondern vom eigenen Empfinden. So kann von zwei Personen in der gleichen Situation die eine glücklich, die andere aber unglücklich sein. Vielleicht habt ihr das schon erlebt, dass z.B. ein „ausreichend" in einer Arbeit den einen jubeln lässt, während der andere darüber betrübt ist. Das Nachdenken über Glück ist in der deutschen Sprache besonders schwierig, weil hier zwei unterschiedliche Arten von Glück mit dem gleichen Begriff bezeichnet werden.

Diese Doppeldeutigkeit findet sich in anderen Sprachen nicht. So wird eben im Englischen zwischen *luck* und *happiness* unterschieden, und auch im Französischen und im Lateinischen findet sich diese Unterscheidung (s.o.). Ähnliches gilt für das Italienische, Spanische oder Türkische.

nach Klaus Draken, S. 177

▶ Glossar: Lydien

M4 So wie ich es mag

Ein Wanderer trifft auf einen Schäfer. Er fragt diesen, wie wohl das Wetter in den nächsten Tagen werden würde. Der Schäfer antwortet: „So, wie ich es gerne habe." „Woher wissen Sie, dass das Wetter so werden wird, wie Sie es mögen?", fragt der Wanderer.

„Sehr einfach", antwortet der Schäfer. „Ich habe die Erfahrung gemacht, dass ich nicht immer das bekomme, was ich möchte. Also habe ich gelernt, immer das zu mögen, was ich bekomme. Deshalb bin ich mir sicher, dass das Wetter so wird, wie ich es mag."

www.palverlag.de/Gleichnisse-8.html

M5 Glücklich werden ...

Eine alte Geschichte berichtet von einem Juden, der seinen Rabbiner fragt: „Rebbe, was soll ich nur machen? Ich habe eine kleine Hütte, nur einen Raum, und ich habe sechs Kinder. Es wird mir zu eng." Der Rabbiner fragt: „Hast du Hühner, hast du auch eine Ziege?" „Ja", antwortet der Mann. – „Nimm die Tiere mit in deine Hütte und komm in drei Tagen wieder." Nach drei Tagen kommt der Mann und stöhnt: „Rebbe, ich halte das nicht mehr aus! Es ist so eng, man kann sich nicht bewegen!" – „Gut", sagt der Rabbi, „schmeiß die Tiere raus und komm morgen wieder." – Am nächsten Tag fragt er: „Na, wie fühlst du dich jetzt in deinem Haus?" – „Rebbe, großartig, so viel Platz, wie in einem Palast!"

nach Axel Kühner, S. 30

Aufgaben

1. Wie erklärst du dir, dass Goofy den Tag als seinen Glückstag bezeichnet? Suche mögliche Gründe. ➜ M1
2. Hättest du Goofys Tag genauso als Glückstag erlebt wie er? Begründe deine Auffassung. ➜ M1
3. Erzählt euch gegenseitig, was ihr über Gustav Gans wisst, und betrachtet das Bild. Ist er ein glücklicher Entenhausener? Warum ja, warum nicht? ➜ M2
4. „Glück haben" und „glücklich sein" – was passt besser zu Goofy, was besser zu Gustav Gans? Begründet eure Antworten. ➜ M1-M3
5. Stellt in einer Tabelle Beispiele für „glücklich sein" und „Glück haben" gegenüber. ➜ M3
6. Erklärt, warum der Schäfer glücklich ist. ➜ M4
7. Erkläre, wie der Rabbiner dem Juden geholfen hat, glücklich zu sein? ➜ M5

8 Das macht Sinn!

M1 Calvin und Hobbes und die Wiese

M2 Flow

Als die Lydier vor ungefähr 3000 Jahren von einer Hungersnot heimgesucht wurden, griffen sie zu seltsamen Mitteln.

„Der Plan gegen die Hungersnot war, sich jeweils einen Tag so vollständig Spielen zu widmen, dass dabei kein Hunger aufkommen konnte, um dann am anderen Tage jeweils zu essen und sich der Spiele zu enthalten“, schreibt Herodot. Der Bericht mag erfunden sein, aber er weist auf eine interessante Tatsache hin: Menschen können so sehr im Spiel aufgehen, dass sie ihren Hunger und andere Probleme vergessen. Welche Macht ist das, die uns dazu bringen kann, Grundbedürfnisse um des Spiels willen hintanzustellen?
Wenn ein Mensch alle wichtigen Fähigkeiten braucht, um die Herausforderungen einer Situation zu bewältigen, ist seine Aufmerksamkeit vollständig von dieser Aktivität gefesselt. Es gibt keine überschüssige psychische Energie, um andere Informationen zu verarbeiten, außer den durch die Aktivität gebotenen. Alle Aufmerksamkeit ist auf die wichtigen Reize konzentriert.
Daraufhin erlebt man eines der universalsten und charakteristischsten Kennzeichen optimaler Erfahrung: „Flow“. Dieses kurze, einfache Wort beschreibt recht gut das Gefühl scheinbar müheloser Bewegung. Mit den Worten eines bekannten Hochseeseglers: „Man vergisst sich selbst, man vergisst alles, sieht nur noch das Spiel des Bootes auf den Wellen und lässt alles andere hinter sich, das für dieses Spiel nicht besonders wichtig ist.“ *nach Mihaly Csikszentmihalyi, S. 11*

M3 Hectors Reise oder die Suche nach dem Glück

Der französische Psychiater Hector war unzufrieden, weil er seine Patienten nicht glücklich machen konnte. Deshalb begab er sich auf eine Reise durch die Welt, um dem Geheimnis des Glücks auf die Spur zu kommen. In einem armen afrikanischen Staat traf er seinen alten Freund Jean-Michel wieder, der dort als Arzt in einem Krankenhaus tätig war.

Sie gelangten zu einem Gebäude, das man direkt an eine kleine Kirche angebaut hatte. Über dem Eingang stand geschrieben „Poliklinik“, und draußen auf einer Bank im Schatten saßen jede Menge schwarze Frauen und warteten mit ihren Babys.
Sie schauten auf Hector und lächelten, als er mit Jean-Michel hineinging, und Jean-Michel erklärte ihm, dass sie gewiss glaubten, Hector sei ein neuer Arzt. Drinnen gab es junge schwarze Damen in weißen Kitteln. Sie untersuchten die Babys, und ein junger Mann war auch dabei. Sie freuten sich sehr, als Jean-Michel und Hector hereinkamen. Jean-Michel erklärte, dass es Krankenschwestern und ein Krankenpfleger waren, aber dass sie viele Arbeiten machten, die in Hectors Land nur ein Arzt erledigen durfte, und dass er selbst nur vorbeikam, um nach den Kindern zu sehen, deren Krankheiten ein bisschen kompliziert waren. Hinterher hatte Jean-Michel nämlich noch drei andere Polikliniken abzufahren.
Hector ließ ihn in Ruhe arbeiten, und draußen traf er Marcel, der im Schatten der Bäume rauchte. Er fragte Marcel, weshalb die Leute hier zufriedener wirkten als in der Stadt.

„Auf dem Lande kann man mit einem Gemüsegarten und ein paar Hühnern immer durchkommen. Und dann bleiben die Leute in den Familien, sie helfen sich gegenseitig. In der Stadt schaffen es die Leute nicht, sich aus dem Schlamassel zu ziehen, wenn sie kein Geld haben. Also gehen die Familien kaputt, es gibt eine Menge Alkohol und Drogen, und dann sehen die Leute ja auch, was sie sich kaufen könnten, wenn sie das nötige Geld hätten. Hier draußen gibt es viel weniger Versuchungen."

In der Hotelbar brachte der Barmann ihnen gleich ein Bier, und Hector fand es ganz vorzüglich, denn in diesem Land, wo alles so schlecht funktionierte, braute man trotzdem vorzügliches Bier.

Hector fragte Jean-Michel, ob er glücklich sei. Darüber musste Jean-Michel lachen.

„Ich stelle mir diese Frage gar nicht, aber ich glaube, dass ich es bin. Ich mache eine Arbeit, die ich liebe, ich weiß, dass ich sie gut mache, und außerdem fühle ich mich hier wirklich nützlich. Und dann sind die Leute freundlich zu mir, du hast ja gesehen, wir bilden ein richtiges Team." Jean-Michel trank einen Schluck Bier und sagte dann: „Hier hat jeder meiner Tage einen Sinn."

nach François Lelord, S. 79–83

M4 Was macht uns wirklich glücklich?

Was häufig gemeint ist, wenn nach „GLÜCK" gefragt wird, ist eigentlich „SINN". WAS ABER IST SINN?

Davon, dass etwas „Sinn macht", ist immer dann die Rede, wenn ZUSAMMENHÄNGE erkennbar werden, wenn also einzelne Dinge, Menschen, Begebenheiten, Erfahrungen nicht isoliert für sich stehen, sondern in irgendeiner Weise aufeinander bezogen sind. So lässt sich sagen: SINN, DAS IST ZUSAMMENHANG, Sinnlosigkeit demzufolge Zusammenhanglosigkeit.

Jede BEZIEHUNG, die Menschen zueinander pflegen und die einen starken ZUSAMMENHANG zwischen ihnen stiftet, erfüllt sie offenkundig mit Sinn.

nach Wilhelm Schmid, S. 45f

Projekt: Hectors Lektionen über das Glück

Hector (vgl. M3) notiert sich auf seiner Reise „Lektionen" über das Glück, z. B. „Glück kommt oft überraschend" oder „Manchmal bedeutet Glück, etwas nicht zu begreifen".

1 Lest gemeinsam den Anfang des Buchs *Hectors Reise oder die Suche nach dem Glück* (Seite 7–18), damit ihr die Ausgangsüberlegungen versteht.

2 Teilt die Lektionen über das Glück unter euch auf und lest die dazugehörigen Kapitel. Ihr könnt die Lektionen relativ leicht im Buch aufspüren. Sie sind durch Kursivdruck hervorgehoben. Ihr braucht nur das entsprechend vorangegangene Kapitel zu lesen (Beispiel: Lektion 1 findet ihr auf S. 27, das Kapitel beginnt auf S. 23.). Achtung: Manchmal sind auch mehrere Kapitel zum Verständnis einer Lektion nötig. Erstellt Plakate zu den Lektionen aus Hectors Reise, die ihr euren Mitschülerinnen und Mitschülern in Form eines Museumsgangs präsentiert.

3 Diskutiert nach dem Museumsgang, welche Lektionen euch am wichtigsten erscheinen. Vielleicht fallen euch sogar noch zusätzliche Lektionen ein, die Hector übersehen hat.

Aufgaben

1 Bestimme den Unterschied zwischen Calvins und Hobbes Vorstellung von Glück. → M1

2 Beschreibe mit eigenen Worten, was „Flow" bedeutet. Was hat es mit Glück zu tun? → M2

3 Hältst du Jean-Michel, der in einer armseligen Gegend Afrikas auf dem Lande lebt, für einen glücklichen Menschen? Warum? → M3

4 Erkläre an einem Beispiel, was uns nach Ansicht von Wilhelm Schmid wirklich glücklich macht. → M4

5 Erkläre die Gefühle Jean-Michels (M3) mithilfe der Erklärungen in den anderen Texten dieser Doppelseite (M2 und M4). → M2–M4

▶ Glossar: Herodot, Poliklinik

9 Die Suche nach dem Sinn

M1 Keine Antwort?

Charles M. Schulz

M2 Das Gefühl der Sinnlosigkeit

Eine 17-jährige Schülerin über Sinnlosigkeit:

Jede Stunde kommt es mir sinnlos vor, mein Leben. Aufstehen, essen, lernen, essen, lernen, essen, schlafen ... dahinter sehe ich keinen Sinn. Wir tun alles nur noch mechanisch, wir können uns nicht mehr auf den neuen Tag, auf die neue Woche freuen, wir sehen immer nur die Mühen und Sorgen, die sie uns bringen. Wir warten am Morgen darauf, dass die Arbeit, die Schule zu Ende ist, damit wir in die goldene Freiheit können. Doch auch dann können wir nichts mit der Freizeit anfangen, wir vergeuden die Zeit mit Fernsehen oder Auto fahren. Doch das kann doch nicht der Sinn des Lebens sein. Es muss doch etwas geben. Denn ich muss leben und darum auch einen Sinn dahinter sehen. *Hans Krömler, S. 108f*

M3 Der Sinn des Lebens

Die Sonne brannte auf Samuel, Jenny und Arvid herunter, die auf dem Dach des besetzten Hauses lagen und sich sonnten. „Was ist eigentlich der Sinn von dem Ganzen?“, fragte Samuel. „Was meinst du mit ‚Sinn‘, Samuel?“ Typisch, dass Arvid in Lachen ausbrach. „Hm, ich möchte wissen“, sagte Arvid, „ob du fragst, welchen Sinn es hat, dass es uns gibt, oder ob du fragst, was das Leben lebenswert macht.“

„Wenn es dir um den Sinn des Lebens geht“, sagte Jenny, „muss man voraussetzen, dass es jemanden gibt, der eine Absicht verfolgt, Gott oder so. Aber ich kann weder an Gott glauben noch mir eine frei schwebende, von niemandem ausgehende Absicht vorstellen.“

„Wir können unserem Leben aber doch selbst eine Absicht, einen Sinn geben. Im Augenblick liegt der Sinn darin, dass wir diese Schnellstraße stoppen und dadurch dazu beitragen, die Erde zu einem bewohnbaren Planeten zu machen. Durch diese Aktion machen wir doch diesen Teil unseres Lebens sinnvoll.“

Samuel sah skeptisch aus. „Eine Absicht, die ich meinem Leben gebe, kann ja alles Möglich sein: Haus, dickes Bankkonto und dicker Wagen, Einwanderer aufs Maul schlagen oder Rockstar werden. Alles kann auf die Weise einen Sinn haben. Im Augenblick ist der Sinn meines Lebens, dass ich ein bisschen Sonnenbräune kriege.“

Samuel dachte nach. „Wenn man verliebt ist ... und geliebt wird, dann scheint das Leben einen Sinn zu haben. Man ist auf der Welt, damit sie glücklich wird, man ist auf der Welt, weil sie es will. Aber wir können wohl nicht jeder für den anderen der Sinn des Lebens sein, falls ihr versteht, was ich meine?“

„Jetzt verlegst du den Sinn des Lebens wieder außerhalb von dir selbst: Dich gibt es für etwas anderes. Aber ist das Leben an und für sich nicht sinnvoll, wenn du zum Beispiel glücklich bist?“, fragte Arvid. „Ich meine, vieles ist nicht besonders lustig, aber du tust es trotzdem, weil es zu etwas Gutem führt: Du putzt dir die Zähne, damit du keine Zahnschmerzen kriegst. Aber anderes tust du nur, weil es dir gefällt. Haben diese Dinge nicht ihren eigenen Sinn? Du tust sie, weil sie dich glücklich machen, Punktum. Glücklich zu sein ist gut, unglücklich zu sein ist schlecht.

Wenn du etwas tust, damit es dir erspart bleibt, unglücklich zu sein – oder damit ein anderer nicht unglücklich wird –, dann ist die Handlung aus genau diesem Grund sinnvoll. Und wenn du glücklich bist wie gerade jetzt zum Beispiel, dann ist es sinnvoll, weil du glücklich bist."

So leicht wollte sich Samuel nicht geschlagen geben, schon gar nicht in einer Diskussion mit seinem Bruder. „Stell dir vor, ich wäre nicht froh das zu tun, was ich tun sollte … Es gibt etwas, das ich tun sollte, und etwas anderes, das mich glücklich machen würde. Wann ist mein Leben am sinnvollsten, wenn ich glücklich werde oder wenn ich das Richtige tue? Vielleicht würde es mir gefallen, ein erfolgreicher Rockstar zu werden. Ich hätte die Möglichkeit, mich selbst auszudrücken, würde gemocht werden und hätte reichlich Geld. Vielleicht sollte ich aber lieber Entwicklungshelfer in der Dritten Welt werden. Dann wäre ich von größerem Nutzen, aber das ganze Elend, das ich mit ansehen müsste, würde mich so deprimieren, dass mein Leben für mich wertlos wäre …"

Samuel griff einen neuen Faden auf. „Und stell dir vor, wenn es gar nichts gibt, war wirklich gut ist oder wirklich richtig. Dann hätte ich versucht das zu tun, was ich für richtig halte, und hätte einiges erlebt, was ich für gut halte. Aber wenn es nicht wirklich gut war oder nicht wirklich richtig? Dann hätte ich zwar geglaubt, mein Leben sei sinnvoll gewesen, aber war es das wirklich?"

„Wir wollen doch einen Grund für das haben, was wir tun, einen guten Grund. Wir handeln so, als ob wir gute Gründe hätten, und als ob wir wüssten, was gut und was schlecht ist. Aber wissen wir das?" Arvid sah seinen Bruder aufmerksam und erstaunt an. „Du willst also ganz einfach etwas genauer leben?", fragte er.

Ragnar Ohlsson, S. 82ff

M4 Die Wozu-Frage

Eine Pflanze, ein Tier, ein Gegenstand kennt die Frage nach dem Dasein nicht. Dass es da ist, das ist der Sinn des Daseins. Auch der primitive Mensch fragt nicht, auch der naive nicht, das Kind zum Beispiel. Zu leben, das eben ist der Sinn des Daseins. Sogar der bewusste Mensch kennt Zeiten, in denen er nicht fragt. Solange es ihm „gut geht", scheint es ihm, als wisse er, wozu er lebt. Anders, wenn er plötzlich herausfällt aus der Selbstverständlichkeit des Lebens, wenn ihm sein Dasein „fragwürdig" wird.

Weil „der Sinn" nicht unmittelbar deutlich wird, suchen wir ihn in Teilstrecken-Zielen. Wir streben immer irgendetwas an, ein Haus zu bauen, zu heiraten, Kinder zu haben, Gehaltserhöhung zu bekommen, den Betrieb zu erweitern, reich zu werden, gesund zu werden. Solange wir dies oder das anstreben, haben wir das (berechtigte) Gefühl, sinnvoll zu leben. Haben wir das Angestrebte erreicht, so merken wir, dass die alte Frage sich neu erhebt: Wozu das?

Unsere Wozu-Frage ist Ausdruck unserer Sehnsucht nach dem Sinn, und diese Sehnsucht lässt sich nicht durch Teilantworten stillen. Sie führt uns weiter und weiter, von Aufgabe zu Aufgabe, von Krise zu Krise. Das „Wozu" heißt eigentlich: „Geh weiter, nimm die Hürde, und du wirst sehen, wozu die Frage dient."

Die Wozu-Frage ist der Motor unseres geistigen Lebens und die Garantie dafür, dass wir eines Tages die Antwort finden werden.

nach Luise Rinser, S. 43ff

Aufgaben

1. Welche Hypothese würdest du aufstellen? ➜ M1
2. Warum ist die Frage der 17-jährigen Schülerin so wichtig? ➜ M2
3. Stelle die Positionen, die die Jugendlichen zum Sinn des Lebens vertreten, grafisch dar und begründe, mit welcher Position du dich anfreunden kannst. ➜ M3
4. Nimm Stellung zu Luise Rinsers Position zur Frage nach dem Sinn des Lebens. ➜ M4
5. Schreibe zum Abschluss dieses Kapitels deine Antwort auf die Wozu-Frage. ➜ M4

Was denken Jenny, Samuel und Arvid über den Sinn des Lebens?

Was wir wissen

Grundwissen

Motivation

Lust

Was treibt uns an? Motivation könnte als kurze Antwort vielleicht durchgehen, wenn es sich nicht um einen allgemeinen und sehr abstrakten Begriff handeln würde. Es sind ganz konkrete Dinge, die unser Handeln motivieren: eine Belohnung oder die Angst vor Bestrafung, Bewunderung der Mitschüler oder der Ärger, der bei anderen hervorgerufen wird. Dinge dieser Art stehen in Verbindung mit der Lust, die uns motiviert: die Lust auf eine Belohnung, die Lust auf Bewunderung und Anerkennung oder vielleicht auch die Lust, jemanden mal gründlich zu ärgern.

In aller Regel haben wir keine Lust auf Unlust, die beispielsweise eine Bestrafung hervorruft. Darum ist auch in solchen Fällen die Lust eine Art indirekte Motivation. Wir vermeiden Handlungen, die Unlust erzeugen (S. 138–143).

Mit dem Begriff der Motivation verbindet sich folgende Unterscheidung: *extrinsische* im Gegensatz zu *intrinsischer* Motivation. Im Fall der extrinsischen Motivation führen wir eine Handlung aus, um damit ein bestimmtes Ziel zu erreichen. Wir gehen beispielsweise zum Zahnarzt, um unsere Zähne behandeln zu lassen. Auch wenn der Zahnarztbesuch keine große Lust erzeugen dürfte, gehen wir trotzdem hin, weil wir keine Lust auf schlechte Zähne haben. Im Fall der intrinsischen Motivation führen wir eine Handlung aus, weil sie selbst als lustvoll erlebt wird, z. B. Skaten. Hier geht es nicht darum, von einem Ort A zu einem Ort B zu kommen, wie es beim Schulweg der Fall ist, sondern schlicht darum, sich zu bewegen und genau diese Bewegung zu genießen, Lust an der Bewegung zu haben. Tanzen ist auch so ein Fall.

Pflicht

Da Lust in hohem Maße unser Handeln bestimmt, erkennen einige in ihr das Prinzip unseres Handelns. Sie wäre dann das Erste, von dem unser Handeln ausgeht, und auch letztes Ziel, auf das alles Handeln bezogen wäre. Nach diesem Verständnis ist Lust eine Antwort auf die Frage nach dem Sinn des Lebens. Demgegenüber steht die Antwort, dass es im Leben nicht ausschließlich um Lust geht, sondern dass das Leben erst dann einen Wert hat, wenn man seine Pflicht getan hat. Pflichterfüllung ist nach diesem Verständnis die beste Möglichkeit, seinem Leben einen ethisch-moralischen Sinn zu verleihen.

Vor allem bei der Rechtfertigung der Schulpflicht oder auch der Rechtfertigung von Kinderrechten, die Staaten in die Pflicht nehmen, für Kinder gute Rahmenbedingungen zu schaffen, bietet der Begriff der Lust keine ausreichende Argumentationsbasis (S. 144f).

Allerdings ist die Reduktion auf Pflicht allein auch irreführend, wie beispielsweise der Fall Eichmann zeigt (S. 147). Eine Handlung allein aus Pflicht um der Pflicht willen zu tun, kann unter den falschen politischen und staatlichen Voraussetzungen, wie sie beispielsweise im nationalsozialistischen Deutschland bestanden, direkt in die menschliche Katastrophe führen.

Pflicht und Lust sind keine Prinzipien menschlichen Handelns, auch wenn sie starke Motivationen darstellen. Die wichtigste Orientierung ist die Würde des Menschen. Weder der Lust noch der Pflicht sind alle Menschen in erster Linie verpflichtet, sondern allein der Menschenwürde (S. 147).

Was wir können

UN-Kinderrechtskonventionen (S. 145)

Aus Artikel 28:

(2) Die Vertragsstaaten treffen alle geeigneten Maßnahmen um sicherzustellen, dass die Disziplin in der Schule in einer Weise gewahrt wird, die der Menschenwürde des Kindes entspricht und im Einklang mit diesem Übereinkommen steht.

Aufgabe: Wie interpretierst du das Wort Disziplin in Absatz (2) des Artikels 28? Leite aus diesem Artikel konkrete Forderungen an die Schule ab und fasse sie in einer Liste zusammen.

Alles Voraussetzungen für Flow?

Flow stellt sich dann ein, ...
- wenn eine Handlung anstrengend ist.
- wenn man etwas gut und richtig macht.
- wenn eine Handlung sinnvoll ist.
- wenn eine Handlung nützlich ist.
- wenn eine Handlung gelingt.
- wenn man Anerkennung erhält.
- wenn man im Team arbeitet.
- wenn eine Handlung pflichtgemäß ist.
- wenn eine Handlung Spaß macht.
- wenn man auf etwas verzichten muss.

Aufgabe: Überlege, auf welchen Bedingungen das Flow-Erlebnis beruht, und begründe deine Auswahl.

Macht Glück glücklich? – der Fall Matthias Kutzner

Wäre Matthias genauso glücklich, wenn er nicht seit einem Verkehrsunfall querschnittsgelähmt wäre? Er glaubt nicht.

Niemand hätte gedacht, dass mir so etwas passiert. Niemand. Ich übrigens auch nicht. Mit dem Fahrrad auf dem Weg von A nach B breche ich mir den Hals. So wie ich von A los bin, ganz spontan impulsiv und glücklich, werde ich B niemals erreichen. Von einer Sekunde zur anderen bin ich querschnittsgelähmt. Unbeweglich, ruhig und unglücklich. Besser als stehen ist sitzen, besser als sitzen ist liegen und besser als liegen ist sterben, denke ich, doch ich werde mich gewaltig irren. Ein Irrtum, der alles verändert, nicht nur mich, auch das ganze Drumherum.

Aller Anfang ist schwer. Irrtum. Es ist leicht, das dicke Ende folgt lange bevor Schluss ist. Das Leben will zurückerobert werden. Der Glaube zu siegen scheint unerschütterlich, und der Kampfgeist ist selbstverständlich. Und über Selbstverständlichkeiten spricht man nicht, am allerwenigsten selber.

Ist der Ärger über die Dinge, die man nicht mehr kann, größer als die Freude über das, was einem nach und nach wieder gelingt? Zum ersten Mal wieder den Finger in die eigene Nase gesteckt, einen Stift in die Hand genommen und einem Mädchen durchs Haar gestrichen. Das ist ein großer Grund zu feiern, ein riesengroßes Fest und ein großes Glück. O ja, was für ein Glück!

Das Leben früher hat funktioniert, die Abläufe waren einigermaßen reibungslos und mit dem alltäglichen Verlauf warst du einigermaßen zufrieden. Das ist jetzt alles ganz anders. Kein Moment ähnelt dem anderen. Stück für Stück ist alles neu, spannend und von einer geheimnisvollen Ungewissheit.

Mit dem Rollstuhl definierst du dich im Raum anders als vorher und die Zeit wird ein Begriff, den du anfassen kannst. Du wirst dem Leben geben, was dem Leben gehört. Und du wirst dich weiterschieben durchs menschliche Gedränge bis hinter diese Welt. Du hast den Gott der Pechvögel entdeckt, der dem der Glückspilze zum Verwechseln ähnlich ist.

Matthias Kutzner, S. 69

Aufgabe: Beschreibe die neue Sicht auf das Leben, die Matthias Kutzner durch seinen Unfall erlangt, und begründe, warum für ihn ein glückliches Leben und ein sinnvolles Leben nicht identisch sind.

Religion, Weltbilder und Kulturen

Judentum

Christentum

Islam

1 Juden – Judentum – Jiddisch

M1 Wir haben einen jüdischen Background

Harrison Ford

Levi Strauss

Pink

Daniel Radcliffe

Hannah Arendt

Jesus am Kreuz

Albert Einstein

Superman

A Ich wurde in Buttenheim geboren. Meine Eltern und meine ganze Verwandtschaft sind Juden. Weil meine Familie arm war, bin ich 1847 aus wirtschaftlicher Not nach Amerika ausgewandert. Dort wurde ich ein reicher Mann, denn ich erfand zusammen mit meinem Geschäftspartner Jacob Davis Hosen, die bis heute jeder gerne trägt.

B Iesus Nazarenus Rex Iudaeorum

C Meine beiden geistigen Väter waren Juden. Während des Zweiten Weltkriegs erfanden sie mich als Held, der es sogar mit Adolf Hitler und Josef Stalin aufnehmen kann.

D Mein Vater ist irisch-deutscher Abstammung, meine Mutter stammt aus Weißrussland. Weil sie jüdisch war, musste sie aus Weißrussland fliehen. Sie ging in die USA, wo ich 1942 geboren wurde.

E Meine Mutter ist jüdisch. Ich selbst bin nicht sonderlich religiös und verstehe mich als Atheist.

F Ich bin eine irisch-deutsch-litauische Jüdin.

G Ich bin der berühmteste Nobelpreisträger der Welt. Meine Theorien haben die Welt nicht nur neu interpretiert, sondern auch verändert. Insbesondere habe ich mich für den Frieden in der Welt eingesetzt.

H Ich habe viel über das Thema Entrechtung und Verfolgung der Juden veröffentlicht. Wie so viele musste auch ich Deutschland 1933 verlassen, weil ich Jüdin bin.

M2 Jiddisch – wir alle sprechen etwas jiddisch

In der deutschen Sprache und auch im Bairischen stammen manche Redewendungen und Aussprüche aus dem Jiddischen. Einigen sieht man es an, einigen aber auch nicht.

- Ich wünsche dir Hals- und Beinbruch.
- Meine Güte, ist das hier ein Tohuwabohu.
- Du, das war jetzt aber nicht ganz koscher!
- Na, da hast du Massel gehabt.
- Oje! So ein Schlamassel.
- Du bist ja ein ganz ausgekochter Schlingel.
- Die Spekulanten machten in der Krise Reibach.
- Ui, hatte ich da einen Bammel!
- Oje, bin ich jetzt geschlaucht.
- Ja, sag mal, willst du mich verkohlen?
- Das ist ja zum Kotzen.
- Ich bin heute ziemlich mies beisammen.
- Aber geh, jetzt red' doch keinen Stuss!
- Wir müssen endlich mal Tacheles miteinander reden.
- Halleluja, ich hab's geschafft!

M3 Jüdische Werte – ein Geschenk an die Menschheit

Heiligkeit des Lebens

Es ist alles andere als selbstverständlich, dass es in der Welt Leben gibt. Alles Lebendige macht diese Welt zu etwas Wunderbarem, zu etwas Wertvollem. Darum gebietet das Judentum, jegliches Leben zu achten. Den Wert des menschlichen Lebens betont das Judentum ganz ausdrücklich. Kein Menschenleben ist weniger wert als das Leben eines anderen Menschen.

Gerechtigkeit und Gleichheit

Bereits vor über 3 000 Jahren regelten die Juden ihr Zusammenleben nicht durch die Macht eines einzelnen Königs, sondern durch Gesetze. Es galt: Vor dem Gesetz sind alle gleich; ob König oder einfacher Bauer, für alle gilt dasselbe Gesetz.

Freundlichkeit und Großzügigkeit

Nach dem jüdischen Glauben wurde der Mensch als Abbild Gottes geschaffen. Deshalb fordert die Thora: Liebe deinen Nächsten wie dich selbst! Man soll Menschen mit größter Achtung behandeln, sich in Menschenfreundlichkeit üben und die Fehler der anderen mit Großzügigkeit behandeln.

Gastfreundschaft

Juden leben seit Tausenden von Jahren ohne ein eigenes Land und wissen, was es heißt, Fremder in einem fremden Land zu sein. Darum ist ihnen die Gastfreundschaft ein wichtiges Gebot. Abraham, der als erster Jude gilt, und seine Frau Sarah waren immer gastfreundlich und dienen als Vorbild für alle folgenden Generationen.

Soziale Verantwortung

Eines der Gebote des Judentums besagt, dass man sich um das Wohlergehen der anderen kümmern soll, so wie es Gott tat, als er den kranken Abraham besuchte. Gemeint sind z. B. Hilfeleistungen, ohne eine Gegenleistung zu erwarten, oder sich um Kranke kümmern.

Wohltätigkeit

Im Judentum gilt es als Pflicht, den eigenen Besitz mit anderen zu teilen. So wirft ein gläubiger Jude jede Woche vor Beginn des Sabbat Münzen in eine Spendendose, und an Feiertagen wie Purim wird für wohltätige Zwecke gesammelt.

Erziehung und Bildung

Bildung soll nicht nur die Berufschancen verbessern. Sie soll auch dazu befähigen, eine gute Lebensführung zu praktizieren, Verantwortung für sich und andere zu übernehmen und mit sich selbst im Reinen zu sein.

nach: Sehen – Staunen – Wissen, S. 40f

Aufgaben

1 Ordne die Texte den Bildern zu und begründe deine Zuordnung. ➜ M1

2 Recherchiere zu einer der Personen ausführlicher und teile deiner Klasse in Form eines Kurzreferats mit, was es für diese Person bedeutet, einen jüdischen Background zu haben. ➜ M1

3 a) Lies die Sätze mit den Redewendungen durch und gib zu jedem Satz eine Situation an, in der diese Redewendung passend verwendet wird. ➜ M2

b) Sucht die Wörter heraus, die aus dem Jiddischen stammen, und finde ihre ursprüngliche Bedeutung heraus. Verwende ein etymologisches Wörterbuch oder das Internet. ➜ M2 PA

4 Teilt die Klasse in Gruppen auf. Jede Gruppe erarbeitet zu einem Wert ein Wandplakat mit weiteren Texten und Bildern. Stellt eine Ausstellung zusammen und präsentiert eure Ergebnisse. Wert an Bsp. erläutern

▶ Glossar: Agnostizimus, Arendt, Einstein, Ford, Jesus, Jiddisch, Pink, Purim, Radcliffe, Strauss, Superman, Thora

2 Synagoge – sich treffen, studieren, beten

M1 Die Synagoge in Straubing/Niederbayern

Synagoge

INFO

Das Wort *Synagoge* kommt aus dem Griechischen, was übersetzt *Versammlung* (synago) heißt. Im Hebräischen gibt es drei Wörter:
Beit Knesset: Haus der Begegnung
Beit Midrasch: Haus des Studiums
Beit Tefilla: Haus des Gebets
Hier kommt die jüdische Gemeinde zusammen, um sich zu treffen, miteinander zu beten, aber auch um die religiösen Schriften zu studieren. Die Jungen werden hier auf ihre Bar Mizwa und die Mädchen auf ihre Bat Mizwa vorbereitet.
Eine Synagoge ist ein soziales Zentrum mit vielen Zwecken. Darum gibt es Büros, Klassenzimmer, eine Küche, Garderoben, ein Jugendzentrum, eine Bücherei und natürlich den Bereich für Gottesdienste.
Der Ausdruck wird auch benutzt, um sich auf die Gemeinde selbst zu beziehen, wie in „Ich bin ein Mitglied der Synagoge".

nach Walter Rothschild, S. 118f

M2 Ab jetzt erwachsen sein

Martin ist zur Bar Mizwa-Feier seines Freundes eingeladen. Von der Empore aus verfolgt er Davids großen Moment.

Männer holten eine große Schriftrolle aus dem Thoraschrein. Davids Vater war auch unter ihnen. Sie legten die Rolle auf ein Lesepult und öffneten sie. David hatte ihm erzählt, es sei zum Glück ein Text, den er gut kenne.
Plötzlich wurde Davids Name laut gerufen. David ging zum Lesepult, der *Bima*. Er hatte ein Käppchen auf dem Kopf und etwas um die Stirn und um den Arm gewickelt. Ein breiter Schal mit Streifen lag über seiner Schulter. Mit einem Zeiger aus Metall fuhr der Rabbi über den hebräischen Text.
David las laut und deutlich vor und sang dabei eine besondere Melodie. Als er fertig war, schaute ihn sein Vater stolz an. Er strahlte kurz nach oben und Martin hob den Daumen. Es war geschafft!
Dann sprach der Rabbiner darüber, was es bedeutet, ein *Sohn der Gebote* zu sein: „Nun bist du gemäß dem jüdischen Gesetz ein Mann mit Rechten und Pflichten. Für alles, was du von nun an sagst und tust, bist du selbst verantwortlich." Als die Zeremonie vorbei war, riefen von überall her Leute *Masel Tov – Masel Tov!* Später erklärte ihm Mirjam, dass der Ausdruck *Guter Stern* bedeutet und *Viel Glück!* meint. Dann fing es an, Süßigkeiten zu regnen. Alle warfen kräftig darauf los. Und wer war natürlich vorne mit dabei? Mirjam! Die hatte so richtig Spaß, ihren Cousin mit Bonbons zu bewerfen. Ein älterer Mann kam auf David zu, gab ihm Süßigkeiten in die Hand und sagte: „Auf dass die Thora süß in deinem Mund sein möge."

M3 Mädchen sind früher erwachsen

Nach Davids Bar Mizwa-Feier singen er und Martin gerade immer schneller das Lied „Hewenu Schalom Alechem".

Mirjam hörte die Jungs singen. Sie kam herüber. „Kaum ist da einer erwachsen, da meint er, er kann singen!" „Werde du erst mal erwachsen", wollte Martin Mirjam ärgern. Empört blickte sie ihn an: „Martin! Ich bin schon seit einem Jahr erwachsen. Für uns Mädchen gibt es nämlich die *Bat Mizwa* schon mit 12 Jahren. Wir Mädels sind euch Jungs halt immer schon ein wenig voraus!" Mirjam erzählte von ihrer Bat Mizwa-Feier: „*Bat Mizwa* heißt einfach *Tochter der Gebote*. Wie du weißt, gehören wir ja zu einer Reformgemeinde. Im Unterschied zu anderen Gemeinden gibt es da keinen Unterschied zwischen einer Feier für Jungs, wie du sie bei David miterlebt hast, und einer Feier für Mädchen."

M4 Nächstes Jahr in Jerusalem

Martins Blick fiel auf eine große, reich ausgestattete Tür. David erklärte: „Das ist das Herzstück jeder Synagoge. Wir nennen es Aharon Hakodesch, den Thoraschrein. Da die Thora der Mittelpunkt unseres Glaubens ist, steht auch der Thoraschrein im Zentrum des Raums. Sieh mal über der Tür. Das ist eine Darstellung von Jerusalem. In diese Richtung zeigt auch der Schrein. Der Rabbi hat uns erklärt, das Gotteshaus für uns Juden ist eigentlich der Tempel in Jerusalem. Der wurde aber von den Römern vor 2000 Jahren zerstört. Nach unserem Verständnis ist eine Synagoge nur ein Ersatz, eine Übergangslösung, bis der Tempel wieder errichtet wird. Deshalb sagen wir bei den großen Festen zueinander: *Nächstes Jahr in Jerusalem.*"

M2-M4 nach Michael Landgraf, S. 89ff; S. 110-115

M5 Wie die Altneuschul zu ihrem Namen kam

Im Roman „Golem stiller Bruder" muss Jankel zusammen mit seiner Schwester sein Dorf verlassen und zu seinem Onkel, dem berühmten Rabbi Löw, nach Prag ziehen. In Prag lernt er Schmulik kennen, der Geschichtenerzähler werden möchte. Schmulik gibt Jankel eine Kostprobe seiner Erzählkunst:

„Hör zu", sagte Schmulik. „Die Prager Juden wollten ein Gotteshaus aus Stein bauen, darüber waren sie sich einig. Uneins waren sie nur über den Bauplatz. Nun gab es seit Menschengedenken einen steinigen Hügel mitten in der Judenstadt, auf dem nur Dornen und Disteln wuchsen, dort spielten die Kinder und gruben Höhlen in die Erde. Genau zu der Zeit, so sagt man, als die Erwachsenen stritten, wo die Synagoge gebaut werden sollte, entdeckten die Kinder unter dem Erdreich behauene Steine, aufgeschichtet wie eine Mauer. Sie holten ihre Väter, um ihnen ihren Fund zu zeigen. Und die Väter sagten: „Es ist, als hätte ein anderer den Bau bereits begonnen. Der Ewige, gelobt sei er, hat uns selbst gezeigt, wo die neue Synagoge entstehen soll." Die Nachricht verbreitete sich schnell in der Judenstadt, alle kamen gelaufen, und ein paar alte Frauen schworen, sie hätten am Vorabend Engel gesehen, die eine geheimnisvolle Last auf den Hügel abgeladen und vergraben hätten. Und ein paar alte Männer behaupteten, die Engel hätten Steine vom zerstörten heiligen Tempel aus Jerusalem herausgeflogen, aber nur unter der Bedingung, dass diese Steine am Ende aller Tage nach Jerusalem zurückgebracht werden müssten. ‚Unter der Bedingung' heißt in der Sprache der Bibel ‚al-t'naj', und weil sich das so ähnlich anhört wie altneu, wurde aus der Al-t'naj-Schul die Altneuschul."

Mirjam Pressler, S. 115

Aufgaben

1. Das Jüdische Museum Berlin bietet ein Computerspiel an. Es heißt Sansanvis Park. Bei diesem Spiel kannst du mit Cem oder Anna eine Synagoge besuchen.
   Der Link führt zum Jüdischen Museum Berlin: *www.jmberlin.de*
   Der Link zum Spiel: *http://www.jmberlin.de/ksl/spiel/sansanvis_park/sansanvi_DE.php*
2. Finde im Internet Bilder, auf denen Synagogen abgebildet sind. Warum sind Synagogen von außen schwerer als Gotteshaus zu erkennen als Kirchen oder auch Moscheen? ➜ M1
3. Erstellt ein Plakat zu Bar/Bat Mizwa. Gliedert die unterschiedlichen Informationen übersichtlich. ➜ M2
4. Was ist der Jerusalemer Tempel? Recherchiere in der Bücherei und im Internet. Trage alle deine Ergebnisse zusammen und erzähle die Geschichte des Tempels. ➜ M3, M4

▶ Glossar: Bar Mizwa, Bibel, Rabbi, Rabbiner, Thora

göttlich vollkommen →
verehrungswürdig
vom Gott. Geist erfüllt
unantastbar

3 Heilige Schriften

M1

20 Nun sagte der Herr zu Mose: „Steig zu mir auf den Berg herauf und bleib eine Zeitlang hier! Ich werde dir die Steintafeln geben, auf die ich meine Gebote geschrieben habe. Das Volk soll genau wissen, was ich von ihm verlange."

Schemot / Exodus 24, 12

INFO

Thora

Das Wort *Thora* oder *Tora*, *Torah* ist hebräisch und heißt ins Deutsche übersetzt: Weisung, Lehre.

Die Thora ist das heiligste Buch des Judentums. Sie enthält Gebote und Gesetze, die gläubige Juden dazu anleiten, ein gutes, das heißt ein moralisches und heiliges Leben zu führen. Orthodoxe Juden glauben, dass die Worte der Thora die Worte Gottes sind, die er vor über 3000 Jahren auf dem Berg Sinai Moses verkündet hat. Für das liberale Judentum ist die Thora ein von Menschen verfasster Text. Die Autoren der Texte sind Gläubige, denen Gott sich geöffnet hat.

Es ist nicht bekannt, wer die Thora wirklich verfasst hat. Sie entstand vor ca. 2500 Jahren, als man dazu überging, bislang mündlich überlieferte Geschichten aufzuschreiben. Da diese Geschichten auf unterschiedlichen Quellen beruhen, sind sie nicht immer einheitlich oder widersprechen sich in Teilen sogar. Einige Geschichten kommen mehrmals vor. Später traten neben die Thora die Texte von Propheten (Nevi'im), also von Menschen, die Worte direkt von Gott empfangen haben, sowie weitere Texte, die indirekt von Gott beeinflusst sind (Ketuvim).
Thora, **N**evi'im und **K**etuvim bilden zusammen den „TNK", den *Tenak* oder *Tenach*, die heiligen Bücher der Juden.

Otmar Eholzer, S. 70

M2 Die Thora – mehr als nur ein Text

Martin ist evangelisch und hat einen jüdischen Schulfreund, der David heißt. Weil Martin das Judentum genauer kennenlernen möchte, bittet er David, ihn in die Synagoge mitzunehmen, denn er weiß, dass David dort auf seine Bar Mizwa von einem Rabbiner vorbereitet wird. In der Synagoge fordert der Rabbi David auf zu zeigen, was er bereits gelernt hat:

„David, du hast bei mir einiges darüber gelernt, was man über die Thora wissen sollte. Leg mal los!"
David begann zu schwitzen. Hoffentlich sage ich jetzt nichts Falsches, dachte er bei sich.
„Nun. Thora bedeutet Weisung. Der Rabbi erklärte uns damals den Namen damit, dass in der Thora die wichtigen Wegweiser für unser Leben stehen. Eigentlich ist die Thora eine Sammlung von fünf Büchern, die bei euch fünf Bücher Mose heißen. Bei uns werden die Bücher nach ihrem ersten Wort benannt. Sie heißen:

Bereschit	–	Im Anfang
Schemot	–	Namen
Wajikra	–	Er rief
Ba Midbar	–	In der Wüste
Dewarim	–	Worte

Das erste Buch erzählt vom Anfang der Welt und von unseren Vorfahren Noah, Abraham, Isaak, Jakob und Josef. Die vier anderen Bücher handeln von Moses und der Rettung des Volkes Israel aus der Gefangenschaft in Ägypten.
Den Namen Wegweiser hat die Thora daher, weil dort die wichtigsten Regeln für das Zusammenleben drinstehen. So finden sich in der Thora die Zehn Gebote oder auch die Speisevorschriften."
„Na wenn bei allen so viel hängen bleibt, wäre ich wirklich froh", sagte der Rabbi und erklärte weiter:
„Die Thora wird noch heute auf Pergament von einem Schreiber, dem Sofer, mit der Hand geschrieben. Der Sofer muss ein religiöser Jude sein. Er braucht sieben Jahre, um sein Handwerk zu erlernen. Wenn eine Thorarolle im Laufe der Zeit kaputtgeht, wird sie nicht einfach weggeworfen, sondern wie ein Mensch beerdigt. So heilig ist uns dieser Text!"

nach Michael Landgraf, S. 115f

M3 Hebräisch – die Sprache der Thora

Martin erhält von Mirjam, Davids gescheiter Cousine, wieder einmal einen Brief aus Haifa.

Schalom Martin,

Dein Brief hat mich sehr gefreut. Ich will dir ein wenig die hebräische Sprache erklären, die bei uns im Gottesdienst verwendet wird.
Auch wenn Hebräisch seit über 2000 Jahren keine gesprochene Alltagssprache mehr ist, halten wir an ihr fest. In Israel wurde eine neuhebräische Sprache namens Ivrit geschaffen, die an die alte Sprache anknüpft. Vielleicht kommst Du uns ja mal besuchen – dann kann ich Dir darüber mehr erzählen und ich bringe Dir etwas bei.
Jetzt aber zum Hebräischen. Ich habe Dir den ersten Satz der Thora aufgeschrieben und lege Dir unser Alphabet mit Hinweisen bei, wie man die Buchstaben in etwa ausspricht.

א	ālef	A	ט	ṭêt	T	ע	ʿajin	A
ב	bêt	B, w	י	jôd	I; J	פ	pê	P; F
ג	gîmel	G	כ	kāl	K	צ	ṣādê	Z
ד	dālet	D	ל	lāmed	L	ק	kôf	K; Q
ה	hê	H	מ	mêm	M	ר	rêš	R
ו	wāw	V, w	נ	nûn	N	ש	sîn, šîn	S; SCH
ז	zájin	S	ס	sāmek	S	ת	tâw	T
ח	hêt	Ch						

Den ersten Satz der Thora spricht man übrigens so aus:
Bereschit bará elohim ät haschamájim wè ät ha'árez.
Im Anfang schuf Gott den Himmel und die Erde.

Jetzt ein paar Rätselaufgaben: Um Hebräisch lesen zu können, muss man die erste Regel kennen:

.EDRE DNU LEMMIH TTOG FUHCS GNAFNA MA

Wie lautet also die erste Regel?
Die zweite Regel kannst du hier erkennen:

.DR DN LMMH TTG FHCS GNFN M

Also? Ich bin gespannt auf Deine Antwort.

Liebe Grüße aus Haifa
Deine Mirjam

nach Michael Landgraf, S. 120ff

M4 Der Talmud – die kommentierte Thora

Lernen und Gelehrsamkeit haben im Judentum einen hohen Stellenwert. Ein gutes Beispiel dafür ist der Talmud. Er ist nach dem Tenach das wichtigste Buch des Judentums. Das hebräische Wort Talmud bedeutet: Lernen, Lehre, Studium. Tausende von Rabbinern studierten im Laufe der Zeit die Thora und schrieben ihre Deutungen auf. Der Talmud ist eine Sammlung ihrer Kommentare zur Thora.

Otmar Eholzer, S. 71

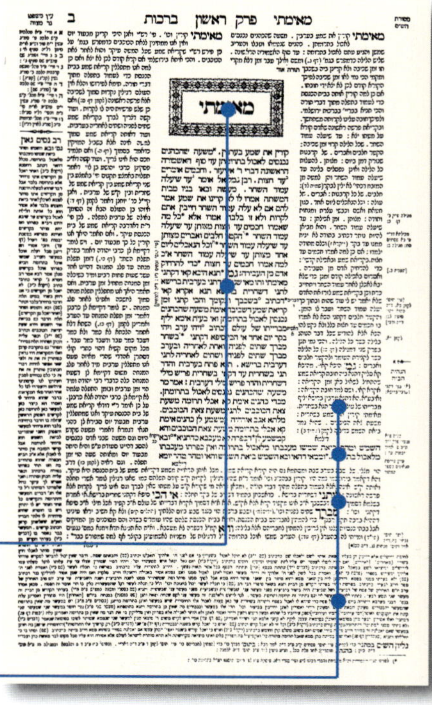

Der Haupttext befindet sich in der Seitenmitte.

Die Kommentare der Rabbiner sind um den Haupttext herum angeordnet.

Aufgaben

1 a) Bestimme, was einen Text zu einem heiligen Text macht.
b) Was muss Gott alles können, damit heilige Texte entstehen?
c) Beschreibe die Beziehung zwischen Gott und Mensch, wie sie durch die Thora deutlich wird. ➜ M1

2 David macht Martin darauf aufmerksam, dass die christliche Bibel die fünf Bücher Moses enthält. Finde heraus, wie sie im Christentum genannt werden. Einen ersten Hinweis findest du bereits in M1. Schreibe die Tabelle in dein Heft und vervollständige sie. ➜ M2

Thora		Bibel
1. Buch Mose	Bereschit	
2. Buch Mose		
3. Buch Mose		
4. Buch Mose		
5. Buch Mose		

3 Schreibe Mirjam einen Antwortbrief, der die Lösung ihrer Rätselfragen enthält. ➜ M3

▶ Glossar: Bibel, Exodus, Jakob, Josef, Moses, Noah, orthodox, Pergament, Tenach

4 Abraham – Vater vieler Völker

M1 Eine Familie – drei Religionen – viele Völker

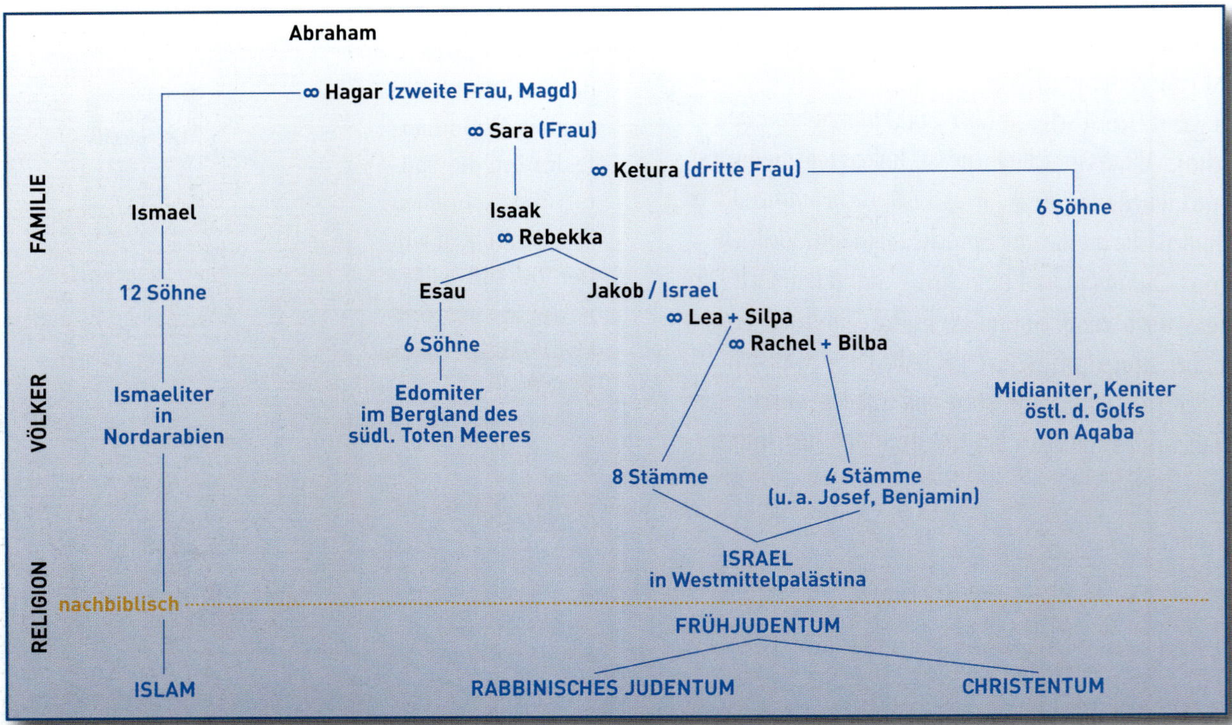

Beate Ego, S. 34

Abraham

INFO

In der Thora finden sich die Geschichten von großen Persönlichkeiten. Abraham, Moses, Josef, Hiob sind einige von ihnen. Die Geschichten über Abraham erzählen von:

- Heimatverlust (Bereschit / Genesis 12,1–9),
- Rechtlosigkeit in der Fremde (Bereschit / Genesis 12,10–20),
- Kinderwunsch (Bereschit / Genesis 16,1–16),
- Familie (Bereschit / Genesis 17,1–27),
- Gastfreundschaft für Fremde (Bereschit / Genesis 18,1–15),
- Altwerden (Bereschit / Genesis 23,1–20).

Diese Geschichten stellen die Welt nicht besser dar, als sie ist. Zur Welt gehört auch ihre leidvolle Seite, die für Menschen mit Not und Angst verbunden ist. Sowohl damals als auch heute verbinden die Erzähler die Geschichten über Abraham mit folgender Botschaft: Wer sein Leben nach dem Bilde Abrahams lebt, Not durchlitten und überstanden hat, kann zum Segen für andere Menschen werden. Unerschütterliches Vertrauen in Gott vermag Not und Angst zu überwinden und hilft, den notwendigen Lebensmut zu fassen. Darum wird seit 3000 Jahren im Judentum, aber auch im Christentum und im Islam von Abraham erzählt, gesungen und gemalt. Er ist fester Bestandteil der jüdischen, christlichen und islamischen Kultur. *Otmar Eholzer, S. 72*

M2 Gott stellt Abraham auf die Probe

[1] Einige Zeit danach geschah es: Gott stellte Abraham auf die Probe. „Abraham!", rief er. „Ja?", erwiderte Abraham. [2] „Nimm deinen Sohn", sagte Gott, „deinen einzigen, der dir ans Herz gewachsen ist, den Isaak! Geh mit ihm ins Land Morija auf einen Berg, den ich dir nennen werde, und opfere ihn mir dort als Brandopfer." [3] Am nächsten Morgen stand Abraham früh auf. Er spaltete Holz für das Opferfeuer, belud seinen Esel und machte sich mit seinem Sohn auf den Weg zu dem Ort, von dem Gott gesprochen hatte. Auch zwei Knechte nahm er mit. [4] Am dritten Tag erblickte er den Berg in der Ferne. [5] Da sagte er zu seinen Knechten: „Bleibt hier mit dem Esel! Ich gehe mit dem Jungen dort hinauf, um mich vor Gott niederzuwerfen; dann kommen wir wieder zurück." [6] Abraham packte seinem Sohn die Holzscheite auf den Rücken; er selbst nahm das Becken mit glühenden Kohlen und das Messer. So gingen die beiden miteinander. [7] Nach einer Weile sagte Isaak: „Vater!" „Ja mein Sohn?" „Feuer und Holz haben wir, aber wo ist das Lamm für das Opfer?" [8] „Gott wird schon für ein Opferlamm sorgen!" So gingen die beiden miteinander. [9] Sie kamen zu dem Ort, von dem Gott zu Abraham gesprochen hatte. Auf dem Berg baute Abraham einen Altar und schichtete die Holzscheite auf. Er fesselte Isaak und legte ihn auf den Altar, oben auf den Holzstoß. [10] Schon fasste er nach dem Messer, um seinen Sohn zu schlachten, [11] da rief der Engel des HERRN vom Himmel her: „Abraham, Abraham!" „Ja", erwiderte er, [12] und der Engel rief: „Halt ein! Tu dem Jungen nichts zuleide! Jetzt weiß ich, dass du Gott gehorchst. Du warst bereit, mir sogar deinen einzigen Sohn zu opfern." [13] Als Abraham aufblickte, sah er einen einzelnen Schafbock, der sich mit seinen Hörnern im Gestrüpp verfangen hatte. Er ging hinüber, nahm das Tier und opferte es anstelle seines Sohnes auf dem Altar.

Bereschit / Genesis 22, 1-13

M3 Vertrauen und Kontrolle – wie passt das zusammen?

Aufgaben

1. Erkläre mithilfe des Stammbaums, was die drei Religionen Judentum, Christentum und Islam gemeinsam haben. ➔ M1
2. Sucht euch eine der Geschichten über Abraham aus und spielt sie in einem Rollenspiel nach. Überlegt euch dann eine eigene Geschichte, in der es ebenfalls um Vertrauen geht.
3. Lies den Thoratext und beschreibe, in welchem Verhältnis hier Vertrauen und Kontrolle zueinander stehen. ➔ M2
4. Schau dir die Bilder in M3 an. Wie stellen sie die Opferung des Isaak dar? Was ist ihnen gemeinsam, welche Unterschiede gibt es? ➔ M3
5. Muss ein religiöser Mensch alles tun, was Gott ihm sagt? Begründe deine Meinung.

▶ Glossar: Abraham, Genesis, Hiob, Isaak, Josef, Moses

5 Der Dekalog – Zehn Worte – Zehn Gebote

Projekt:

Führt an eurer Schule eine Befragung durch. Gebt der Befragung ein Motto, z. B. „Zehn Gebote – Kennst du dich aus?". Überlegt euch, was genau ihr mit dem Fragebogen ermitteln wollt. Wenn ihr nur eine Frage stellt wie „Kennst du die Zehn Gebote – Ja oder Nein?", dann ist das Ergebnis ziemlich ungenau. Ja kann jeder sagen und doch keines der Zehn Gebote kennen. Überlegt euch also, was ihr mit dem Fragebogen in Erfahrung bringen wollt. Hier seht ihr einen Entwurf, den ihr noch weiter bearbeiten sollt.

Fragebogen

	Ja	Nein
Kennst du die Zehn Gebote?		

Wenn ja, wie lauten die Zehn Gebote?

1.

2.

3.

Welchen Religions- oder Ethikunterricht besuchst du?

a) In der Schule

b) Außerhalb der Schule

M1 Zähl bis Zehn!

[1] Dann gab Gott dem Volk seine Gebote. Er sagte: [2] „Ich bin der HERR, dein Gott! Ich habe dich aus Ägypten herausgeführt, ich habe dich aus der Sklaverei befreit.

[3] Du sollst keine anderen Götter neben mir haben.

[4] Du sollst dir kein Gottesbild anfertigen. Mach dir überhaupt kein Abbild von irgendwas im Himmel, auf der Erde oder im Meer.

[5] Wirf dich nicht vor fremden Göttern nieder und diene ihnen nicht. Denn ich, der HERR, dein Gott, bin ein leidenschaftlich liebender Gott und erwarte auch von dir ungeteilte Liebe.

[6] Wenn sich jemand von mir abwendet, dann ziehe ich dafür noch seine Nachkommen zur Rechenschaft bis in die dritte und vierte Generation. Wenn mich aber jemand liebt und meine Gebote befolgt, dann erweise ich auch noch seinen Nachkommen Liebe und Treue, und das Tausende von Generationen hin.

[7] Du sollst den Namen des HERRN, deines Gottes, nicht missbrauchen; denn der HERR wird jeden bestrafen, der das tut.

[8] Halte den Ruhetag in Ehren, den siebten Tag der Woche! Er ist ein heiliger Tag, der dem HERRN gehört.

[9] Sechs Tage sollst du arbeiten und alle deine Tätigkeiten verrichten;

[10] aber der siebte Tag ist der Ruhetag des HERRN, deines Gottes. An diesem Tag sollst du nicht arbeiten, auch nicht dein Sohn oder deine Tochter, dein Sklave oder deine Sklavin, dein Vieh oder der Fremde, der bei dir lebt.

[11] Denn in sechs Tagen hat der HERR Himmel, Erde und Meer mit allem, was lebt, geschaffen. Am siebten Tag aber ruhte er. Deshalb hat er den siebten Tag der Woche gesegnet und zu einem heiligen Tag erklärt, der ihm gehört.

[12] Du sollst deinen Vater und deine Mutter ehren. Dann wirst du lange in dem Land leben, das dir der HERR, dein Gott, gibt.

[13] Du sollst nicht morden.

[14] Du sollst nicht die Ehe brechen.

[15] Du sollst nicht stehlen.

[16] Du sollst nichts Unwahres über deinen Mitmenschen sagen.

[17] Du sollst nicht versuchen, etwas an dich zu bringen, das deinem Mitmenschen gehört, weder seine Frau noch seinen Sklaven oder seine Sklavin, sein Rind oder seinen Esel noch irgendetwas anderes, das ihm gehört."

Schemot / Exodus 20, 1-17

M2 Jeder zählt auf seine Weise – auf die Tradition kommt es an

So werden die Zehn Gebote in der jüdischen Tradition gezählt	So werden die Zehn Gebote in der orthodoxen, reformierten und anglikanischen Tradition gezählt	So werden die Zehn Gebote in der katholischen und lutherischen Tradition gezählt
1. JHWHs Herrschaft über Israel	1. Anbetung des einen Gottes	1. Anbetung des einen Gottes
2. Anbetung des einen Gottes, Verbot des Götzendienstes, Bildnisverbot	2. Verbot des Götzendienstes	2. Verbot, JHWHs Namen zu missbrauchen
3. Verbot, JHWHs Namen zu missbrauchen	3. Verbot, JHWHs Namen zu missbrauchen	3. Sabbatgebot
4. Sabbatgebot	4. Sabbatgebot	4. Elterngebot
5. Elterngebot	5. Elterngebot	5. Tötungsverbot
6. Tötungsverbot	6. Tötungsverbot	6. Ehebruchsverbot
7. Ehebruchsverbot	7. Ehebruchsverbot	7. Diebstahlverbot
8. Diebstahlverbot	8. Diebstahlverbot	8. Falschzeugnisverbot
9. Falschzeugnisverbot	9. Falschzeugnisgebot	9. Begehrensverbot (Ehefrau)
10. Begehrensverbot	10. Begehrensverbot	10. Begehrensverbot (Güter)

nach Ludger Schwienhorst-Schönberger, S. 12

M3 Die Toten Hosen

Einmal hat Gott der Welt erklärt: Nur ich allein bin der Herr!
ich dulde keine Götter neben mir
du sollst immer nur mich verehren
sprich meinen Namen nicht unnütz aus
quäl dich sechs Tage bleib am siebten zu Haus
ich schuf den Himmel und die Erde und auch das Meer
einmal in der Woche dankst du mir dafür
ehre deine Eltern damit du lange lebst
in diesem Land das der Herr dir gibt.

Du sollst nicht töten und du sollst nicht stehlen
und du sollst in der Ehe nicht fremdgehen
du sollst nicht lügen und nichts Falsches erzählen
ein ehrliches redliches Leben wählen
das Haus und die Frau deines Nächsten nicht begehren
und nichts von dem was deinem Nächsten gehört.

Wenn ich du wär lieber Gott
und wenn du ich wärst lieber Gott
glaubst du ich wäre auch so streng mit dir
wenn ich du wär lieber Gott,
und wenn du ich wärst lieber Gott
würdest du die Gebote befolgen nur wegen mir?

Gott war verzweifelt als er sich ansah
seine Kinder haben jeden Tag neu versagt
zur Rettung hat er uns seinen Sohn geschickt
doch der starb umsonst denn nichts änderte sich
und jede Warnung jede Drohung die vom Himmel kam
wurde überhört von den Schafen des Herrn.

Und jeden Tag versagen wir ein weiteres Mal.

Aufgaben

1 Schreibe den Text von M1 in dein Heft und teile ihn in Gebote ein. Wie viele findest du? → M1

2 Lies in der Thora auch folgende Textstelle: Dewarim/Deuteronomium 5,1–21. Sind es vielleicht mehr als zehn Gebote? Begründe deine Sichtweise.

3 Markiere im Text die unterschiedlichen Zählweisen der verschiedenen religiösen Traditionen. → M2

4 Verteilt euch auf zehn Gruppen. Jede Gruppe soll zu jeweils einem Gebot eine passende Geschichte aus der Thora finden oder sich eine eigene Geschichte ausdenken.

5 Erläutere, bei welchen Geboten die verschiedenen religiösen Traditionen nicht übereinstimmen. → M1, M2

▶ Glossar: Dekalog, Deuteronomium, Exodus, JHWH, Sabbat, Thora, Zehn Gebote

6 Jesus war ein Jude

M1 Wo Jesus lebte

M2 Was jüdisch ist: Gottesliebe und Nächstenliebe

Der Rabbi, Jesus von Nazareth, erinnert die jüdische Gemeinde an die Wurzel ihres Glaubens und ihrer Gesetze: Liebe deinen Nächsten wie dich selbst!

[25] Da kam ein Gesetzeslehrer und wollte Jesus auf die
Probe stellen; er fragte ihn: „Lehrer, was muss ich tun,
um das ewige Leben zu bekommen?“ [26] Jesus ant-
wortete: „Was steht denn im Gesetz? Was liest du
dort?“ [27] Der Gesetzeslehrer antwortete: „Liebe den
Herrn, deinen Gott, von ganzem Herzen, mit ganzem
Willen und mit aller deiner Kraft und deinem ganzen
Verstand! Und liebe deinen Mitmenschen wie dich
selbst!“ [28] „Du hast richtig geantwortet“, sagte Jesus.
„Handle so, dann wirst du leben.“ [29] Aber dem Geset-
zeslehrer war das zu einfach, und er fragte weiter:
„Wer ist denn mein Mitmensch?“ [30] Jesus nahm die
Frage auf und erzählte die folgende Geschichte: „Ein
Mann ging von Jerusalem nach Jericho hinab. Unter-
wegs überfielen ihn Räuber. Sie nahmen ihm alles weg,
schlugen ihn zusammen und ließen ihn halb tot liegen.
[31] Nun kam zufällig ein Priester denselben Weg. Er sah
den Mann liegen und ging vorbei. [32] Genauso machte es
ein Levit, als er an die Stelle kam: Er sah ihn liegen und
ging vorbei. [33] Schließlich kam ein Reisender aus Sama-
rien. Als er den Überfallenen sah, ergriff ihn das Mit-
leid. [34] Er ging zu ihm hin, behandelte seine Wunden mit
Öl und Wein und verband sie. Dann setzte er ihn auf
sein eigenes Reittier und brachte ihn in das nächste
Gasthaus, wo er sich weiter um ihn kümmerte. [35] Am
anderen Tag zog er seinen Geldbeutel heraus, gab dem
Wirt zwei Silberstücke und sagte: Pflege ihn! Wenn du
noch mehr brauchst, will ich es dir bezahlen, wenn ich
zurückkomme.“

Evangelium des Lukas, Kapitel 10, Vers 25–35

M3 Rein – Unrein

Früher – zu der Zeit, als Jesus gelebt hat – galten Menschen, die eine Krankheit oder eine Behinderung haben, als unrein. Man nahm an, dass ihr Leid eine Bestrafung für unrechtes Verhalten ist und gab ihnen auch die Schuld dafür. Das hatte zur Folge, dass Kranke und Behinderte aus der Gemeinschaft ausgeschlossen wurden. Die „Reinen“ durften keinen Kontakt mit den „Unreinen“ haben, geschweige denn sie berühren oder anfassen.

[40] Einmal kam ein Aussätziger zu Jesus, warf sich vor
ihm auf die Knie und bat ihn um Hilfe. „Wenn du willst“,
sagte er, „kannst du mich gesund machen.“
[41] Jesus hatte Mitleid mit ihm, streckte seine Hand aus
und berührte ihn. „Ich will“, sagte er. „Sei gesund!“
[42] Im selben Moment verschwand der Aussatz und der

Mann war geheilt. [43] Sofort schickte Jesus ihn weg und befahl ihm streng: [44] „Sag ja niemand ein Wort davon, sondern geh zum Priester, lass dir deine Heilung bestätigen und bring die Opfer, die Mose zur Wiederherstellung der Reinheit vorgeschrieben hat. Die Verantwortlichen sollen wissen, dass ich das Gesetz ernst nehme."

Evangelium des Markus, 1. Kapitel, Vers 40–44

M4 Tag des Judentums

Seit dem Jahr 2000 feiern alle Kirchen in Österreich jeweils am 17. Januar den „Tag des Judentums". An diesem Tag soll den Gläubigen ins Bewusstsein gerufen werden, dass bei aller Verschiedenheit der Kirchen das Judentum die gemeinsame Wurzel ist. In Italien ist der Tag des Judentums schon lange Brauch. In Polen seit 1998 und seit 2008 auch in Holland. Dieser neue Gedenktag im liturgischen Jahreskreis ist ein Lehr- und Lerntag, zu dem der Apostel Paulus das Motto vorgibt: „Nicht du trägst die Wurzel, sondern die Wurzel trägt dich." Schon bei den ersten christlichen Gemeinden wollte man sich von denjenigen abgrenzen, bei denen Jesus von Nazareth nicht als Messias galt. Später haben die christlichen Kirchen die Worte des Paulus vergessen. Anstatt ihre Wurzel, aus der sie leben und die sie trägt, zu pflegen, meinten sie, ohne sie auskommen zu können. Diese Einstellung führte dazu, dass Juden von Christen verfolgt und vertrieben wurden.

Die Judenverfolgung erreichte ihren schlimmsten Höhepunkt während der Herrschaft der Nationalsozialisten in Deutschland (1933-1945). Nachdem Millionen von Juden aus rassistischen Gründen verfolgt und getötet wurden, besannen sich die christlichen Kirchen wieder auf ihre Wurzel. Der griechisch-orthodoxe Metropolit von Österreich schrieb zur Einführung des Gedenktages: „Die jahrhundertelange Verfolgung der Juden durch Christen macht es notwendig, dass auf dem Weg der Buße und der Neubestimmung eine Haltung gegenüber den Juden heranreift, die dem Evangelium entspricht. Der Tag des Judentums ist also ein Besinnungstag für Christen."

nach: http://www.christenundjuden.org/schwerpunkte/tagdesjudentums/141-17-jaenner

INFO

Samaria, Samariter, Samaritaner

Samaria ist ein Gebiet nördlich von Judäa. Es gibt dort auch eine Stadt namens Samaria. Die Bewohner der Stadt und dieses Gebiets heißen Samariter.
Die Samaritaner sind eine israelitische Glaubensgemeinschaft. Zu biblischen Zeiten galten sie als Feinde der Juden.
Die Feindschaft geht auf die Zeit des Babylonischen Exils zurück. Sie beruhte darauf, dass die Samaritaner nicht ins Exil gingen, sondern in Samaria blieben und sich fremden religiösen Kulten anschlossen. Als die Juden aus dem Babylonischen Exil zurückkehrten, galten ihnen die Samaritaner als unrein, das bedeutete:

- Juden und Samaritaner durften nicht untereinander heiraten (Mischehenverbot).
- Die Samaritaner durften nicht bei der Errichtung des zweiten Jerusalemer Tempels mithelfen (getrennte Kultgemeinschaften).
- Die Samaritaner beteiligten sich nicht am Aufstand der Makkabäer gegen die römische Herrschaft (getrennte Politik).

Otmar Eholzer, S. 93

Aufgaben

1 Recherchiere, welche Ereignisse im Leben Jesu mit den folgenden Orten verbunden sind: Galiläa, Kana, Nazareth, Jerusalem, Bethlehem, Jordan, See Genezareth, Emmaus. ➜ M1

2 [36] *„Was meinst du?", fragte Jesus. „Wer von den dreien hat an dem Überfallenen als Mitmensch gehandelt?"* Lies den Infokasten zum Wort „Samaria" und beantworte dann die Frage. Vergleiche danach deine Antwort mit dem biblischen Text. ➜ M2

3 Beschreibe in eigenen Worten, was Jesus anders macht als es die Tradition fordert. In welcher Hinsicht folgt er aber der Tradition? ➜ M3

4 Erkläre, warum Krankenpflege im Christentum eine große Bedeutung hat.

5 Erkläre die Bedeutung der Botschaft: „Nicht ihr tragt die Wurzel, sondern die Wurzel trägt euch." Lies den Bibeltext (Römer 11,16–18) und lass dir von der Biologielehrkraft erläutern, was „Veredlung" in der Pflanzenzucht ist. ➜ M4

▶ Glossar: Apostel, Aussatz, Babylonisches Exil, Jericho, Jesus, Leviten, liturgisch, Makkabäer, Metropolit, Paulus, Rassismus

7 Die Bibel – ein Buch, zwei Bibliotheken

M1 Wir haben die Worte Jesu aufgeschrieben

Jeder Evangelist hat sein eigenes Symbol. Hier ein Rätsel dazu:

Ein Evangelium beginnt mit Johannes dem Täufer, der „Rufer aus der Wüste". Er hat viele Menschen bekehrt und getauft, eben auch Jesus von Nazareth. Weil Johannes auf die Menschen mächtig wie ein brüllender Löwe wirkte, ist der Löwe das Symbol, an dem man diesen Evangelisten erkennen kann.

Ein anderes Evangelium beginnt mit dem Familienstammbaum Jesu. Da jeder Mensch einen Stammbaum hat, erhielt dieser Evangelist den Menschen als Erkennungssymbol.

Der nächste Evangelist erzählt am Anfang seines Evangeliums vom Vater Johannes des Täufers. Der heißt Zacharias und ist ein Priester. Weil es damals zu den Aufgaben eines Priesters gehörte, Tieropfer darzubringen, ist das Symbol dieses Evangelisten der Stier.

Der hier zuletzt genannte Evangelist interessierte sich weniger für die einzelnen Ereignisse im Leben Jesu, sondern mehr dafür, was Jesus den Menschen bedeutet. Seine Texte gelten als sehr philosophisch. Die Höhe seines Geistes wird mit dem Flug des Adlers verglichen. Darum ist der Adler das Symbol dieses Evangelisten.

Mit den vier Erkennungssymbolen sind zugleich vier zentrale religiöse Aussagen verbunden:

Das Symbol Mensch weist auf die Menschwerdung Gottes in Jesus hin, der Stier auf dessen Opfertod, der Löwe auf seine Auferstehung und der Adler auf die Himmelfahrt Christi. *nach Hubertus Halbfas, S. 359*

INFO

Das Neue Testament

Das Neue Testament bildet den zweiten großen Teil der christlichen Bibel. Es besteht aus insgesamt 27 verschiedenen Schriften. Manche Bücher im Neuen Testament umfassen viele Kapitel, andere nur ganz wenige Seiten.

Die vier *Evangelien* berichten ausführlich von Jesus, von seinem Leben, seiner Botschaft, seinem Handeln, seinem Sterben und seinem Auferstehen. Die *Apostelgeschichte* erzählt von der Ausbreitung der Botschaft Jesu und von den ersten christlichen Gemeinden.

Darauf folgen die 21 neutestamentlichen Briefe: Die meisten von diesen Briefen wurden vom Apostel Paulus und seinen Schülern an die ersten christlichen Gemeinden geschrieben. In ihnen finden sich Erklärungen und Erläuterungen des Glaubens, aber auch Ratschläge und Ermahnungen.

Abgeschlossen wird das Neue Testament durch eine *Offenbarungsschrift*: die Offenbarung des Johannes. Sie ist das rätselhafteste der neutestamentlichen Bücher und bietet eine prophetische Vision über das Kommen des Reichs Gottes am Ende aller Zeiten. *nach Alexander Weihs, S. 48*

M2 Der Apostel Paulus

Das Neue Testament beinhaltet neben den Evangelien viele Briefe. Sie wurden von Paulus von Tarsus geschrieben. Von ihm wissen wir Folgendes:

Der Apostel Paulus wird Anfang des 1. Jahrhunderts in Tarsus geboren. Tarsus liegt im Süden der heutigen Türkei und war damals eine bedeutende Handelsstadt im Römischen Reich. Paulus ist Jude und trägt den hebräischen Namen Scha'ul. Zugleich ist er auch ein römischer Staatsbürger. Darum trägt er außerdem den lateinischen Namen Saulus. Er wird in Jerusalem zum Rabbi ausgebildet und gehört zu den Pharisäern, die Jesus von Nazareth nicht als Messias anerkennen. Saulus bekämpft die religiöse Gruppe, die an Jesus glaubt, und verfolgt sie sogar. Auf einer Reise nach Damaskus hat Saulus ungefähr 30 n. Chr. ein Bekehrungserlebnis. In einer Vision erscheint ihm Jesus, der ihn fragt: „Saulus, warum verfolgst du mich?" Daraufhin bekennt sich Saulus zu Jesus als Messias und nennt sich der Legende nach nicht länger Saulus, sondern Paulus. Er wird ein eifriger Missionar und predigt in Kleinasien, der heutigen Türkei, und in Griechenland. Er gründet viele Gemeinden in den damaligen Weltstädten. Kontakt hält er zu seinen Gemeinden mit Briefen, die später ins Neue Testament aufgenommen werden. Seine Briefe sind die ältesten Texte des Neuen Testaments. Da seine Missionen immer wieder zu Konflikten mit seinen Gegnern führen, wird er 60 n. Chr. in Jerusalem verhaftet und nach Rom gebracht, wo ihn Kaiser Nero 67 n. Chr. enthaupten lässt.

Schwerpunkte der Predigten Paulus':

- Jesus ist der gekreuzigte und auferstandene Christus.
- Durch Jesus hat Gott die Menschheit erlöst.
- Wer an Jesus glaubt und entsprechend lebt, gehört zu einem neuen Bund mit Gott, auch wenn er nicht Jude ist und sich nicht an jüdische Gesetze hält.

Otmar Eholzer, S. 91

▶ Glossar: Apostelgeschichte, Bibel, Isaak, Johannes der Täufer, Mission, Pharisäer, Predigt

M3 Altes und Neues verbinden

Die zwei Bilder stammen aus der mittelalterlichen Trostschrift „Speculum humanae salvationis". Sie sollen dem gläubigen Christen veranschaulichen, welche Hoffnung vom Christentum ausgehen soll.

Jesus trägt sein Kreuz (oben);
Isaak trägt sein Opferholz (unten).

Horst Appuhn, S. 46

Aufgaben

1. Was ist das Alte Testament?
2. Welches Bild stellt welchen Evangelist dar? ➜ M1
3. Verschaffe dir einen Überblick über die anfängliche Verbreitung des Christentums. ➜ M2
4. Das Judentum ist über die ganze Welt verbreitet, ebenso wie das Christentum. Recherchiere, was jeweils die Gründe für die Verbreitung sind.
5. Das gemeinsame Thema der beiden Bilder ist das der Opferung. Was aber ist der Unterschied zwischen der Opferung, wie sie im Alten Testament vorkommt, und der Opferung Christi im Neuen Testament? ➜ M3

8 Die Bergpredigt

M1 Quelle vieler Sprichwörter

„Aug um Aug, Zahn um Zahn“

„Wem das Herz voll ist, dem geht der Mund über.“

„... ein Diener zweier Herren“

„Perlen vor die Säue“

„... da weiß die linke Hand nicht, was die rechte tut.“

„Wer suchet, der findet.“

„Splitter und Balken“

„Jeder Tag hat seine eigene Last.“

„Der Wolf im Schafspelz“

„Das sind alles falsche Propheten!“

M2 Wer darf sich wahrhaft glücklich nennen?

Die Texte, die die Evangelisten verfasst haben, sind eigentlich Predigten. Es ging den Evangelisten nicht darum, eine Biografie zum Leben Jesu zu verfassen, sondern festzuhalten, was Jesus gedacht und zu den Menschen gesagt hat. Die berühmteste Predigt ist die Bergpredigt. In ihr geht es darum, worin das wahre menschliche Glück, die Seligkeit des Menschen besteht:

Jesus sagte:

„Selig, die arm sind vor Gott;
denn ihnen gehört das Himmelreich.

Selig die Trauernden;
denn sie werden getröstet werden.

Selig, die keine Gewalt anwenden;
denn sie werden das Land erben.

Selig, die hungern und dürsten nach der Gerechtigkeit;
denn sie werden satt werden.

Selig die Barmherzigen;
denn sie werden Barmherzigkeit erlangen.

Selig, die ein reines Herz haben;
denn sie werden Gott schauen.

Selig, die Frieden stiften;
denn sie werden Söhne Gottes heißen.

Selig, die um der Gerechtigkeit willen verfolgt werden;
denn ihnen gehört das Himmelreich.“

Evangelium des Matthäus, 5. Kapitel, Vers 3–10

M3 Trauer und Trost

Eric Clapton schrieb die Ballade „Tears in Heaven“ als Soundtrack für den Film „Rush“. Der Inhalt der Ballade ist sehr persönlich: Am 20. März 1991 fiel sein vierjähriger Sohn Conor aus einem Fenster, das versehentlich offen stand. Die Wohnung lag im 53. Stock. Sein Sohn war sofort tot. Die Ballade erzählt von der Trauer Claptons nach dem Unfalltod seines Sohnes.

Would you know my name
if I saw you in heaven?
Would it be the same
if I saw you in heaven?

I must be strong and carry on
'cause I know I don't belong
here in heaven

Would you hold my hand
if I saw you in heaven?
Would you help me stand
if I saw you in heaven?

I'll find my way through night and day
'cause I know I just can't stay
here in heaven

Time can bring you down
time can bend your knees
time can break your heart
have your beggin' please
beggin' please

Beyond the door there's peace I'm sure
and I know there'll be no more
tears in heaven

M4 Der Geist der Gebote und Gesetze

In der Thora steht, dass Gott Moses die Zehn Gebote und alle weiteren Gesetze auf dem Berg Sinai gegeben hat. Bis heute werden im Judentum die Gesetze immer wieder aufs Neue an die jeweilige Gegenwart angepasst. In der Bergpredigt hat Jesus dem jüdischen Gesetz eine neue Richtung gegeben, aus der sich das Christentum einmal entwickeln sollte. Es ist eine wichtige Textstelle für das Verhältnis von Thora und christlicher Bibel bzw. von Altem und Neuem Testament.

[17] „Denkt nicht, ich sei gekommen, um das Gesetz und die Weisungen der Propheten außer Kraft zu setzen. Ich bin nicht gekommen, um sie außer Kraft zu setzen, sondern um sie zu erfüllen und ihnen volle Geltung zu verschaffen. […]

[21] „Ihr wisst, dass unseren Vorfahren gesagt worden ist: ‚Du sollst nicht morden! Wer einen Mord begeht, soll vor Gericht gestellt werden.‘

[22] Ich aber sage euch: Schon wer auf seinen Bruder oder seine Schwester zornig ist, gehört vor Gericht. […]

[27] Ihr wisst, dass es heißt: ‚Du sollst nicht die Ehe brechen!‘

[28] Ich aber sage euch: Wer die Frau eines anderen begehrlich ansieht, hat in seinem Herzen schon die Ehe mit ihr gebrochen. […]

[33] Ihr wisst, dass unseren Vorfahren gesagt worden ist: ‚Ihr sollt keinen Meineid schwören und sollt halten, was ihr Gott mit einem Eid versprochen habt.‘

[34] Ich aber sage euch: Ihr sollt überhaupt nicht schwören! Nehmt weder den Himmel zum Zeugen, denn er ist Gottes Thron, [35] noch die Erde, denn sie ist sein Fußschemel […].

[38] Ihr wisst, dass es heißt: ‚Auge um Auge, Zahn um Zahn‘.

[39] Ich aber sage euch: Verzichtet auf Gegenwehr, wenn euch jemand Böses tut! Mehr noch: Wenn dich jemand auf die rechte Backe schlägt, dann halte auch die linke hin. [40] Wenn jemand mit dir um dein Hemd prozessieren will, dann gibt ihm den Mantel dazu. [41] Und wenn dich jemand zwingt, eine Meile mit ihm zu gehen, dann geh mit ihm zwei. [42] Wenn dich jemand um etwas bittet, gib es ihm; wenn jemand etwas von dir borgen möchte, sag nicht nein.“

[43] „Ihr wisst, dass es heißt: ‚Liebe deinen Mitmenschen; hasse deine Feinde.‘

[44] Ich aber sage euch: Liebt eure Feinde und betet für alle, die euch verfolgen. [45] So erweist ihr euch als Kinder eures Vaters im Himmel. Denn er lässt seine Sonne scheinen auf böse Menschen wie auf gute, und er lässt es regnen auf alle, ob sie ihn ehren oder verachten.

[46] Wie könnt ihr von Gott eine Belohnung erwarten, wenn ihr nur die liebt, die euch ebenfalls lieben? Das tun auch die Betrüger! [47] Was ist denn schon Besonderes daran, wenn ihr nur zu euresgleichen freundlich seid? Das tun auch die, die Gott nicht kennen! [48] Nein, wie die Liebe eures Vaters im Himmel, so soll auch eure Liebe sein: vollkommen und ungeteilt.“

Evangelium des Matthäus, 5. Kapitel, Vers 17–48

Aufgaben

1 Zwei Evangelisten haben die Bergpredigt aufgeschrieben. Eine lange Version findest du bei Matthäus (Mt 5–7), eine kurze bei Lukas (Lk 6,17–49).
   a) Vergleiche die Bedeutung der Redewendungen im Bibeltext mit der Bedeutung des heutigen Sprachgebrauchs. Schaue genau hin. Da gibt es große Unterschiede.
   b) Gestaltet in arbeitsteiligen Gruppen zu jeder Redewendung ein Plakat.
   Haltet eure Ergebnisse in Plakatform fest. ➜ M1

2 Was macht einen Menschen wirklich glücklich? Fasse die acht Antworten Jesu in deinen eigenen Worten zu einer einzigen Antwort zusammen. ➜ M2

3 Jesus sagt: Auch den Trauernden steht der Weg zu wahrem Glück offen. Ein berührendes Beispiel dazu ist der Song von Eric Clapton. Hört euch den Song an, übersetzt den Text und erläutert, wie Clapton die Botschaft der Bergpredigt im Song verarbeitet. ➜ M3

4 Arbeitet die fünf Punkte heraus, mit denen Jesus die Botschaft des Dekalogs verstärken will. Schreibt die fünf neuen Forderungen an die Tafel und diskutiert, welche Vor- und Nachteile seine Forderungen heute haben. ➜ M4

▶ Glossar: Bergpredigt, Bibel, Dekalog, Evangelium, Jesus von Nazareth, Moses, Thora, Zehn Gebote

9 Passion und Auferstehung

M1

Jüdischer Aufrührer verurteilt!

Jesus von Nazareth zum Tode verurteilt

Römische Truppen konnten Jesus von Nazareth in Jerusalem gefangen nehmen. Ihm wird vorgeworfen, ein Aufrührer gegen Rom zu sein. Nach einem kurzen Verhör sprach ihn der Oberbefehlshaber Judäas, Pontius Pilatus, für schuldig. Der Hohe Rat der Juden hat gegen das Urteil keinen Widerspruch eingelegt, was damit zu tun haben könnte, dass Jesus von Nazareth sich selbst als „König der Juden“ bezeichnet hat. Das Urteil wird noch vor dem Pessachfest durch Kreuzigung vollzogen, wie es für Aufrührer gegen Rom üblich ist, die nicht das römische Bürgerrecht innehaben.

INFO

Kreuz, Kruzifix

Kreuz und Kruzifix sind die am meisten verbreiteten Symbole des Christentums. Das Wort *Kruzifix* kommt aus dem Lateinischen, *cruci fixus*, und heißt so viel wie „ans Kreuz geheftet“. Im Unterschied zum einfachen Kreuz, zeigt das Kruzifix den gekreuzigten Jesus. Der Unterschied der Darstellung macht zugleich einen Unterschied in der symbolischen Bedeutung: **Das Kruzifix symbolisiert die Passion Jesu, das einfache Kreuz hingegen den Triumph über Sünde und Tod.**

Das älteste Symbol ist allerdings keines von beiden, sondern das Fischsymbol. In den ersten 300 Jahren, als Christen noch verfolgt wurden, diente es als geheimes Erkennungszeichen der Christen. Erst als Kaiser Theodosius (347–395) das Christentum zur Staatsreligion erhob und die Kreuzigung als Hinrichtungsart abgeschafft wurde, konnten Kreuz und Kruzifix zu Herrschafts- und Heilszeichen werden. *Otmar Eholzer, S. 96*

M2 **Mit der Maus kritisch nachgefragt**

Vielleicht kennt ihr aus dem Fernsehen die „Sendung mit der Maus“. Armin Maiwald ist der Autor dieser Sendung. Er hat sich auch mit den Berichten der Evangelisten beschäftigt.

Herr Maiwald, was ist Ihnen bei der Beschäftigung mit der Passionsgeschichte aufgefallen?

Maiwald: Alle vier Evangelisten versuchen, den jüdischen Hohen Rat und ganz am Schluss sogar das gesamte jüdische Volk für die Verurteilung Jesu verantwortlich zu machen.

Dieser Eindruck entsteht ja gerade dadurch, dass Pontius Pilatus aus Tradition am Pessach-Fest einem Gefangenen Gnade gewährt. Und da stehen zur Auswahl Jesus oder Barabbas.

Maiwald: Ja, genau! Alle vier Evangelisten erzählen das so. Und weil sich das jüdische Volk für Barabbas und gegen Jesus entscheidet, hat man 2000 Jahre lang Juden als Gottesmörder beschimpft und verfolgt.

Was ist an den Berichten der Evangelisten dran?

Maiwald: Man sollte dazu Folgendes wissen. Es ist nicht überliefert, ob es tatsächlich üblich war, zum Pessach-Fest einen Gnadenerlass zu gewähren und einen Gefangenen freizulassen. Eher wahrscheinlich ist, dass es das gar nicht gegeben hat.

Dem Gnadenerlass ging aber nach den Berichten der Evangelisten ein Gerichtsverfahren voraus. Hatte Jesus einen fairen Prozess?

Maiwald: Die gesamte Schilderung der Prozessverhandlung vor dem Hohen Rat passt nicht zur damaligen jüdischen Gerichtspraxis. Richtig ist, dass ein jüdischer Prozess immer ein Zeugenprozess war. Allerdings gab es eine genau vorgeschriebene Prozessordnung. Die sah vor, dass es bei Todesurteilen wegen des Verdachts auf Absprache keine Einstimmigkeit geben durfte. Bei einstimmiger Verurteilung wurde der Angeklagte freigesprochen.

Aber Jesus legt doch ein Geständnis ab.

Maiwald: Ein Geständnis des Angeklagten hätte nach jüdischem Gesetz zur Verurteilung nicht ausgereicht.

Auf jeden Fall hat sich Jesus auch selbst in Schwierigkeiten gebracht. Auf die Frage „Bist du Gottes Sohn?" hat er mit „Ja" geantwortet, was damals als Gotteslästerung galt.

Maiwald: Damals konnten nur die römischen Machthaber Todesurteile fällen und vollstrecken. Religiöse, besser theologische Probleme interessierten sie nicht. In den eroberten Ländern gewährten die Römer in aller Regel Religionsfreiheit. Gotteslästerung war für sie kein Grund, jemanden zum Tode zu verurteilen.

Aber für die Juden schon.

Maiwald: Nein! Auch bei den Juden selbst war die Behauptung, der Messias zu sein, kein todeswürdiges Verbrechen. Im 1. Jahrhundert gab es viele, die von sich behaupteten, der Messias zu sein. Einige von ihnen unterstützte der Hohe Rat der Juden sogar.

Aber warum sollte Pontius Pilatus ein Interesse gehabt haben, Jesus zum Tode zu verurteilen?

Maiwald: Die vier Evangelisten stellen Pontius Pilatus als richtig netten Mann dar. Mitunter wirkt er wie ein zögerliches „Weichei". Wir wissen aber nach Schilderungen römischer Geschichtsschreiber, also aus nicht-biblischen Quellen, dass Pontius Pilatus alles andere als ein Weichei war. Er galt als brutal und skrupellos. Er fackelte nicht lange, wenn es um die Hinrichtung ging, und hat Hunderte kreuzigen lassen. Richtig ist, dass er um das Jahr 30 ein paar Probleme mit dem Kaiser in Rom hatte. Allerdings wäre das eher ein Grund gewesen, hart gegen jeden noch so kleinen Aufstand vorzugehen.

Zu welchem Resultat sind Sie also gekommen?

Maiwald: Die Römer, vertreten durch Pontius Pilatus, haben den „Aufrührer" Jesus zum damals schrecklichsten aller Tode verurteilt.

nach Armin Maiwald, S. 128–132

M3 Ostern

Auferstehung, Heilsspiegel, 1427

Aufgaben

1. Besuche eine katholische Kirche. Schaue dir dort die Kreuzwegstationen an. Schreibe auf, wie viele es sind und was auf den Darstellungen zu sehen ist.
2. Finde heraus, was ein Kalvarienberg ist, und nenne mindestens fünf Orte in Hessen, wo es einen solchen gibt.
3. Teilt euch in vier Gruppen und lest den Passionstext eines Evangeliums:
   Matthäus 26–28
   Markus 14–16
   Lukas 22–24
   Johannes 18–20
   Vergleicht den Passionstext mit dem Zeitungsartikel. ➜ M1
4. Erkläre mithilfe von Textbelegen, wie und mit welcher Begründung Armin Maiwald den Evangelisten widerspricht. ➜ M2
5. Beschreibe das Bild und finde heraus, was die wehende Fahne für eine Bedeutung hat. ➜ M3

▶ Glossar: Evangelium, Fisch, Hoher Rat, Jesus, Judäa, Messias, Ostern, Passion, Pessach, Pontius Pilatus, Theodosius I.

10 Was ist ein Messias?

M1

„Unsere messianische Hoffnung hat sich erfüllt!“

„Kann der neue Messias auch regieren?“

„Ein Messias für die ganze Welt!“

„Obama ist Präsident! Ein Hauch von Erlösung“

M2 Wie wird man eigentlich Messias?

Heutzutage manchmal schon dadurch, dass man in den Zeitungen so genannt wird. Ein Messias im religiösen Sinn ist aber etwas anderes als ein Mensch, der mit seinem Charisma Menschenmengen begeistert. Einen Messias zeichnet eine politische und eine religiöse Vision aus, die er im Auftrag und mit Unterstützung Gottes verwirklicht. Messias ist hebräisch und bedeutet wörtlich übersetzt „Gesalbter“. Ein Gesalbter ist historisch betrachtet meist ein König. Die Salbung bei seiner Inthronisation verleiht ihm nahezu göttliche Autorität. Er gilt dann als sakrosankt, das heißt, keiner darf mit ihm streiten oder eine andere Meinung vertreten. Er hat in allem das letzte Wort. Gerade das aber gilt nicht für den amerikanischen Präsidenten. In einer Demokratie werden Präsidenten gewählt und nicht gesalbt. Seine Macht ist zeitlich begrenzt und bei den meisten Entscheidungen sind zuerst Stimmmehrheiten zu gewinnen. Ein Messias braucht das nicht, für ihn ist wichtig, dass er die Fähigkeit hat, Menschen miteinander zu versöhnen. Diese Fähigkeit brauchen aber auch Politiker. In den USA hat das Problem des Rassismus – der Kampf zwischen Schwarzen und Weißen – eine lange Geschichte. Dass zum ersten Mal in dieser Geschichte ein Farbiger zum Präsidenten gewählt wurde, lässt die Menschen dort auf wirtschaftliche und soziale Versöhnung hoffen, beispielsweise auf bessere Bildungs- und Berufschancen für Schwarze. Auch wenn das alles für die Politiker eine Riesenaufgabe bedeutet, so gibt es hier doch wesentliche Unterschiede zu einem Messias. Ein Messias weckt die Hoffnung, die bestehende Ordnung zu überwinden und an ihrer Stelle eine Ordnung allumfassender Gerechtigkeit und absoluten Glücks zu errichten. Er besiegt die dunklen Mächte und Gewalten, die sich seiner neuen Ordnung widersetzen. Mit ihr gibt es kein Leid mehr in der Welt. Kurz gesagt, ein Politiker versucht, kleine Teile dieser Welt zu reparieren, ein Messias aber erlöst die Welt im Ganzen.

Der Messias, wie ihn die Bibel kennt, ist ein Nachkomme des großen Königs David, von dem Jesus von Nazareth abstammen soll. Auch als das Davidische Königtum von der politischen Bühne verschwunden war, erlosch die Hoffnung auf einen solchen Gesalbten nicht, sie war aber jetzt nicht mehr beschränkt auf Mitglieder dieses Königshauses. Juden hoffen weiter auf einen Messias. *Im Wörterbuch des Christentums* steht dazu: „Die jüdische Messiaserwartung ist die eines irdischen Herrschers geblieben, der die konkrete Welt ideal umgestalten wird, dessen Kommen aber noch aussteht.“

Und was wird im Christentum unter einem Messias verstanden? Im Neuen Testament wurde die Bezeichnung zu einer Bekenntnisformel: Kein zukünftiger König, sondern ein Bußprediger ohne politische Macht erhielt diesen Titel. An den Messias knüpft sich keine politische Hoffnung. Zum christlichen Glauben gehört im Kern die Passion Jesu. Jesus hat sein Augenmerk auf die Schwächsten der Gesellschaft gerichtet – er teilte ihr Leben. Er überwand die gesellschaftlichen Gräben, indem er bei den Geächteten und den Kranken lebte. Dafür hat der sogenannte Messias im Weißen Haus mit seinem Programm der nationalen Aussöhnung weder Zeit noch Gelegenheit. Und dass er im direkten Auftrag Gottes handelt, wird Barack Obama sicherlich auch nicht denken.

nach Eduard Kopp, S. 21

M3 Jesus aus jüdischer Sicht

Rachel Herweg, jüdische Theologin und Familientherapeutin, gibt drei Gründe an, warum Jesus aus jüdischer Sicht nicht Christus, also kein Messias ist:

Aus jüdischer Sicht lassen sich drei Aussagen über Jesus von Nazareth formulieren, die eine nicht zu überbrückende Trennung vom Christentum ergeben:

1. Jesus ist nicht der Messias, denn die Welt hat sich nicht grundsätzlich zum Besseren verändert. Nach wie vor wartet unsere Welt auf Frieden und Erlösung von Leid.
2. Jesus ist nicht der Sohn Gottes. Das Judentum lehnt die christliche Trinitätslehre ab, nach der Jesus als zweite Person einer Dreieinigkeit gesehen wird. Im Judentum ist Gott eine ungeteilte Einheit.
3. Das Gesetz der Thora muss von jedem einzelnen Juden erfüllt werden. Es kann nach jüdischem Verständnis nicht von einer Person stellvertretend für alle erfüllt werden. Jeder Mensch muss seinen Beitrag zur Verbesserung der Welt leisten.

Rachel Herweg, S. 23

Jesus aus römisch-katholischer Sicht

Papst Benedikt XVI. möchte mit seinem Buch „Jesus von Nazareth" das Gespräch zwischen Juden und Christen befördern. Beide Religionen sollen einander besser verstehen lernen. Zur Messiasfrage gibt er folgende Antwort:

Gerade von jüdischer Seite wird – durchaus zu Recht – immer wieder gefragt: Was hat denn euer „Messias" Jesus gebracht? Er hat nicht den Weltfrieden gebracht und das Elend der Welt überwunden. So kann er doch wohl der wahre Messias nicht sein, von dem gerade dies erwartet wird. Ja, was hat Jesus gebracht? Der Frage sind wir schon begegnet, und auch die Antwort kennen wir bereits: Er hat den Gott Israels zu den Völkern getragen, so dass alle Völker nun zu ihm beten und in den Schriften Israels sein Wort, des lebendigen Gottes Wort erkennen. Er hat die Universalität geschenkt, die die eine große und prägende Verheißung an Israel und an die Welt ist. Die Universalität, der Glaube an den einen Gott Abrahams, Isaaks und Jakobs in der neuen Familie Jesu über alle Völker hin und über die fleischlichen Bande der Abstammung hinaus – das ist die Frucht von Jesu Werk. Das ist es, was ihn als „Messias" ausweist und der messianischen Verheißung eine Deutung gibt, die in Mose und den Propheten gründet und sie freilich auch ganz neu aufschließt.

Joseph Ratzinger, S. 149

M4 Aufeinander zugehen

Bei seinem Deutschlandbesuch 2008 besucht Benedikt XVI. die Kölner Synagoge. Es ist das erste Mal in der Geschichte, dass ein Papst eine jüdische Synagoge in Deutschland betritt.

Aufgaben

1. Sammle aus Zeitungen, Zeitschriften oder aus dem Internet Texte, in denen das Wort „Messias" verwendet wird. → M1
2. Welches Messiasverständnis hat das Judentum, welches das Christentum? Finde Gemeinsamkeiten und Unterschiede und halte dein Ergebnis in einer Tabelle fest. → M2

Der Messias ist ...	Judentum	Christentum
... ein Nachkomme König Davids	ja	ja
...		

3. Ist der amerikanische Präsident Barack Obama ein Messias? War Jesus von Nazareth ein Politiker? Begründe deine Meinung. → M2
4. Veranstaltet eine Podiumsdiskussion, in der eine Gruppe die jüdische Sichtweise und die andere die römisch-katholische Sichtweise vertritt. Sprecht darüber, was nötig ist, damit das Streitgespräch das wechselseitige Verständnis fördert. → M2–M4

▶ Glossar: Abraham, Benedikt XVI., Bibel, Charisma, David, Inthronisation, Jesus, Messias, Neues Testament, Obama, Prophet, Rassismus, sakrosankt, Trinitätslehre, Universalität

11 Wer ist Muslim – was bedeutet Islam?

M1 Bismillah ar-Raḥman ar Raḥim

„Im Namen Gottes, des Erbarmers, des Barmherzigen" – diese arabische Formel leitet nicht allein jedes islamische Buch ein, gläubige Muslime verwenden sie vor allen bedeutsamen Handlungen, auch dem Essen. Sie drücken damit aus, dass all ihr Tun sich ableitet aus der Hingabe an Gott – nichts anderes bedeutet der Begriff *Islam*.

Muslim ist also jemand, der sich Gott hingibt, und Allah (arab. „der Gott") begleitet ihn in allen Phasen seines Lebens. Pläne für die Zukunft können nur verwirklicht werden, „wenn Gott will" (*In sha 'a-llah*), wie eine oft gebrauchte Formel lautet. Gelingt ein Vorhaben, so sagt man: „Preis sei Gott" (*Al-ḥamdu li-llah*). Denn: „Es gibt keine Macht und keine Kraft außer bei Gott".

Dass nichts Gott gleichkommt, betont die Formel *Allahu akbar* („Allah ist überaus groß, größer als alles andere") und der erste Teil des kurzen muslimischen Glaubensbekenntnisses, der Shahada: „Es gibt keine Gottheit außer Gott" (*La ilaha illa-llah*).

nach Ralf Elger, S. 3

M2 Muslim von Geburt an

Anders als im Christentum, jedoch vergleichbar zum Judentum, ist ein Mensch Muslim oder Muslima ab dem Moment der Geburt.

Das muslimische Leben eines neugeborenen Kindes beginnt damit, dass ihm, wenn möglich unmittelbar nach der Trennung der Nabelschnur, sein Vater den islamischen Gebetsruf in das rechte und linke Ohr flüstert. Der Gebetsruf beginnt mit dem viermaligen Ausruf *Allahu akbar*. Das erste Wort, das damit der Säugling hört, ist Allah, der sein Leben fortan bestimmen wird. Dazu wird auch aus dem Koran die erste Sure *Al-Fatiḥa*, die jeder Muslim auswendig kann, über dem Säugling rezitiert.

In Ägypten ist es Tradition, dass zwischen dem 7. und 40. Tag das Kind während einer Familienfeier mit Verwandten und Freunden durch den Vater oder den Gemeindeältesten der Moscheegemeinde seinen Namen erhält. Dabei wird das Mädchen oder der Junge mit dem Kopf Richtung Mekka hochgehoben und der Name zusammen mit Abschnitten aus dem Koran dreimal in sein Ohr gesprochen.

Welche Namen sind gebräuchlich? Beliebt sind zusammengesetzte Namen, die eine enge Verbindung mit Gott ausdrücken, so z.B. *Abdallah*, was „der Diener Gottes" bedeutet, oder auch Namen, die mit Mohammed und seiner Familie zu tun haben, so bei Jungen *Mohammed* oder *Ahmad* und *Ali*, und bei Mädchen *Aischa* oder *Fatima*, wie die Lieblingsfrau und die Tochter Mohammeds hießen.

Wolfgang Straßer, S. 90

Islam – Muslim/Muslima

Das arabische Wort **Islam** leitet sich her von dem Verb *aslama* „sich hingeben, sich Gott mit der ganzen Person ergeben". Wer sich im religiösen Sinne „Gott hingibt" und seine ganze Person dem Willen des einzigen Gottes *Allah* „unterwirft", ist ein Muslim und eine Muslima (die männliche/weibliche Partizipialform von aslama). Das aus dem Persischen abgeleitete Wort *Moslem* ist bedeutungsgleich.
Muslim ist man entweder von Geburt an oder man wird es durch den einfachen Akt, die *Shahada*, das islamische Glaubensbekenntnis, vor zwei muslimischen Zeugen auszusprechen.
Die Konsonanten SLM des Wortes *Islam* lassen sich verbinden mit dem arabischen Wort *Salam*, das „Frieden-Errettung" bedeutet (was dem hebräischen *Schalom* entspricht).

Ein Muslim ist also jemand,

- der wirklich in seinem Leben daran glaubt, dass Allah als der einzige Gott existiert,
- der den Islam als einzige und wahre Menschheitsreligion ansieht,
- der versucht, sein ganzes Leben nach der Religion des Islam, wie sie im *Koran* als das authentische Wort Allahs aufgezeichnet ist, auszurichten,
- der die Religion des Islam als Antwort auf alle Lebensfragen des Einzelnen und die Probleme der Welt sieht,
- der sein individuelles Leben in die Gemeinschaft aller Muslime weltweit (*Umma*) einbringt,
- der davon überzeugt ist, dass dort wo der Islam herrscht, Frieden herrscht.

(Die Bezeichnung „Mohammedaner" lehnen Muslime ab, weil Mohammed zwar als Verkünder Allahs und Prophet des Islam verehrt wird, aber vor Allah in gleicher Weise Mensch ist und nicht angebetet wird.) *Wolfgang Straßer, S. 91*

INFO

M3 Ist im Islam die Beschneidung Pflicht?

Wie bei den Juden ist auch für männliche Muslime die Beschneidung Pflicht, weil dies einerseits der Tradition, andererseits dem Vorbild des Propheten Mohammed entspricht. Die Beschneidung steht dabei symbolisch für die Unterwerfung unter Gottes Willen und Gebote. Zugleich ist sie ein wichtiges gesellschaftliches Ritual. Bei Jungen im Alter zwischen zehn und zwölf Jahren steht die Beschneidung auch für den Übergang ins Erwachsenenalter und die Übernahme der männlichen Pflichten. Dazu gehört u.a. die regelmäßige Teilnahme am öffentlichen Gebet.
Im Nahen Osten wird das Beschneidungsritual normalerweise im Alter zwischen zwei und zwölf Jahren durchgeführt. In vielen muslimischen Ländern ist die Beschneidung Anlass für eine Feier einschließlich Geschenken und Festmahl. In Europa und in den Vereinigten Staaten erfolgen Beschneidungen normalerweise im Krankenhaus bereits direkt nach der Geburt.

nach John L. Esposito, S. 127

Aufgaben

1. Notiere in Stichworten auf je einem Blatt: Was fällt dir alles ein, wenn du das Wort „Islam" hörst?
   Sammelt die Stichwort-Blätter an der Tafel und überlegt anschließend, welche der Stichwörter mögliche Vorurteile über den Islam widerspiegeln. ➜ M1
2. Informiere dich, ob es für Kinder und Jugendliche anderer Religionen ähnliche religiöse oder gesellschaftliche Rituale gibt. ➜ M2, M3
3. Lege dir ein eigenes Islam-Lexikon an, in dem alle wichtigen Begriffe zum Islam erklärt werden.
4. Diskutiert: Steckt im Islam Salam (Frieden)?

▶ Glossar: Aischa, Ali, Beschneidung, Fâtima, Koran, Mekka, Mohammed, Ramadan, Ritual, Shahada, Sure, Umma

12 Die Moschee – Treffpunkt der Gemeinde

Sehitlik Moschee in Berlin-Neukölln

M1 Moschee

Der Begriff Moschee stammt vom arabischen Wort Masdschid („Der Ort, an dem man zum Beten niederfällt") ab. Schon zu Mohammeds Lebzeiten wurde das Wort auf die Gebäude angewandt, in denen man Gott verehrte und sich zum öffentlichen und privaten Gebet zusammenfand. Die erste Moschee nach der Kaaba wurde in Medina errichtet. Im Laufe der Geschichte entwickelte sich der Moscheebau zu einer eigenen Kunst. Es lassen sich je nach Epoche und Ort verschiedene Typen von Moscheen unterscheiden. Jeder bedeutendere Ort besitzt zumindest eine Freitagsmoschee und zahlreiche andere kleinere Gebetsstätten. Unter der Freitagsmoschee versteht man die Hauptmoschee einer Stadt oder eines Stadtteils, in der das Freitagsgebet abgehalten wird. Da dieses Gebet, bei dem ein auf der Kanzel stehender Prediger eine Predigt hält, jeden Freitagmittag stattfindet, ist es nach dem heiligen Tag der Muslime benannt.

Jede größere Moschee hat einen in Richtung Mekka zeigenden Miḥrab, einen Minbar, häufig eine Dakka, von wo der Muezzin seinen Gebetsruf erschallen lässt, eine Rahla, einen Koranständer, und einen Brunnen oder eine andere Waschgelegenheit für die notwendige rituelle Reinigung der Gläubigen. Das Innere der Moschee ist mit Matten und kostbaren Teppichen ausgestattet. Bilder und Kunstgegenstände sind verboten, dafür ist jedoch kunstvolle Kalligrafie vorhanden. Die meisten Moscheen besitzen einen oder mehrere Minarette. Als Stätte des Gebets und der inneren Einkehr darf die Moschee nicht mit Schuhen betreten werden. Sie ist zwar kein heiliges, geweihtes Gebäude, strahlt aber dennoch den Charakter von Heiligkeit aus. Darüber hinaus sind besonders die Freitagsmoscheen Zentrum des gesellschaftlichen Lebens. Als soziale Treffpunkte dienen sie auch dem weltlichen Gespräch und der Zusammenkunft. Nicht zuletzt sind Moscheen auch Lehrhäuser für den Koranunterricht und können auch als Gerichtsort dienen. Dieser soziale Aspekt war früher sogar noch ausgeprägter, als sich in Moscheen auch Apotheken, Armenküchen oder auch die öffentliche Verwaltung befinden konnten.

nach Monika und Udo Tworuschka, S. 72 und 151

Allen Moscheen gemeinsam ist: eine große, mit Teppichen ausgelegte Gebetsfläche – eine Gebetsnische (arabisch Miḥrab) Richtung Mekka – eine Lehr- und Predigtkanzel (arabisch Minbar) rechts neben dem Miḥrab – eine Waschgelegenheit zur rituellen Reinigung vor dem Gebet – meist auch ein für Frauen abgegrenzter Raum – und häufig auch ein Turm, genannt Minarett, von dem der Gebetsruf zum Gebet erschallt.

Aufgaben

1. Erkläre Funktion und Bedeutung einer Moschee. → M1
2. Erstellt zu unterschiedlichen Architekturtypen von Moscheen eine Wandcollage. → M1
3. Falls es in erreichbarer Nähe eine Moschee gibt, organisiert eine Exkursion dahin und bereitet ein Interview mit dem Imam der Moschee vor.

▶ Glossar: Freitagsgebet, Imâm, Kaaba, Koran, Medina, Mekka, Mihrâb, Minarett, Minbar, Mohammed, Muezzin, Predigt

13 „Allah" – ornamentenreich geschrieben

M1 Die schöne Schrift

M2 Kalligrafie und Ornamente

Im Koran gibt es kein ausdrückliches Bilderverbot. In den *Ḥadith* allerdings finden sich Texte, die mahnen: Nie würde ein Engel ein Haus betreten, in dem sich bildliche Darstellungen fänden! Ein anderer *Ḥadith* drohte den Malern von Bildern sogar Höllenqualen an. Das ist verständlich, wenn man an die Anfänge des Islam denkt: Im damaligen Arabien glaubten Menschen, dass Bilder und Statuen Götter wären, die verehrt werden müssen. Mohammed verkündete jedoch den einzigen und unsichtbaren Gott; ihn konnte und sollte man nicht abbilden. Nie sollte ein Bild mit dem großen Gott verwechselt werden! Im Kampf gegen den Polytheismus war ein Bilderverbot hilfreich, um den Unterschied zum neuen Glauben auch äußerlich ganz deutlich zu machen.

Den muslimischen Künstlern war dadurch aber die Möglichkeit genommen, ihre Kunst in figürlichen Bildern auszudrücken; dennoch wollten sie den Koran, Moscheen und Paläste prächtig schmücken. Sie schufen daher kostbare Muster und Verzierungen, so dass die Ornamentik eine große Blütezeit erlebte.

Auch die Schrift wurde gleichsam „neu erfunden“: Statt einfach nur Worte zu formen, wurden die Buchstaben und Silben in arabischer Schrift zu einer regelrechten Kunstform, zur Kalligrafie. Kunstvolle und verzierte Schreibweisen gibt es zwar schon, solange es die Schrift gibt. Die arabische Schrift brachte es jedoch zu besonderen Höhepunkten.

In den späteren Jahrhunderten war die Gefahr des Polytheismus nicht mehr vorhanden. An Bauten gab es jetzt auch figürliche Darstellungen, Sultane ließen sich porträtieren. Aber weder Gott noch Engel oder die Gesandten Gottes wie Mohammed dürfen abgebildet werden. Mohammed ist deshalb immer verhüllt dargestellt.

Wolfgang Straßer, S. 103

Aufgaben

1. Schaue dir die verschiedenen Kalligrafien an und schreibe den Schriftzug auf, den du auf allen Bildern wiedererkennst. → M1
2. Finde heraus, was der Schriftzug bedeutet. → M1
3. Unterscheide an den einzelnen Bildern Kalligrafie und Ornamentik. → M1
4. Erkläre, warum in der islamischen Kultur Kalligrafie und Ornamentik besonders stark ausgeprägt sind. → M2

▶ Glossar: Hadith, Koran, Mohammed, Ornament, Polytheismus, Predigt, Sultan

14 Der Prophet Gottes – Mohammed

M1 „Lies!" – Die Berufung zum Propheten

Ibn Ishaq (um 704-767 n. Chr.) verfasste etwa 100 Jahre nach dem Tod Mohammeds eine Biografie des Propheten auf der Grundlage mündlicher und schriftlicher Überlieferungen zu seinem Leben. Sein Bericht zur Berufung Mohammeds stützt sich auf Aussagen von Mohammed selbst:

Als ich schlief, so erzählte der Prophet später, trat der Engel Gabriel zu mir mit einem Tuch aus Brokat, worauf etwas geschrieben stand und sprach: „Lies!"
„Ich kann nicht lesen", erwiderte ich.
Da presste er das Tuch auf mich, so dass ich dachte, es wäre mein Tod. Dann ließ er mich los und sagte wieder: „Lies!"
„Ich kann nicht lesen", antwortete ich ...
Als er mich dann nochmals fast zu Tode würgte und mir wieder zu lesen befahl, fragte ich aus Angst, er könnte es nochmals tun: „Was soll ich lesen?"
Da sprach er: „Lies im Namen deines Herrn, des Schöpfers, der den Menschen erschuf aus geronnenem Blut! Lies! Und der Edelmütigste ist dein Herr, Er, der das Schreibrohr zu brauchen lehrte, der die Menschen lehrte, was sie nicht wussten." (Sure 96,1-5)
Ich wiederholte die Worte, und als ich geendet hatte, entfernte er sich von mir. Ich aber erwachte, und es war mir, als wären mir die Worte ins Herz geschrieben. Sodann machte ich mich auf, um auf den Berg zu steigen, doch auf halber Höhe vernahm ich eine Stimme vom Himmel: „O Mohammed, du bist der Gesandte Gottes, und ich bin Gabriel!"

Ibn Ishaq, S. 45f

M2 Das Leben Mohammeds

Die frühen Jahre

Mohammed wird um 570 n. Chr. in Mekka geboren. Da seine Eltern früh sterben (Mohammed ist erst sechs Jahre alt), kümmert sich sein Onkel Abu Talib um ihn. Dieser nimmt den jungen Mohammed auf Karawanenreisen mit bis nach Syrien. Dadurch lernt er zahlreiche Beduinenstämme und arabische *Hanifen* (Gottergebene), aber auch Judenchristen kennen, die den Glauben an den einen Gott lehrten. Er engagiert sich im öffentlichen Leben Mekkas. Bei Streitigkeiten wird sein Rat geschätzt.

Berufung und Lehre

Im Lauf der Zeit stößt Mohammed die vor allem auf Besitz ausgerichtete Lebenseinstellung der Mekkaner immer mehr ab. Da er selbst vermutlich ein Anhänger der *Hanifen* ist und wie diese an *einen* Gott glaubt, missfällt ihm auch die polytheistische Religiosität der Pilgerstadt Mekka mit der „Kaaba" und ihren 360 Göttern, Geistern und Dämonen immer mehr. Da erscheint ihm im Jahre 610 n. Chr. in der Einsamkeit einer Höhle am Berg Hira außerhalb Mekkas der Engel Gabriel. Mohammed zweifelt zwar zunächst an der Offenbarung Gottes, nimmt aber schließlich seine Berufung zum Gesandten und Propheten Allahs an. „Sucht den rechten Weg zu dem einen barmherzigen Gott! Kehrt um und tut Buße! Hört auf, die Leute im Namen der Religion auszubeuten! Seht den Gewinn aus euren Handelsgeschäften als soziale Verpflichtung an! Wendet euch Gott zu, indem ihr den Armen helft!" – so lautet nunmehr die Predigt Mohammeds. Aber mit Ausnahme von wenigen Jüngeren aus vornehmen Sippen und aus den unteren sozialen Schich-

Arabisches Schriftzeichen für „Mohammed"

ten lehnt die überwiegende Mehrheit der Mekkaner die neue Lehre Mohammeds ab. Denn seine Predigt bedroht die bestehende religiöse Ordnung der Götterkulte und die Wallfahrtsfeste. Die Lage für Mohammed verschlechtert sich in Mekka nach dem Tode seines einflussreichen Onkels und seiner Frau. Er entschließt sich deshalb, der Anfrage von Gesandten aus dem 400 Kilometer nördlich gelegenen Ort Yathrib zu folgen. Dort soll er in einem Dauerstreit zwischen zwei verfeindeten Stämmen vermitteln.

Die neue Zeitrechnung

Die Auswanderung (arabisch *Hidjra*) nach Yathrib im September 622 n. Chr. mit kaum mehr als 70 seiner Anhänger bildet das Jahr „Eins" der islamischen Zeitrechnung (Yathrib wird später Medina, „Stadt" des Propheten genannt). Nachdem Mohammed erfolgreich den Streit zwischen den Stämmen schlichtet, schließt sich bald ein großer Teil der arabischen Bevölkerung seiner neuen Lehre an.

Die jüdischen Gruppierungen zweifeln aber weiterhin daran, dass Mohammed ein „echter Prophet" sei. Daher kommt es zur Ausweisung und sogar Tötung zahlreicher Juden. Die Abwendung von den Juden zeigt sich auch in der neuen Predigt Mohammeds. Dieser entwickelt sich in Yathrib vom religiösen Propheten zum Gesetzgeber und Politiker: „Betet nicht mehr in Richtung Jerusalem, sondern nur mehr in Richtung Mekka zu Allah! Denn das mekkanische Heiligtum, die Kaaba, ist das neue religiöse und politische Zentrum des Islam."

Trotzdem bleiben die Mekkaner weiterhin erbitterte Gegner Mohammeds, bis dieser nach jahrelangen bewaffneten Auseinandersetzungen seine Heimatstadt 630 n. Chr. erobert. Dort umrundet er die Kaaba und zerschlägt die dort aufgestellten Götterbilder, behandelt aber die Mekkaner mit Milde. Nach seiner Rückkehr nach Medina organisiert er 632 n. Chr. eine große Wallfahrt von Medina nach Mekka mit 90 000 Pilgern. Damit ist er zum unbestrittenen religiösen und politischen Führer fast der gesamten arabischen Halbinsel geworden. Am 8. Juni 632 n. Chr. stirbt er im Haus seiner Lieblingsfrau Aischa und wird in Medina begraben. *Wolfgang Straßer, S. 69f*

M3 Mohammed bei der Kaaba

Türkische Miniatur, 1595
Mohammed bei seiner letzten Pilgerfahrt in betender Haltung kniend vor der Kaaba. Das Gesicht ist wegen des Bilderverbots mit einem Tuch bedeckt; seine Gestalt ist von Flammen umgeben, die die göttliche Inspiration symbolisieren.

Aufgaben

1. Arbeite Informationen und Aspekte zur Persönlichkeit Mohammeds heraus. Erstelle einen tabellarischen Lebenslauf. ➜ M1, M2
2. Vergleicht Mohammed mit Jesus. Welche Gemeinsamkeiten und Unterschiede lassen sich erkennen? ➜ M1, M2
3. Recherchiere, was die Kaaba für den Islam bedeutet. ➜ M3
4. Findet heraus, welche Bedeutung Mohammed, Jesus und Mose für ihre jeweilige und die anderen Religionsgemeinschaften besitzen.

▶ Glossar: Aischa, Brokat, Gabriel, Hanîf, Ibn Ishâq

15 Das Buch gewordene Wort Gottes – der Koran

M1 Der Koran – das heilige Buch Gottes

Das Wort **Koran**, von arabisch *Qur'an*, bedeutet „Vortrag, Rezitation". Der Koran ist das heilige Buch der Muslime und gilt als das im buchstäblichen Sinne authentische Wort Allahs. Nach traditioneller muslimischer Überzeugung wurde dem Propheten Mohammed über einen Zeitraum von 22 Jahren, zwischen Mohammeds 40. Lebensjahr bis zu seinem Tod (632 n. Chr.), das als ewig geltende Gotteswort in arabischer Sprache offenbart. Mohammed, selbst ein Analphabet, der also weder lesen noch schreiben konnte, trug seine neuen Offenbarungen selbst mündlich vor oder ließ sie von „Rezitatoren" verbreiten. Er ist deshalb weder der Autor noch der Herausgeber des Koran. Die Textinhalte wurden zu seinen Lebzeiten von Schreibern auf allen möglichen Materialien wie Pergamenthäuten, Palmblättern oder Schulterknochen von Kamelen aufgezeichnet. Nach dem Tode Mohammeds begann man, die vorhandenen Offenbarungssprüche zu sammeln und in eine allgemeingültige schriftliche Fassung zu bringen. Die bis heute verbindliche und offizielle Version des Koran geht auf eine vom 3. Kalifen Uthman (644-656 n. Chr.) eingesetzte Gelehrtenkommission zurück. Sie legte auch die Anordnung des Koran in 114 **Suren** („Abschnitte") fest. Jede Sure ist nach einem charakteristischen, im Text vorkommenden Wort benannt und wiederum in Verse, arabisch *Ayat* („Wunderzeichen") unterteilt.

M2 Sure 1: Al-Fatiḥa – Die Eröffnung

Die erste Sure, al-Fatiḥa, die „Öffnende" genannt, enthält Leitmotive des ganzen Koran. Sie ist ein schlichtes Gebet, das jeder gläubige Muslim beim täglichen Pflichtgebet und beim freien Gebet spricht.
Ihre Bedeutung ist vergleichbar dem jüdischen Sch ma Jisrael-Gebet und dem christlichen Vaterunser-Gebet.

1. Im Namen Gottes,
   des Erbarmers,
   des Barmherzigen.
2. Lob sei Gott,
   dem Herrn der Welten,
3. dem Erbarmer, dem Barmherzigen,
4. der Verfügungsgewalt
   besitzt über den Tag
   des Gerichtes!
5. Dir dienen wir,
   und Dich bitten wir um Hilfe.
6. Führe uns den geraden Weg,
7. den Weg derer, die Du
   begnadet hast, die nicht
   dem Zorn verfallen und
   nicht irregehen.

M3 Sprache, Bedeutung und Inhalt des Koran

Alle Muslime lernen den Koran auf Arabisch. Das Arabische des 7. Jahrhunderts gilt als das authentische Wort Allahs, das durch die menschliche Stimme unmittelbar und unverändert zum Ausdruck kommt.

Erhabenstes Zeichen Gottes

Für gläubige Muslime ist der Koran das erhabenste Zeichen Gottes im Universum und deshalb auch das zentrale Dokument der islamischen Kultur: Aus dem Koran wird in Radio und Fernsehen vorgelesen. Koranverse finden sich als Wandschmuck in Privathäusern, als Spruchbänder auch in Bussen und Autos. Muslime rezitieren den Koran bei ihren täglichen Gebeten, Kinder hören Passagen zu Beginn des Schulunterrichtes, er steht am Anfang von Hochzeiten und Beerdigungen, bei Vorträgen und Geschäftsessen. Zu Hause im Bücherregal steht er an erhöhter Stelle, und in muslimischen Buchhandlungen werden Koranexemplare nicht „verkauft“, sondern man gibt eine angemessene „Spende“ für den Band.

Suren der Länge nach geordnet

Für Nichtmuslime ist der Koran allerdings verwirrend: Gebete und rituelle Anweisungen, Glaubensermahnungen und ethische Grundsätze (Maximen), Prophetengeschichten, Gleichniserzählungen und Anweisungen für die Auseinandersetzung mit Andersgläubigen wechseln einander ohne erkennbaren Zusammenhang ab. Denn die Suren des Koran sind nicht chronologisch (zeitlich) oder thematisch, sondern einfach der Länge nach geordnet – von der längsten Sure 2 mit 286 Versen (Die Eröffnungssure 1 gilt als Ausnahme) bis zur kürzesten Sure 108 mit drei Versen. Dies ermöglicht es, den Text an jeder beliebigen Stelle aufzuschlagen, mit dem Vortrag des Abschnittes zu beginnen, ihn gemeinsam mit anderen auswendig zu lernen und sich über das Verstehen seiner Inhalte auszutauschen.

Wer den gesamten Koran auswendig rezitieren kann, darf den Ehrentitel *Hafiz* („Bewahrer“) tragen, was bis heute in der muslimischen Gesellschaft mit großem Ansehen verbunden ist.

M1, M3 Wolfgang Straßer, S. 95

M4 Zentrale Lebensregeln

[22] Setze Gott keinen Gott zur Seite, sonst wirst du dasitzen, gescholten und im Stich gelassen. [23] Und dein Herr hat bestimmt, dass ihr nur Ihm dienen sollt, und dass man die Eltern gut behandeln soll. Wenn eines von ihnen oder beide bei dir ein hohes Alter erreichen, so sag nicht zu ihnen: „Pfui!“, und fahre sie nicht an, sondern sprich zu ihnen ehrerbietige Worte. [...] [24] Euer Herr weiß besser, was in eurem Inneren ist. Wenn ihr rechtschaffen seid, [25] so ist Er für die, die immer wieder umkehren, voller Vergebung. [26] Und lass dem Verwandten sein Recht zukommen, ebenso dem Bedürftigen und dem Reisenden, aber handle nicht ganz verschwenderisch. [...] [32] Und nähert euch nicht der Unzucht. Sie ist etwas Schändliches, und sie ist ein übler Weg. [33] Und tötet nicht den Menschen, den Gott für unantastbar erklärt hat, es sei denn bei vorliegender Berechtigung. [...] [34] Und nähert euch nicht dem Vermögen des Waisenkindes, es sei denn auf die beste Art, bis es seine Vollkraft erreicht hat. Und erfüllt eingegangene Verpflichtungen. Über die Verpflichtungen wird Rechenschaft gefordert. [35] Und gebt volles Maß, wenn ihr messt. Und wägt mit der richtigen Waage. Das ist besser und führt zu einem schöneren Ergebnis. [...] [37] Und schreite nicht unbekümmert auf der Erde einher. Du wirst ja die Erde nicht durchbohren und die Berge an Höhe nicht erreichen können.

Sure 17, 22-37

Aufgaben

1. Bildet Gruppen und fasst z. B. auf einem Plakat zusammen: Wie ist der Koran entstanden? – Wie ist er aufgebaut? – Wie gehen Muslime mit dem Koran um? → M1-M3
2. Vergleicht die Entstehung, Überlieferung und religiöse Bedeutung des Koran mit dem Neuen Testament. → M1-M3
3. Gliedert in Kleingruppen den Korantext in seine Anweisungen. Vergleicht sie kritisch mit dem jüdisch-christlichen Dekalog (2. Mose 20, 1-17) auf Gemeinsamkeiten und Unterschiede hin. → M4

▶ Glossar: Dekalog, Kalif, Koran, Mohammed, Pergament, Prophet, rituell, Schma Jisrael, Sure

16 Die fünf Säulen des Islam

Die fünf „Säulen des Islam“ können als das Minimum an religiösen Pflichten aufgefasst werden, die ein gläubiger praktizierender Muslim erfüllen muss. Jeder Muslim und jede Muslima kann selbst und ohne die Vermittlung durch einen islamischen Geistlichen feststellen, ob und wie weit er bzw. sie jede der einfach zu verstehenden Anforderungen erfüllt hat, die ihn bzw. sie auf dem *geraden Weg des Islam* entlangführen. Zusammen bilden die Säulen den gemeinsamen Nenner, der alle Muslime in der weltweiten Gemeinschaft der islamischen *Umma* eint.

M1 Die 1. Säule: Shahada – das Glaubensbekenntnis

Das öffentlich und in Arabisch ausgesprochene Glaubensbekenntnis: *„Ich bezeuge, dass es keinen Gott außer Allah gibt, und ich bezeuge, dass Mohammed der Gesandte Gottes ist“* fasst zusammen, was es bedeutet, ein Muslim zu sein. Es bildet den Kern aller Gebete und Aussagen über Gott, begleitet das gesamte Leben eines Muslimen von der Geburt bis zum Tod, und versammelt die Gläubigen zum gemeinsamen Gottesdienst. Wenn jemand freiwillig vor mindestens zwei muslimischen Zeugen dieses Bekenntnis mit der Absicht ausspricht, Muslim zu werden, ist er nach muslimischer Auffassung tatsächlich ein Muslim.

M2 Die 2. Säule: Ṣalat – das Gebet

Gläubige Muslime beten fünfmal am Tag – bei Tagesanbruch, mittags, nachmittags, bei Sonnenuntergang und am späten Abend – ein in allen Ländern gleiches rituelles Pflichtgebet. Das tägliche *Ṣalat* (Fürbitte) ist die wichtigste Handlung des Gottesdienstes im Islam, da es einen laufend daran erinnert, bei all seinen Alltagsgeschäften in Beruf und Familie Gott niemals aus den Augen zu verlieren.

Muslime können in jeder Umgebung beten, allein oder gemeinschaftlich, daheim, bei der Arbeit, auf einem öffentlichen Platz, am besten in der Moschee. Man benötigt zumindest eine saubere Gebetsmatte oder einen Gebetsteppich und möglichst eine rituelle Waschung einiger Teile des Körpers. Bei der Gebetsvorbereitung richten sich die Muslime nach Mekka und der Kaaba aus. Jeder Gebetsakt beginnt mit der Lobpreisung: „Gott ist größer“ (*Allahu akbar*), gefolgt von festgelegten Gebeten, die aus der Shahada und Koranrezitationen bestehen.

Begleitet werden sie durch eine bestimmte Abfolge von Körperhaltungen – Stehen, Verbeugen, Knien, Berührung des Bodens mit der Stirn, Sitzen –, die die Demut und Hingabe an Gott verdeutlichen. Die Abfolge wird dabei von klein auf erlernt.

M3 Die 3. Säule: Zakat – das Almosen

Das Almosengeben bedeutet für den Muslimen die Pflicht, sein Eigentum mit den Bedürftigen, Armen und in Not Geratenen zu teilen. Es dient wie das Gebet als Ausdruck der Gottesverehrung und des Dankes an Gott.

Der *Zakat* bildet die Grundlage der religiös-sozialen Moral im Islam, dient der Stärkung der moralischen und sozialen Verantwortlichkeit und ist in der weltweiten muslimischen Gemeinschaft als eine Art Sozialversicherung zu verstehen. Das Wort Zakat leitet sich dabei ab vom arabischen Verb *zaka* (reinigen). Der Zakat wird von Muslimen als eine Tat der Reinigung von Habgier verstanden.

Bei der Almosensteuer handelt es sich nicht nur um einen freiwilligen religiösen Akt, sondern es ist vielmehr eine regelrechte Steuerabgabe, jedoch anders als eine staatliche Steuer zu verstehen. Der Zakat ist eine religiöse Verpflichtung (Sure 9, 59-60), die bei 2,5 Prozent des Jahreseinkommens und individuellen Vermögens liegt.

M4 Die 4. Säule: Ramadan – der Fastenmonat

„Esst und trinkt, bis ihr in der Morgendämmerung den weißen Faden vom schwarzen Faden unterscheiden könnt.“ (Sure 2, 187) Einmal im Jahr im Monat *Ramadan* (der Versengende), dem 9. Monat des islamischen Mondkalenders, sind alle volljährigen und gesunden Muslime zum *Saum* (Fasten) verpflichtet. Dazu gehört von Tagesanbruch bis Sonnenuntergang der völlige Verzicht auf Essen und Trinken, Rauchen und Geschlechtsverkehr. Das Fasten ist in arabischen Ländern nicht einfach, denn es ist dort sehr heiß. Außerdem ist die Dämmerung sehr viel kürzer als z. B. in Deutschland. Je nach Jahreszeit kann das bis zu 20 Stunden Fasten bedeuten. Der Lebensrhythmus passt sich am Tage entsprechend an, das soziale Leben findet im Monat Ramadan in den Abend- und Nachtstunden statt. Während es dunkel ist, darf dann auch gegessen und getrunken werden.

Gegen Ende des Fastenmonats am 27. Ramadan erinnern sich die Muslime in der „Nacht der Bestimmung“ an die erste Offenbarung des Koran an Mohammed. Der Fastenmonat endet mit dem „Fest des Fastenbrechens“, an dem man Freunde besucht und sich beschenkt.

M5 Die 5. Säule: Hadsch – die Wallfahrt nach Mekka

Der Höhepunkt im Leben jedes Muslimen und jeder Muslima ist die Pilgerfahrt nach Mekka, die in Erinnerung an Abraham und Mohammed unternommen wird. Wenigstens einmal im Leben sollte jeder Gläubige, der gesundheitlich und finanziell dazu in der Lage ist, den Hadsch durchführen (Sure 22, 27-29).

Gläubige aus aller Welt strömen nach Mekka zum Heiligtum Kaaba.

Wer an dem Hadsch teilgenommen hat, darf die Ehrenbezeichnung Hadschi/Hadscha tragen. Die Pilgerfahrt nach Mekka zum dortigen Heiligtum der Kaaba findet immer im 12. Monat des islamischen Mondkalenders statt. Jedes Jahr pilgern Millionen von Gläubigen aus aller Welt dort hin.

Wolfgang Straßer, S. 92f

Aufgaben

1. Bildet fünf Gruppen. Jede Gruppe wählt eine der „fünf Säulen“ des Islam aus und sammelt weitere Informationen dazu. Zugleich überlegt sich jede Gruppe Fragen zu den übrigen vier „Säulen“ des Islam. Anschließend interviewen sich die Gruppen gegenseitig. ➜ M1-M5
2. Untersucht, welche dieser Regeln auch in Christentum und Judentum gelten. Welche der Regeln wären nach deiner Meinung für alle Menschen wichtig? ➜ M1-M5
3. Vergleiche das islamische und das christliche Glaubensbekenntnis nach Umfang und Inhalt. Welche Bedeutung haben beide Glaubensbekenntnisse für ihre jeweilige Religion? ➜ M1

▶ Glossar: Abraham, Fasten, Islamischer Mondkalender, rituell, Umma, Wallfahrt

Grundwissen

Was wir wissen

Religiöse Grundvorstellungen	Judentum
Gott	ist die älteste noch heute existierende monotheistische Religion: Es gibt nur einen Gott; nichts ist mit ihm vergleichbar. Gott ist Schöpfer und Lenker alles Geschaffenen und alleiniger Urheber von allem. Gott offenbarte Moses das Gesetz und die Lehre des Judentums.
Weltbild	Auch der Gerechte und Fromme muss in der Welt leiden. Dass es Leid in der Welt gibt, ist Folge der menschlichen Freiheit, die auch die Möglichkeit der Verfehlung (Abkehr von Gott) eröffnet. Es gibt drei Formen des gottgewollten Leidens: Strafe, Prüfung, Sühneleistung.
Menschenbild	Der Mensch ist Geschöpf und Ebenbild Gottes, d. h. der Mensch wurde direkt von Gott erschaffen, ist im Grunde gut (keine Erbsünde), wird von Gott geliebt und soll auch dann zum Heil geführt werden, wenn er versagt oder sündigt.
Moralisch-soziale Ordnung, Ethik	Die Thora enthält die 613 geoffenbarten Gesetze Gottes. Sie legen das Verhältnis zwischen Gott und Mensch und die moralischen Regeln der jüdischen Gemeinschaft fest. Wer die Gesetze bricht (sündigt), wird von Gott bestraft.
Anfang, Ende des Lebens	Der Tod ist etwas Vorläufiges, quasi ein Schlaf, aus dem der Mensch am Ende aller Tage wieder erweckt wird, um dann ganz bei Gott zu sein.
Sinn des Lebens	Gott selbst ist der Sinn. Der Lebenssinn drückt sich im „Schema Israel" aus: *Höre Israel! Jahwe, unser Gott, Jahwe ist einzig. Darum sollst du den Herrn, deinen Gott, lieben mit ganzem Herzen, mit ganzer Seele und mit ganzer Kraft.*
Heilige Texte	Thora
Spezifische Praxis	Studium der Thora, Dialog mit Gott

Christentum	Islam
vertritt eine Form des Monotheismus, deren Besonderheit der trinitarische Gottesbegriff ist. Die Trinität Gottes besagt, dass der Eine Gott drei Personen ist: Gottvater ist Schöpfer; Christus ist Sohn Gottes, wahrer Mensch und wahrer Gott; der Heilige Geist ist der lebendig machende Geist (Pfingstereignis).	bedeutet „Ergebung, Hingabe (an Gott)" und beruht auf einem kompromisslosen Monotheismus, der die christliche Vorstellung der göttlichen Trinität strikt ablehnt. Mohammed ist Gottes Prophet. Ihm hat Gott den Koran offenbart.
Die Welt gliedert sich in zwei Teile: Diesseits als Lebensraum des Menschen und Jenseits als Reich der Toten. Das Jenseits ist geteilt in eine Unterwelt oder Hölle und eine Oberwelt, den Himmel. Die endgültige Vergeltung der im Leben begangenen Taten erfolgt durch das Gericht Gottes. Nur die Gerechten gehen in den Himmel, ins ewige Leben ein.	Die Welt gliedert sich in zwei Teile: Diesseits als Lebensraum des Menschen und Jenseits als Reich der Toten. Das Jenseits ist geteilt in eine Unterwelt oder Hölle und eine Oberwelt, den Himmel. Die endgültige Vergeltung der im Leben begangenen Taten erfolgt durch das Gericht Gottes. Nur die Gerechten gehen in den Himmel, ins ewige Leben ein.
Der Mensch ist Geschöpf und Ebenbild Gottes, d. h. er wurde direkt von Gott erschaffen. Der Mensch ist mit der Erbsünde belastet, so dass er allein aus sich selbst heraus nicht fähig ist, ein sündenfreies Leben zu führen.	Der Mensch besteht aus Leib und Seele. Im Tod werden beide voneinander getrennt. Unsterblich ist nur die Seele. Die Freiheit, sich gegen Gott entscheiden zu können, gefährdet das Seelenheil. Die Erbsünde lehnt der Islam ab.
In der Bergpredigt (Mt. 5-7; Lk. 6, 20-49) beschreibt Jesus, der Religionsstifter, in Form von Seligpreisungen, wer am Reich Gottes teilhat. Hier erklärt er sein Verhältnis zum jüdischen Gesetz und unterweist die Jünger im Gebet (*Vater unser*).	Fünf Säulen des Islam: *Shahada*: öffentliches Glaubensbekenntnis *Salat*: tägliches, rituelles Gemeinschaftsgebet *Zakat*: religiöse Pflicht, Almosen zu geben *Saum*: Einhaltung des Fastenmonats Ramadan *Hadsch*: Pilgerfahrt nach Mekka zur Kaaba
Der Tod ist nur vorläufig. Das Leben insgesamt ist eine Vorbereitung auf das ewige Leben. Am Ende aller Dinge steht die Auferstehung mit Leib und Seele von den Toten.	Der Tod ist nur vorläufig. Das Leben insgesamt ist eine Vorbereitung auf das ewige Leben. Am Ende aller Dinge steht die Auferweckung von den Toten.
Liebe ist der zentrale Begriff der christlichen Ethik. Liebe hat zwei Aspekte: a) Die Liebe zu Gott und b) die Liebe zu den Menschen. Christen glauben, dass auch Ungläubige und Sünder gerettet werden können. Darum ist das Christentum stark missionierend tätig.	Die schwerste Sünde ist die Beigesellung anderer Götter zu Gott. Gott selbst ist der Sinn. Gefordert wird die Ergebung in seinen Willen und die Unterwerfung unter seine Gebote, wie sie durch den Koran, der absolute Autorität hat, offenbart wurden.
Bibel	Koran
Sakramente, Gottesdienst mit Abendmahl	Tägliche rituelle Gemeinschaftsgebete

nach Markus Hattstein

Wahrheit und Wirklichkeit

„Wahr“ und „falsch“

Virtualität und Schein

1 Wirklich wahr?

M1 Tierisch ...

M2 Wer 3 x lügt

a) Die Geschichte von den Fahnen auf Sylt

Es wehen da im Sommer auf Sylt zum Schmuck der Gegend sechs Fahnen, im Abstand von einigen zwanzig Metern. Sie müssten – fast klingt diese Feststellung banal – alle in eine Richtung wehen. Doch: eine dieser Fahnen weht in eine andere. Von sich aus. Ohne menschliche Manipulation. Einfach so. Echtes individualistisches Außenseiterverhalten bei einem „toten Gegenstand“!

b) Die Geschichte von den Fundbürohunden

In der Praxis sieht das so aus: Ein Beamter führt den Hund an den im Büro wartenden Verlierer heran, lässt ihn Witterung aufnehmen und geht mit ihm ins Lager an die in Frage kommenden verlorenen Gegenstände, zum Beispiel Uhren, Brieftaschen oder Ringe, zurück. Nach dem Protokoll der Beamten hat jeder Verlierer bisher unbeanstandet seinen Gegenstand zurückerhalten.

c) Rheumatiker als Wetterfrosch

Ausgangspunkt war die Tatsache, dass manche Menschen ausgesprochen wetterfühlig sind; besonders Rheumatiker spüren kommende Wetterveränderungen oft früher als selbst Wettersatelliten. Als nun Dr. Fritz Heinersen und Dr. Edwin Daggi die Entwicklung eines Gerätes gelang, mit dessen Hilfe man Schmerzströme elektrisch messen kann (ein sogenanntes Algometer), war der Weg frei. In München (ebenso in Frankfurt, Hamburg und Berlin) registrieren Computer diese einlaufenden Informationen, werten sie aus und geben sie zusammen mit anderen Daten bekannt. Die Wettervorhersage ist dadurch wieder ein Stückchen exakter geworden.

Edwin Friesch, S. 64f; S. 103f; S. 159

M3 Baustelle Wahrheit

Klaus Draken, S. 146

M4 Wenn einer nicht die Wahrheit spricht …

Wenn einer nicht die Wahrheit sagt, hat er wohl
gelogen, oder?
Hat er sich vielleicht einfach geirrt?
Ist er vielleicht dumm?
Hat er nicht genau hingesehen?
Oder hat er die Wirklichkeit nicht erfasst?
Kann er sie vielleicht nicht ertragen?
Lebt er in einer Traumwelt, von der er spricht?
Bildet er sich einfach etwas ein?
Ist er vielleicht verrückt und nimmt Dinge wahr,
die gar nicht vorhanden sind?
Oder will er uns schmeicheln?
Will er uns vor der schrecklichen Wahrheit bewahren?
Oder will er nur ein wenig angeben?
Will er uns bewusst täuschen und uns hinters Licht führen?
Will er uns mit seiner Geschichte unterhalten?
Ist er vielleicht Drehbuchautor für Hollywood?
Ist ihm im Alter vielleicht ein Teil seines Gedächtnisses
verloren gegangen?
Kann er vielleicht nicht logisch denken?
Sind Menschen, die nicht die Wahrheit sagen, Dummköpfe,
Lügner, Traumtänzer, Verwirrte, Betrüger, Angsthasen,
besorgte Freunde, fantasievolle Unterhalter –
oder ganz normale Menschen?

Klaus Draken, S. 147

Aufgaben

1. Beschreibe genau, was du auf den Bildern siehst. ➜ M1
2. Woran erkennst du, dass die Bilder nicht der Wirklichkeit entsprechen? ➜ M1
3. Welche der Geschichten ist wahr? Berate dich mit anderen und tauscht dabei Gründe für eure Einschätzungen aus. ➜ M2
4. Erzählt euch in Kleingruppen Geschichten. Die Zuhörer sollen begründen, ob sie die Geschichte für wahr oder falsch halten. Der Erzähler bzw. die Erzählerin schreibt vorher auf eine Karte, ob seine oder ihre Geschichte „wahr" oder „falsch" ist. Wenn alle Zuhörer ihre Einschätzung abgegeben haben, wird die Karte mit der Auflösung gezeigt.
5. Ordne die Wörter auf den Steinen. Bilde Sätze, die diese Wörter beinhalten. Erkläre, in welchen Zusammenhängen diese Wörter benutzt werden. ➜ M3
6. Finde Beispiele für die verschiedenen Formen von Unwahrheit. ➜ M4

Lösung zu Aufgabe 3:
Nur Geschichte a) stimmt. Bei einer bestimmten Windrichtung bricht sich der Wind an einem Haus und lenkt dadurch die eine Fahne in eine andere Richtung als die übrigen.

2 Ratekrimis, Logikrätsel und mehr

M1 Erfolgreiche Kommissare

M2 Ratekrimi: Eine Frage des Stils

Professor Berkley ist pensionierter Professor der Kriminologie. In der folgenden Geschichte hilft er der Polizei herauszufinden, ob die vier gefassten Bankräuber tatsächlich einen fünften Mittäter hatten, der nach ihren Angaben mit der Beute verschwunden ist.

Rasch nahm der Sergeant einen großen Schluck aus seinem Glas. „Vorzüglich, Ihre Limonade, Miss. Äh ... vier Männer wurden verhaftet. Es waren aber insgesamt fünf, oder?“

Miss Morgan machte ein ratloses Gesicht. „Da fragen Sie am besten Mister Herrybert, den Pensionswirt. Soviel ich weiß, hat aber nur einer der Männer die Anmeldung für das Zimmer ausgefüllt. Daran lässt sich nicht ablesen, wie viele Personen sich gestern Nacht tatsächlich oben im Zimmer aufhielten. Da ich den Herrschaften spät am Abend noch eine Flasche Champagner und fünf Gläser bringen musste, ging ich aber davon aus, dass es sich um fünf handelte.“

„Das klingt logisch“, fand Professor Berkley. „Gesehen haben Sie die fünf Männer aber nicht, Miss Morgan?“

„Oh nein, ich habe nur einen kleinen, dicklichen Mann mit Igelschnitt gesehen, der mir öffnete.“ Sie sah sich kurz nach allen Seiten um, bevor sie hinzufügte: „Allerdings ... bitte verraten Sie es nicht Mister Herrybert, aber ... ich habe anschließend noch ein wenig an der Tür gelauscht!“

„Und, was haben Sie gehört?“, fragte der Professor.

„Ja, was haben Sie gehört, Miss?“ Aufgeregt zückte Sergeant Banks seinen Kugelschreiber.

„Na ja, eigentlich nichts, da die Herrschaften sehr leise sprachen. Wirklich deutlich habe ich nur gehört, wie sie miteinander anstießen.“

„Ach ja? Sehr stilvoll, diese Ganoven. Aber sie hatten ja gewissermaßen auch etwas zu feiern, nicht wahr?“ Der Professor hob sein Glas und leerte es in einem Zug. „Wie oft stießen sie denn an?“

„Lassen Sie mich überlegen ... Sechsmal habe ich Champagnergläser gegeneinander klirren gehört. Ja, genau. Sechsmal war es. Ich weiß es deshalb noch, weil die Summe zufällig mit der Zimmernummer übereinstimmte, die auf der Tür stand.“

„Vielen Dank, Miss Morgan.“ Zufrieden schob Professor Berkley sein leeres Glas von sich.

Corinna Harder; Jens Schumacher, S. 32f

M3 Logikrätsel: Völkerkunde in Wachs

Die 60 000-Einwohner-Stadt Darenberg ist seit dem vergangenen Wochenende um eine Attraktion reicher. Unterstützt von Sponsoren aus der heimischen Wirtschaft, haben vier Bildhauer im alten Bahnhofsgebäude ein Wachsfigurenkabinett gestaltet. Zu sehen sind nachgestellte Szenen aus Afrika und drei anderen Kontinenten.

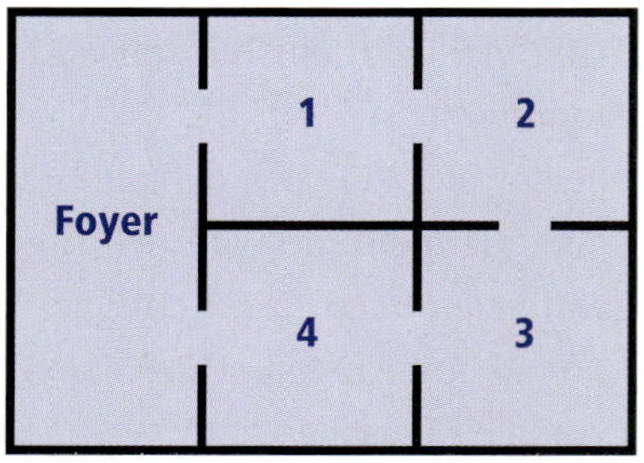

Hinweise:

- In den einzelnen Räumen befinden sich acht, zehn, elf bzw. zwölf Wachsfiguren.
- Einer der Bildhauer heißt Bastian Lotz.
- Hanna Sievers hat den Raum 2 gestaltet.
- Zur Nordamerika-Ausstellung gehören acht Figuren. Die Kennziffer des dazugehörigen Raumes ist eins kleiner als die Kennziffer des Ausstellungsraumes, der von Laura Blümel gestaltet wurde.
- Die Ausstellung in Raum 4 ist Asien gewidmet.
- Die Australien-Figuren – es sind nicht genau zehn – stammen von Gernot Gümbel.
- In Raum 3 befinden sich zwölf Figuren.

Hans-Hermann Sprado, S. 5

M4 Rätsel der Hobbits

In dem Roman „Der kleine Hobbit" trifft Bilbo auf ein seltsames Höhlenwesen namens Gollum. Um Zeit zu gewinnen und den jeweils anderen etwas besser einschätzen zu können, stellen sie sich gegenseitig Rätsel, in denen eine Sache auf merkwürdige Weise beschrieben wird. Der andere muss jeweils darauf kommen, was gemeint ist.

RÄTSEL **1**:

„Zweiunddreißig Schimmel
auf einem roten Hang –
Erst malmen sie,
dann stampfen sie
und warten wieder lang."

RÄTSEL **2**:

„Schreit ohne Stimme,
fliegt ohne Schwinge,
beißt ohne Zahn,
murmelt und pfeift –
kein Mund hat's getan."

RÄTSEL **3**:

„Man kann es nicht sehen,
kann's nicht aufstören,
kann es nicht fressen
und kann's auch nicht hören,
liegt hinter den Sternen
und unterm Gestein,
rieselt in alle Höhlen hinein,
kommt zuerst und folgt auch zuletzt,
löscht alles Leben,
bis keiner mehr schwätzt."

RÄTSEL **4**:

„Der Schrein ohne Deckel,
Schlüssel, Scharnier
birgt einen goldenen Schatz,
glaub es mir!"

RÄTSEL **5**:

„Atemlos lebt es,
kalt wie der Tod schwebt es,
fühlt keinen Durst,
und doch trinkt es,
trägt ein Kettenhemd,
und nie klingt es."

RÄTSEL **6**:

„Etwas, das alles und jeden verschlingt:
Baum, der rauscht, Vogel, der singt,
frisst Eisen, zermalmt den härtesten Stein,
zerbeißt edles Schwert, zerbricht jeden Schrein,
schlägt Könige nieder, schleift ihren Palast,
trägt mächtigen Fels fort als leichte Last."

John Ronald Tolkien, S. 100–105

M5 Der Wahrheit auf der Spur ...

Eine E-Lok zieht einen Zug in nordwestlicher Richtung. In welche Richtung zieht der Dampf?
Was ist beim Elefanten klein und beim Floh groß?
Darf man die Schwiegermutter der Frau seines Bruders heiraten?
Der Gemüsehändler an der Ecke ist 1,83 Meter groß, hat einen Brustumfang von 98 Zentimetern und trägt Schuhgröße 44. Was wiegt er? *www. raetselstunde.de*

Aufgaben

1 Beschreibe, welche Strategien typisch sind für die drei Kommissare bei der Ermittlung ihrer Fälle. → M1

2 Erkläre, wie Professor Berkley zu seiner Lösung gekommen ist, und überprüfe, ob sie richtig ist. → M2

3 Erstelle eine Tabelle mit je einer Spalte für die Räume und je einer Zeile für den Kontinent, die Anzahl der Figuren und den Namen des Künstlers. Woran erkennst du, dass deine Lösung stimmt? → M3

4 Wie lassen sich die Hobbit-Rätsel lösen? Tauscht euch untereinander aus, vergleicht eure Lösungen und bestimmt, welche Lösung die richtige ist. → M4

5 Beantworte alle Fragen und erkläre, wie du zu deiner Lösung gekommen bist. → M5

Die Lösungen zu den Materialien M2–M5 finden sich auf S. 233

▶ Glossar: Paradoxie

3 Kann das sein?

M1 Ich trau meinen Augen nicht!

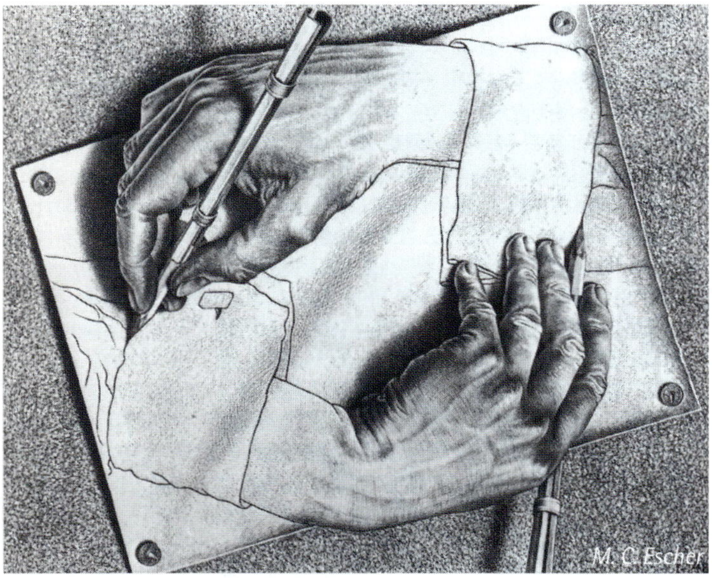

Wenn drei Hasen zu sehen sind
und jeder Hase zwei Ohren hat –
dann haben drei Hasen ...

M2 Das unendliche Hotel

Das *Hotel am Rande des Universums* besitzt eine unendliche Kapazität. Eigentümer ist die Firma Zake Busybod, die für jeden neuen Besucher zwei neue Räume anbaut. Das Hotel ist bei den Gästen sehr beliebt, weil man immer sicher sein kann, ein Zimmer zu bekommen.

Zakes Geschäftspartner Harry wittert plötzlich seine Chance. Er gibt seine Stellung bei Zake auf und baut sein eigenes *Hotel Unendlichkeit* nach denselben Vorgaben wie seine frühere Chefin. Aber natürlich soll sein Hotel besser sein, sonst gäbe es ja keinen Grund für die Gäste, das Hotel zu wechseln. Harry verspricht, dass sein Hotel noch größer sein wird.

Wie kann man aber mehr als unendlich viele Zimmer bauen?

„Hmmm“, überlegte Harrys Manager. „Das Einfachste wäre, wir teilten alle Zimmer in der Mitte, so dass jeweils zwei kleinere Zimmer entstehen. Schließlich sind die Zimmer alle relativ groß, wie es sich für ein *Hotel Unendlichkeit* gehört. Die Bewohner der Zimmer 1 und 2 ziehen also in die Zimmer 1a und 2a, so dass die Zimmer 1b und 2b für spätere Gäste frei bleiben.“

Diese Idee gefällt Harry ausnehmend gut, er wirbt daraufhin mit dem Spruch, sein Hotel besäße doppelt so viele Räume wie das *Hotel am Rande des Universums*.

Als Zake davon hört, verschluckt sie sich beinahe an ihren Cornflakes. „Na warte! Mehr als unendlich viele Zimmer!“ Zake zeigt Harry wegen unlauteren Wettbewerbs an und erklärt, es sei grundsätzlich unmöglich, mehr als unendlich viel von irgendetwas zu besitzen.

nach Martin Cohen, S. 54

M3 Was ist denn jetzt wahr?

Dieser Satz ist falsch!

Der wahre Satz steht in der folgenden Spalte!

M4 Der Barbier vom Hindukusch

Der Herrscher des Hindukusch legte großen Wert auf ein gepflegtes Äußeres seiner Untertanen. Deshalb ließ er den Barbier zu sich kommen und versprach ihm eine hohe Belohnung dafür, dass er alle Bewohner im Land rasiert, die sich nicht selbst rasieren. Der Barbier machte sich eifrig daran, den Auftrag zu erfüllen. Sich selbst rasierte er nicht. Als er nach einiger Zeit wieder vor den König trat, um seine Belohnung abzuholen, fragte dieser ihn: „Und wie steht es mit dir? Hast du dich selbst rasiert?“ Der Barbier musste eingestehen, dass er den Auftrag nicht erfüllt und die Belohnung nicht verdient hatte, bat den König aber um eine zweite Chance. „Die sollst du bekommen“, sagte der König, „aber wenn du den Auftrag dieses Mal nicht erfüllst, bist du des Todes!“ Der Barbier ging davon, um sich erneut an die Arbeit zu machen. Aber dann kam ihm ein entsetzlicher Gedanke, der ihm wie ein Schock in die Glieder fuhr. Noch am gleichen Tag floh er in die Berge, um sich dort zu verstecken. *nach Martin Cohen, S. 17*

M5 Sich nicht verwirren lassen

Unter einem Paradox versteht man einen Widerspruch, der sich – so scheint es zunächst – nicht auflösen lässt. Wenn wir einem solchen Widerspruch ausgesetzt sind, dann ist das in höchstem Maße verwirrend. Was sich widerspricht, das kann doch nicht sein! Wenn alles in der Welt widersprüchlich wäre, würden wir verrückt. Unser Denken ist also darauf angewiesen, dass sich Widersprüche auflösen lassen. Deshalb habe ich genauer untersucht, wodurch die Verwirrung in Paradoxien entsteht.

Dieser Satz ist falsch!

Der <u>wahre</u> Satz steht in der vorhergehenden Spalte!

Manche Paradoxien beruhen darauf, dass die menschliche Vorstellungskraft überfordert wird; so kann sich z. B. niemand wirklich vorstellen, dass etwas unendlich ist, und daher auch nicht, was das Doppelte von unendlich ist usw.

Andere Paradoxien entstehen dadurch, dass eine Aussage auf sich selbst angewendet wird. Nehmen wir z. B. das Paradox des Barbiers. Die Aussage: „Ein Barbier rasiert alle Männer, die sich nicht selbst rasieren“ ist frei von Widerspruch, wenn gemeint ist, dass der Barbier alle anderen Männer rasiert, die sich nicht selbst rasieren. Widersprüchlich wird die Aussage aber dann, wenn gefordert wird, diese Aussage auf sich selbst anzuwenden. Dann scheint es so, als müsse der Barbier – weil er ein Mann ist, der sich nicht selbst rasiert – auch sich selbst rasieren. Wenn er sich aber rasiert, dann ist es – gemäß dem Auftrag, alle zu rasieren, die sich nicht selbst rasieren – falsch, sich zu rasieren. Wenn der Barbier sich aber nun nicht rasiert, dann muss er sich doch rasieren usw.

Eine solche Verwirrung lässt sich jedoch vermeiden, wenn man die Regel aufstellt, dass eine Aussage niemals auf sich selbst angewendet werden darf. Die Forderung, dass alle Männer rasiert werden, die sich nicht selbst rasieren, darf daher nicht für den Rasierenden selbst gelten. Das Verbot der Selbstanwendung ist eine wichtige Regel der Logik. Wenn man sie beachtet, kann man der Verwirrung, die manche Paradoxien erzeugen, entgehen. *Bernd Rolf, S. 151*

Aufgaben

1. Beschreibe, was du auf den beiden Bildern siehst. Kann das sein? ➜ M1
2. Beurteile, ob Harrys Plan gelingen kann oder ob Zake recht hat. ➜ M2
3. Diskutiert: Können die beiden Aussagen gleichzeitig stimmen? Und kann der erste Satz überhaupt für sich stimmen? ➜ M3
4. Erkläre, weshalb der Barbier den Auftrag beim ersten Mal nicht erfüllt hat. Warum versteckt er sich am Ende in den Bergen? Begründe nachvollziehbar. ➜ M4
5. Erkläre, was man unter Paradoxien versteht. Bei welchen Materialien finden sich Paradoxien? ➜ M5

▶ Glossar: Barbier, Hindukusch, Logik

4 Ist doch logisch!

M1 Der Wolf, die Ziege und der Kohl

Ein Bauer kommt mit einem Wolf, einer Ziege und einem Kohlkopf an einen Fluss. Er muss ihn mit einem Boot überqueren, das so klein ist, dass es außer dem Bauern nur noch eines der beiden Tiere oder den Kohlkopf tragen kann. In seiner Gegenwart sind die Tiere folgsam. In seiner Abwesenheit aber würde die Ziege den Kohlkopf und der Wolf die Ziege fressen. Der Bauer möchte aber sowohl die beiden Tiere als auch den Kohlkopf auf die andere Seite des Flusses bringen.

Der Bauer überlegt daher:

- Zuerst könnte ich den Wolf auf die andere Seite bringen. Dann bleiben die Ziege und der Kohl zurück. Dann würde aber die Ziege den Kohl fressen.
- Oder ich bringe zuerst die Ziege hinüber. Dann bleiben der Wolf und der Kohl zurück. Das wäre kein Problem.
- Als Nächstes bringe ich den Kohl hinüber. Dann bleibt der Wolf alleine zurück. Auch das wäre kein Problem.
- Wenn ich dann aber zurückfahre, um den Wolf zu holen, dann bleiben die Ziege und der Kohl auf der anderen Seite zurück – die Ziege würde den Kohl fressen.

Verflixt! Wie kann ich alle drei nur unversehrt auf die andere Seite bringen? *Bernd Rolf, S. 152*

M2 Wo ist Marens Klassenkasse?

So stolz war sie gewesen, als man ihr die Kasse anvertraute – und jetzt war die Kasse verschwunden. Ganz unglücklich saß Maren in ihrem Zimmer und überlegte mit ihrer großen Schwester, was passiert sein könnte. Sie hatte genau Buch geführt, alle Einnahmen und Ausgaben genau aufgelistet, das Geld, das sie jetzt für den Klassenausflug brauchten, x-mal gezählt und in den Umschlag gesteckt. Aber nun war der Umschlag, auf dem „Klassenkasse" stand, weg und sie müsste es morgen dem Klassenlehrer beichten. Sie verstand das alles nicht.

Sie hatte die „Klassenkasse" doch heute Morgen in ihre Schultasche gesteckt – in ihren blauen Rucksack. Da war sie recht sicher.

Oder war es vielleicht doch die blaue Sporttasche gewesen? Leichte Unsicherheit überfiel sie. Aber eingesteckt hatte sie die Kasse ganz sicher. „Denk doch mal logisch nach!", sagte ihre große Schwester. „Wenn du sicher bist, dass du sie eingesteckt hast, und wenn du ebenfalls sicher bist, dass du nur deinen Rucksack und die Sporttasche gepackt hast, dann muss sie doch im Rucksack oder in der Sporttasche sein. Sie kann weder in keiner noch in beiden Taschen sein. Also lass uns noch einmal an beiden Stellen nachsehen." Aber der Umschlag war nicht da, weder in der Sporttasche noch im Rucksack. Dabei hatten die Gedanken ihrer Schwester so logisch geklungen. „Wieso ist die Kasse nicht da drin?", fragte Maren verzweifelt.

■ In der Logik unterscheidet man die Verknüpfung *„und"* von der Verknüpfung *„oder"*. *„Oder"* heißt, dass etwas auf einen von zwei oder mehr Fällen zutrifft. Dann kann man sagen, dass es entweder auf den einen oder auf den anderen Fall zutrifft, aber niemals auf beide. Es kann auch sein, dass es für beide Fälle nicht stimmt. *„Und"* heißt dagegen, dass etwas auf zwei oder mehr Fälle gleichzeitig zutrifft.

„Lass uns mal ruhig nachdenken!", erwiderte ihre Schwester. „Irgendetwas haben wir nicht bedacht. Wenn du die Kasse hattest und sie in eine Tasche gesteckt hast, war sie bestimmt in einer der Taschen. Aber da ist sie offensichtlich nicht geblieben."

„Du meinst, jemand könnte sie wieder herausgenommen haben?", fragte Maren ungläubig. „Zum Beispiel!", antwortete ihre Schwester kurz. „Aber wer nimmt hier in meinem Zimmer etwas aus meinen Taschen?", fragte Maren ganz aufgeregt.

„Dieter!", sagte ihre Schwester plötzlich mit düsterer Miene. Sie mochte den neuen Freund ihrer Mutter nicht, der seit einem halben Jahr bei ihnen wohnte. Maren konnte ihn ganz gut leiden, zumal ihre Mutter vorher so traurig war, seit ihr Vater nicht mehr bei ihnen lebte.

„Das glaube ich nicht!", sagte sie trotzig. „Aber denk doch mal nach!", erwiderte ihre Schwester. „Als du den Müll hinausgebracht hast, da war Dieter hier oben! Er hätte sich doch leicht das Geld aus einer deiner Taschen nehmen können!" Das stimmte natürlich, möglich wäre es gewesen. „Dieter war's!", wiederholte ihre Schwester mit Genugtuung.

■ Damit eine Schlussfolgerung richtig ist, muss sie zwei Bedingungen erfüllen: Erstens müssen die Tatsachen, auf denen sie beruht, gesichert sein. Aber nicht alle denkbaren Kombinationen von gesicherten Tatsachen führen auch zu richtigen Schlüssen. Richtige Schlüsse erhält man nur, wenn man zweitens bestimmte Regeln des logischen Denkens beachtet.

„Das glaube ich trotzdem nicht", sagte Maren nachdenklich. „Du hast zwar recht, dass er hier oben war und die Möglichkeit hatte, aber das reicht nicht aus!"

„Wieso?", fragte jetzt die Schwester erstaunt. „Na, denk doch mal nach! Mama war auch hier und du auch! Jede von euch hatte die gleiche Möglichkeit. Beweist das vielleicht, dass du das Geld genommen hast?" Ihre Schwester war empört: „Du glaubst doch nicht, dass ich deine Klassenkasse klauen würde?!"

„Ich mein' doch nur ...", erwiderte Maren leise, „logisch wäre es genauso möglich." Jetzt wusste ihre Schwester nicht mehr weiter: „Logisch könnten also Dieter, Mama und ich die Kasse genommen haben. Sogar du könntest sie heimlich wieder herausgenommen und das Geld in dein Sparschwein getan haben. Aber das ergibt doch alles keinen Sinn!"

„So ein Mist! Es reicht nicht aus zu wissen, wer alles in der Wohnung war. Damit wissen wir nicht mehr als am Anfang!"

Plötzlich hörten sie ihre Mutter aus dem Badezimmer rufen: „Seht mal, was ich hier in Marens schmutziger Sportwäsche gefunden habe!", rief sie vor der Waschmaschine hockend. Als die beiden Mädchen ins Badezimmer gelaufen kamen, sahen sie ihre Mutter mit dem zugeklebten Briefumschlag in der Hand, auf dem „Klassenkasse" geschrieben stand – und alle schauten gleichermaßen erstaunt. „Ich hatte nur schnell saubere Sportsachen in deinen Sportbeutel gepackt, um die schmutzigen jetzt mitzuwaschen", erklärte sie, „und da fällt mir das hier aus der Wäsche. Das ist aber ein seltsamer Ort, seine Schätze zu verstecken!" Da mussten alle drei lachen.

■ Das, was *logisch denkbar* ist, und das, was *wirklich passiert* ist, muss nicht dasselbe sein. Möglicherweise gibt es neben diesem einen logisch denkbaren Geschehen auch noch andere logisch denkbare Geschehen, von denen eines *wirklich passiert* ist.

Vieles ist also logisch denkbar, aber nur durch einen tatsächlichen Beweis kann gezeigt werden, ob es auch wirklich stimmt.

Klaus Draken, S. 152f

Aufgaben

1. Führe die Gedanken des Bauern fort und löse das Problem für ihn. ➜ M1
2. Finde heraus, welche Rolle die Wörter „und", „oder", „wenn" und „dann" zur Lösung des Problems beigetragen haben. ➜ M1
3. Lies die Geschichte in Abschnitten und wende die farbig hervorgehobenen Informationen auf sie an. ➜ M2

▶ Glossar: Alkuin, Logik

5 Wörtlich genommen

M1 Lästige Spitzfindigkeiten

Philipp liebte es, wörtlich zu nehmen, was einer sagte. Wenn seine Oma ihn ermahnte: „Nun iss doch den Teller auf!", dann nahm er den Teller hoch und tat so, als wolle er hineinbeißen. Nachdem er ihn wieder abgesetzt hatte, sagte er: „Ich würde dir gern den Gefallen tun, aber der Teller ist einfach zu hart." Seine Oma sagte dann immer: „Ach du", und man wusste nicht, ob sie sich ärgerte oder amüsierte. Und als sie, an ihren Sohn gewandt, einmal sagte: „Ich würde gern ein Gläschen trinken", da konnte es sich Philipp nicht verkneifen, seine Oma mit erstaunten Augen anzuschauen und zu bemerken: „Toll, Oma, dass du sogar Glas flüssig machen kannst." Die alte Dame verstand zunächst nicht, was Philipp meinte. Aber dann sagte sie wieder: „Ach du." Klara, Philipps Schwester, hielt ihren Bruder einfach für spitzfindig. Jeder wusste doch, was mit dem Satz „Nun iss doch den Teller auf!" gemeint war. Und das mit dem Gläschen fand sie an den Haaren herbeigezogen, schließlich fehlte nur das Wörtchen „Wein".

M2 Einerseits – andererseits

Als ihr Onkel Hanns zu Besuch da war, glaubte Philipp, einen Verbündeten gefunden zu haben. Denn als Journalist musste er doch genau auf die Sprache achten. „Wir müssen mit dir reden", sagte er zu Hanns. Als es sich die drei bequem gemacht hatten, erzählten Philipp und Klara von ihrer Meinungsverschiedenheit. „Wem gibst du nun recht?", wollte Klara wissen. Sie blickte Hanns hoffnungsvoll an. „Dir", sagte dieser zu Klara gewandt, „und dir auch." Er wandte sich an Philipp. „Einerseits finde ich gut, dass du ein Gespür oder Gehör für Sprache hast und merkst, wie ungenau wir oft reden. Ich finde es auch nicht gut, wenn im Krankenhaus eine Schwester zum Oberarzt sagt: ‚Der Blinddarm auf Zimmer 17 hat sich über das Essen beschwert'. Mit Menschen oder über sie so zu reden, davon halte ich nichts."
Klara aber sagte spitz: „Und was ist mit ‚andererseits'?"
Hanns schaute seine Nichte an: „Andererseits wissen wir doch genau, was gemeint ist, wenn sich jemand verkürzt ausdrückt. Da sagt einer: ‚Ich stehe im Halteverbot.' Wir wissen: Sein Wagen steht im Halteverbot. Da sagt einer: ‚Ich habe Goethe gelesen.' Wir wissen: Er hat Werke von Goethe gelesen."
Philipp war nicht zufrieden. Er sagte: „Da hat ein Lehrling vom Malermeister den Auftrag bekommen, zwei Fenster zu streichen. Nach einer Stunde kommt er zum Meister und sagt voller Stolz: ‚Ich habe beide Fenster fertig gestrichen. Sogar die Rahmen.'"
Philipp wartete, bis Hanns zu Ende gelacht hatte. Klara hatte keine Miene verzogen. Dann fuhr er fort: „Siehst du, wenn der Meister *Fensterrahmen* gesagt hätte, dann hätte der Lehrling nicht die Fenster zugekleistert. Man muss sich immer korrekt ausdrücken."
„Ja und nein", sagte Hanns. „Man sollte sich stets so ausdrücken, dass man von dem Adressaten wirklich verstanden wird. In einem Artikel schreibe ich kurz und knapp: *Berlin verständigte sich mit dem Weißen Haus.* Jeder politisch interessierte Leser wird wissen, was gemeint ist. Wenn ich mit einem achtjährigen Kind spreche, rede ich anders."
„Du meinst also, dass wir beide recht haben?" Klara schaute zuerst Hanns, dann ihren Bruder an. Der streckte seiner Schwester ganz kurz die Zunge heraus.
„Ja, das stimmt. Übrigens haben alle Beispiele, über die wir gesprochen haben, einen gemeinsamen Namen. Das sind alles sogenannte Metonyme, Umbenennungen. Man verwendet nicht den eigentlichen Ausdruck, sondern einen, der damit ganz eng zusammenhängt. *Das Stadion tobte.* Tobten nicht die Besucher? *Er zog das Eisen.* In Wirklichkeit zog er die Waffe, die aus Eisen besteht. *Diese Medizin ist gesund.* Ist sie selbst gesund? Streng genommen nicht, sondern sie macht gesund. Aber so reden wir, und es ist erlaubt, Metonyme zu benutzen, solange ... Ihr wisst, wie's weitergeht." Hanns hielt inne. Er lehnte sich entspannt zurück.

M1, M2 nach Helmut Engels, S. 104ff

M3 Ein Tisch ist ein Tisch

Ein einsamer alter Mann litt darunter, dass sich in seinem Leben nichts mehr veränderte. Eines Tages hatte er eine Idee:

„Immer derselbe Tisch“, sagte der Mann, „dieselben Stühle, das Bett, das Bild. Und dem Tisch sage ich Tisch, dem Bild sage ich Bild, das Bett heißt Bett, und den Stuhl nennt man Stuhl. Warum denn eigentlich?“ Die Franzosen sagen dem Bett „li“, dem Tisch „tabl“, nennen das Bild „tablo“ und den Stuhl „schäs“, und sie verstehen sich. Und die Chinesen verstehen sich auch.

„Weshalb heißt das Bett nicht Bild“, dachte der Mann und lächelte, dann lachte er, lachte, bis die Nachbarn an die Wand klopften und „Ruhe“ riefen. „Jetzt ändert es sich“, rief er, und er sagte von nun an dem Bett „Bild“. „Ich bin müde, ich will ins Bild“, sagte er, und morgens blieb er oft lange im Bild liegen und überlegte, wie er nun dem Stuhl sagen wolle, und er nannte den Stuhl „Wecker“.

Er stand also auf, zog sich an, setzte sich auf den Wecker und stützte die Arme auf den Tisch. Aber der Tisch hieß jetzt nicht mehr Tisch, er hieß jetzt Teppich. Am Morgen verließ also der Mann das Bild, zog sich an, setzte sich an den Teppich auf den Wecker und überlegte, wem er wie sagen könnte.

Der alte Mann kaufte sich blaue Schulhefte und schrieb sie mit den neuen Wörtern voll, und er hatte viel zu tun damit, und man sah ihn nur noch selten auf der Straße.

Dann lernte er für alle Dinge die neuen Bezeichnungen und vergaß dabei mehr und mehr die richtigen. Er hatte jetzt eine neue Sprache, die ihm ganz allein gehörte.

Hie und da träumte er schon in der neuen Sprache, und dann übersetzte er die Lieder aus seiner Schulzeit in seine Sprache, und er sang sie leise vor sich hin. Aber bald fiel ihm auch das Übersetzen schwer, er hatte seine alte Sprache fast vergessen, und er musste die richtigen Wörter in seinen blauen Heften suchen. Und es machte ihm Angst, mit den Leuten zu sprechen. Er musste lange nachdenken, wie die Leute zu den Dingen sagen.

Seinem Bild sagen die Leute Bett. Seinem Teppich sagen die Leute Tisch. Seinem Wecker sagen die Leute Stuhl. Seinem Bett sagen die Leute Zeitung. Seinem Stuhl sagen die Leute Spiegel. Seinem Fotoalbum sagen die Leute Wecker. Seiner Zeitung sagen die Leute Schrank. Seinem Schrank sagen die Leute Teppich. Seinem Tisch sagen die Leute Bild. Seinem Spiegel sagten die Leute Fotoalbum.

Und es kam so weit, dass der Mann lachen musste, wenn er die Leute reden hörte. Aber eine lustige Geschichte ist das nicht. Der alte Mann konnte die Leute nicht mehr verstehen, das war nicht so schlimm. Viel schlimmer war, sie konnten ihn nicht mehr verstehen. Und deshalb sagte er nichts mehr. Er schwieg. Sprach nur noch mit sich selbst, grüßte nicht einmal mehr.

nach Peter Bichsel, S. 18-27

M4 Sprache verwirrt

Die meisten Menschen halten Sprache für ein Verständigungsmittel. Ich dagegen glaube, dass Sprache nur Verwirrung stiftet. Die Bezeichnungen, die wir uns für die Dinge ausdenken, sind oft töricht und schlecht, so dass Namen und Dinge meistens nicht eindeutig zugeordnet werden können. Dadurch wird das Bild der Welt verfälscht und wir werden getäuscht. Die Worte helfen uns nicht, die Welt zu verstehen, sondern verwirren eher alles. Das führt zu zahllosen Streitigkeiten.

Jörg Peters, S. 155

Francis Bacon

Aufgaben

1. Diskutiert, ob Philipps Verhalten spitzfindig ist. → M1
2. Wie ist Onkel Hanns' Auffassung zu Aussagen wie „der Blinddarm auf Zimmer 17“? → M2
3. Was sind Metonyme (= Umbenennungen)? Sucht weitere Beispiele für Umbenennungen. → M2
4. Begründe, warum der Versuch des alten Mannes, die Bezeichnung für die Dinge zu ändern, scheitern muss. → M3
5. Diskutiert Bacons kritische Haltung zur Sprache. → M4

▶ Glossar: Bacon

6 Auf die Perspektive kommt es an

M1 Aus drei Blickwinkeln

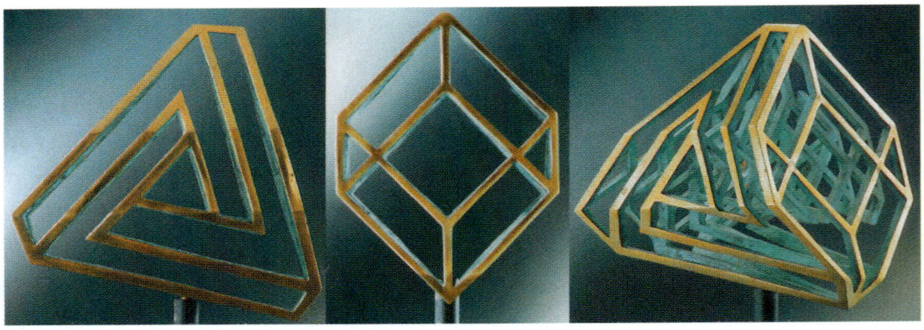

M2 Die alte Frau

„Sag mal, Jenny, kennst du die alte Frau, die in der Schillerstraße wohnt?“, fragte Doro ihre Freundin. „Meinst du die Frau, die sich so schräg kleidet und eine riesige Nase hat?“, entgegnete Jenny. „Ja, genau. Sie schaut immer so ernst drein und hat ein vorstehendes Kinn.“ „Genau“, stimmte Jenny Doro zu, „aber besonders entsetzlich finde ich ihr Kopftuch und die Feder, die aus ihren Haaren herausguckt.“ „Mir macht diese Frau richtig Angst. Wenn sie ihren Pelzmantel trägt, sieht sie aus wie eine Hexe“, sagte Doro. „Ja“, pflichtete Jenny bei, „ich weiß genau, was du meinst. Wenn ich sie sehe, gehen mir die gleichen Gedanken durch den Kopf.“

M3 Die junge Schönheit

„Ich war gestern Abend mit meinen Eltern in einer Varieté-Vorstellung“, erzählt Jonas seinem Freund Sven. „Flic-Flac?“, fragt Sven. „Woher weißt du das?“, entgegnet Jonas überrascht. „Mein Gott, das ist doch wohl klar. In der ganzen Stadt hängen diese Plakate, auf denen eine wunderschöne junge Frau abgebildet ist. Mit ihren dunklen Haaren, ihren Wimpern und ihrer Mähne wirkt sie sehr anziehend. Ihre Haare hat sie sich hinter die Ohren geklemmt – auch das passt ausgezeichnet zu ihrer Gesamterscheinung. Die eng anliegende Halskette, die Feder, die aus ihren Haaren hervortritt, und der Pelz, den sie über ihre bloßen Schultern gelegt hat, lassen sie zudem verführerisch erscheinen.“ „Genau, Sven. Und diese Frau habe ich gestern Abend live gesehen, sie ist wirklich umwerfend!“

M4 Der Nachbar

Es ist Mai. Herr Fischer sitzt an seinem häuslichen Schreibtisch und arbeitet an seinem neuesten Buch. Durch das Fenster kann er in das Haus seines Nachbarn, Herrn Schmidt, sehen, der ebenfalls Arbeiten am Schreibtisch erledigt. Mit der Zeit beginnt sich Herr Fischer unwohl zu fühlen, es ist kalt geworden, die Außentemperatur ist gesunken. Er beobachtet nun, wie sein Nachbar aufsteht, aus dem Haus geht, eine Axt nimmt und einige Holzstämme kamingerecht zerkleinert. Er sieht, wie Herr Schmidt mit den Holzscheiten ins Haus zurückkehrt und ein Feuer im Kamin anzündet. Während er dies beobachtet, scheint es ihm einleuchtend, dass sein Nachbar das Feuer gemacht hat, weil es ihn gefroren hat.

Herr Schulz, ein anderer Nachbar, hat das Geschehen ebenfalls verfolgt. Vor einigen Tagen hatte Herr Schmidt ihm erzählt, er habe eine neue Bekanntschaft gemacht und wolle die junge Dame einmal zu sich einladen, um sie besser kennenzulernen. „Aha“, denkt er sich, „gleich erwartet er Besuch und möchte der Dame imponieren. Bei romantischem Feuer am offenen Kamin kann man ja gut einander näherkommen.“

Zur gleichen Zeit kommt Herr Becker an Schmidts Haus vorbei. Herr Schmidt hatte ihm einmal von seinen Schwierigkeiten mit dem Vermieter erzählt, der ihn immer schikaniere: „Wenn der mir noch einmal so kommt, dann werde ich ihm das Haus anzünden!“ „Er wird doch nicht ernst damit machen?“, denkt sich Herr Becker und läuft auf Herrn Schmidt zu, um ihn von seinem Vorhaben abzuhalten. *M2-M4 Jörg Peters, S. 156*

M5 Optimist und Pessimist

Wie unterscheiden sich ein **Optimist** und ein **Pessimist**?

Ein Pessimist würde sagen, dieses Glas sei zur Hälfte **leer**, ein Optimist dagegen würde behaupten, das Glas sei halb **voll**.

Klaus Draken, S. 157

M6 Meine Welt

Helen Keller erkrankte als Kleinkind von 19 Monaten und konnte seitdem weder sehen noch hören. Dass sie trotzdem lesen lernte und später Schriftstellerin wurde, verdankte sie einem fühlbaren Fingeralphabet. Im folgenden Text schildert sie, wie sie die Welt wahrnimmt.

Draußen erkenne ich durch Geruch- und Tastsinn den Grund, worauf wir gehen, und die Stellen, woran wir vorbeikommen. Zuweilen, wenn es windstill ist, sind die Gerüche so gruppiert, dass ich den Charakter der Landschaft erkenne und eine Heuwiese, einen Dorfladen, einen Garten, eine Scheune, ein Bauerngehöft mit offenen Fenstern, ein Fichtenwäldchen gleichzeitig ihrer Lage nach erkenne. Neulich schritt ich einem mir vertrauten Walde zu. Plötzlich ließ ein störender Geruch mich verdrießlich stillstehen. Dann folgte ein eigentümliches taktmäßiges Schwirren und diesem ein schwerer dumpfer Donner. Ich verstand den Geruch und die Erschütterung nur zu gut. Die Bäume wurden gefällt. Wir kletterten auf den Steinwall zur Linken; er begrenzt den Wald, den ich so lange geliebt habe, dass er mir als ein eigener Besitz erscheint. Heute aber sagte mir ein früher unbekanntes Rauschen der Luft und eine ungewohnte Flut von Sonnenwärme, dass meine Freunde, die Bäume, fort waren. Der Platz war leer wie eine verlassene Wohnung. Ich streckte meine Hand aus. Wo einst die wurzelfesten Fichten standen, groß, schön, duftig, da berührte meine Hand jetzt raue, feuchte Stümpfe.

Helen Keller, S. 34

M7 Kalt oder warm?

Kommt es nicht öfters vor, dass beim Wehen des gleichen Windes dem einen von uns kalt ist, dem anderen nicht, und der eine nur unmerklich, der andere heftig friert? Wollen wir nun über den Wind als solchen sagen, dass er kalt oder dass er nicht kalt ist, oder sollen wir sagen, dass er für den Frierenden kalt sei und für den anderen nicht?

Jörg Peters, S. 157

Sokrates

Aufgaben

1 Beschreibe die drei Bilder. Wieso siehst du dreimal unterschiedliche geometrische Figuren, obwohl es sich um denselben Gegenstand handelt? ➜ M1

2 Führt im Kurs folgendes Experiment durch. Haltet euch dabei genau an die Anweisungen: Teilt den Kurs in mehrere Gruppen. Einige Gruppen lesen M2, einige M3. Schaut euch alle anschließend das Bild auf S. 207 an und schreibt auf, was ihr seht. Vergleicht eure Ergebnisse und diskutiert, wie sie zustande gekommen sind. ➜ M2, M3

3 Beschreibe, wie Herr Fischer, Herr Schulz und Herr Becker das Verhalten von Herrn Schmidt verstehen. Erkläre, warum sie verschiedene Sichtweisen haben. ➜ M4

4 Ist das Glas halb voll oder halb leer? ➜ M5

5 Malt das, was ihr nach der Beschreibung von Helen Keller vor eurem geistigen Auge seht. Beschriftet die einzelnen Dinge mit den Wahrnehmungen von Helen Keller. ➜ M6

6 Beantworte die Frage des Sokrates. ➜ M7

▶ Glossar: Fingeralphabet, Keller, Paradoxie, Sokrates

7 Was heißt „wahr“?

M1 ... von einem anderen Stern

Jan suchte im Stadtpark hinter den Büschen nach dem Ball, den Hans verschossen hatte. Irgendwo musste er doch sein. Er konnte sich schließlich nicht einfach aufgelöst haben. Das war doch *offensichtlich*, oder? Da sah er plötzlich dieses lilafarbene Wesen, das ihn mit staunendem Blick betrachtete.

„Wer bist du?“, fragte er neugierig.

„Ich komme aus dem Sternensystem um Gliese 581, so nennen eure Wissenschaftler unsere Heimat“, antwortete es mit einer sympathischen Mädchenstimme. Davon hatte Jan noch nie gehört. Aber er hatte schon darüber nachgedacht, ob es außerhalb der Erde noch intelligentes Leben geben könnte – so etwas wie die grünen Marsmännchen, von denen immer die Rede war. Ob die Beschreibungen und Geschichten über sie tatsächlich mit der Wirklichkeit übereinstimmten? Aber dieses Wesen sah lilafarben aus! Und es war wirklich da! „Also lila Männchen – bzw. Mädchen, die gibt es wirklich“, dachte er. Das musste wahr sein, denn er sah das lila Wesen wirklich vor sich stehen. „Lila Mädchen gibt es, *das entspricht der Wirklichkeit.*“

Jetzt merkte Jan erst wieder, dass das Wesen ihn immer noch ansah. Es dachte wohl auch über ihre seltsame Begegnung nach, denn plötzlich sagte es: „Ich frage mich gerade, ob mir meine Freunde das abnehmen, wenn ich ihnen erzähle, dass ich auf einem anderen Planeten intelligente Lebewesen getroffen habe.“

„Mich und dich gibt es!“, erwiderte Jan. „Das ist wahr, egal ob jemand auf der Erde oder bei euch meint, es gebe kein intelligentes Leben außerhalb seines Planeten!“

„Stimmt eigentlich!“, antwortete das Wesen nach kurzem Nachdenken. „Aber woran erkennt man das?“

Da fiel Jan etwas ein: „Wenn du ihnen erzählst, dass du mich hier getroffen hast, dann kannst du z.B. nicht mehr sagen, es gebe kein Leben auf der Erde. Das wäre doch ein *Widerspruch.*“

„Und wenn ich dann Post von dir bekäme oder wir miteinander chatten würden“, überlegte das Wesen emsig weiter, „dann muss ich davon überzeugt sein, dass es dich hier auf der Erde gibt. Wenn ich das nicht glauben würde, könnte ich mich so nicht verhalten. Dann müsste ich dich ignorieren oder denken, dass ich mir etwas einbilde oder spinne.“

Doch plötzlich sah Jan das Problem auch für sich: „Also, wenn ich das meinen Freunden erzähle ... Ich glaube, die erklären mich für verrückt.“

„Hhm“, erwiderte das Wesen, „du kannst ihnen doch einfach sagen, dass es wahr ist. Du kannst ihnen erzählen, warum du jetzt an Lebewesen von anderen Planeten glaubst. Warum solltest du dir so etwas denn ausdenken?“

„Das nutzt doch nichts!“, sagte Jan niedergeschlagen. „Ob man eine unglaubliche Geschichte einfach so erzählt oder zusätzlich *behauptet, sie sei wahr, macht doch keinen Unterschied!* Wahrscheinlich glauben meine Freunde nur das, *was alle für wahr halten.* Und wenn sich alle außer mir darauf einigen, dass ich spinne und mir unsere Begegnung nur eingebildet habe, dann ist mein Wissen für sie nicht wahr.“

Das Wesen versuchte zu helfen: „Am besten wäre, wenn du *Beweise* hättest.“

„Ja!“, rief Jan aus. „Ich mache ein Foto von dir!“ Er holte sein Handy heraus, sah sie im Display und drückte auf den Auslöseknopf. *Klaus Draken, S. 158*

M2 Alles bloß Ansichtssache?

Manchmal hört man, dass alles bloß Ansichtssache ist. Was sagen Sie als Philosoph dazu?

Prof. L. Ogisch: Mit dieser Behauptung kann man zwar anstrengende Diskussionen beenden, aber das löst doch kaum ein Problem in der Welt. Schließlich sind wir darauf angewiesen, gemeinsame Überzeugungen zu haben, damit das Zusammenleben überhaupt funktioniert.

Also brauchen wir Wahrheit?

Prof. L. Ogisch: Aber sicher! Deshalb denken Philosophen seit Jahrtausenden darüber nach, wie man sie bestimmen kann. Und sie haben so einige Dinge herausgefunden.

Wie kann ich mir das vorstellen?

Prof. L. Ogisch: Früh kam man z. B. darauf, dass Wahrheit in vielen Fällen für jeden offensichtlich erkennbar ist. Für Sie und mich ist gleichermaßen offensichtlich, dass es wahr ist, dass wir beide hier sitzen und uns unterhalten. Das wird niemand bezweifeln.

So einfach macht es sich die Philosophie?

Prof. L. Ogisch: Natürlich nicht, und etwas genauer geschaut kann man die Wahrheit dieser Aussage auch anders begründen: Dass wir uns hier unterhalten, stimmt mit der Wirklichkeit überein!

Was ich sage, ist wahr, wenn es mit der Wirklichkeit übereinstimmt. Das leuchtet ein! Aber was, wenn man das nicht so leicht erkennen kann?

Prof. L. Ogisch: Dann kann man zunächst einmal schauen, ob Aussagen in sich keine Widersprüche enthalten. Wenn ich Ihnen z. B. erzähle, dass ich gestern Mittag um 12:00 Uhr mitteleuropäischer Zeit in New York gegessen habe, und Ihnen anschließend erzähle, dass ich zu dieser Zeit in Paris im Museum war – würden Sie mir das glauben?

Aber ganz bestimmt nicht!

Prof. L. Ogisch: Aber wieso nicht? Sie waren doch gar nicht da! Sie können doch gar nicht wissen, ob meine Aussagen mit der Wirklichkeit übereinstimmen!

Aber sicher doch! Sie widersprechen sich doch selbst!

Prof. L. Ogisch: Sehen Sie! An inneren Widersprüchen von Aussagen kann man erkennen, dass sie nicht stimmen.

Wahre Aussagen müssen also widerspruchsfrei sein. Aber sind deswegen schon alle widerspruchsfreien Aussagen wahr?

Prof. L. Ogisch: Nicht unbedingt. Aber wenn sich viele – idealerweise sogar alle Menschen – nach einem vernünftigen Austausch aller Kenntnisse und Argumente auf etwas einigen, dann kann man doch recht sicher davon ausgehen, dass diese Einigung der Wahrheit entspricht.

Ich versuche einmal zusammenzufassen: Ganz so einfach ist es mit der Wahrheit in der Philosophie nicht, aber dennoch scheint es wichtig, nach ihr zu suchen?

Prof. L. Ogisch: Und am erfolgversprechendsten machen wir das gemeinsam, im vernünftigen Gespräch, im Austausch von Gründen und Argumenten.

Klaus Draken, S. 159

Projekt: Ausstellung „Wahr oder falsch?"

Wenn Ihr Spaß daran bekommen habt, die Unterscheidung von wahr und falsch zu untersuchen, dann lasst auch eure Mitschülerinnen und Mitschüler aus anderen Kursen daran teilhaben.
Stellt dazu eine Ausstellung zusammen, in der ihr Fantasiebilder, Rätsel, Paradoxien, logische Schlüsse und Fehlschlüsse, verwirrende Wortspielereien, Blicke aus unterschiedlichen Perspektiven und Ähnliches zusammentragt.
Dann lasst eure Mitschüler/innen probieren, wie sie wahr von falsch unterscheiden können.
Am Ende solltet ihr aus Gründen der Fairness allerdings auch die Auflösung zu euren Ausstellungsstücken anbieten.

Aufgaben

1. Diskutiert: Würdet ihr Jan als Freund glauben? Warum bzw. warum nicht? ➜ M1
2. Stelle die von Jan und dem lilafarbenen Wesen genannten Gründe, warum etwas für wahr gehalten werden kann, in einer Liste zusammen. ➜ M1
3. Warum kann man nicht sagen, dass alles bloß Ansichtssache ist? Begründe deine Antwort. ➜ M2
4. Woran machen Philosophen fest, dass etwas wahr ist und dass etwas nicht wahr sein kann? Lege dazu eine Tabelle mit zwei Spalten an. ➜ M2

8 In welchen Welten leben wir?

M1 Traum verursacht durch …

Dies ist ein Ausschnitt aus einem Bild von Salvador Dalí. Der Titel des Bildes beginnt mit: „Traum, verursacht durch …"

M2 Ein ganz spezieller Traum?

6:30 Uhr: Ein langsames und monotones Dröhnen wurde immer lauter und brachte König Maximilian davon ab, dem Gesandten aus dem fremden Land zu erlauben, sich seinem Thron zu nähern, um ihm die Geschenke zu überreichen. Schade eigentlich, denn Geschenke mochte er natürlich sehr gern. Aber offensichtlich hatte der Wecker dafür gesorgt, dass er nun nicht mehr König Maximilian in einem fernen Land bleiben konnte, sondern sich damit abfinden musste, dass er der Max war, der wohl doch zur ersten Stunde in der Schule sein musste. Das war nicht einfach, denn er mochte natürlich das Land, in dem er regierte, viel mehr als dasjenige, in dem er „nur" der Sohn oder der Schüler war. Aber man konnte wohl nichts machen.

Am Frühstückstisch erzählte er seinen Eltern, dass er sehr gut geschlafen hatte und dass er schon wieder davon geträumt hatte, König zu sein.

Das war ihm schließlich jetzt schon einige Male passiert und er konnte sich einfach nicht erklären, woran das lag. Der Traum kam immer wieder und setzte sich jede Nacht ein wenig fort: Mal war es ein Empfang, mal waren es Regierungsgeschäfte, die er zu erledigen hatte. Aber jedes Mal, wenn er aufwachte, fand er sich in seinem Bett und nicht mehr in seinem Palast vor. Heute war es umso schlimmer, denn abgesehen von der Mathearbeit in der ersten Stunde hatte er nachmittags noch einen Termin beim Zahnarzt. Widerwillig nahm er also seine Jacke und seine Tasche und rannte los, um den Bus nicht zu verpassen. Als er sich völlig außer Atem auf seinen Stammplatz im Bus setzte, hörte er gerade, wie sein Lieblingslied begann, und er schloss die Augen und wartete ab, bis der Bus an der Schule zum Stehen kommen würde.

Es war 7:30 Uhr, als er von den Klängen endlich genug hatte und seine Augen öffnete. Was er sah, beruhigte und beunruhigte ihn zugleich. „Sagen Sie, wie kann man eigentlich unterscheiden, ob man schläft oder wach ist?" Keiner seiner königlichen Berater konnte ihm diese Frage beantworten. Er ließ die Botschafter aus dem fernen Land in den Saal bitten und ging seinen Alltagsgeschäften nach. Was für ein Albtraum!

M3 Ein traumhaftes Leben?

Hochverehrte Exzellenz König Max,

mit Interesse habe ich vernommen, was Ihnen widerfahren ist, und möchte Ihnen in diesem Brief meine Ansicht dazu kundtun. Die Tatsache, dass Sie in jeder Nacht träumen, ein Junge in einer uns fremden Welt zu sein und dort zum Beispiel zum Unterricht gezwungen werden, sollte Sie nicht beunruhigen.

Am Ende wird sich bei aller Dauer und bei allem Zusammenhang, der Ihnen in den Träumen erscheint, zeigen, dass das, was Sie in ihnen sehen, Sie viel weniger berührt als das, was Sie im wachen Zustand sehen. Das liegt daran, dass die Abfolge in einem Traum sprunghaft sein kann. Auch im wirklichen Leben können Sie Wandlungen beobachten. Aber sie geschehen nicht so plötzlich wie in einem Traum. Das Leben, so glaube ich, ist daher nur ein um ein Weniges weniger unbeständiger Traum.

Mit Hochachtung, Ihr Blaise Pascal

M2, M3 Matthias Gillissen, S. 160

M4 Traum oder Wachsein?

An: max@info.de
Betreff: könig

Lieber Max,
ich habe gerade von deinem Problem gehört. Dass du jede Nacht glaubst, ein König zu sein, ist doch irgendwie komisch. Aber dass du jetzt gerade wach bist, weil du vor deinem Computer sitzt und diese Mail liest, scheint dir doch wohl klar zu sein, oder? Ich kenne diesen Zustand nur zu gut. Ich bilde mir nämlich oft im Schlaf ein, ich würde eingemummelt in eine Decke und mit einer Tüte Chips bewaffnet vor dem Fernseher sitzen und mir einen Horrorfilm anschauen. Meistens wache ich dann verschwitzt auf und merke, dass ich vielmehr im Bett liege und meine Bettdecke (wahrscheinlich vor Angst) weggestrampelt habe!
Jetzt gerade geht es mir wie dir. Mir ist, als wüsste ich genau, dass ich zurzeit in meinem Büro sitze und dir diese Mail schreibe. Warum das so ist, fragst du? Ich bin wach und schaue mit wachen Augen auf den Computer. Mein Kopf, den ich hin und her bewege, kann doch nicht schlafen. Und mit Bedacht strecke ich gerade meine Hand aus, um die Computertastatur zu berühren. So deutlich, wie ich sie fühle, könnte ich sie nie im Schlaf fühlen. Also muss ich davon ausgehen, dass ich wach bin!
MOMENT! Bevor du falsche Schlussfolgerungen ziehst, solltest du noch folgenden Gedanken beachten: Ich erinnere mich nämlich gerade, dass ich im Traum auch schon durch ähnliche Gedankengänge, wie ich sie dir gerade für den Wachzustand geschildert habe, genarrt worden bin. Wenn ich genauer darüber nachdenke, dann wird mir klar – und dir wahrscheinlich auch –, dass es keine sicheren Kennzeichen dafür gibt, wodurch Wachsein von Träumen unterschieden werden kann. Ob du es glaubst oder nicht, dieser Gedanke macht mich ganz betroffen und diese Betroffenheit führt dazu, dass ich davon ausgehen muss, dass ich gerade träume.
Wie du siehst, handelt es sich hier um ein recht schwieriges Problem, das sich nicht so einfach lösen lässt. Ob du nun tatsächlich ein König bist oder ob du nur träumst, du seist ein König, wirst du nie eindeutig feststellen können, es sei denn, du findest eine Möglichkeit, durch die sich mit Sicherheit bestimmen lässt, ob du dich im Wachzustand oder Traum befindest.
Viele Grüße
René Descartes

Jörg Peters, S. 161

M5 Wanderer zwischen den Welten

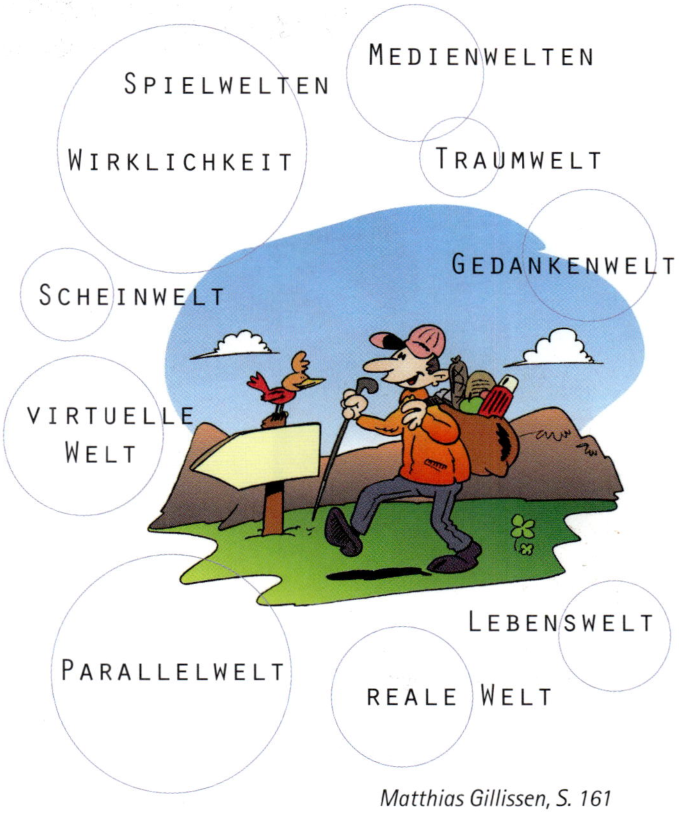

Matthias Gillissen, S. 161

Aufgaben

1 Beschreibe, was du auf dem Bild erkennst. ➜ M1
2 Wie könnte der Rest des Bildtitels* lauten? ➜ M1
3 Welche „Welt" hältst du für die wirkliche Welt, in der Max lebt? Warum? ➜ M2
4 Was würdest du Max als philosophischer Berater antworten? Ist das wirklich ein Albtraum für Max oder ist seine Situation vielleicht gar nicht so schlimm oder sogar ganz „normal"? Schreibe Max einen Brief, in dem du ihm deine Auffassung darstellst. ➜ M2
5 Welche Antworten geben der Brief und die E-Mail an Max? Fasse die Positionen kurz in eigenen Worten zusammen. ➜ M3, M4
6 Können diese Positionen am Ende Max' Frage beantworten? Warum (nicht)? Begründe. ➜ M3, M4
7 Erkläre die einzelnen Begriffe, ordne sie einander zu und zeige auf, inwiefern sie miteinander in Beziehung stehen. ➜ M5

▶ Glossar: Dalí, Descartes, Pascal

* Original: „Traum, verursacht durch den Flug einer Biene um einen Granatapfel, eine Sekunde vor dem Aufwachen"

9 Das Spiel des Lebens

M1 Spielwelten

M2 Ansichten über das Spiel(en)

Es war ein ganz normaler Nachmittag. Ben und Kevin saßen wie immer in Bens Zimmer und langweilten sich fast zu Tode.

Ben: Mann, ist das langweilig. Ich wünschte, es würde mal was passieren. Ich wär' jetzt gern in einem richtigen Freizeitpark mit Achterbahn und so …

Kevin: Ich weiß gar nicht, was du hast. Wir haben hier doch alles Mögliche am Start. Wir könnten doch schnell noch ein Spiel herunterladen, in dem man Achterbahn fährt.

Ben: Nein, nein, ich finde, etwas zu spielen ist nicht das Gleiche, wie es wirklich zu machen.

Kevin: Aber es gibt doch auch Spiele, bei denen man total viel lernt. Wenn ich nur daran denke, dass mein kleiner Bruder, der gerade mal drei ist, immer mit seinen Autos spielt. Für ihn ist das fast wie Wirklichkeit.

Ben: Jetzt hör' aber auf. Die Wirklichkeit ist doch ganz anders als ein Spiel. Im Spiel kann einem doch eigentlich gar nichts passieren. Wenn man spielt, dann spielt man, um zu gewinnen und sonst nichts. Das Schlimmste, was passieren kann, ist, dass man verliert. Aber im richtigen Leben, da ist noch Gefahr und Risiko.

Kevin: Aber das – finde ich – ist doch genau das Schöne am Spiel, dass man eben nichts riskiert und doch alles ausprobieren kann. Außerdem muss man ja gar nicht immer gewinnen. „Dabei sein ist alles!", hat uns doch unser Fußballtrainer letztens noch gesagt, als wir verloren haben.

Ben: Oh Mann, wenn man aber nicht gewinnen will, wofür soll man dann denn eigentlich spielen? Also ich finde, wenn man schon absehen kann, dass man verlieren wird, dann macht's keinen Spaß mehr.

Kevin: Aber die meisten fangen dann an zu betrügen und die Regeln zu umgehen. Dann ist es doch kein Spiel mehr. Jedes Spiel hat doch auch immer seine ernsten Seiten, die beachtet werden müssen, auch wenn vieles zufällig geschieht.

Ben: Hey, guck mal. Ich hab' „Spielen" in die Suchmaschine eingegeben und dieser Friedrich Schiller hat gesagt: „Der Mensch spielt nur, wo er in voller Bedeutung des Wortes Mensch ist, und er ist nur da ganz Mensch, wo er spielt." Was soll das denn wohl heißen?

Matthias Gillissen, S. 162

M3 Hier tobt das volle Leben!

Mit dem *Spiel des Lebens Generation Now* kannst du das Leben immer wieder neu entdecken! Plane deine Karriere jedes Mal anders und stelle fest, wie dein Lebensweg dann verläuft. Gehe Risiken ein, probiere es mit einem anderen Beruf, erkunde die verschiedenen Spielplanbereiche *Lernen!*, *Verdienen!*, *Lieben!* und *Leben!* und gestalte dein Leben so, wie du es dir immer gewünscht hast. Genauso wie in der Realität, hast du mit deinen Unternehmungen hier manchmal Glück und manchmal Pech. Finde heraus, was dir das Leben alles zu bieten hat!

M4 Fußballspiel und Spiel des Lebens

Das Leben ist gelegentlich als ein Spiel bezeichnet worden und in der Tat lassen sich zwischen einem Spiel und dem Leben viele Gemeinsamkeiten feststellen. Man kann die Aspekte, die ein Spiel ausmachen und auch für das Leben von Bedeutung sind, anhand eines Fußballspiels beschreiben:

Ein *räumlicher* Rahmen, der Fußballplatz: Auch das Leben spielt sich immer an festgelegten Orten ab.

Eine *zeitliche* Begrenzung, die Spielzeit: Sie ist auch im Leben von Bedeutung, das Leben als solches ist zeitlich begrenzt.

Ein *Gegenstand*, mit dem gespielt wird, der Ball: Das ist im Leben jeweils eine der vielen Angelegenheiten, um die es Menschen geht.

Mehr als einer, der spielt, so dass einem auch „mitgespielt" werden kann: Dies erfahren wir im täglichen Leben durch unsere Mitmenschen.

Regeln, die zu beachten sind, insgeheim jedoch auch mal umgangen werden: Das Leben der Menschen unterliegt ebenfalls vielfachen Regeln und nicht selten werden diese Regeln auch umgangen.

Der *Schiedsrichter*, der die Einhaltung der Regeln überwacht und Regelverletzungen bestraft: Solche Institutionen kennt jeder aus dem täglichen Leben.

Ein *Zweck* des Spiels, das Toreschießen: Nicht anders ist es im Leben, unser Handeln ist auf bestimmte Zwecke ausgerichtet.

Ein *Machtspiel* mit „dem Gegner", der zwar das Problem des Spiels darstellt, in Wahrheit aber dessen Garant ist: Auch im Leben geht es ständig darum, sich mit Gegenspielern auseinanderzusetzen.

Der *Sieg* über die andere Mannschaft als Ziel des Spiels: Niederlagen und Misserfolge ebenso wie Siege und Erfolge stellen auch im Leben ständige Herausforderungen dar.

Taktik und Strategie, die einer Mannschaft zum Erfolg verhelfen können: Im Leben ist es nicht anders, man kommt weiter, wenn man sich die Strategien zurechtlegt und bestimmte Taktiken verfolgt.

Technisches *Können*: Ohne dass man etwas kann, kommt man auch im Leben nicht zurecht.

Ein *Training*, das darauf abzielt, die fußballerischen Leistungen zu verbessern: Solche Übung ist auch im Leben Voraussetzung für Spitzenleistungen.

Das *Zusammenspiel* mit Mitspielern, da sich auf diese Weise weitaus mehr Möglichkeiten als bei einem Alleingang realisieren lassen: In allen Bereichen des Lebens kommt man weiter, wenn man gemeinschaftlich handelt.

Zuschauer: Ohne sie wirkt das Geschehen gespenstisch. Auch unser Leben findet in der Öffentlichkeit statt; ständig erfahren wir Rückmeldungen, Anfeuerungen und Buh-Rufe unserer Mitmenschen.

Vor allem aber die *Freiheit* und *Freiwilligkeit*, auf die es gründet, nicht Notwendigkeit: Ein Müssen ist kein Spiel. Auch für das Spiel des Lebens ist es entscheidend, dass eine Beteiligung daran auf Freiheit und Freiwilligkeit, nicht auf Notwendigkeit beruht. Dazu gehört, dass in allen Angelegenheiten des Lebens grundsätzlich eine Wahl oder Abwahl möglich ist.

Darüber hinaus fallen jedoch einige *Unterschiede* zwischen dem Spiel und dem Leben als Spiel ins Auge: Das Spiel ist gewöhnlich vorgeformt und der einzelne Spieler gliedert sich in diese vorgegebene Form ein. Im Leben dagegen sind einige Vorgaben nicht genau bekannt, und in vielen Fällen hat das Individuum selbst die Formgebung vorzunehmen, sich etwa die Lebensregeln, die es befolgen will, selbst zu geben. Anders als bei jedem Spiel kann im Leben nicht sehr häufig wieder von vorne angefangen werden, um es anders und besser zu machen. Was geschehen ist, ist geschehen und prägt alle weitere Existenz. Daher kann ein Misslingen im Leben noch bitterer erscheinen als im Spiel.

nach Wilhelm Schmid (2004), S. 22-28

Aufgaben

1. Partnerarbeit: Erstellt eine umfassende Mindmap zum Thema Spiele. Überlegt dann gemeinsam: Warum gibt es Spiele, warum spielen wir? ➜ M1
2. Welche Aspekte zur Bedeutung des Spiels werden von Ben und Kevin diskutiert? ➜ M2
3. Ist das „Spiel des Lebens" ein Spiel des Lebens? Warum (nicht)? ➜ M3
4. Erstelle eine Tabelle, in der ihr die Aspekte des Fußballspiels mit denjenigen des Lebens gegenüberstellt. Ergänze die Aspekte, die nicht genannt werden. ➜ M4

10 Bist du dein Avatar?

M1 Avatar

Diese Bilder stammen aus dem Film *Avatar – Aufbruch nach Pandora* von Regisseur James Cameron. Das Bild oben zeigt Jake Sully, den Hauptcharakter, vor seinem Avatar, der noch nicht „geboren" ist. Als dieser Avatar lernt er die Welt eines fremden Volkes kennen, während er an ein Programm angeschlossen ist.

Dieses Bild zeigt ihn als Avatar in der Welt der Na'vi mit Neytiri, einer Stammesangehörigen, die ihn in die Welt ihres Volkes einführen soll. An einer Stelle im Film sagt Jake Sully, als er aus der Welt seines Avatars in die Wirklichkeit zurückkehrt: „Alles ist verkehrt rum. Da draußen ist die wirkliche Welt. Und das hier drin ist der Traum."

M2 Was ist überhaupt ein Avatar?

Das Wort „Avatar" kennen die meisten wahrscheinlich aus Filmen oder Zeichentrickfilmen. Dort wird der Avatar meist als jemand bezeichnet, der im Mittelpunkt der Handlung steht und dessen Auftrag es ist, die Welt wieder in ein Gleichgewicht zu bringen, z. B. weil sie durch einen Krieg zwischen den Völkern des Wassers, der Erde, der Luft und des Feuers durcheinandergeraten ist. Nur der Avatar kann dieses Ungleichgewicht ausbalancieren.
Ein Avatar begegnet uns allerdings auch in der Welt des Internets. Dort wird das Bild oder die Person als Avatar bezeichnet, die man sich als Benutzer gewählt hat, um sich durch sie in dieser Welt repräsentieren zu lassen. Das kann zum einen ein Bild sein, das man auswählt oder hochlädt oder sogar eine kleine 3D-Animation. Diese Avatare benutzt man z. B. in Internetforen (Chatrooms oder bei Instant Messaging), um sich mit einem Bild darzustellen. Zur Erstellung solcher Avatare gibt es auch einige Portale im Internet, die Ideen und Hilfe anbieten. Viele Benutzer verwenden allerdings auch Fotos von sich selbst oder Bilder, die sie schön finden. Oft ist es so, dass man im Internet von den Leuten, mit denen man Kontakt hat, dann nur die Avatare kennt – zumindest was ihr Aussehen angeht.
Ähnlich ist der Avatar, den man sich bei Rollenspielen aussucht. Das ist dann die Figur, deren Rolle man eingenommen hat und die man durch die virtuelle Welt bzw. durch die Geschichte lenkt, um mit ihr Abenteuer zu erleben.
Der Begriff Avatar kommt ursprünglich aus den indischen Religionen. Dort bezeichnet „Avatara", das aus der alten Sprache Sanskrit kommt, die Verkörperung eines Gottes auf Erden, und zwar insbesondere des Gottes Vishnu. Er nimmt auf der Erde Gestalt an, um die bedrohte Weltordnung zu schützen oder wiederherzustellen.

M1, M2 Matthias Gillissen, S. 164

M3 **„crazy@avatarencheck.de"**

M4 **Du stehst auf Blonde, oder?**

Folgende Geschichte ist tatsächlich ähnlich in Frankreich geschehen:

Heute ist *der* Tag aller Tage. Als Nick nachmittags einen flüchtigen Blick auf die Schlagzeilen der heutigen Zeitung wirft, bevor er sie zum Altpapier legen will, fällt ihm eine Schlagzeile sofort auf. „Welcher andere Nick heute wohl Geburtstag hat?"

Nach der Lektüre des Artikels ist Nick dann erstaunt. Woher hat die Zeitung all diese Informationen über ihn?

Als seine Eltern davon erfahren, gehen sie zu einem Anwalt und wollen gerichtlich gegen die Zeitung vorgehen, weil sie gegen den Schutz der Privatsphäre verstoßen habe.

Nach ein paar Recherchen geben die Anwälte Nicks Eltern wenig Hoffnung: Alles was die Zeitung geschrieben hatte, hatte Nick vorher in seinen Internetprofilen selbst preisgegeben.

Herzlichen Glückwunsch zum Geburtstag, Nick!

Wir dürfen Dich doch Nick nennen, oder Nicholas? So wirst Du doch von allen Freunden genannt und das schon, seit Du in der Grundschule bist. Klar, Du kennst uns nicht, aber wir wissen schon so einiges über Dich. Du bist 14 Jahre alt und besuchst die Gesamtschule. Momentan bist Du ohne Freundin, aber das soll sich bald ändern. Letzten Sommer hast Du im Urlaub dieses Mädchen kennengelernt, aber der Kontakt ist abgebrochen. Sie hat einfach nicht mehr zurückgeschrieben. Obwohl Ihr Euch doch letzten August geschworen hattet, dass Ihr zusammenbleiben würdet. Schließlich hast Du sie ja auch geküsst und ihr eine kleine Kette geschenkt. Aber das ist jetzt vorbei und deshalb bist Du „auf der Suche". Wir glauben nicht, dass es schwer wird, denn schließlich gehst Du ja am Samstag auch zu Sarahs Party und Lea, die Dich letztens so angesehen hat, kommt auch. Sie ist (noch) Tims Freundin. Leider können wir uns da nicht treffen, weil Sarah ja keine LAN-Party macht, sondern eine von diesen Partys, auf denen nur Musik gespielt wird. Na ja, wenn Ihr meint, dass Ihr „draußen" bleiben müsst. Da bleiben wir lieber „drin" (im Netz) und schauen uns andere Profile an, aber spätestens morgen lesen wir ja, wie's war.

Matthias Gillissen, S. 165

Aufgaben

1. Erkundigt euch genau über den Film. Warum sagt Jake das im Film? Hat er Recht? ➜ M1
2. Nenne Gemeinsamkeiten der verschiedenen Bedeutungen des Wortes „Avatar"? Warum wurde der Film so genannt? ➜ M1, M2
3. Welches dieser Bilder ist „crazy" für dich? Begründe. ➜ M3
4. Diskutiert darüber, ob euch dasselbe passieren könnte. ➜ M4

▶ Glossar: Avatar, Privatsphäre, Vishnu

11 Realitätsverlust

M1 Simulation echten Lebens?

Das Simulationsspiel *Die Sims* ist ein weltbekanntes und beliebtes Computerspiel. Seit der ersten Ausgabe im Jahr 2000 wurde es nach Angaben des Herstellers über 100 Millionen Mal verkauft und ist in 22 Sprachen erhältlich.

Bei dem Spiel geht es darum, dass der Spieler eine eigene virtuelle Familie, genannt „die Sims", erschafft, um deren Figuren er sich dann „kümmert". Dabei sind der Gestaltung der einzelnen Charaktere mittlerweile, d. h. bei neueren Versionen, keine Grenzen mehr gesetzt. Nicht nur, dass man aus verschiedenen Gesichtszügen, Haarfarben, Augenfarben bis hin zu den Nasenwinkeln und den genauen Mund- und Augenpartien wählen kann, natürlich sind auch die Kleidung und damit der Stil jedes einzelnen Sim frei wählbar. Es gibt sogar Kleidungskonzerne, die ihre Modelle virtuell in die Läden der Sim-Welt stellen.

Aber das ist nicht alles: Wenn der Spieler seine Figuren kreiert, kann er ihnen bis zu fünf von über 80 verschiedenen Charakteren mitgeben, die seine Persönlichkeit festlegen. So kann ein Sim z. B. glücklich, träumerisch, ehrgeizig, draufgängerisch, kleptomanisch, perfektionistisch, romantisch oder sogar böse und verrückt gemacht werden.

Ziel ist es, der virtuellen Familie ein schönes Leben zu ermöglichen, indem man den einzelnen Charakteren möglichst viel Glück beschert. Dieses Glück hat natürlich bei jedem einzelnen Sim verschiedene Züge, ganz nach dem Charakter, den man für ihn gewählt hat. Ständig ist der Spieler damit beschäftigt, das Glücksgefühl hochzuhalten. Er muss Wünsche erfüllen und immer daran arbeiten, die Welt der Sims zu erweitern und zu verschönern.

M2 Simst du schon oder lebst du noch?

Stell' dir vor: Gestern Abend haben dich Unbekannte so stark betäubt, dass du – nachdem du hundemüde ins Bett gefallen warst – im Tiefschlaf nicht gemerkt hast, dass sie dich entführt und in ein Dauerkoma versetzt haben. Dann haben sie dein Gehirn und dein Nervenzentrum an einen Hochleistungscomputer angeschlossen, der alles, was du bisher kanntest, perfekt simulieren kann: alles, was du siehst, hörst, riechst, schmeckst, fühlst, und auch alles, was du über dich, deine Umwelt, deine Familie und Freunde weißt.

Als du heute Morgen meintest aufzuwachen, war es nur der Computer, dessen Programm dich aufwachen ließ. Aber du hast nicht den kleinsten Unterschied bemerkt. Zwar gab es hier und da ein paar merkwürdige Dinge auf dem Weg zur Schule: Der Bus war ausnahmsweise genauso unpünktlich an der Haltestelle wie du, in deiner Tasche hattest du komischerweise doch noch genug Geld, um dir ein Brötchen zu holen. Aber alles in allem, ist dir nichts aufgefallen.

Und jetzt sitzt du hier und überlegst, ob das wohl sein kann? Warum eigentlich nicht? Was von dem, was du heute schon erlebt hast, ist ganz ohne Zweifel nicht durch ein Programm simuliert? Vielleicht bist du ja nur ein Sim. Vielleicht sind wir alle nur Sims. Vielleicht gibt es jemanden, der mit uns spielt und wir merken es nur nicht. Vielleicht gibt es gar keine merkwürdigen Ereignisse, weil alles eine andere Ordnung hat.

M1, M2 Matthias Gillissen, S. 166

M3 Erebos

Nick hat sich auf das Computerspiel Erebos eingelassen, ein Spiel, das man nur einmal spielen kann und das einen hohen Suchtfaktor aufweist. Gerade hat sein Avatar Sarius einen Kampf nicht erfolgreich abschließen können und ist geschwächt worden. Ein Bote, der Sarius schon mehrmals aus der Klemme geholfen hat, erscheint und fordert ihn auf, einen Auftrag in der Wirklichkeit zu erfüllen. Nick / Sarius stimmt zu:

„Ich werde den Auftrag erledigen. Er kann ruhig schwierig sein. Kein Problem." „Ich bin erfreut, das zu hören. Lass mich dir zuerst eine Frage stellen. Mr Watson ist dein Englischlehrer?" „Ja." „Man sagt, er trägt oft eine Thermoskanne mit sich herum. Stimmt das?" „Ja. Ich glaube, da ist Tee drin." „Gut. Du wirst in der Schule eine kleine Flasche finden. Ihren Inhalt sollst du in die Thermoskanne von Mr Watson schütten. Welcher Art dieser Inhalt ist, hat dich nicht zu kümmern. Nun? Hast du alles verstanden?" Sarius atmet tief durch. Es ist ein Spiel, nicht? Wahrscheinlich verlangt der Bote nur eine Mutprobe und in dem Fläschchen ist Milch. Oder Traubenzucker. „Ich tu es." „Ausgezeichnet. Ich erwarte morgen deinen Bericht."

Nick findet die kleine Flasche, die Pillen enthält, und schleicht sich ins Lehrerzimmer. Doch er kippt die Tabletten nicht in Mr Watsons Thermoskanne. Da Nick den Beipackzettel gelesen hat, weiß er, dass die Menge der Tabletten seinen Englischlehrer umbringen würde. – Am Abend meldet sich der Bote im Computerspiel bei Nick / Sarius:

„Du hattest einen Auftrag", sagt der Bote. „Ja." „Hast du ihn erfüllt?" „Ja." „Erzähle mir davon." Sarius fasst sich kurz und erzählt schließlich, dass er die Pillen in den Tee geschüttet hat. „Alle?", will der Bote wissen. „Ja." „Gut. Was hast du mit der leeren Flasche getan?" „Weggeworfen." „Gut." Wieder tritt Schweigen ein. Der Bote lehnt sich vor, seine gelben Augen verfärben sich rötlich. „Erkläre mir etwas." *Ich war dumm, er weiß es, er weiß alles …* „Einer meiner Späher fand die Flasche. Sie war voll." Sarius ist heiß vor Panik. Eine Erklärung, schnell … „Vielleicht hat der Späher die falsche Flasche gefunden." „Du lügst. Andere Späher melden, Mr Watson sei bei bester Gesundheit. Er sei noch immer in der Schule." „Möglicherweise hat Mr Watson noch nicht von seinem Tee getrunken", wirft Sarius hastig ein. „Oder er hat ihn weggeschüttet, weil er durch die Pillen bitter geschmeckt hat." „Du lügst. Ich habe keine Verwendung mehr für dich."

Nicks Avatar wird kurzerhand aus dem Spiel eliminiert. Damit hat er seine Chance, der Top-Spieler zu werden, „vergeben". In welche Abhängigkeit ihn das Spiel, das er nie wieder spielen kann, gezogen hat, zeigen seine Gedanken:

Mit jedem neuen Tag verliert meine Realität an Wert. Sie ist laut und ohne Ordnung, unvorhersehbar und mühevoll.
Was kann sie denn, die Realität? Hungrig machen, durstig, unzufrieden. Sie verursacht Schmerzen, sie schlägt mit Krankheit um sich, sie gehorcht lächerlichen Gesetzen. Vor allem aber ist sie endlich. Immer führt sie zum Tod.
Was zählt und Kraft hat, sind andere Dinge: Ideen, Leidenschaften, sogar Wahnsinn. Alles, was sich über die Vernunft emporhebt.
Ich entziehe der Realität meine Zustimmung. Ich verweigere ihr meine Mithilfe. Ich verschreibe mich den Verlockungen der Weltenflucht und stürze mich mit ganzem Herzen in die Unendlichkeit des Irrealen.

nach Ursula Poznanski, S. 287-298; S. 219

1 Erkundige dich weiter über das Spiel *Die Sims* und auch über andere ähnliche Simulationsspiele. Suche Gründe dafür, dass sie so erfolgreich sind. Was ist der Unterschied zwischen Simulationsspielen und anderen Computerspielen? ➜ M1

2 Erstelle einen Charakter deiner Wahl und begründe, warum du deinen eigenen Charakter (nicht) übernimmst. ➜ M1

3 Kann die Geschichte wahr sein? Was wäre, wenn wir alle nur simuliert wären? Würde das etwas an der Art und Weise ändern, wie wir miteinander und mit uns selbst umgehen? ➜ M2

4 Recherchiert, wer oder was Erebos ist. Wieso hat Erebos so viel Macht über die Spieler, die sich auf dieses Computerspiel einlassen? ➜ M3

5 Welche Gedanken hat Nick (Z. 34-48) und warum sind sie gefährlich? Begründe deine Antworten. ➜ M3

▶ Glossar: Avatar, Kleptomanie

Aufgaben

12 Die Realität der Bilder

M1 „Der Verrat der Bilder“

René Magritte, Der Verrat der Bilder (Dies ist keine Pfeife), 1929

M2 Das Bild in der Alltagssprache

Das musst du dir mal bildlich vorstellen!

Das ist wirklich ein Bilderbuchwetter!

Schau mal, auf dem Bildschirm erkennt man alles ganz genau.

Es tut mir leid, aber hierbei handelt es sich nur um eine Nachbildung.

Schau mal, ist das nicht bildhübsch?

Sokrates ist mein großes Vorbild.

Das existiert doch nur in deiner Einbildung!

Jeden Morgen sehe ich mein Spiegelbild.

Um den Täter fassen zu können, brauchen wir ein Phantombild von ihm.

Matthias Gillissen, S. 168

M3 Das Bild als Nachahmung der Wirklichkeit

Wir wissen alle, was ein Bild ist, aber wenn wir danach gefragt werden, ist es doch schwierig, es genau zu sagen. Ein Bild ist etwas, das etwas anderes abbildet, sagt man. Natürlich geht das nur, wenn zwischen dem, was das Bild zeigt, und dem, was es abbildet, eine Ähnlichkeit oder eine Form der Nachahmung besteht. Mein Freund Michael zeigte mir einmal ein Bild, das ein Straßenkünstler im letzten Urlaub in Paris von seiner Freundin Tina angefertigt hatte. Es schien ein begabter Künstler gewesen zu sein: Tina war gut getroffen, ich erkannte sie sofort. Ich erkannte sie deshalb, weil das, was das Bild mir zeigte, Tina ähnlich ist, weil es eine gute Nachahmung von Tina darstellt. Ganz so einfach, wie es scheint, ist es aber nicht. Denn um zu beurteilen, ob das, was ich auf dem Bild sehe, Tina ähnlich ist, muss ich ja schon eine Vorstellung davon haben, wie Tina aussieht. Jemand, der keine Vorstellung davon hat, wie Tina aussieht, würde in dem Bild des Straßenkünstlers nicht Michaels Freundin erkennen.

Ich muss also offenbar schon ein Bild von Tina im Kopf haben, um zu erkennen, dass das, was das Bild mir zeigt, Tina ist. Unsere Vorstellungen und Erinnerungen scheinen aus Bildern zu bestehen. Dann wären sie aber Nachahmungen dessen, was es in Wirklichkeit gibt. Das haben jedenfalls die sogenannten Abbildtheoretiker behauptet. Das bedeutet, dass man sich nur das vorstellen kann, was man vorher schon einmal gesehen oder irgendwie wahrgenommen hat.

Bernd Rolf, S. 168

M4 „Das hab' ich ja noch nie gesehen!"

Matthias Gillissen, S. 169

M5 Das Gezeigte ist nicht anwesend

Hallo, mein lieber gelber Freund! Ich heiße Jean-Paul Sartre und möchte versuchen, dir deine Frage zu beantworten. Eigentlich ist dein Problem einfach zu lösen, denn ich brauche nicht alles wahrgenommen zu haben, um in mir eine Vorstellung von dir zu haben. Dass ich dich sehe, hängt nämlich ganz von meiner Vorstellungskraft ab. Wie wichtig die Vorstellungskraft ist, kennst du wahrscheinlich aus dem Kunstunterricht. Wenn deine Lehrerin oder dein Lehrer der Klasse ein Bild zeigt, stellt sie oder er bestimmt häufig die Frage: „Was seht ihr in diesem Bild?" Und diese Frage richtet sich an die Vorstellungskraft.

Jean-Paul Sartre

Du fragst dich jetzt bestimmt, was denn nun diese Vorstellung bzw. Vorstellungskraft eigentlich ist. Um dem Begriff auf die Spur zu kommen, muss man sich klarmachen, dass es ein großer Unterschied ist, ob ich etwas wahrnehme oder ob ich mir etwas vorstelle. Schaue ich mir beispielsweise ein Bild an, so nehme ich ich zum einen den Träger des Bildes wahr – also den Rahmen und die Leinwand mit den Farben – und andererseits sehe ich das, was dargestellt wird, z. B. das Bild einer Pfeife. Dieses ist etwas anderes als das Material, die Farben auf der Leinwand und der Rahmen. Das, was auf dem Bild dargestellt wird, die Pfeife, ist nur in meiner Vorstellung gegeben.

Das wirft die Frage auf, was diese Vorstellung eigentlich ist. Man muss drei Arten von Vorstellungen unterscheiden. Erstens: Das, was sich in meiner Vorstellung befindet, gibt es gar nicht wirklich – wie z. B. eine gelbe Schwammkopf-Figur, die spricht. So etwas wie dich habe ich noch nie in Wirklichkeit gesehen.

Nun könntest du mir sagen: „Aber etwas Ähnliches gilt auch für dich, den großen französischen Philosophen. Du bist doch schon 1980 gestorben und trotzdem bist du im Moment irgendwie da." Ich antworte dir: Das ist richtig gedacht. Das ist nämlich ein gutes Beispiel für die zweite Art von Vorstellung: die Vorstellung, die sich auf etwas bezieht, was tatsächlich einmal existiert hat, aber jetzt nicht mehr existiert.

Die dritte Art von Vorstellung bezieht sich auf Dinge oder Personen, die tatsächlich existieren, die aber jetzt hier nicht zu sehen sind. Dies ist z. B. der Fall bei der Freiheitsstatue von New York, von der fast jeder eine Vorstellung hat, obwohl er sie gerade nicht anschaut.

Verstehst du, was ich meine? Ein Bild ist immer etwas, das in unserer Vorstellung existiert. Bilder können sich in unterschiedlicher Weise auf die Wirklichkeit beziehen, dürfen aber nicht mit der Wirklichkeit verwechselt werden. Wenn ich mir ein Bild anschaue, sehe ich eigentlich gar nicht das, was wirklich auf der Leinwand wahrzunehmen ist, die Farben usw. Was ich eigentlich sehe, ist vielmehr eine Vorstellung dessen, was gezeigt wird. Das, was ein Bild zeigt, ist eigentlich gar nicht „da", es existiert nur in meiner Vorstellung. Ich nenne diese Form der Anwesenheit des Gezeigten eine „anschauliche Abwesenheit".

Matthias Gillissen, S. 169

Aufgaben

1. Erkläre den Text auf dem Gemälde von Magritte. → M1
2. Was ist denn nun ein Bild? → M2
3. Überprüfe, inwiefern sich die Abbildtheorie auf die Aussagen und Redewendungen anwenden lässt. Von welcher Art Bild ist jeweils die Rede? Kennst du noch weitere Beispiele? → M2, M3
4. Was ist das Besondere an Schwammkopf? Warum kann er diese Frage stellen? → M4
5. Welche Unterscheidungen trifft Jean-Paul Sartre? Stellt sie in einer Übersicht auf einem Plakat dar. → M5
6. Was meint Sartre mit „anschaulicher Abwesenheit"? Erläutert den Begriff am Beispiel der Pfeife aus M1. → M1, M5

▶ Glossar: Magritte, Sartre

13 Realität, Simulation, Virtualität

M1 Was es im Internet (nicht) alles gibt …

„Die volle, reiche Erfahrung der Elternschaft ohne das Durcheinander und die Lästigkeit der wirklichen Dinge! Lieben Sie Kinder, haben aber keine Zeit, sich um sie zu kümmern?

„Video-Baby ist für sie da!"

Bitte wählen Sie auch aus folgenden Angeboten aus:

Ärzte • Berater • Experimente
Familien • gute Taten • Identitäten
Mumien • Museen • Popstars
Rundgänge • Schlägereien • Schulen
Tests • Tiere • Tierfriedhöfe • Wälder • …

Jeder findet, was er braucht!

M2 Ich und Ich

Wenn ich am Computer sitze
und spiele oder online bin, …
… bin ich ich selbst …
… heiße ich Kay …
… bin ich schwach …
… und doch auch nicht!

Matthias Gillissen, S. 170

M3 Ich kann fliegen …

Hi, Ben, mein neues Computerprogramm ist absolut irre. Ein Flugsimulator – da glaubst du wirklich, du sitzt im Cockpit eines Flugzeuges. Du kannst die Instrumente bedienen, alles total realistisch. Du hast das Gefühl, als ob du tatsächlich fliegst. Du siehst die Landschaft unter dir vorüberziehen und kannst die Landebahn eines Flughafens ansteuern. Ein tolles Gefühl. Das muss ich dir unbedingt mal zeigen.

M4 Was ist Virtualität?

Um zu erklären, was Virtualität ist, setzt man am besten bei der Simulation an. Eine Simulation zeichnet sich dadurch aus, dass etwas, das es wirklich gibt, z.B. das Fliegen mit einem Flugzeug, künstlich dargestellt wird. Man hat dabei den Eindruck, als ob das, was einem da vorgemacht wird, wirklich sei. Diese besondere Art zu sein bezeichnet man im weiteren Sinn als virtuell. Das Virtuelle ist etwas, das für wirklich gehalten wird, ohne wirklich zu sein.

Im engeren Sinne wird Virtualität als eine gesteigerte Form der Simulation verstanden. Bei einer Simulation ist einem der Unterschied zwischen der simulierten Welt und der Wirklichkeit immer bewusst, man hat z.B. das Gefühl, man fliegt, aber weiß, dass dies nicht wirklich der Fall ist. Von Virtualität spricht man insbesondere dann, wenn die Simulation *total* ist, wenn nicht *einzelne* Elemente der Welt wie das Fliegen oder das Autofahren, simuliert werden, sondern eine *ganze* Welt simuliert wird. Dann wird der Unterschied zwischen simulierter Welt und wirklicher Welt nicht mehr wahrgenommen und man hat das Gefühl, die simulierte Welt ist die wirkliche.

M3, M4 Jörg Peters, S. 170

M5 Vorprogrammiertes Glück?

Der Philosoph Wolfgang Welsch nutzt das Beispiel eines virtuellen Babys aus M1, um die Auswirkungen virtueller Realitäten auf uns zu verdeutlichen.

Natürlich weiß der Benutzer um den Unterschied zwischen Simulation und Realität. Aber der springende Punkt ist: Dieser Unterschied bedeutet immer weniger. Die Simulation wird ohne Weiteres als Ersatz der Realität ergriffen, ja als eine vollkommenere Version des Realen geschätzt. Babys werden zunehmend wie Video-Babys wahrgenommen, und ihre Abweichungen vom elektronischen Idealbild gelten nicht etwa als Zeichen von Menschlichkeit, sondern als lästige Unvollkommenheiten. Das Reale wird immer mehr an der Idealvorstellung, die durch solche Simulationen vermittelt wird, gemessen.
Das, was wir als Wirklichkeit verstehen, wird durch die virtuelle Welt der Medien miterzeugt. Woher weiß ein Kind in Deutschland, wie die Freiheitsstatue aussieht, ohne je da gewesen zu sein? Woher hat ein Schüler seine Vorstellung davon, wie es in weit entfernten Ländern aussieht? Durch die Medien und Möglichkeiten der virtuellen Realität stehen wir vor der Möglichkeit, unsere wirkliche Welt nur dadurch zu erkennen, dass wir sie mit virtuellen Welten vergleichen und vermischen. *nach Wolfgang Welsch, S. 238-247*

M6 Braucht die Wirklichkeit einen Kommentar?

Tatsächlich gibt es schon Technologien, die die Wirklichkeit mit virtueller Realität mischen. Bei der so genannten *Augmented Reality (AR)* oder *Erweiterten Realität* werden z.B. Kameras mit einer Software ausgerüstet, die Informationen zu den Dingen, die man sehen kann, aus dem Internet hinzufügen.
Der Betrachter sieht zwar die reale Welt, erhält aber zusätzlich dazu passende virtuelle Bilder oder Texte. In wenigen Jahren sollen auch Kontaktlinsen auf den Markt kommen, in die ein Mini-Display eingebaut ist, das wiederum Bilder vor das Auge projiziert. So sieht man z.B. bei einem Stadtrundgang, wie die Gebäude früher aussahen, oder wird beim Autofahren bei der Orientierung unterstützt, wenn auf der Windschutzscheibe Pfeile den Weg zum Ziel zeigen.

Neben technischen gibt es auch ethische Grenzen. Zum Beispiel macht eine neue Software auch Folgendes möglich:
Nachdem eine fremde Person durch den Sucher der Handykamera anvisiert ist, schickt das Telefon die Aufnahme per Mobilfunk an eine Datenbank. Das Programm durchsucht zum Beispiel Profile bei Facebook, Einträge bei Twitter oder Bücherwunschlisten bei Amazon. Ist die Person identifiziert, landen dort hinterlegte Informationen auf dem Handydisplay – zumindest wenn die abgelichtete Person diese Daten freigegeben hat. *nach Thorsten Quandt*

Aufgaben

1. Sammelt Vor- und Nachteile zu den Beispielen aus der Welt des Internets und beurteilt abschließend, ob diese Dinge wirklich nötig sind und was ihren Reiz ausmacht. ➜ M1
2. Schreibe gemäß des Beispiels Aussagen über dich selbst auf. ➜ M2
3. Was leistet eine Simulation, was kann sie nicht leisten? ➜ M3
4. Benenne die Unterschiede zwischen Virtualität und Simulation. ➜ M4
5. Wo begegnen euch virtuelle Realitäten und Simulationen? Erstellt eine Liste. ➜ M1-M4
6. Stellt in eigenen Worten dar, was die Grundaussage von Welsch ist. Inwiefern könnt ihr ihm zustimmen? Inwiefern nicht? ➜ M5
7. Was hältst du von AR-Technologien? Glaubst du, dass sie eine Zukunft haben? Begründe deine Antwort. ➜ M6
8. Was verstehst du unter den genannten ethischen Grenzen? Welche weiteren Beispiele fallen dir ein? ➜ M6

Grundwissen

Was wir wissen

Ist die Welt wirklich so wie wir sie erleben?
Im Alltag gehen wir davon aus, dass da draußen eine Welt ist, die von uns unabhängig existiert. Weiter gehen wir davon aus, dass sie genau so ist, wie wir sie erleben – der Himmel ist blau, der Schnee auf dem Autodach ist kalt, die Rose in meiner Hand duftet und die Nachtigall im Gebüsch singt wunderbar.
Die Selbstverständlichkeit des Alltags wird durchbrochen, wenn wir uns klarmachen, dass die Welt auch ganz anders sein könnte als wie wir sie erleben – der Himmel ist rot, der Schnee auf dem Autodach ist heiß, die Rose duftet nicht und die Nachtigall im Gebüsch ist wunderbar stumm.

Ist die Wirklichkeit so wie wir sie uns denken?
Denken und Wirklichkeit gehen nicht von sich aus zusammen. Das liegt daran, dass das Denken auf ganz eigenen Regeln beruht. In diesem Kapitel wurden sie als Regeln der formalen Logik behandelt. Diese Regeln müssen vor allem zwei Voraussetzungen erfüllen: a) sie müssen eine eindeutige Bedeutung haben, dürfen also im Vergleich zur Alltagssprache nicht mehrdeutig sein, und b) sie müssen widerspruchsfrei sein, so dass sich logisch korrekte Schlüsse ableiten lassen.
Die Wirklichkeit hingegen beruht auf eigenen Regeln, die von uns als Naturgesetze beschrieben werden. Wir wissen, dass ein Stein, der von einer Sonne beschienen wird, sich erwärmt. Rein logisch betrachtet, wäre es aber auch denkbar, dass der beschienene Stein erkaltet.

Was führt dazu, dass wir berechtigt meinen, die Wirklichkeit sei so, wie wir denkend über sie urteilen?
Da Denken und Wirklichkeit zwei unterschiedliche Bereiche sind, bedarf es eines dritten, der beide miteinander vermittelt. Solche Vermittlungsinstanzen heißen Brückenprinzipien. Denken und Wirklichkeit wird mithilfe der Erfahrung vermittelt. Beispiel: Was geschieht, wenn Gase erwärmt werden? Logisch betrachtet, wären drei Möglichkeiten denkbar: Sie dehnen sich, sie ziehen sich zusammen, es geschieht nichts. Welche der Denkmöglichkeiten zutrifft, ist allein durch Denken nicht zu ermitteln. Durch die Erfahrung des wissenschaftlichen Experiments, also im Labor, zeigt sich dann, dass sich Gase bei Erwärmung ausdehnen.

Wie werden im Alltag Denken und Wirklichkeit miteinander vermittelt?
Für die Bewältigung unseres Alltags können wir natürlich nicht ständig auf wissenschaftliche Experimente zurückgreifen. Die Vermittlung durch unsere biologische Wahrnehmung ist in aller Regel ausreichend. Dennoch machen wir hier die Erfahrung, dass sich unsere Wahrnehmung auch täuschen kann. Sie ist kein reiner Quell der Wahrheit und bedarf der kritischen Prüfung.

Warum ist die Ermittlung von Wahrheit wichtig?
Man kann Wahrheit um der Wahrheit willen ermitteln wollen. Dieses zweckfreie Interesse ist vor allem dann wichtig, wenn es um die Ermittlung von Wahrheitskriterien geht. Etwas soll nur dann als wahr gelten, wenn es wahr ist, und nicht deshalb, weil wir wollen, dass es wahr ist.
Dennoch haben wir immer auch ein sogenanntes pragmatisches Interesse, ein handlungsbezogenes Interesse an Wahrheit. Wahrheit bringt uns in Kontakt mit der Realität. Ein mangelndes Interesse an Wahrheit führt zunächst zu Erfahrungsverlusten und gesteigert dann zu Realitätsverlusten. Hier besteht die Gefahr des Abdriftens in Welten, die virtuell und im extremen Fall nur noch irreal sind.

Was wir können

Ausschnitte aus der Realität

Wie alle Tiere registrieren auch wir Menschen nur die allerwichtigsten der unendlich vielen Ereignisse, die sich ständig in unserer Umgebung abspielen. Unsere Augen sehen nur elektromagnetische Wellen zwischen 400 bis 800 Nanometer Länge, hören können wir lediglich Schallwellen zwischen 16 und 20 000 Hertz. Völlig blind sind wir für Wechselströme, Rundfunkwellen und Ultraschall, genau wie für Röntgen- und Gammastrahlen. UV-Strahlen werden uns erst dann schmerzlich bewusst, wenn wir einen Sonnenbrand haben – die Wärme der Sonnenstrahlen, die wir spüren, geht auf das Infrarot im Sonnenlicht zurück. Auch davon, dass wir uns ständig im Magnetfeld der Erde bewegen, merken wir nichts.

Drei Folgerungen

1. Der naive Realismus ...
   besagt, dass die Welt tatsächlich so ist, wie wir sie mit unseren Sinnen und unserem Geist erleben. Die meisten Menschen vertreten den naiven Realismus, weil sie nie ernsthaft Anlass hatten, an dieser Auffassung zu zweifeln. Sie kommen schließlich mit dieser Weltsicht im täglichen Leben gut zurecht. Widerspricht dieser Sichtweise einmal eine Beobachtung, tun sie diese als Sinnestäuschung und Kuriosität ab.
2. Der physikalische Realismus ...
   wurde schon vor über zweitausend Jahren von dem griechischen Philosophen Demokrit (etwa 460 – 375 v. Chr.) vertreten. Er sagte, dass die sinnlich wahrnehmbaren Eigenschaften der Dinge subjektiv seien und nicht ihnen selbst zugeschrieben werden könnten: „Von Natur aus sei nichts schwarz, gelb oder rot, bitter oder süß.“ Demokrit zufolge sind nur quantitative Eigenschaften, wie die Anzahl und Ausdehnung, sowie die Gestalt, Schwere, Undurchdringlichkeit und Bewegung objektiv.
   Auch heute gilt in der Physik, dass weder Farben noch Töne, Geräusche oder Gerüche – ja nicht einmal Helligkeit in der objektiven Welt existieren. Während die physikalischen Lichtwellen von Subjekten unabhängig sind, entsteht Licht als Empfindung erst mit den Lebewesen, die sehen können. Wir erblicken also bei der Geburt nicht das Licht der Welt, sondern schalten es uns selbst an.
3. Der kritische Realismus ...
   geht schließlich noch einen Schritt weiter und lässt offen, ob die von uns wahrgenommenen Merkmale auch tatsächlich Eigenschaften der objektiven Welt sind, nimmt aber einen Bezug zwischen diesen beiden an. Daher sollte es nach Ansicht der kritischen Realisten zumindest bis zu einem gewissen Grad möglich sein, gültige Aussagen über die reale Welt zu machen. Vielleicht ist ja die Art und Weise, wie wir denken und wahrnehmen, gerade deshalb so, wie sie ist, weil sie die wirkliche Ordnung der Dinge widerspiegelt?

nach Heinz Penzlin, S. 6; S. 10

Aufgabe

Diskutiert in Kleingruppen, welche der drei Realismuspositionen am ehesten mit der Tatsache übereinstimmt, dass der Mensch nur eine eingeschränkte Wahrnehmung der Welt hat.

Lösung

Der naive Realismus trifft am wenigsten zu. Aus der Tatsache, dass wir mit unserer Wahrnehmung im Alltag ganz gut zurechtkommen, folgt nicht, dass wir die Welt so sehen, wie sie ist.

Der physikalische Realismus trifft die konsequenteste Folgerung. Er ersetzt die menschliche Wahrnehmung durch physikalische Messung (Anzahl, Ausdehnung). Damit wird ein objektives Urteil möglich, allerdings um den Preis, dass er über die Wahrheit menschlicher Wahrnehmung kein Urteil abgibt.

Der kritische Realismus ist eine Kompromissposition zwischen naivem und physikalischem Realismus. Er hat die Schwierigkeit, dass er kein Kriterium angeben kann, mit dem sich die Wahrheit von Widerspiegelungen der Dinge beurteilen ließe.

Lösungen zu S. 198/199

M2 Wenn vier Personen miteinander anstoßen, hört man sechsmal die Gläser klirren. Es waren also nur vier, nicht fünf Bankräuber.

M3 Raum 1: Australien, 11 Figuren, Gernot Gümbel; Raum 2: Nordamerika, 8 Figuren, Hanna Sievers; Raum 3: Afrika, 12 Figuren, Laura Blümel; Raum 4: Asien, 10 Figuren, Bastian Lotz

M4 Rätsel 1: Zähne, Rätsel 2: Wind, Rätsel 3: das Dunkel, Rätsel 4: Eier, Rätsel 5: Fisch, Rätsel 6: Zeit

M5 Bei einer E-Lok gibt es keinen Dampf. Der Buchstabe f. Die eigene Mutter darf man nicht heiraten. Ein Gemüsehändler wiegt Gemüse.

1984 (engl. *Nineteen Eighty-Four*): 1949 erschienener Roman des brit. Schriftstellers George Orwell (1903 – 1950). Der Roman stellt einen → totalitären Staat im Jahr 1984 dar. Das Leben der Menschen ist geprägt von staatlicher Überwachung und Unterdrückung. Mit Video-Überwachungsgeräten kontrolliert das „Ministerium für Liebe" die Bürger bis in die → intimsten Bereiche hinein (daher die berühmte Parole *„Big Brother is watching you"*). Bürger, die von den Lehren der Partei abweichen, werden von der „Gedankenpolizei" verhört, durch Folter und Gehirnwäsche „geheilt" oder hingerichtet. *S. 105*

Abraham (hebr. „Vater vieler Völker"): der Stammvater Israels (1. Mose 12-36). Gott schließt mit Abraham einen Bund und sagt ihm Land und zahlreiche Nachkommen zu. Im Christentum gehört er zum Stammbaum → Jesu. Abraham gilt auch als Stammvater der Araber. Da sich Judentum, Christentum und Islam auf Abraham als Stammvater berufen, bezeichnet man sie als abrahamitische Religionen. *S. 161, 165, 167, 179, 191*

Agnostizimus (griech. *ágnostos* „unbekannt"): philosoph. Lehre, die jede Erkenntnis bestreitet, die über das Erfahrungswissen hinausgeht. *S. 161*

Aischa (614 – 678): die jüngste der neun Frauen → Mohammeds. Ihr Vater Abu Bakr wurde nach dem Tod Mohammeds erster → Kalif. *S. 181, 187*

Alî (um 600 – 661): Cousin und Schwiegersohn des → Propheten → Mohammed. *S. 181*

Alkuin von York (735 – 804): bedeutender christl. Gelehrter und wichtigster Berater Karls des Großen in Staats- und Kirchenfragen. *S. 203*

Alzheimer-Krankheit: Erkrankung des Gehirns, die von fortschreitendem Verlust von Gedächtnis, Orientierungsvermögen und Sprachverständnis geprägt ist. *S. 19*

Anästhesist (griech. *anaisthesía* „Empfindungslosigkeit"): Narkose-Arzt, Facharzt für Intensiv- und Notfallmedizin sowie Schmerztherapie. *S. 123*

Apollo-8-Mission: der erste bemannte Flug zum Mond im Rahmen des US-amerik. Raumfahrtprogramms „Apollo". Die Astronauten Anders, Borman und Lovell umkreisten 1968 den Mond und sahen als erste Menschen einen „Erdaufgang". *S. 113*

Apostel (griech. *apóstolos* „Bote"): die von → Jesus von Nazareth zur Verkündigung des → Evangeliums erwählten zwölf Jünger. *S. 171*

Apostelgeschichte: Schrift des → Neuen Testaments; sie erzählt die Ereignisse nach dem Tod → Jesu: die Sendung des Heiligen Geistes, die Gründung der ersten christl. Gemeinden, die Bekehrung des → Paulus und seine → Missionsreisen. *S. 173*

Arendt, Hannah (1906 – 1975): jüd. dt.-amerik. Philosophin und Politologin. Sie beschäftigte sich u. a. mit den Ursachen des Antisemitismus und des Holocaust. 1961 nahm sie am Prozess gegen Adolf → Eichmann teil. In ihrem Buch „Eichmann in Jerusalem" schildert sie den Massenmörder Eichmann als Hanswurst und Phrasendrescher, wofür sie heftig kritisiert wurde. *S. 147, 161*

Aristoteles (384 – 322 v. Chr.): griech. Philosoph; Schüler → Platons. In seiner „Ethik" vertritt er die These, dass jedes Lebewesen nach einem Ziel strebt, für das es von Natur aus angelegt ist (→ teleologisch). Da der Mensch von Natur aus ein vernunftbegabtes Wesen ist, besteht das letzte Ziel seines Daseins (sein Glück) in der Vervollkommnung seiner geistigen Fähigkeiten. *S. 105*

Äsop (6. Jh. v. Chr.): griech. Dichter; Begründer der europäischen → Fabeldichtung. *S. 85*

Asteroiden (griech. *asteroeidés* „sternenähnlich"): Kleinplaneten; planetenähnliche Himmelskörper, die um die Sonne kreisen. *S. 121*

Atmosphäre (griech. *atmós* „Dampf" und *sphaíra* „Kugel"): die Gashülle um einen Planeten. Die Erdatmosphäre besteht aus Stickstoff und Sauerstoff. Dazu kommen andere Gase in kleineren Anteilen wie z. B. → CO_2, das neben Wasserdampf der wichtigste Verursacher des → Treibhauseffekts ist. *S. 119*

Augiasstall: In der griech. Mythologie besaß König Augias einen Stall mit 3 000 Rindern, der 30 Jahre lang nicht ausgemistet worden war. Der Held Herakles sollte den Stall innerhalb eines Tages reinigen. Er erledigte die Aufgabe, indem er einen nahegelegenen Fluss durch den Stall leitete. *S. 143*

Aussatz: veraltete Bezeichnung für Lepra, eine Infektionskrankheit, die durch mangelnde Hygiene und Unterernährung hervorgerufen wird. Aussatz galt früher als Strafe Gottes. *S. 171*

Ausweis: ein Dokument, das Angaben zur Person und den Eigenschaften des Inhabers macht. Die Behörde, die den Ausweis ausstellt, bestätigt damit die → Identität des Ausweisinhabers und die Richtigkeit der im Ausweis genannten Daten. Ein Ausweis dient auch dazu, bestimmte Rechte zu beglaubigen (Führerschein, Polizeiausweis, Parkausweis usw.). *S. 37*

avanciert (franz. *avancé* „fortgeschritten"): weit fortgeschritten, hochentwickelt. *S. 123*

Avatar: die irdische Erscheinung des Gottes → Vishnu im Körper eines Tieres oder eines Menschen. Nach dem Glauben der Hindus erscheint Vishnu als Avatar, um den Menschen zu helfen und der Welt Gutes zu bringen. *S. 215, 217*

Babylonisches Exil: 597 v. Chr. eroberte der König von Babylon Jerusalem und verschleppte große Teile der jüd. Bevölkerung nach Babylon. Das Exil, das als Strafe Gottes empfunden wurde, endete 539 v. Chr. nach der Eroberung Babylons durch die Perser. Die Juden begannen wenig später in Jerusalem mit dem Neubau des zerstörten Tempels. *S. 171*

Bacon, Francis (1561 – 1626): engl. Philosoph und Staatsmann; nach Bacon wird menschliches Wissen nicht durch philosophisches oder religiöses Spekulieren vermehrt, sondern nur durch die Naturwissenschaft, d.h. durch genaue Beobachtung und Erforschung der Natur. In seinem Roman „Nova Atlantis" entwirft Bacon in Form einer → Utopie den perfekten Wissenschaftsstaat. *S. 101, 205*

Bajram (oder: **Bayram**): türkische, albanische und bosnische Bezeichnung für (islamisches) „Fest". *S. 69*

Bar Mizwa (hebr. „Sohn der Pflicht" bzw. Bat Mizwa „Tochter der Pflicht"): Ein jüd. Junge wird mit 13 Jahren, ein jüd. Mädchen mit 12 Jahren religiös volljährig. Bar (Bat) Mizwa bezeichnet die Feier, die aus diesem Anlass gefeiert wird. *S. 163, 165*

Barbier (lat. *barba* „Bart"): veraltete Bezeichnung für (Herren-)Friseur, Bartscherer. *S. 201*

Benedikt XVI. (* 1927, bürgerlich: Joseph Ratzinger): 2005 – 2013 Papst und Oberhaupt der kath. Kirche; er bemühte sich um eine Annäherung an die Ostkirchen und an das Judentum. In seinem Werk „Jesus von Nazareth" will Benedikt zeigen, dass die → Jesus-Figur in den → Evangelien und die historische Person Jesus in keinem Widerspruch stehen, dass Glaube und Vernunft vereinbar sind. *S. 179*

Bentham, Jeremy (1748 – 1832): engl. Philosoph und Staatstheoretiker. Als einer der ersten Denker setzte er sich für Tierrechte ein. Der Wert und die Rechte eines Lebewesens bestimmen sich nach Bentham nicht durch die Fähigkeit zu vernünftigem Denken, sondern durch die Fähigkeit zu leiden. *S. 129*

Bergpredigt: eine → Predigt, die → Jesus von Nazareth zu Beginn seines öffentlichen Wirkens vor dem jüd. Volk hielt; die Bergpredigt ist einer der zentralen Texte des → Neuen Testaments (Mt 5-7). Sie enthält u.a. das Vaterunser, das Gebot der Feindesliebe und die → Goldene Regel. *S. 175*

Beschneidung: die Entfernung der Penis-Vorhaut. Im Judentum und im Islam ist die Beschneidung von Jungen ein Zeichen der Religionszugehörigkeit, ein Gebot Gottes und religiöse Pflicht. *S. 181*

Bibel (griech. *biblíon* „Buch, Schrift"): Bezeichnung für die heiligen Schriften des Judentums und des Christentums. Die jüd. Bibel bezeichnet man als → Tenach. Die Bücher des Tenach bilden in anderer Reihenfolge den ersten Hauptteil der christl. Bibel; dieser wird durch den zweiten Hauptteil, das → Neue Testament, ergänzt. *S. 69, 163, 165, 173, 175, 179*

Bilz, Friedrich Eduard (1842 – 1922): dt. Naturheilkundler und Unternehmer. Er schrieb mehrere Bücher zu Naturheilverfahren, zur naturgemäßen Ernährung und Lebensweise. Sein Motto „Zurück zur Natur" traf angesichts der zunehmenden Technisierung der Gesellschaft den Nerv der Zeit. *S. 95*

Biomasse (griech. *bíos* „Leben"): die Summe aller auf der Erde existierenden Lebewesen; zur Biomasse gehören auch alle von Lebewesen produzierten Stoffe und Rückstände (Stroh, Papier, Exkremente usw.). Pflanzen und Wälder sind als Sauerstoffproduzenten der wichtigste Teil der Biomasse. *S. 119*

Biosphäre (griech. *bíos* „Leben" und *sphaíra* „Kugel"): alle Bereiche der Erde, die von Lebewesen besiedelt sind bzw. in denen Leben möglich ist: die Erdoberfläche, die Erdkruste, die Ozeane und die Luftschicht bis in eine Höhe von 5000 Metern. *S. 133*

Böll, Heinrich (1917 – 1985): dt. Schriftsteller; er gilt als einer der bedeutendsten Vertreter der dt. Nachkriegsliteratur. Zu seinen wichtigsten Werken gehören „Ansichten eines Clowns“ und „Die verlorene Ehre der Katharina Blum“. 1972 erhielt er den Nobelpreis für Literatur. *S. 47*

Botox: Nervengift, das in der Schönheitschirurgie zur Faltenglättung eingesetzt wird. Das Gift wird in die Gesichtsmuskeln gespritzt, wodurch die Muskeln, die zur Faltenbildung führen, gelähmt werden. Dies führt oft zu einer verminderten Ausdrucksfähigkeit des Gesichts (maskenhafte Starre). *S. 103*

Brave New World (dt. „Schöne neue Welt“): 1932 erschienener Roman des brit. Schriftstellers Aldous Huxley (1894 – 1963). Der Roman spielt im Jahr 2540 in einem → totalitären Weltstaat. Menschen werden nicht mehr auf natürliche Weise gezeugt, sondern in Laboren produziert und durch staatlich gelenkte Erziehung auf ihre jeweiligen Rollen in der Gesellschaft vorbereitet. Jeder tut nur, wozu er produziert wurde, kennt kein Scheitern, kein Leid. Die Bürger werden durch sofortige Befriedigung ihrer Wünsche, durch → Konsum und Sex ruhiggestellt. Eine lustfördernde Droge löscht tiefe Gefühle und den Wunsch nach emotionalen Bindungen aus. *S. 103*

Brecht, Bertolt (1898 – 1956): dt. Schriftsteller, Dramatiker und Lyriker; Brecht gilt als bedeutendster Erneuerer des dt. Theaters im 20. Jh. Die Kritik an den großen gesellschaftlichen Konflikten – Krieg, Revolution und soziale Ungerechtigkeit – waren die zentralen Themen seines Werkes. *S. 87*

Brokat: schwerer, gemusterter Seidenstoff, in den Gold- oder Silberfäden eingewoben sind. Brokat wird für kostbare Gewänder verwendet. *S. 187*

Brutreaktor: ein spezieller Kernreaktor, der im Unterschied zu herkömmlichen Atomkraftwerken nicht nur Energie produziert, sondern gleichzeitig neuen, verwertbaren Kernbrennstoff erzeugt („ausbrütet“). Die Sicherheitsrisiken sind bei einem Brutreaktor deutlich höher als bei anderen Atomkraftwerken (Gefahr von nuklearen Explosionen). *S. 123*

BZgA (Bundeszentrale für gesundheitliche Aufklärung): Aufgabe der BZgA ist die Gesundheitserziehung der Bürger; zu ihren Zielen gehört die Aufklärung über sexuell übertragbare Krankheiten („Gib Aids keine Chance“), Sexualaufklärung, Familienplanung, gesunde Ernährung, der Kampf gegen den Missbrauch von Nikotin, Alkohol und Drogen. *S. 41*

Carroll, Lewis (1832 – 1898): brit. Schriftsteller; Carroll schrieb die Romane „Alice im Wunderland“ und „Alice hinter den Spiegeln“, die zu Klassikern der Kinderliteratur wurden. Die humorvollen Nonsense-Geschichten kreisen um philosoph. Fragen wie Traum und Wirklichkeit, die eigene → Identität, die Logik von Sprache, Ordnungs- und Regelsysteme. *S. 37*

Charisma (griech. *charísma* „Geschenk, Gnadengabe“): die außergewöhnliche Anziehungskraft oder faszinierende Ausstrahlung eines Menschen. *S. 179*

CO_2: chemische Formel für Kohlendioxid (Kohlensäure), eine Verbindung aus Kohlenstoff und Sauerstoff. Es zählt zu den sog. → Treibhausgasen. *S. 119*

Czíkszentmihály, Mihály (* 1934): ungarischer Psychologe und Professor für Unternehmensführung; bekannt wurde er durch seine Forschungen zum sog. → „Flow“-Erlebnis. *S. 55, 143*

Dalí, Salvador (1904 – 1989): span. Maler und Bildhauer; er ist neben → Magritte einer der Hauptvertreter des Surrealismus. Dalís Thema war die Welt der rätselhaften Träume, des Unbewussten, des erotischen Rausches und der Religion. *S. 211*

David (um 1000 v. Chr.): bedeutendster König Israels; er schuf ein israelitisches Großreich mit Jerusalem als Zentrum. Im Christentum gehört David zum Stammbaum → Jesu. *S. 179*

Defoe, Daniel (1660 – 1731): engl. Schriftsteller; sein Roman „Robinson Crusoe“ erzählt die Geschichte eines Schiffbrüchigen, der 28 Jahre auf einer einsamen Insel verbringt. Robinsons Diener ist ein Eingeborener, den er zur Erinnerung an den Tag ihres Kennenlernens „Freitag“ nannte. *S. 49*

Dekalog (griech. *déka* „zehn“ und *lógos* „Wort“): die → Zehn Gebote *S. 169, 189*

Delirium (lat. *delirium* „Irresein“): Zustand psychischer Verwirrung, häufig verbunden mit Halluzinationen, Angstzuständen oder Depressionen. *S. 75*

Demagoge (griech. *démos* „Volk“ und *ágein* „veranlassen“): Volksverführer; jemand, der die Masse der Bevölkerung beeinflusst und aufwiegelt. *S. 17*

Demenz (lat. *dementia* „Wahnsinn“): Oberbegriff für verschiedene Arten krankheitsbedingter Hirnleistungsstörungen, bei denen Gedächtnis-, Sprach- und Denkfähigkeit abnehmen. *S. 79*

denunzieren (lat. *denuntiare* „anzeigen"): jemanden öffentlich beschuldigen, anschwärzen. *S. 123*

Depression (lat. *deprimere* „niederdrücken"): seelische Erkrankung, die charakterisiert ist durch eine tiefgreifende Stimmungsveränderung (Verlust der Fähigkeit zu Freude oder Trauer, Antriebslosigkeit, Ängste), die von körperlichen Beschwerden (Schlaf und Appetitlosigkeit, Herzrasen) begleitet wird. *S. 45*

Descartes, René (1596 – 1650): franz. Philosoph, Mathematiker und Naturwissenschaftler; Begründer des neuzeitlichen → Rationalismus. *S. 211*

deskriptiv (lat. *describere* „beschreiben"): eine Tatsache beschreibend; deskriptive Aussagen sind Sätze über die Realität und können somit überprüft (bewiesen oder widerlegt) werden. *S. 19, 123*

destruktiv (lat. *destruere* „zerstören, niederreißen") zerstörerisch. *S. 21*

Deuteronomium (griech.-lat. „zweites Gesetz"): das 5. Buch Mose in der → Bibel. Die Israeliten stehen nach der Wüstenwanderung an der Grenze zum versprochenen Land. → Moses wiederholt die → Zehn Gebote und mahnt das Volk, auch im Land Kanaan alle Gesetze Gottes einzuhalten. *S. 169*

Deutsches Kinderhilfswerk: Verein für die Durchsetzung der Kinderrechte in Deutschland. Im Mittelpunkt der Vereinstätigkeit steht der Kampf gegen Kinderarmut und für die Chancengleichheit benachteiligter Kinder. *S. 93*

Devisen (lat. *dividere* „aufteilen"): Fremdwährungen, ausländische Wertpapiere. *S. 123*

dezidiert (lat. *decidere* „entscheiden"): energisch, entschlossen, unmissverständlich. *S. 121*

Direttissima (ital. *direttissima* „kürzeste Verbindung"): in der Bergsteigersprache die Strecke, die ohne Umwege zum Gipfel eines Berges führt. *S. 65*

Diskriminierung (lat. *discriminare* „trennen"): die Benachteiligung und Herabwürdigung von Menschen aufgrund von Alter, Geschlecht, sexueller Orientierung, Abstammung, Hautfarbe, religiöser oder politischer Überzeugung. *S. 91*

Diskurs (lat. *discursus* „Streifzug"): Diskussion, Erörterung eines Themas. Diskursfähig nennt man eine Person, die zu einem Diskurs fähig ist, oder eine Sache, über die ein Diskurs möglich ist. *S. 123*

dogmatisch (griech. *dógma* „Lehrsatz, Meinung"): rechthaberisch, starrköpfig, belehrend. *S. 21*

domestizieren (lat. *domesticus* „im Haus lebend"): zähmen, an den Menschen gewöhnen; aus wilden Tieren Haus- oder Nutztiere bzw. aus wilden Pflanzen Kulturpflanzen machen. *S. 127*

Dörner, Dietrich (* 1938): dt. Psychologe; er beschäftigt sich mit der Entwicklung von sog. Künstlicher Intelligenz, d.h. mit Computerprogrammen, die menschliche Emotionen, Handlungs- und Entscheidungssituationen simulieren können. *S. 25*

Ehrenamt: freiwillige, unbezahlte Arbeit, die dem Gemeinwohl dient (z.B. in Vereinen, in sozialen Einrichtungen, im Tier- und Umweltschutz). *S. 85*

Eichmann, Adolf (1906 – 1962): dt. Nationalsozialist; 1939 – 1945 war er verantwortlich für die Organisation des Holocaust. Als ihm 1961 der Prozess gemacht wurde, bestand er auf seiner Unschuld, da er auf Befehl von Vorgesetzten gehandelt habe. Eichmann ist bis heute der Inbegriff des NS-Schreibtischtäters. 1962 wurde er hingerichtet. *S. 147*

Eigenwert: Eine Sache oder ein Lebewesen besitzt einen Eigenwert, wenn es nicht nur einen Nutzwert, sondern unabhängig von den Interessen anderer einen Wert hat und „um seiner selbst willen" existiert. Welche Naturobjekte einen Eigenwert (und damit moralische Rechte) haben, ist eine zentrale Frage der Ökologischen Ethik (Umweltethik). *S. 133*

Einstein, Albert (1879 – 1955): dt.-amerik. Physiker jüd. Herkunft; mit seiner Relativitätstheorie revolutionierte er das naturwissenschaftliche Weltbild. 1921 erhielt er den Nobelpreis für Physik. Schon zu Lebzeiten wurde Einstein zum Inbegriff des Forschers und Genies. Einstein nutzte seine Bekanntheit für politische Aktivitäten; er setzte sich für Frieden, Abrüstung und Völkerverständigung ein. *S. 161*

Embryo (griech. *émbryon* „ungeborene Leibesfrucht"): Keimling, ungeborenes Leben; ein menschlicher Organismus in der Frühphase seiner Entwicklung von der befruchteten Eizelle bis zur Bildung der inneren Organe in der 9. Schwangerschaftswoche. *S. 103*

Engels, Friedrich (1820 – 1895): dt. Philosoph und Sozialist; zusammen mit Karl → Marx entwickelte er die theoretischen Grundlagen des → Kommunismus. Als er 1842 die engl. Textilfabrik seines Vaters besuchte, lernte er das Elend der Arbeiterklasse kennen. Er schloss sich der Arbeiterbewegung an und wurde zu einem Gegner des → Kapitalismus. *S. 97*

Equilibrium: US-amerik. Science-Fiction-Film (2002). Der Film spielt im → totalitären Staat Libria (lat. *libra* „Gleichgewicht"); nach dem 3. Weltkrieg wurden dort Gefühle – als Ursache menschlicher Gewalt – verboten. Eine Droge tötet Gefühle ab und bewirkt emotionale Gleichgültigkeit (lat. *aequilibrium* „Ausgeglichenheit"). Elitepolizisten, die sog. → „Kleriker", vernichten Gegenstände und Personen, die im Verdacht stehen, Gefühle zu erzeugen. *S. 105*

Erderwärmung → Klimawandel

Evangelium (griech. *euangélion* „gute Nachricht"): Der Begriff Evangelium bezeichnet: 1. die mündlich von → Jesus verkündigte Botschaft von der Erlösung der Menschheit und vom Kommen des Gottesreiches. 2. die schriftliche Fixierung dieser Botschaft, also das gesamte → Neue Testament. 3. Im engeren Sinne bezeichnet er die vier Berichte vom Leben und Sterben Jesu, die am Anfang des Neuen Testaments stehen, also die Evangelien nach Matthäus, Markus, Lukas und Johannes. *S. 171–177*

Existenzialismus (lat. *exsistentia* „Dasein"): philosoph. Richtung im 20. Jh. Da Gott als sinngebendes Wesen nicht existiert, ist der Mensch zur Freiheit verurteilt. Der Mensch muss den Sinn seines Lebens selbst definieren und dafür die Verantwortung tragen.

Exodus (griech.-lat. *éxodus* „Auszug"): das 2. Buch Mose in der → Bibel. Zentrale Themen des Buches sind die Berufung des → Moses zum → Propheten Gottes, die → Zehn Gebote und der Bund zwischen Gott und dem Volk Israel. *S. 165, 169*

Explikation (lat. *explicatio* „Entfaltung, Auseinanderrollen"): Erklärung, Erläuterung. *S. 123*

Fabel (lat. *fabula* „Geschichte"): kurze Erzählung, in der Tiere und Pflanzen wie Menschen denken, reden und handeln. Fabeln kritisieren menschliche Schwächen und enden mit einer „Moral", einer allgemeingültigen ethischen Regel. *S. 71, 85*

Fahrenheit 451: 1953 erschienener Roman des US-amerik. Schriftstellers Ray Bradbury (1920 – 2012). Der Titel bezieht sich auf die Temperatur, bei der sich Papier entzündet (451 Grad Fahrenheit ~ 232 Grad Celsius). Die Handlung spielt in einem → totalitären Staat, in dem Bücher streng verboten sind. Da sie zum Denken anregen, gelten sie als Gefahr für die Gesellschaft. Eine staatliche Feuerwehr spürt Bücher auf und vernichtet sie mit Flammenwerfern. *S. 105*

Fasten: Verzicht auf Speisen, Getränke und körperliche Annehmlichkeiten (Genussmittel, Fleisch, Alkohol, Sex) für einen bestimmten Zeitraum. Religiöses Fasten dient der Buße und der Reinigung der Seele. *S. 191*

Fâtima (606 – 632): die jüngste Tochter → Mohammeds. Fâtima genießt im Islam höchste Verehrung und gilt als Vorbild aller Frauen. *S. 181*

Fest des Fastenbrechens (arab. *Id al-Fitr*, türk. *Ramazan bayramı*): islamisches Fest am Ende des Fastenmonats → Ramadân. *S. 191*

Fingeralphabet: Dient dazu, ein Wort mithilfe der Finger zu buchstabieren. Während mit der Gebärdensprache ganze Wörter und Sinnzusammenhänge dargestellt werden, wird das Fingeralphabet zuhilfe genommen, wenn für ein Wort kein Gebärdenzeichen existiert (Eigennamen oder Fremdwörter). Das Fingeralphabet wurde im 16. Jh. von Mönchen erfunden, die ein Schweigegelübde abgelegt hatten. *S. 207*

Fisch: das geheime Erkennungszeichen der Christen zur Zeit der röm. Christenverfolgungen (1. – 3. Jh.). Das griech. Wort für „Fisch" besteht aus fünf Buchstaben (I-CH-TH-Y-S). Jeder dieser Buchstaben steht für den Anfangsbuchstaben eines Wortes, die zusammengenommen das christl. Glaubensbekenntnis ergeben: **I***esoús* **Ch***ristós* **Th***eoú* **Y***iós* **S***otér* („Jesus Christus (ist) der Sohn Gottes, der Erlöser"). *S. 177*

Flow (engl. „Fließen"): der Flow-Begriff bezeichnet ein bestimmtes harmonisches Glückserleben, das sich durch das völlige Aufgehen in einer Tätigkeit einstellt. Flow entsteht, wenn eine Tätigkeit den Menschen weder überfordert (Stress) noch unterfordert (Langeweile), wenn die Aufgabe genau den persönlichen Fähigkeiten entspricht. *S. 55, 143*

Ford, Harrison (* 1942): US-amerik. Schauspieler; weltberühmt wurde er durch die Filmreihen „Star Wars" und „Indiana Jones". Seine Mutter war die Tochter jüd. Einwanderer aus Weißrussland. S. *161*

Freitagsgebet (arab. *salât al-dschuma*): Das Gebet am Freitag, dem heiligen Tag des Islam, ist das wichtigste der Woche und wird gemeinschaftlich in der Moschee verrichtet. Das Gebet wird durch die → Predigt eines → Imâm eingeleitet. S. *183*

Fromm, Erich (1900 – 1980): jüd. dt.-amerik. Psychologe und Philosoph. Fromm war 1930 – 1939 für das Frankfurter Institut für Sozialforschung (sog. Frankfurter Schule) tätig. Seine gesellschaftskritischen Werke „Die Kunst des Liebens" und „Haben oder Sein" wurden zu Bestsellern. Ein zentraler Begriff in Fromms Denken ist die Biophilie (griech. „Liebe zum Leben"); der Begriff wurde später von Edward O. → Wilson aufgegriffen. S. *47*

Fünf Säulen des Islam: die fünf Grundpflichten des Glaubens, die jeder Moslem zu erfüllen hat: 1. das Glaubensbekenntnis (→ *Shahâda*), 2. die fünf täglichen Gebete (→ *Salât*), 3. die Almosensteuer (→ *Zakât*), 4. das → Fasten (*Saoum*) im → Ramadân, 5. die Pilgerfahrt nach → Mekka (→ *Hadsch*). S. *191*

Gabriel (hebr. „Kraft Gottes"): in den abrahamitischen Religionen einer der Engelfürsten (Erzengel), die zur engsten Umgebung Gottes gehören und als Boten Gottes dienen. Nach islam. Glauben offenbarte Gabriel → Mohammed den → Koran. S. *187*

Genesis (griech. „Ursprung, Entstehung"): das 1. Buch Mose in der → Bibel. Es berichtet von der Erschaffung der Welt und des Menschen, von der Vertreibung aus dem Paradies und von den Stammvätern Israels. S. *167*

Globale Erwärmung → Klimawandel

Goldene Regel: Grundsatz der Ethik: „Behandle andere so, wie du von ihnen behandelt werden willst" bzw. „Was du nicht willst, dass man dir tu', das füg' auch keinem anderen zu". Die Goldene Regel ist in verschiedenen Kulturkreisen – unabhängig voneinander – formuliert worden. S. *63, 133*

Gore, Al (* 1948): US-amerik. Politiker und Umweltschützer; sein Dokumentarfilm über den → Klimawandel „Eine unbequeme Wahrheit" wurde mit dem „Oscar" ausgezeichnet. Gore und der → Weltklimarat erhielten 2007 für ihre Aufklärungsarbeit zum Klimawandel den Friedensnobelpreis. S. *119, 121*

Grenzen des Wachstums: Titel einer wissenschaftlichen Studie (1972), die sich mit den langfristigen Folgen beschäftigte, die durch die wachsende Industrieproduktion, den steigenden Verbrauch an Rohstoffen und zunehmende Umweltbelastungen entstehen. Der Bericht sagt das Ende der heutigen Zivilisation voraus, wenn die Ausbeutung des Planeten unverändert weitergeht. S. *123*

Hadith (arab. „Mitteilung"): Sammlung der Aussprüche, Taten und Anordnungen → Mohammeds, die von seinen Gefährten überliefert wurden; die Hadith-Sammlungen (7. – 9. Jh.) stellen nach dem → Koran die wichtigste Quelle des Islam dar. S. *185*

Hadsch (arab. „Wallfahrt"): die Pilgerfahrt nach → Mekka, die jährlich im letzten Monat des islamischen Kalenders stattfindet. S. *191*

Hanîf (arab. „gottergeben, Gottsucher"): islam. Bezeichnung für einen Gläubigen, der sich bereits vor der Offenbarung des → Koran zum Glauben an einen einzigen Gott bekannt hat. S. *187*

Herder, Johann Gottfried (1744 – 1803): dt. Philosoph und Theologe; im Geist der Aufklärung betonte er die Gleichwertigkeit der Völker und Kulturen. Herder befasste sich intensiv mit den Liedern, Märchen, → Fabeln und Sagen anderer Völker. S. *71*

Herodot (um 490 – 425 v. Chr.): griech. Historiker; in seinem Geschichtswerk beschreibt er die Kulturen des Vorderen Orient und die Kriege zwischen Persern und Griechen im 5. Jh. v. Chr. S. *153*

Hesse, Hermann (1877 – 1962): dt. Schriftsteller; weltweit bekannt wurde Hesse durch seine Romane und Gedichte. 1946 erhielt er den Nobelpreis für Literatur. Nach dem Zweiten Weltkrieg wurden seine Romanfiguren zu Vorbildern für junge Menschen auf der Suche nach einer selbstbestimmten → Identität jenseits der modernen Massenkultur. S. *149*

Hindukusch: 1 200 km lange Gebirgskette in Zentralasien. Der Hindukusch liegt größtenteils in Afghanistan, das östl. Drittel mit den höchsten Gipfeln (bis zu 7 700 m) liegt in Pakistan und grenzt dort an den Himalaya. Der größte Teil des Hindukusch besteht aus 4 000 bis 6 000 m hohen Bergen. S. *201*

Hiob: Hauptfigur des gleichnamigen Buches im → Tenach bzw. im Alten Testament. Hiob steht stellvertretend für den Menschen, der seinen Glauben auch durch übermenschliches Leid nicht verliert. *S. 167*

Hoher Rat: höchste religiöse und politische Behörde des Judentums (bis zur Zerstörung des Jerusalemer Tempels 70 n. Chr.). Die Mitglieder des Rates waren Priester, Älteste und Schriftgelehrte. *S. 177*

Ibn Ishâq (um 704 – 767): arab. Historiker; er verfasste im Auftrag der → Kalifen eine Biografie → Mohammeds. Ibn Ishâqs Werk ist bis heute die wichtigste Quelle für die Erforschung von Mohammeds Leben. *S. 187*

Identität (lat. *idem* „derselbe“): die einzigartige Kombination von unverwechselbaren Daten eines Menschen wie Name, Alter, Geschlecht, Charakter und persönliche Biografie. *S. 35, 37, 43, 45*

Ignatius von Loyola (1491 – 1556): Gründer des kath. Jesuitenordens („Gesellschaft Jesu“), den er nach dem Vorbild militärischer Rangstufen organisierte. Die Jesuiten verpflichteten sich zum absoluten Gehorsam gegenüber dem Papst. Ein besonderes Anliegen des Ordens war der Kampf gegen den Protestantismus (Gegenreformation). *S. 147*

Imâm (arab. „Vorbild“): Vorbeter in der Moschee, der das rituelle Gebet leitet. Er steht vor der Gemeinde am → Mihrâb. Die anderen Beter folgen seinen Gesten (Verbeugungen, Niederwerfungen). *S. 183*

implizit (lat. *implicare* „umfassen“): unausgesprochen, nicht ausdrücklich, indirekt. *S. 123*

Industrielle Revolution: der rasante und spannungsreiche Übergang von der Agrargesellschaft zur Industriegesellschaft im 19. Jh. Dieser Prozess wurde beschleunigt durch zahlreiche technische Neuerungen (Dampfmaschine, Eisenbahn usw.) und den massiven Anstieg industriell hergesteller Produkte. *S. 119*

Instinkt (lat. *instinctus* „Antrieb“): das angeborene, überlebenswichtige Verhaltensmuster von Tieren. Beim Menschen sind die Instinkte durch kulturelle Lernprozesse zurückgedrängt. *S. 103*

Interdependenz (lat. *inter* „untereinander“ und *dependere* „abhängig sein“): wechselseitige bzw. gegenseitige Abhängigkeit und Beeinflussung. *S. 133*

Inthronisation (griech. *thrónos* „Herrschersitz“): Thronbesteigung; die Zeremonie, durch die ein Monarch oder Papst in sein Amt eingeführt wird. *S. 179*

intim (von lat. *intimum* „das Innerste“): sehr privat, nicht für fremde Ohren bestimmt. *S. 51, 73*

Isaak: zentrale Figur in der → Bibel (1. Mose 21-28). Er zählt mit seinem Vater → Abraham und seinem Sohn → Jakob zu den Stammvätern des Volkes Israels. *S. 165, 167, 173*

Islamischer Mondkalender: Die islam. Zeitrechnung orientiert sich am Mondjahr (und nicht am Sonnenjahr); deshalb dauert das islam. Jahr nur 354 Tage. Damit verschieben sich alle religiösen Feste jedes Jahr um 11 Tage nach vorn. Der 9. Monat des islam. Kalenders ist der Fastenmonat → Ramadân. Im Dhû l-hiddscha, dem 12. und letzten Monat, finden die → Hadsch und das Opferfest statt. *S. 191*

Jakob: zentrale Figur in der → Bibel (1. Mose 25-50). Auf ihn geht der Name „Israel“ zurück: Jakob wird eines Nachts von einem Fremden angegriffen. Nach stundenlangem Kampf segnet der Mann, der sich als Engel herausstellt, Jakob und gibt ihm einen neuen Namen: Er soll in Zukunft Israel (hebr. „Der mit Gott gekämpft hat“) heißen. Von seinen zwölf Söhnen stammen die zwölf Stämme Israels ab. *S. 165*

Jericho: Stadt in → Judäa, 25 km nordöstlich von Jerusalem; Jericho war eine der Städte, in denen → Jesus als Prediger und Wundertäter wirkte. *S. 171*

Jesus von Nazareth (um 4 v. Chr. – 30/31 n. Chr.): Religionsstifter des Christentums. Ab 28/29 n. Chr. war Jesus als jüd. Wanderprediger und Wundertäter in → Judäa tätig. Er verkündete das nahende Gottesreich und forderte die völlige Gottes- und Nächstenliebe. Er geriet in Konflikt mit der religiösen Obrigkeit von Jerusalem und wurde zum Tode verurteilt. Nach christl. Vorstellung wurde er von den Toten auferweckt und zu Gott in den Himmel aufgenommen. Die → Evangelien beschreiben sein Leben und seine Lehre. *S. 161, 171-179*

JHWH: Jahwe, der Eigenname Gottes im → Tenach. Der Name kann verschieden übersetzt werden: „Ich bin, der ich bin.“ – „Ich werde sein, der ich sein werde.“ – „Ich bin da.“ – „Ich bin der Seiende.“ Der Gottesname gilt im Judentum als so heilig, dass er nicht ausgesprochen werden darf. Bei der Lesung des Tenach wird

JHWH deshalb stets durch *Elohim* („Gott") oder *Adonaj* („der Herr") ersetzt. *S. 169*

Jiddisch: die im 11. Jh. entstandene jüd. Alltagssprache; Jiddisch ist aus dem Deutschen hervorgegangen und entwickelte sich durch hebräische und slawische Elemente zu einer eigenen Sprache. Jiddisch wird heute weltweit von 1-2 Mio. Menschen gesprochen. *S. 161*

Johannes der Täufer (um 4 v. Chr. - 30 n. Chr.): zentrale Figur im Christentum; er gilt als Wegbereiter → Jesu. Johannes wirkte in → Judäa als Prediger und → Prophet. In seinen → Predigten rief er die Menschen zur Umkehr auf, da der → Messias bald kommen werde. Seine Anhänger ließen sich zum Zeichen der Sündenvergebung von ihm taufen. *S. 173*

Josef: nach biblischer Überlieferung (1. Mose 37-50) der Lieblingssohn → Jakobs; seine eifersüchtigen Brüder verkaufen ihn in die Sklaverei. Josef gelangt nach Ägypten und wird dort zum Berater des Pharao. Später verzeiht Josef seinen Brüdern und holt seinen Vater Jakob zu sich nach Ägypten. *S. 165, 167*

Judäa: das jüd. Siedlungsgebiet um Jerusalem, westlich des Toten Meeres. *S. 177*

Justitia (lat. „Gerechtigkeit"): die röm. Göttin der Gerechtigkeit; in der einen Hand hält sie eine Waage (Symbol der Abwägung), in der anderen ein Schwert (Symbol des Richtens). Als Zeichen ihrer Unparteilichkeit trägt sie eine Augenbinde. *S. 87*

Kaaba (arab. „Würfel"): das höchste Heiligtum im Islam; die Kaaba ist ein fensterloses, würfelförmiges Gebäude aus Marmor im Hof der Hauptmoschee von → Mekka. Sie ist das Ziel der jährlichen → Hadsch. Durch die Kaaba wird die Gebetsrichtung (arab. *qibla*) an jedem Ort der Erde festgelegt. *S. 183, 187, 191*

Kalif (arab. *halîfa* „Nachfolger"): Nachfolger → Mohammeds und Oberhaupt der → Umma. Der erste Kalif war Abu Bakr, der Schwiegervater Mohammeds. Im Lauf der Zeit führten verschiedene arab. Herrscherfamilien den Kalifentitel. Seit dem 16. Jh. trugen die türk. → Sultane den Titel. 1924 wurde der letzte Kalif, Sultan Abdülmecit II., abgesetzt. *S. 189*

Kant, Immanuel (1724 - 1804): dt. Philosoph der Aufklärung; Kant wollte die Ethik auf eine wissenschaftliche Grundlage stellen: Moralische Regeln sollen nicht durch Religion, Tradition oder persönliches Gefühl begründet werden, sondern ausschließlich durch die Regeln der Vernunft. *S. 89, 127*

Kapitalismus (lat. *caput* „Kopf": Der Begriff bezog sich ursprünglich auf die Kopfzahl eines Viehbestandes): Gesellschaftsordnung, in der die wirtschaftlichen, sozialen und politischen Bedingungen von denen bestimmt werden, die über das Kapital (Geld, Land, Firmen etc.) verfügen. *S. 97*

Kaste (portug. „Rasse"): Klasse, soziale Schicht in der religiösen Gesellschaftsordnung Indiens. Die Hauptkasten sind Priester, Krieger, Kaufleute, Bauern und Arbeiter. Jede Kaste nimmt in der Gesellschaft einen genau definierten Rang ein, hat eigene Regeln und Traditionen. Jede Kaste grenzt sich streng von anderen Kasten ab, d.h. soziale Kontakte (z.B. Ehen) finden nur innerhalb der eigenen Kaste statt. *S. 99*

Kästner, Erich (1899 - 1974): dt. Schriftsteller und Journalist; bekannt wurde er v.a. durch seine humoristischen, zeitkritischen Gedichte und seine Jugendbücher „Emil und die Detektive", „Pünktchen und Anton", „Das fliegende Klassenzimmer". *S. 149*

Kaufkraft: die Geldmenge, die einer Person für den → Konsum zur freien Verfügung steht, also jener Geldbetrag, der vom Monatseinkommen übrig bleibt, wenn alle regelmäßigen Ausgaben (Steuern, Miete, Strom, Heizung usw.) bezahlt sind. *S. 47*

Keller, Helen (1880 - 1968): US-amerik. Schriftstellerin. Als Kind verlor sie durch eine Krankheit Gehör und Augenlicht. Sie machte als erster taubblinder Mensch einen College-Abschluss, schrieb mehrere Bücher und setzte sich weltweit für die Verbesserung der Blindenerziehung ein. *S. 207*

Kinderrechtskonvention: Eine Konvention (lat. *conventio* „Vertrag") ist ein Vertrag zwischen mehreren Staaten. Die Kinderrechtskonvention wurde 1989 von den → Vereinten Nationen zum weltweiten Schutz von Kindern geschaffen. In der Konvention werden u.a. folgende Kinderrechte genannt: das Recht auf Gleichbehandlung und Schutz vor → Diskriminierung; das Recht auf einen Namen, auf Gesundheit, Bildung, Freizeit, Spiel, Erholung und eine gewaltfreie Erziehung usw. *S. 35, 93, 145*

King, Martin Luther (1929 - 1968): US-amerik. Pfarrer und Bürgerrechtler; er kämpfte gegen die → Diskriminierung der farbigen Bevölkerung. King entwickelte, beeinflusst von den Lehren Gandhis, das Konzept eines gewaltlosen Widerstandes. Beim „Marsch auf Washington" – einer Demonstration von 250 000 US-Bürgern – hielt er seine berühmte Rede *I Have a Dream*. Die Rassentrennung wurde u.a. durch Kings Einsatz 1964 beendet. 1968 wurde er von einem rassistischen Attentäter erschossen. *S. 91*

Kleptomanie (griech. *kléptein* „stehlen" und *manía* „Wahnsinn"): die zwanghafte Sucht zu Stehlen; Kleptomanie gilt als depressive Störung. *S. 217*

Kleriker: Priester, geweihter kirchlicher Amtsträger, Kultdiener. *S. 105*

Klimawandel: das Phänomen der globalen Erwärmung; der allmähliche Anstieg der Luft- und Meerestemperatur als Folge des von Menschen verursachten → Treibhauseffektes. *S. 117, 121*

Knigge, Adolph von (1752 – 1796): dt. Schriftsteller; sein Name steht heute irrtümlich für „Benimmratgeber"; in seinem Werk „Über den Umgang mit Menschen" geht es jedoch um die Frage, wie über Standes-, Berufs- und Generationsgrenzen hinaus Kommunikation und damit menschliches Zusammenleben gelingen kann. *S. 71*

Kognitionspsychologie (lat. *cognoscere* „erkennen"): Teilgebiet der Psychologie, das sich mit den Strukturen des Gehirns und der Informationsverarbeitung im Gehirn beschäftigt. *S. 11*

Kommunismus (lat. *communis* „gemeinsam"): politische Lehre, die von → Marx und → Engels entwickelt wurde. Ziel des Kommunismus ist die Schaffung einer klassen- und herrschaftslosen Gesellschaft ohne Privateigentum. Der → kapitalistische Staat, der die Rechte der Reichen schützt, müsse durch eine Revolution der Besitzlosen beseitigt werden. Die kommunistische Lehre entstand als Reaktion auf die Ausbeutung der Arbeiterschaft im 19. Jh. *S. 97*

Konsum (lat. *consumere* „verbrauchen"): der Kauf, der Verbrauch, die Nutzung von alltäglichen Gütern. Konsumgüter können z.B. Lebensmittel, Kleidung, CDs, ein Kino- oder Restaurantbesuch sein. Der private Konsum spielt in den Industrieländern eine so große Rolle, dass man auch von einer „Konsumgesellschaft" oder „Überflussgesellschaft" spricht. *S. 45, 47*

Koran (arab. *al-qur'ân* „Lesung, Rezitation"): das heilige Buch des Islam. Der Koran wurde nach islam. Glauben → Mohammed im Jahre 610 von Gott in sein Herz geschrieben. In den folgenden Jahren offenbarte der Erzengel → Gabriel Mohammed die 114 → Suren des Koran. *S. 69, 181, 183, 185, 189, 191*

Leviten: einer der Zwölf Stämme Israels; sie stammen von Levi, einem Sohn → Jakobs, ab. Von allen Stämmen Israels dürfen nur die Leviten den Tempeldienst verrichten (4. Mose 18). Für sie galten besondere Gesetze und Reinheitsvorschriften. *S. 171*

Lipman, Matthew (1922 – 2010): US-amerik. Philosoph; Begründer der Forschungsrichtung „Philosophieren mit Kindern". Lipman war der Überzeugung, dass Kinder bereits im Alter von zehn Jahren abstrakt und logisch denken können und dass man diese Fähigkeit früh trainieren müsse. Lipman gründete ein Forschungsinstitut für Kinderphilosophie. Er verfasste den Roman „Harry Stottelmeiers Entdeckung", der in Philosophiekursen dazu dient, das logische Denken von Kindern spielerisch zu fördern. *S. 19, 51*

liturgisch: zur Liturgie gehörend. Der Begriff Liturgie (griech. *leitourgía* „Dienstleistung") bedeutet Gottesdienstordnung; die Liturgie legt die Inhalte, den Ablauf und die → Rituale eines Gottesdienstes genau fest. *S. 171*

Logik (griech. *lógos* „Wort, Vernunft"): die Lehre vom gültigen (d.h. korrekten) Schließen. Die Logik befasst sich mit der Struktur von Argumenten, Urteilen und Schlussfolgerungen; Gegenstand der Logik sind die Formen des Denkens, nicht die Inhalte des Denkens. *S. 15, 201, 203*

Lydien: antikes Königreich an der Westküste Kleinasiens (heute im westl. Anatolien). *S. 152*

Magritte, René (1898 – 1967): belgischer Maler des Surrealismus. Diese Kunstrichtung vermischt die Wirklichkeit mit Träumen und Gefühlen und deckt dem Betrachter dadurch eine neue Wirklichkeit auf. Magritte nannte seine Bilder „Träume, die nicht einschläfern, sondern aufwecken wollen". *S. 219*

Makkabäer: Herrscher über → Judäa im 2./1. Jh. v. Chr. Die Familie der Makkabäer wird benannt nach dem jüd. Feldherrn und Freiheitskämpfer Judas Makkabäus.

Das Makkabäer-Reich endete 63 v. Chr. mit der Eroberung Judäas durch die Römer. *S. 171*

Manipulation → *S. 13*

Marx, Karl (1818 – 1883): dt. Philosoph und Volkswirtschaftler; die → industrielle Revolution und die daraus folgenden sozialen Probleme führten Marx zu seiner gesellschaftskritischen Theorie: Die Arbeitskraft der besitzlosen Masse wird durch die reichen Unternehmer ausgebeutet. Die Arbeiterklasse hat die Aufgabe, diesen Zustand zu überwinden. Dies müsse geschehen durch die gewaltsame Eroberung der politischen Macht, die Abschaffung der Klassengesellschaft und des Privateigentums. *S. 97*

Medina: Stadt in Saudi-Arabien; nach → Mekka die zweitheiligste Stadt des Islam. In Medina befindet sich → Mohammeds Grab. Die Stadt darf nur von Muslimen betreten werden. *S. 183*

Mekka: Stadt in Saudi-Arabien; die Geburtsstadt → Mohammeds und heiligste Stadt des Islam. Jeder Moslem ist verpflichtet, einmal im Leben eine → Wallfahrt (→ Hadsch) nach Mekka zu unternehmen. Nicht-Muslimen ist das Betreten der Stadt streng verboten. *S. 181, 183*

Menschenrechte: die Grundrechte, die allen Menschen immer und überall zustehen. Die „Allgemeine Erklärung der Menschenrechte" (1948) der → Vereinten Nationen gilt als wichtigstes internationales Dokument zum Schutz der Menschenrechte. *S. 91, 93*

Messias (hebr. *Maschiach* „der Gesalbte"): jüd. Ehrentitel für den göttlichen Heilsbringer, der am Ende der Zeit erscheinen wird. *S. 171, 173, 177, 179*

Metropolit: hoher kirchlicher Würdenträger im Rang eines Erzbischofs; er ist als Vorsteher einer Kirchenprovinz anderen Bischöfen übergeordnet. Das Amt eines Metropoliten gibt es in der röm.-kath. Kirche und in den orthodoxen Ostkirchen. *S. 171*

Mihrâb: die islam. Gebetsnische in einer Moschee, die die Gebetsrichtung nach → Mekka anzeigt. *S. 183*

Mill, John Stuart (1806 – 1873): engl. Philosoph und Wirtschaftswissenschaftler; er war Anhänger von Jeremy → Benthams Nutzenethik. Nach diesem Konzept gibt es nur zwei Motive menschlichen Handelns: Das Streben nach Lust und das Vermeiden von Schmerz. Deshalb lautet das Prinzip der Moral: Alles ist richtig und gut, was Glück und Lust hervorbringt. Für Bentham war dabei nur die Menge (Quantität) des Glücks entscheidend. Mill vertrat dagegen die These, dass geistige Erfüllung einen höheren Wert (Qualität) hat als körperliche Befriedigung. *S. 141*

Minarett (arab. *manâra* „Leuchtturm"): Turm einer Moschee, von dessen Balkon bzw. Galerie der → Muezzin zum Gebet (→ Salât) ruft *S. 183*

Minbar: die Kanzel in einer Moschee; auf dem Minbar hält der → Imâm die Predigt beim → Freitagsgebet oder an hohen Feiertagen. *S. 183*

Mission (lat. *missio* „Aussendung"): die Verbreitung einer Glaubensbotschaft durch Angehörige dieses Glaubens (Missionare). Die Mission ist im Christentum eine religiöse Pflicht (Mk 16, 15f). Das Judentum kennt keine Missionstätigkeit. Im Islam ist jeder Moslem verpflichtet, die Botschaft → Mohammeds zu verkünden, wobei nach Vorschrift des → Koran kein Zwang ausgeübt werden darf. *S. 173*

Modus ponens (lat. *modus* „Art und Weise", *ponere* „behaupten"): Schlussfigur in der → Logik, bei der von der Gültigkeit des Grundes auf die Gültigkeit der Folge geschlossen wird. Aus Prämisse 1 (Wenn *P*, dann *Q*) und Prämisse 2 (*Q* ist der Fall) folgt die Konklusion (Also ist *P* der Fall). Beispiel: Wenn heute Dienstag ist, gehe ich zur Schule. – Heute ist Dienstag. – Also gehe ich heute zur Schule. *S. 15, 19*

Modus tollens (lat. *modus* „Art und Weise", *tollere* „wegnehmen, entfernen"): Schlussfigur in der → Logik, bei der von der Ungültigkeit der Folge auf die Ungültigkeit des Grundes geschlossen wird. Aus Prämisse 1 (Wenn *P*, dann *Q*) und Prämisse 2 (*Q* ist nicht der Fall) folgt die Konklusion (Also ist *P* nicht der Fall). Beispiel: Wenn der Wachhund einen Einbrecher entdeckt, bellt er. – Der Hund hat nicht gebellt. – Also hat der Hund keinen Einbrecher entdeckt. *S. 15, 19*

Mohammed (um 570 – 632): Religionsstifter des Islam. 610 n. Chr. wurde Mohammed durch Visionen zum → Propheten Allahs berufen; der Erzengel → Gabriel diktierte ihm den → Koran. Nachdem Mohammeds Prophetien in seiner Heimat → Mekka auf Widerstand stießen, wanderte er 622 mit seinen Anhängern nach → Medina aus. Diese Auswanderung (arab. *Hedschra*) gilt als Beginn der islam. Zeitrechnung. Mohammed scharte eine große Anhängerschaft um sich und eroberte 630 mit seinen Truppen Mekka. Unter den ersten → Kalifen breitete sich der Islam im gesamten Nahen und Mittleren Osten aus.

Zur Schreibung arab. Namen: Die arab. Sprache kennt nur drei Vokale: a, i und u. In der gesprochenen Sprache wird u oft zu o und a zu e. Daher findet man neben der Schreibung „Mohammed" oft auch „Muhammad". *S. 69, 181-191*

Monopol (griech. *mónos* „allein" und *poleín* „verkaufen"): eine Marktform, bei der ein Verkäufer als alleiniger Anbieter auftritt und damit über eine besondere Marktmacht verfügt. *S. 101*

Morus, Thomas (1478 – 1535): engl. Philosoph und Staatsmann. Sein bekanntestes Werk beschreibt den fiktiven Staat Utopia. Die Staatsordnung dieser Inselrepublik trägt demokratische, z.T. auch → kommunistische Züge: Beamte werden auf Zeit gewählt. Männer und Frauen sind gleichberechtigt. Geld und Privateigentum sind abgeschafft. Jeder hat das Recht auf Bildung und religiöse Toleranz. Hinter dem Lob von Utopia verbirgt sich scharfe Kritik am engl. Staat des 16. Jh. *S. 97*

Moses: Nach biblischer Überlieferung führte Moses als → Prophet das Volk Israel aus der ägyptischen Sklaverei in das von Gott versprochene Land Kanaan. Im Auftrag Gottes verkündete er den Israeliten das göttliche Gesetz. Moses ist eine der wichtigsten Figuren für das religiöse Selbstverständnis von Juden, Christen und Moslems. *S. 165, 175*

Mucker: Spottname für eine protestantische Sekte im 18. Jh. Im weiteren Sinne versteht man unter Muckertum eine scheinheilige Gesinnung. *S. 73*

Muezzin: ein Ausrufer, der die Muslime fünfmal täglich zum Gebet (→ Salât) ruft. Der Gebetsruf ertönt in arab. Sprache und beginnt mit den Worten *Allâhu akbar* (arab. „Gott ist größer!"). *S. 183*

Neues Testament (lat. *testamentum* „Bund"): Bezeichnung für den zweiten Teil der christl. → Bibel. Zu den 27 Schriften gehören v.a. die vier → Evangelien, die → Apostelgeschichte und die Briefe des → Paulus. *S. 173, 179*

Noah: nach der Überlieferung der → Bibel einer der Urväter der Menschheit (1. Mose 6-9). Er, seine Familie und je ein Paar von allen Tieren überlebten in einem Schiff (der Arche Noah) die von Gott geschickte Sintflut. *S. 165*

normativ (lat. *norma* „Vorschrift"): wertend, beurteilend. Normative Sätze geben an, wie etwas sein soll, wie etwas zu bewerten ist bzw. was ethisch geboten ist; im Unterschied zu → deskriptiv. *S. 19, 123*

Obama, Barack (* 1961): US-amerik. Politiker und Jurist; seit 2009 Präsident der USA. Seine außenpolitischen Leitlinien brachten ihm international hohes Ansehen, dazu gehören u.a. sein Eintreten für nukleare Abrüstung und sein Versuch, das Verhältnis der USA zum Islam auf eine neue Grundlage zu stellen. 2009 wurde ihm der Friedensnobelpreis zuerkannt. *S. 179*

Objektivität (lat. *obiectum* „was dem Verstand vorliegt"): Sachlichkeit; die Fähigkeit, eine Situation nur von den Tatsachen her zu beurteilen, unabhängig von persönlichen Vorlieben oder Abneigungen. *S. 87*

Ökosphäre: gleichbedeutend mit → Biosphäre

Ökosystem (griech. *oíkos* „Haus" und *sýstema* „System"): ein Ökosystem besteht aus zwei Elementen: dem Lebensraum (Wasser, Licht, Boden usw.) und allen darin heimischen Lebewesen. In einem ausgeglichenen Ökosystem bilden die verschiedenen Lebewesen eine funktionierende Lebensgemeinschaft. Je nach den vorhandenen Bedingungen entwickeln sich unterschiedliche Ökosysteme, wie z.B. ein Wald, eine Wiese, ein Moor usw. *S. 127, 131, 133*

Ornament (lat. *ornamentum* „Schmuck"): Verzierung an Bauwerken, Kunstgegenständen, Teppichen, Möbeln usw. Ornamente haben, v.a. in der religiösen Kunst, oft symbolische Bedeutung. *S. 185*

orthodox (griech. *orthós* „richtig" und *dóxa* „Glaube"): rechtgläubig, strenggläubig. Man bezeichnet diejenigen Gläubigen als orthodox, die besonders streng an den Geboten und → Ritualen ihrer Religion festhalten. *S. 165*

Ostern: das höchste Fest des Christentums; es erinnert an die Auferstehung → Jesu von den Toten. Der Glaube an die Auferstehung ist das Zentrum des christl. Glaubens (1. Kor 15). *S. 177*

Parabel (griech. *parabolé* „Vergleich"): belehrende, gleichnishafte Erzählung. Die Parabel thematisiert ethische Grundsätze, die der Leser – im Unterschied zur → Fabel – selbst erschließen muss. *S. 61*

Paradoxie (griech. *parádoxon* „widersinnig"): Widerspruch; eine Aussage, die (scheinbar) zur gleichen Zeit wahr und falsch ist. *S. 199, 207*

Parasit (griech. *parásitos* „jemand, der am Tisch eines anderen mitisst"): ein Lebewesen (Tier, Pflanze, Pilz), das auf Kosten eines anderen Lebewesens existiert. Der Organismus des sog. „Wirtes" wird dabei vom Parasiten geschädigt. Parasit ist auch eine extrem abwertende Bezeichnung für einen Menschen, der auf Kosten anderer lebt („Schmarotzer"). *S. 123*

Pascal, Blaise (1623 – 1662): franz. Mathematiker, Physiker und Philosoph; er entwickelte die erste Rechenmaschine und die Wahrscheinlichkeitsrechnung. Nach einem religiösen Erweckungserlebnis im Jahre 1654 gab Pascal die Wissenschaften auf, um sich ganz den Fragen der Religion zu widmen. *S. 211*

Passion (lat. *passio* „Leiden"): Bezeichung für den Leidensweg → Jesu. Die Berichte darüber in den → Evangelien werden als Passionsgeschichte bezeichnet: Sie umfasst die Feier des letzten Abendmahls, den Verrat des Judas, die Verhaftung am Ölberg, den Prozess vor → Pontius Pilatus, die Verurteilung Jesu, seine Kreuzigung und Grablegung. *S. 123, 177*

Paulus (um 66 n. Chr.): christl. → Apostel; als gesetzestreuer Jude war er zunächst Christenverfolger, wurde dann aber durch Christusvisionen zum christl. Glauben bekehrt. Er war der erste Apostel, der die christl. Lehre auch Nichtjuden verkündete. Seine → Missionsreisen trugen entscheidend zur Verbreitung des christl. Glaubens bei. Die Briefe des Paulus, in denen er seine religiösen Lehren erläutert, sind Teil des → Neuen Testaments. *S. 171, 173*

Peergroup (engl. peer „gleichaltrig" und group „Gruppe"): Gruppe, die aus gleichaltrigen, gleichrangigen Menschen besteht und deren Mitglieder ein freundschaftliches Verhältnis verbindet. *S. 43*

Pergament: Schreibmaterial aus Tierhaut. Zur Herstellung von Pergament verwendet man die Haut von Schafen, Ziegen oder Kälbern. Der Name leitet sich ab von der antiken Stadt Pergamon, die für die Qualität ihres Pergamentes berühmt war. Heute wird echtes Pergament nur noch für besonders kostbare Schriftstücke verwendet. *S. 165, 189*

Pessach (auch: Passah): eines der wichtigsten jüd. Feste; es erinnert daran, dass Gott die Israeliten aus der ägyptischen Sklaverei befreit hat. Während der acht Festtage darf kein mit Sauerteig hergestelltes Brot gegessen werden – so wie auch die Israeliten bei ihrer überstürzten Flucht aus Ägypten keine Zeit hatten, das Brot für die Reise gären zu lassen.

Wie heißt es richtig: „Pessach" oder „Passah"? Das hebr. Alphabet besteht nur aus Konsonanten. Das jüd. Hauptfest wird mit den drei Konsonanten PSH geschrieben; bei der Aussprache eines Wortes müssen die Vokale ergänzt werden. Die Aussprache kann – je nach Dialekt und Tradition – unterschiedlich sein: *Pessach, Passah, Pessakh. S. 177*

Pharisäer (hebr. *peruschim* „die Abgesonderten"): eine → orthodoxe Gruppierung innerhalb des Judentums. → Jesus kritisierte ihre strenge Auslegung der jüd. Gesetze als Mangel an Nächstenliebe. *S. 173*

Pink (* 1979): US-amerik. Sängerin und Songschreiberin. Pink wurde mehrfach mit dem „Grammy" und zahlreichen anderen Musikpreisen ausgezeichnet. Angesichts ihrer Wurzeln bezeichnet sich Pink als „irisch-deutsch-litauische Jüdin". *S. 161*

Plädoyer (franz. „Verteidigungsrede"): Schlussrede eines Anwalts vor Gericht. Im weiteren Sinne versteht man unter einem Plädoyer ein energisches Eintreten für oder gegen eine Sache. *S. 113*

Platon (427 – 347 v. Chr.): griech. Philosoph aus Athen; Schüler des → Sokrates; um 386 v. Chr. gründete Platon in Athen eine Philosophenschule, die sog. Akademie. Im Rahmen seiner Staatsphilosophie entwirft Platon einen Idealstaat, in dem politische Macht und philosoph. Wissen zusammenfallen (die Philosophen sind Könige und die Könige Philosophen). *S. 99*

Poliklinik (griech. *pólis* „Stadt" und *klíne* „Bahre"): „Großpraxis", in der Ärzte verschiedener Fachrichtungen für die ambulante Versorgung der Patienten zuständig sind. Ambulant bedeutet, dass die Patienten nicht über Nacht in der Klinik bleiben. *S. 153*

Polytheismus (griech. *polys* „viel" und *theós* „Gott"): der Glaube an mehrere Götter. Die meisten Religionen des Altertums waren polytheistisch. Gegensatz: Monotheismus. *S. 185*

Pontius Pilatus: 26 – 36 n. Chr. röm. Statthalter der Provinz → Judäa. Er verurteilte → Jesus zum Tod am Kreuz, nach röm. Gesetz die grausamste und demütigendste Hinrichtungsart, die nur bei Sklaven und Schwerverbrechern angewandt wurde. *S. 177*

Predigt (lat. *praedicare* „verkünden"): religiöse Ansprache eines Priesters oder Religionsgelehrten an die Gläubigen in einem Gottesdienst. *S. 173, 183, 185*

Privatsphäre (lat. *privatus* „privat" und griech. *sphaíra* „Kugel"): das ganz persönliche, nichtöffentliche Lebensumfeld, in dem ein Mensch sich frei entfalten und ungezwungen verhalten kann, ohne dass andere davon Kenntnis bekommen oder Einfluss darauf nehmen. Der Schutz der Privatsphäre wird im dt. Grundgesetz (Artikel 2, 10, 13) garantiert. *S. 215*

Prolet: abfällige Bezeichnung für einen ungebildeten Menschen mit schlechten Manieren (umgangssprachlich „Proll"). *S. 141*

Prophet (griech. *prophétes* „Verkünder"): jemand, der von Gott zu dessen Sprecher – also zum Mittler zwischen Gott und Menschheit – berufen wird. Inhalt der göttlichen Botschaft (Prophetie) kann die Verkündung der göttlichen Wahrheit, des göttlichen Willens oder göttlicher Gebote sein. *S. 179, 189*

Purim: jüd. Freudenfest im Februar/März, das an die Rettung des jüd. Volkes im → Babylonischen Exil erinnert. Der → Tenach berichtet, wie es Ester, der jüd. Ehefrau des Perserkönigs, gelungen ist, einen Massenmord am jüd. Volk zu verhindern. Man feiert den Purimtag mit Masken, Kostümen, Spielen, Liedern, Tänzen, Geschenken und Festessen. *S. 161*

Rabbi (auch: **Rebbe**; hebr. *rabbî* „Meister"): ehrenvolle Anrede für einen jüd. Schriftgelehrten (Rabbiner). *S. 151, 163, 165, 171, 173*

Rabbiner (hebr. *rabbî* „Meister"): jüd. → Thora-Gelehrter; Aufgabe eines Rabbiners ist die Seelsorge und die religiöse Lehre in seiner Gemeinde. Er legt die Thora aus, erläutert die jüd. Lehre und ihren Bezug zum täglichen Leben. *S. 151, 163, 165*

Radcliffe, Daniel (* 1989): brit. Schauspieler; bekannt wurde er durch die Rolle des Harry Potter in den Verfilmungen der gleichnamigen Romane von Joanne K. Rowling. Seine Mutter, Marcia Gresham, ist Jüdin; ihr Nachname ist die anglisierte Form des verbreiteten jüd. Familiennamens Gershon. *S. 161*

Ramadân (arab. „der heiße Monat"): der 9. Monat des → islamischen Mondkalenders und der islamische Fastenmonat. *S. 69, 181*

Rassismus: die Benachteiligung und Herabwürdigung von Menschen aufgrund ihrer Herkunft, Hautfarbe oder Kultur (→ Diskriminierung). Dahinter steht das Vorurteil, dass bestimmte Völker anderen („von Natur aus") geistig überlegen seien. *S. 129, 171, 179*

Rationalismus (lat. *ratio* „Vernunft"): philosoph. Denkrichtung, die davon ausgeht, dass die Vernunft (unabhängig von Sinneseindrücken) die Wirklichkeit vollständig erkennen kann. *S. 99*

Regime (franz. *régime* „Regierungsform"): diktatorische, undemokratische Regierung. *S. 105*

Ressourcen (franz. „Versorgungsquelle"): der zur Verfügung stehende Vorrat an Mitteln und Gütern. Im 21. Jh. ist der Schutz der sog. natürlichen Ressourcen zum Hauptthema der Umweltpolitik geworden (z. B. Boden, Wasser, Wälder, Tiere). *S. 121, 123*

Rilke, Rainer Maria (1875 – 1926): österr. Dichter; seine Stimmungslyrik mit ihren symbolhaften, vielschichtigen Metaphern machte ihn zu einem der einflussreichsten deutschsprachigen Lyriker. *S. 79*

Ritual (lat. *ritus* „religiöser Brauch"): eine sich wiederholende, immer gleichbleibende Handlung. Ein Ritual kann religiöser oder weltlicher Art sein (Gottesdienst, Geburtstagsfeier usw.). Rituale fördern den Gruppenzusammenhalt und machen die Bedeutung bestimmer Momente sichtbar. *S. 181*

rituell (lat. *ritualis* „den religiösen Brauch betreffend"): einem → Ritual folgend, zu einem Ritual gehörend; regelmäßig, sich wiederholend. *S. 189, 191*

Rockwell, Norman (1894 – 1978): US-amerik. Maler; 1964 schuf er das Bild „The Problem We All Live With": Justizbeamten beschützen ein schwarzes Mädchen auf dem Schulweg vor rassistischen Angriffen. US-Präsident → Obama ließ 2011 eine Kopie des Gemäldes im Weißen Haus aufhängen. *S. 91*

Roosevelt, Eleanor (1884 – 1962): US-amerik. Politikerin, Menschenrechtsaktivistin und Frauenrechtlerin; als Ehefrau des US-Präsidenten Roosevelt war sie 1933

– 1945 „First Lady" der USA. Später war sie als Diplomatin der → Vereinten Nationen an der Ausarbeitung der „Allgemeinen Erklärung der → Menschenrechte" (1948) beteiligt. *S. 91*

Sabbat (hebr. „Ruhetag"): im Judentum der siebte Wochentag, ein Ruhe- und Feiertag, an dem nach Gottes Gebot nicht gearbeitet werden darf. Alle Alltagstätigkeiten sind am Sabbat verboten (z.B. Wäsche waschen, putzen oder einkaufen). Der Sabbat beginnt am Freitagabend und endet am Samstagabend. *S. 161, 169*

sakrosankt (lat. *sacrosanctus*): hochheilig, unverletzlich; der Begriff stammt aus dem röm. Recht und bezeichnete die Unantastbarkeit einer Person. *S. 179*

Salât (arab. „Gebet"): das → rituelle Gebet im Islam; es wird fünfmal am Tag zu festgelegten Zeiten in Richtung → Mekka verrichtet. Salât ist die wichtigste der → Fünf Säulen des Islam. *S. 191*

Samariter → *S. 171*

Sartre, Jean-Paul (1905 – 1980): franz. Philosoph, Dramatiker und Romanschriftsteller; Hauptvertreter des → Existenzialismus. *S. 219*

Schlaraffenland (mittelhochdeutsch *sluraff* „fauler Affe"): Märchenland, in dem die köstlichsten Speisen stets im Überfluss vorhanden sind. Die mittelalterlichen Beschreibungen des Schlaraffenlandes sind eine Parodie auf das christl. Paradies. *S. 95*

Schma Jisrael (hebr. „Höre Israel!"): das jüd. Glaubensbekenntnis: „Höre, Israel, der Herr ist unser Gott, der Herr ist einzig. Du sollst den Herrn, deinen Gott, lieben von ganzem Herzen, von ganzer Seele und mit all deiner Kraft." (5. Mose 6, 4-5) *S. 189*

Schweitzer, Albert (1875 – 1965): dt. Theologe, Philosoph und Arzt; Schweitzer entwickelte eine Ethik der „Ehrfurcht vor dem Leben". Der Mensch erkennt, dass alles Lebendige – Pflanzen, Tiere, Menschen – genauso am Leben hängt wie er selbst. Daraus leitet Schweitzer sein Grundprinzip der Moral ab. Gut bedeutet: das Leben grundsätzlich bejahen und *allen* Lebewesen mit Liebe und Rücksicht begegnen. Schweitzer war als Friedensaktivist tätig und engagierte sich gegen die atomare Rüstung. 1952 erhielt er den Friedensnobelpreis. *S. 131*

Seattle (um 1786 – 1866): Indianerhäuptling im Nordwesten der USA. Er setzte sich für ein friedliches Zusammenleben von Indianern und weißen Siedlern ein. Seattle hielt 1854 eine Rede vor Vertretern der US-Regierung, in der er die religiöse Bedeutung der „Mutter Erde" für die Indianer erläuterte. Weltweit bekannt wurde Seattle durch einen Fernsehfilm über Umweltschutz (1972). In diesem Film wird er fantasievoll als ein früher Vertreter der Umwelt- und Friedensbewegung dargestellt. *S. 115*

Shahâda (arab. „Zeugnis"): das islam. Glaubensbekenntnis: „Es gibt keinen Gott außer [den einen] Gott und → Mohammed ist der Gesandte Gottes." *S. 181, 191*

Siemens, Werner von (1816 – 1892): dt. Industrieller; 1847 gründete er die Firma Siemens, die in wenigen Jahrzehnten zu einem der weltgrößten Elektrounternehmen wurde. Siemens führte schon früh Erfolgsprämien für seine Mitarbeiter ein und gründete eine Pensions-, Witwen- und Waisenkasse. *S. 115*

Singer, Peter (* 1946): austral. Philosoph; er wurde durch seine Beiträge zur Bio-Ethik bekannt. Sein Buch „Animal Liberation" beschäftigt sich mit der Würde und den Rechten von Tieren. Singer kritisiert besonders den → Speziesismus des Menschen. Tiere können wie der Mensch Schmerzen empfinden. Singer hält es nicht für begründbar, den Wunsch eines Menschen, nicht zu leiden, höher zu bewerten als den gleichen Wunsch eines Tieres. Deshalb lehnt er die meisten Formen der Tierhaltung, besonders die Massentierhaltung, und Tierversuche ab. *S. 129*

Sokrates (469 – 399 v. Chr.): griech. Philosoph aus Athen; Lehrer → Platons. Seine Grundüberzeugung war, dass es eine allgemeingültige Wahrheit geben müsse, die unabhängig ist von Meinungen und Traditionen. Die Unbedingtheit seiner Wahrheitssuche machte Sokrates zum Urbild des Philosophen. *S. 207*

Solidarität (lat. *solidus* „stark"): der Zusammenhalt von Menschen; Solidarität beruht auf einem Zusammengehörigkeitsgefühl aufgrund gemeinsamer Werte, Ideen und Ziele; Solidarität äußert sich in gegenseitiger Hilfe und Eintreten füreinander. *S. 131*

Soziologie (lat. *socius* „Gefährte" und griech. *lógos* „Lehre"): Wissenschaft, die die Formen des menschlichen Zusammenlebens erforscht. Die Soziologie untersucht den Sinn, die Voraussetzungen und Regeln von menschlichen Gemeinschaften. *S. 43*

Spezies (lat. *species* „Art"): In der Biologie werden Tiere und Pflanzen in Spezies (auch: Arten) eingeteilt. Zu einer Spezies gehören alle Lebewesen, die untereinander zur Fortpflanzung fähig sind. *S. 127*

Speziesismus (lat. *species* „Art"): die Vorstellung, dass der Mensch allen anderen → Spezies überlegen ist und daher besondere Rechte gegenüber anderen Lebewesen hat. Benutzt wird der Begriff meist von Tierschützern, um den Umgang mit Haus- und Nutztieren zu kritisieren. Die Abgrenzung des Menschen von anderen Lebewesen sei eine willkürliche Erfindung, um die Ausbeutung von Tieren zur Nahrungs und Materialgewinnung zu rechtfertigen. *S. 129*

Status quo (lat. „Zustand, in dem [wir uns befinden]"): die aktuelle Lage, der Stand der Dinge. *S. 121*

Strauss, Levi (1829 – 1902): dt.-amerik. Unternehmer, Erfinder der Jeans; Strauss wurde als Sohn jüd. Eltern in Franken geboren. Er wanderte 1847 in die USA aus. Zusammen mit dem jüd. Schneider Jacob Davis schuf er eine robuste Arbeitshose aus blauem Baumwollstoff und verstärkte die Hosennähte mit Nieten eines Pferdegeschirrs. Die „Nietenhose" war sofort ein Riesenerfolg. Die von Strauss gegründete Firma wurde ein internationaler Konzern mit heute rund 4 Mrd. Dollar Umsatz. *S. 161*

Subsumtion (lat. *sub* „unter" und *sumere* „nehmen"): ein Teil des praktischen Syllogismus: ein konkreter Fall wird einem allgemeinen Gebot logisch untergeordnet. Beispiel: konkreter Fall: „Ich habe mir Geld geliehen." – allgemeine Norm: „Man soll geliehenes Geld zurükkzahlen." – Konklusion: „Ich soll das Geld, das ich geliehen habe, zurückzahlen." *S. 19*

Sultan (arab. „Herrscher"): islam. Herrschertitel. Ein Sultan war als Alleinherrscher die oberste politische und religiöse Autorität seines Landes. In der Türkei wurde das Sultanat 1922 abgeschafft. *S. 185*

Superman: US-amerik. Comic-Held, der in den 1930er-Jahren von den jüd.-amerik. Teenagern Jerry Siegel und Joe Shuster erfunden wurde. Die Tatsache, dass Siegel und Shuster Kinder jüd. Einwanderer waren, hat die Wesenszüge ihres Helden beeinflusst: Superman ist eine Einwanderer-Figur (vom Planeten Krypton), die den Willen und die Kraft hat, sich in die amerik. Kultur positiv einzubringen. *S. 161*

Sure (arab. *sûrah*): Abschnitt des → Koran *S. 181, 187, 189*

Surrogat (lat. *subrogare* „ergänzen"): Ersatz(stoff); meist wird der Begriff Surrogat für Lebensmittel verwendet, die anderen Lebensmitteln in Aussehen und Geschmack vergleichbar sind: Künstliche Süßstoffe z.B. sind ein Surrogat für Zucker. *S. 103*

Swift, Jonathan (1667 – 1745): irischer Schriftsteller; sein berühmtestes Werk „Gullivers Reisen" handelt von den Seereisen des Lemuel Gulliver, die ihn in märchenhafte Länder führen: z.B. zur Insel Luggnagg, wo die Untertanen den Boden lecken müssen, wenn sie sich dem König nähern, und ins Land der Houyhnhnms, wo Pferde die weisen Herren und die Menschen ungebildete Haustiere sind. Gulliver vergleicht die Sitten der fremden Völker stets mit denen seiner Heimat. Auf diese Weise übt Swift scharfe Kritik am engl. Staat des 18. Jh. *S. 101*

Tabu (polynesisch *tapu* „verboten, heilig"): ein Gebot oder Verbot, das von einer Gemeinschaft stillschweigend akzeptiert und eingehalten wird. Als Tabuthema wird ein Thema bezeichnet, das nicht oder nur begrenzt angesprochen werden darf. *S. 73*

Talmud (hebr. „Belehrung, Studium"): nach der → Thora die wichtigste Schrift des Judentums. Der Talmud erläutert und kommentiert die Gesetze der Thora. *S. 165*

teleologisch, Teleologie (von griech. *télos* „Ziel, Zweck" und *lógos* „Lehre"): Teleologie ist die Lehre von den Zwecken oder Zielen. Sie untersucht 1. die Ziele und Zwecke von menschlichen Handlungen und 2. den zweckmäßigen Aufbau der Natur (z. B. von Organismen und → Ökosystemen). Die Ethik des → Aristoteles beruht auf teleologischen Prinzipien. Der Begriff teleologisch ist gleichbedeutend mit zweckmäßig. *S. 131*

Tenach (auch: **Tanach**): die hebräische → Bibel; sie enthält in 24 Büchern die heiligen Schriften des Judentums. Dieselben Texte werden in der christl. Bibel als Altes Testament bezeichnet. *S. 165*

Theodosius I. (347 – 395 n. Chr.): röm. Kaiser (reg. 379 – 395 n. Chr.). Theodosius erklärte 380 n. Chr. das Christentum zur Staatsreligion des röm. Reiches. 391 n.

Chr. verbot er alle heidnischen (d. h. nichtchristlichen) Kulte und deren Ausübung. *S. 177*

Thora (auch: **Tora**, **Torah**; hebr. „Lehre, Unterweisung"): der erste Teil des → Tenach. Die Thora enthält v.a. die Offenbarung der 613 göttlichen Gebote an → Moses und sein Volk. Die Thora berichtet von der Schöpfung, von den Stammvätern Israels, vom Bund zwischen Gott und den Israeliten und von der Ansiedlung im versprochenen Land Kanaan. Die Thora entspricht in der christl. → Bibel den fünf Büchern Mose. *S. 161, 163-169, 175, 179*

Tierschutzgesetz: Das dt. Tierschutzgesetz wurde 1972 erlassen, um „das Tier als Mitgeschöpf, sein Leben und Wohlbefinden zu schützen". Es legt fest, dass „niemand einem Tier ohne vernünftigen Grund Schmerzen, Leiden oder Schaden zufügen" darf. *S. 127*

Tortur (lat. *tortura* „Verrenkung, Folter"): Qual, Quälerei, Misshandlung, Elend, Leid. *S. 123*

totalitär (lat. *totalis* „vollständig"): als totalitär bezeichnet man eine spezielle Form der Diktatur (Gewaltherrschaft), die mit ihrer Ideologie alle Lebensbereiche des einzelnen Menschen beherrschen will. Zum Machterhalt nutzt der totalitäre Staat Massenorganisationen, Propaganda, Überwachung der Bürger und staatlichen Terror. *S. 99*

Treibhauseffekt: In der Erdatmosphäre bewirken → Treibhausgase einen natürlichen Treibhauseffekt. Dieser sorgt für ein Erdklima, das organisches Leben erst möglich macht: die Durchschnittstemperatur an der Erdoberfläche läge ohne den natürlichen Treibhauseffekt bei −18° C. Die Treibhausgase funktionieren dabei wie die Glashülle eines Treibhauses, die das kurzwellige Sonnenlicht passieren lässt, die langwellige Wärmestrahlung hingegen zurückhält. Der natürliche Treibhauseffekt wird durch Eingriffe des Menschen verstärkt. → Klimawandel *S. 68*

Treibhausgase: verschiedene Gase in der Erdatmosphäre, die den → Treibhauseffekt bewirken. Ein großer Teil dieser Gase ist natürlichen Ursprungs. Die gefährliche Zunahme bestimmter Treibhausgase (→ Klimawandel) geht auf menschliche Aktivitäten zurück. Dazu gehören → CO_2, Methan und Lachgas. Diese entstehen bei der Verbrennung von Öl, Gas, Kohle und Holz, in der Land- und Viehwirtschaft, in Klärwerken und auf Mülldeponien. *S. 103, 119*

Trial and error (engl. „Versuch und Irrtum"): Methode zur Problemlösung, bei der nacheinander verschiedene Lösungswege ausprobiert und so lange optimiert werden, bis das gewünschte Ergebnis erreicht ist. *S. 123*

Tribut (lat. *tributum* „Steuer, Abgabe"): eine Abgabe, die Besiegte an Sieger als Zeichen der Unterwerfung zu entrichten haben. Im übertragenen Sinn versteht man unter Tribut ein Opfer bzw. die negativen Konsequenzen einer Handlung. Beispiel: „Das Erdbeben forderte einen hohen Tribut." *S. 121*

Trinitätslehre (lat. *trinitas* „Dreizahl"): Dreieinigkeitslehre; zentraler Begriff der christl. Theologie. Die Trinitätslehre geht davon aus, dass der eine Gott aus drei Erscheinungsformen besteht (Vater, Sohn und heiliger Geist), die aber völlig wesensgleich sind. *S. 179*

Uhland, Ludwig (1787 – 1862): dt. Dichter, Jurist und Politiker. Mit seinen schlichten, volksliedhaften Gedichten wurde er zum bedeutendsten Vertreter der schwäbischen Romantik. *S. 131*

Uluru: 348 m hoher Sandsteinberg in Australien. Der Berg ist Teil des Weltnatur- und Weltkulturerbes der UNESCO. Für die Anangu, die Ureinwohner im Gebiet des Berges, gilt der Uluru als heiliger Ort. Früher durften Stammesmitglieder ihn nur für religiöse Zeremonien betreten. Heutzutage klettern jährlich zehntausende Touristen auf den Felsen. *S. 133*

Umma (arab. „Gemeinschaft"): die weltweite Glaubensgemeinschaft aller Muslime. *S. 181, 191*

UNICEF (*United Nations International Children's Emergency Fund*): das Kinderhilfswerk der → Vereinten Nationen, gegr. 1946. Zu den Aufgaben von UNICEF gehören die Bereiche Gesundheit, Familienplanung, Hygiene, Ernährung und Bildung vor allem in Entwicklungsländern bzw. in Ländern, die von Krieg und Naturkatastrophen betroffen sind. *S. 93*

Universalität (lat. *universalitas* „Gesamtheit"): Allgemeingültigkeit. Beispiel: Wenn man von der Universalität (oder der universellen Gültigkeit) der → Menschenrechte spricht, meint man damit, dass diese Rechte, unabhängig von zeitlichen und örtlichen

Umständen, immer und überall gültig sind. *S. 179*

UNO → Vereinte Nationen

Vereinte Nationen (*United Nations Organization, UNO*): 1945 gegründete überstaatliche Organisation mit Sitz in New York; oberste Ziele der Vereinten Nationen sind der Schutz der → Menschenrechte, die Beilegung von Streitigkeiten mit friedlichen Mitteln und die Förderung der internationalen Zusammenarbeit. Die wichtigsten Grundsätze hierfür sind die Gleichberechtigung und Selbstbestimmung der Völker und der Gewaltverzicht. *S. 35, 91, 93*

Vishnu: eine der Hauptgottheiten im Hinduismus. Neben dem Schöpfergott Brahma und dem Zerstörer Shiva ist Vishnu der Schützer des Lebens. Seine irdischen Verkörperungen nennt man → Avatare. *S. 215*

Wallfahrt: eine Fahrt, Reise oder Wanderung aus religiösen Gründen; Ziel einer Wallfahrt (Pilgerfahrt) ist meist eine heilige Stätte. Der Wallfahrer hofft, Gott dort besonders nah zu sein; er will durch seine Reise den eigenen Glauben stärken und bezeugen. Viele Wallfahrer (Pilger) erhoffen sich auch die Erfüllung einer konkreten Bitte. *S. 191*

Weizenbaum, Joseph (1923 – 2008): US-amerik. Informatiker und Mathematiker; Weizenbaum war an der Entwicklung von modernen Computersystemen und dem Vorläufer des Internets beteiligt. Sein Programm ELIZA konnte menschliche Sprache verarbeiten und „Gespräche“ führen. Weizenbaum war entsetzt, wie ernst viele Menschen das „Gespräch“ mit ELIZA nahmen. Seit diesem Schlüsselerlebnis mahnte er zeitlebens zum kritischen Umgang mit dem Computer. *S. 51*

Weltanschauung: die Gesamtheit persönlicher Überzeugungen und Werte, auf deren Grundlage ein Mensch die Welt deutet und in ihr handelt. Die Begriffe Weltanschauung und Ideologie werden oft bedeutungsgleich verwendet. *S. 17*

Welternährungsorganisation (*Food and Agriculture Organization, FAO*): Sonderorganisation der → Vereinten Nationen, gegr. 1945. Ihre Hauptziele sind die weltweite Bekämpfung des Hungers und die bessere Verteilung von Nahrungsmitteln. *S. 127*

Weltklimarat der Vereinten Nationen: Aufgabe des 1988 von den Vereinten Nationen gegründeten Weltklimarates ist es, die Risiken des → Klimawandels zu beurteilen sowie Strategien zur Abwendung weiterer Klimaveränderungen zu entwickeln. *S. 117, 119*

Wilson, Edward O. (* 1929): US-amerik. Biologe; ein zentrales Thema Wilsons ist das vom Menschen verursachte massenhafte Aussterben von Tier- und Pflanzenarten. Wilson bezeichnet die Artenvielfalt (Biodiversität) als wichtige Grundlage für das menschliche Wohlergehen. Es liegt im Eigeninteresse des Menschen, den biologischen Reichtum der Erde zu schützen und zu bewahren. *S. 127*

Xenotransplantation (griech. *xénos* „fremd“ und lat. *transplantare* „verpflanzen“): die Übertragung von Organen zwischen verschiedenen → Spezies (v.a. vom Tier auf den Menschen). Wegen des Mangels an menschlichen Spenderorganen soll die Xenotransplantation in Zukunft eine Alternative zur klassischen Organtransplantation sein. *S. 127*

Zakât (arab. „Reinigung“): die Armensteuer im Islam; jeder Moslem ist verpflichtet, einen Teil seines Vermögens für wohltätige Zwecke zu spenden. Die Armenabgabe wird einmal im Jahr entrichtet, üblicherweise im heiligen Monat → Ramadân. *S. 191*

Zehn Gebote (auch: Zehn Worte oder Dekalog): in der → Thora bzw. im Alten Testament (2. Mose 20, 2-17 und 5. Mose 5, 6-21) eine Reihe von Geboten und Verboten, die → JHWH dem → Propheten → Moses auf dem Berg Sinai offenbart haben soll. Mit den Zehn Geboten definiert Gott in Form eines Gesetzestextes das Verhalten, das er von seinem erwählten Volk Israel gegenüber sich und den Mitmenschen erwartet. Die Zehn Gebote sind die wichtigsten der 613 göttlichen Gebote, die in der Thora genannt werden. *S. 165, 169, 175*

Zenit (arab. samt *ar-ra's* „Richtung des Kopfes, Scheitelpunkt“): in der Astronomie der höchste Punkt des Himmels, der sich in einer gedachten Linie senkrecht über dem Beobachter befindet. *S. 111*

Allgemeine Erklärung der Menschenrechte von 1948 www.amnesty.de/alle-30-artikel-der-allgemeinen-erklaerung-der-menschenrechte (abgerufen am 07.03.2010)

Appuhn, Horst Heilsspiegel. Die Bilder des mittelalterlichen Erbauungsbuches „Speculum humanae salvationis", Dortmund 1981, Harenberg Kommunikation

Artz, Ulrike Nicht mit meinem Sohn. In: Eltern family 8/2010, S. 63

Äsop Der Fuchs und der Storch. http://gutenberg.spiegel.de/?id=5&xid=6&kapitel=1 (abgerufen am 10.03.2010)

Assel, Jutta; Jäger, Georg Das Märchen vom Schlaraffenland. Eine Postkartenserie von Oskar Herrfurth. www.goethezeitportal.de/index.php?id=maerchen_schlaraffenland (abgerufen am 20.01.2010)

Bennett, Alan Die souveräne Leserin. Übersetzt von Ingo Herzke, Berlin 2008, Wagenbach

Bentham, Jeremy Eine Einführung in die Prinzipien der Moral und der Gesetzgebung, Kap. 18, Abschnitt 1, zitiert nach Peter Singer: Praktische Ethik. Stuttgart 1994, Reclam

Bichsel, Peter Ein Tisch ist ein Tisch. In: Peter Bichsel: Kindergeschichten, Darmstadt-Neuwied 1983, Luchterhand

Birnbacher, Dieter Ökologische Ethik. In: information philosophie Nr. 1 (März 1987), S. 18–30

Böhme, Gernot Natürlich Natur. Frankfurt am Main 1992, Suhrkamp

Bohschke, Christa Freundschaftspuzzle. In: philopraktisch 2A, herausgegeben von Jörg Peters; Bernd Rolf, Bamberg 2011, C.C. Buchner, S. 34f

Bohschke, Christa Willkommen im Club der Verliebten! In: philopraktisch 2A, herausgegeben von Jörg Peters; Bernd Rolf, Bamberg 2011, C.C. Buchner, 40

Bohschke, Christa; Peters, Jörg Zickenterror? In: philopraktisch 2A, herausgegeben von Jörg Peters; Bernd Rolf, Bamberg 2011, C.C. Buchner, S. 38

Bohschke, Christa Liebeskummer. In: philopraktisch 2A, herausgegeben von Jörg Peters; Bernd Rolf, Bamberg 2011, C.C. Buchner, S. 44

Bohschke, Christa Ist es unmoralisch, den Partner zu verlassen? In: philopraktisch 2A, herausgegeben von Jörg Peters; Bernd Rolf, Bamberg 2011, C.C. Buchner, S. 45

Böll, Heinrich Anekdote zur Senkung der Arbeitsmoral. In: Aufsätze – Kritiken – Reden von Heinrich Böll, Köln; Berlin 1967, Kiepenheuer & Witsch

Borchert, Thomas www.mz-web.de

Boyle, T. C. Hoffnung? Keine! In: Die Zeit Nr. 17 vom 19.04.2007, aus dem Englischen von Brigitte Jakobeit

Brecht, Bertolt Kalendergeschichten, Reinbek bei Hamburg 1953, Rowohlt Verlag

Bredow, Rafaela von „Das finde ich hinterhältig". In: UniSPIEGEL 1/2011, S. 8–13

Brock, Bazon Orgasmus und Augiasmus. Pflicht zur Lust und Lust zur Pflicht. Handlungsmodelle. www.brock.uni-wuppertal.de/Schrifte/AV/Lust.html (aufgerufen am 07.04.2010)

Bundeszentrale für gesundheitliche Aufklärung (BZgA) Jugendsexualität 2006. Repräsentative Wiederholungsbefragung von 14- bis 17-Jährigen und ihren Eltern, Köln 2006

Carroll, Lewis Alice im Wunderland. Deutsch von Siv Bublitz, Hamburg 1993, rotfuchs

Cohen, Martin 99 philosophische Rätsel, aus dem Englischen von Dirk Oetzmann, mit 87 Abbildungen, München; Zürich 2004, Piper

Cole, Brock Celine oder Welche Farbe hat das Leben. Übersetzt von Sybil Gräfin Schönfeldt, München; Wien 1996, Carl Hanser

Csikszentmihalyi, Mihaly Flow. Das Geheimnis des Glücks. Übersetzt von Annette Charpentier, Stuttgart 2004, Klett-Cotta

Der Koran Übersetzung von Adel Theodor Khoury unter Mitwirkung von Muhammad Salim Abdullah. Gütersloh 2007, Gütersloher Verlagshaus

Devall, Bill Die tiefenökologische Bewegung. In: Ökophilosophie, herausgegeben von Dieter Birnbacher, Stuttgart 1997, Reclam

Doyle, Sir Arthur Conan Sherlock Holmes. Das Zeichen der Vier. Herausgegeben von Olaf R. Spittel, übersetzt aus dem Englischen vom Medienteam Verlagsgesellschaft mbH Hamburg, Barnstorf 2009, Verlag 28 Eichen

Draken, Klaus „Glück haben" und „glücklich sein". In: philopraktisch 2A, herausgegeben von Jörg Peters; Bernd Rolf, Bamberg 2011, C.C. Buchner, S. 177

Draken, Klaus Baustelle Wahrheit. In: philopraktisch 2A, herausgegeben von Jörg Peters; Bernd Rolf, Bamberg 2011, C.C. Buchner, S. 146

Draken, Klaus Wenn einer nicht die Wahrheit spricht... In: philopraktisch 2A, herausgegeben von Jörg Peters; Bernd Rolf, Bamberg 2011, C.C. Buchner, S. 147

Draken, Klaus Wo ist Marens Klassenkasse? In: philopraktisch 2A, herausgegeben von Jörg Peters; Bernd Rolf, Bamberg 2011, C.C. Buchner, S. 152f

Draken, Klaus Optimist und Pessimist. In: philopraktisch 2A, herausgegeben von Jörg Peters; Bernd Rolf, Bamberg 2011, C.C. Buchner, S. 157

Draken, Klaus ...von einem anderen Stern. In: philopraktisch 2A, herausgegeben von Jörg Peters; Bernd Rolf, Bamberg 2011, C.C. Buchner, S. 158

Draken, Klaus Alles bloß Ansichtssache. In: philopraktisch 2A, herausgegeben von Jörg Peters; Bernd Rolf, Bamberg 2011, C.C. Buchner, S. 159

Dreher, Walter Ein Volk auf dem Ego-Trip. In: Focus 27 (1995) www.focus.de/panorama/boulevard/gesellschaft-einvolk-auf-dem-ego-trip_aid_156201.html (aufgerufen am 25.04.2013)

Ego, Beate Nicht nur Abraham. In: Welt und Umwelt der Bibel 4 (2003), S. 31–35

Eholzer, Otmar Thora. In: Abenteuer Ethik – Bayern, Band 6, herausgegeben von Werner Fuß; Monika Sänger, Bamberg 2011, C.C. Buchner, S. 70

Eholzer, Otmar Der Talmud – die kommentierte Thora. In: Abenteuer Ethik – Bayern, Band 6, herausgegeben von Werner Fuß; Monika Sänger, Bamberg 2011, C.C. Buchner, S. 71

Eholzer, Otmar Abraham. In: Abenteuer Ethik – Bayern, Band 6, herausgegeben von Werner Fuß; Monika Sänger, Bamberg 2011, C.C. Buchner, S. 72

Eholzer, Otmar Der Apostel Paulus. In: Abenteuer Ethik – Bayern, Band 6, herausgegeben von Werner Fuß; Monika Sänger, Bamberg 2011, C.C. Buchner, S. 91

Eholzer, Otmar Samaria, Samariter, Samaritaner. In: Abenteuer Ethik – Bayern, Band 6, herausgegeben von Werner Fuß; Monika Sänger, Bamberg 2011, C.C. Buchner, S. 93

Eholzer, Otmar Kreuz, Kruzifix. In: Abenteuer Ethik – Bayern, Band 6, herausgegeben von Werner Fuß; Monika Sänger, Bamberg 2011, C.C. Buchner, S. 96

Elger, Ralf Islam. Frankfurt am Main 2002, S. Fischer

Engels, Helmut Es gibt nicht nur eine Art der Gerechtigkeit. In: philopraktisch 2A, herausgegeben von Jörg Peters; Bernd Rolf, Bamberg 2011, C.C. Buchner, S. 94

Engels, Helmut Die drei Arten der Gerechtigkeit. In: philopraktisch 2A, herausgegeben von Jörg Peters; Bernd Rolf, Bamberg 2011, C.C. Buchner, S. 94f

Engels, Helmut Nur Egoisten? In: philopraktisch 2A, herausgegeben von Jörg Peters; Bernd Rolf, Bamberg 2011, C.C. Buchner, S. 95

Engels, Helmut Teen-Court. In: philopraktisch 2A, herausgegeben von Jörg Peters; Bernd Rolf, Bamberg 2011, C.C. Buchner, S. 96f

Engels, Helmut Der Fall Denise. In: philopraktisch 2A, herausgegeben von Jörg Peters; Bernd Rolf, Bamberg 2011, C.C. Buchner, S. 97

Engels, Helmut Der Fall Martin. In: philopraktisch 2A, herausgegeben von Jörg Peters; Bernd Rolf, Bamberg 2011, C.C. Buchner, S. 97

Engels, Helmut 10 % besitzen etwa 50 %. In: philopraktisch 2A, herausgegeben von Jörg Peters; Bernd Rolf, Bamberg 2011, C.C. Buchner, S. 98

Engels, Helmut Ein mehrdeutiger Begriff. In: philopraktisch 2A, herausgegeben von Jörg Peters; Bernd Rolf, Bamberg 2011, C.C. Buchner, S. 98

Engels, Helmut Diese seltsamen Anthros. In: philopraktisch 2A, herausgegeben von Jörg Peters; Bernd Rolf, Bamberg 2011, C.C. Buchner, S. 99

Engels, Helmut Ein Mensch kann die Welt verändern. In: philopraktisch 2A, herausgegeben von Jörg Peters; Bernd Rolf, Bamberg 2011, C.C. Buchner, S. 101

Engels, Helmut Ja, sind die denn nötig? In: philopraktisch 2A, herausgegeben von Jörg Peters; Bernd Rolf, Bamberg 2011, C.C. Buchner, S. 102

Engels, Helmut Lästige Spitzfindigkeiten. In: philopraktisch 2A, herausgegeben von Jörg Peters; Bernd Rolf, Bamberg 2011, C.C. Buchner, S 154

Engels, Helmut Einerseits – andererseits. In: philopraktisch 2A, herausgegeben von Jörg Peters; Bernd Rolf, Bamberg 2011, C.C. Buchner, S. 154

Engelen, Henning Weshalb wir lieben und leiden, uns verbinden, trennen und betrügen müssen. In: GEO Nr.1 (1997)

Esposito, John L. Von Kopftuch bis Scharia. Was man über den Islam wissen sollte. Übersetzt von Henning Thies, Leipzig 2004, Reclam

Evangelische Akademie Baden Der Wald steht schwarz und schweiget: von Zustand und Zukunft unserer Wälder. Beiträge einer Tagung der Evangelischen Akademie Baden vom 8. – 10. Mai 1992 in Bad Herrenalb. Herausgegeben vom Verlag des Evangelischen Presseverbands für Baden, Karlsruhe 1993

Farni, Karl-Heinz Schlachtung in einem Musterbetrieb. In: Zeitmagazin Nr. 47 (1996) vom 15.11.1996

Friesch, Edwin Wer dreimal lügt. 66 unwahrscheinliche Geschichten aus unserer Zeit mit 17 Illustrationen, München 1974, Nymphenburger Verlagshandlung

Fromm, Erich Haben oder Sein. Die seelischen Grundlagen einer modernen Gesellschaft. Übersetzt von Brigitte Stein, München 1991, Ullstein

Fuß, Werner Identität. In: Abenteuer Ethik – Bayern, Band 7, herausgegeben von Werner Fuß; Monika Sänger, Bamberg 2007, C.C. Buchner, S. 11

Fuß, Werner Was sehe ich? In: Abenteuer Ethik – Bayern, Band 7, herausgegeben von Werner Fuß; Monika Sänger, Bamberg 2007, C.C. Buchner, S. 14

Fuß, Werner „In" und „Out". In: Abenteuer Ethik – Bayern, Band 7, herausgegeben von Werner Fuß; Monika Sänger, Bamberg 2007, C.C. Buchner, S. 17

Fuß, Werner Gruppen. In: Abenteuer Ethik – Bayern, Band 7, herausgegeben von Werner Fuß; Monika Sänger, Bamberg 2007, C.C. Buchner, S. 17

Fuß, Werner Marken und Image. In: Abenteuer Ethik – Bayern, Band 7, herausgegeben von Werner Fuß; Monika Sänger, Bamberg 2007, C.C. Buchner, S. 19

Fuß, Werner Gefühl oder Verstand? In: Abenteuer Ethik – Bayern, Band 7, herausgegeben von Werner Fuß; Monika Sänger, Bamberg 2007, C.C. Buchner, S. 33

Gaarder, Jostein Sofies Welt. Ein Roman über die Geschichte der Philosophie. Übersetzt von Gabriele Haefs, München; Wien 1993, Carl Hanser

Geier, Manfred Was konnte Kant, was ich nicht kann? Kinder fragen – Philosophen antworten. Reinbek bei Hamburg 2006, Rowohlt

Gillissen, Matthias Ein ganz spezieller Traum? In: Philopraktisch 2A, herausgegeben von Jörg Peters; Bernd Rolf, Bamberg 2011, C.C. Buchner, S. 160

Gillissen, Matthias Ein traumhaftes Leben? In: Philopraktisch 2A, herausgegeben von Jörg Peters; Bernd Rolf, Bamberg 2011, C.C. Buchner, S. 160

Gillissen, Matthias Wanderer zwischen den Welten. In: Philopraktisch 2A, herausgegeben von Jörg Peters; Bernd Rolf, Bamberg 2011, C.C. Buchner, S. 161

Gillissen, Matthias Ansichten über das Spiel(en). In: Philopraktisch 2A, herausgegeben von Jörg Peters; Bernd Rolf, Bamberg 2011, C.C. Buchner, S. 162

Gillissen, Matthias Avatar. In: Philopraktisch 2A, herausgegeben von Jörg Peters; Bernd Rolf, Bamberg 2011, C.C. Buchner, S. 164

Gillissen, Matthias Was ist überhaupt ein Avatar? In: Philopraktisch 2A, herausgegeben von Jörg Peters; Bernd Rolf, Bamberg 2011, C.C. Buchner, S. 164

Gillissen, Matthias Du stehst auf Blonde, oder? In: Philopraktisch 2A, herausgegeben von Jörg Peters; Bernd Rolf, Bamberg 2011, C.C. Buchner, S. 165

Gillissen, Matthias Simulation echten Lebens? In: Philopraktisch 2A, herausgegeben von Jörg Peters; Bernd Rolf, Bamberg 2011, C.C. Buchner, S. 166

Gillissen, Matthias Simst du schon oder lebst du noch? In: Philopraktisch 2A, herausgegeben von Jörg Peters; Bernd Rolf, Bamberg 2011, C.C. Buchner, S. 166

Gillissen, Matthias Das Bild der Alltagssprache. In: Philopraktisch 2A, herausgegeben von Jörg Peters; Bernd Rolf, Bamberg 2011, C.C. Buchner, S. 168

Gillissen, Matthias „Das hab' ich ja noch nie gesehen!" In: Philopraktisch 2A, herausgegeben von Jörg Peters; Bernd Rolf, Bamberg 2011, C.C. Buchner, S. 169

Gillissen, Matthias Das Gezeigte ist nicht anwesend. In: Philopraktisch 2A, herausgegeben von Jörg Peters; Bernd Rolf, Bamberg 2011, C.C. Buchner, S. 169

Gillissen, Matthias Ich und Ich. In: Philopraktisch 2A, herausgegeben von Jörg Peters; Bernd Rolf, Bamberg 2011, C.C. Buchner, S. 170

Gore, Al Eine unbequeme Wahrheit. Die drohende Klimakatastrophe und was wir dagegen tun können. München 2006, Riemann

Gorke, Martin Vom Eigenwert der Natur. Grundzüge einer Naturschutzethik. http://schleswig-holstein.nabu.de/imperia/ md/ content/ schleswigholstein/gutachtenstellungnahmen/umweltethika.pdf

Gräber Gerhard Vom Kaufhaus zur Konsumlandschaft In: Abenteuer Ethik – Baden-Württemberg, Band 2, herausgegeben von Monika Sänger, Bamberg 2006, C.C. Buchner, S. 110f

Große-Oetringhaus, Hans-Martin Kinder haben Rechte – überall. Berlin 1995, Elefanten Press

Gute Nachricht Bibel Stuttgart 2000, Deutsche Bibelgesellschaft

Hähnel, Silvia Das Rätsel um Atlantis: Die versunkene Insel. www.helles-koepfchen.de/atlantis.html (abgerufen am 10.09.2010)

Halbfas, Hubertus Die Bibel. Düsseldorf 2001, Patmos

Haller, Peter Ein Plädoyer für Lebensqualität. In: werben und kaufen, Nr. 45 (08.11.2002)

Harder, Corinna; Schumacher, Jens Professor Berkley und das Geheimnis der Baker Street sowie neun weitere spannende Ratekrimis, mit Illustrationen von Bernhard Speh, Freiburg 2006, Kerle im Herder-Verlag

Hattstein, Markus Weltreligionen. Mit Textbeiträgen von Li Deman; Brigitte Falkenberg; Kora Perle; Brigitte Selbig, Potsdam 2005, Tandem

Herder, Johann Gottfried Der Löwe und die Stiere. In: Der Löwe und die Maus und andere große Tiere in Fabeln, Geschichten und Bildern, ©Ellermann, München 1971, herausgegeben von Anne M. Rotenberg, Frankfurt am Main 1976, Insel Taschenbuch

Herkendell, Beate; Knödler, Christine Zu zweit, zu dritt, zusammen: Freundschaft. München 2002, dtv

Herweg, Rachel Jesus aus jüdischer Sicht. Zur Begründung einer Trennungsgeschichte. In: Welt und Umwelt der Bibel 4 (2005), S. 16–23

Hesse, Hermann Blauer Schmetterling. In: Das Lied des Lebens. Die schönsten Gedichte von Hermann Hesse zusammengestellt von Volker Michels, Frankfurt am Main 1986, Suhrkamp

Hessisches Schulgesetz http://verwaltung.hessen.de/irj/HKM_Internet?cid=c1f7ee3ac049d51fa14df6f30a1b156a (aufgerufen am 25.04.2013)

Huber, Alexander Free Solo. München 2009, BLV

Huxley, Aldous Schöne neue Welt. Übersetzt von Herberth E. Herlitschka, Frankfurt am Main 1981, Fischer

Ignatius von Loyola Gründungstexte der Gesellschaft Jesu. Übersetzt von Peter Knauer, Würzburg 1998, Echter

Ishaq, Ibn Das Leben des Propheten. Aus dem Arabischen übertragen und bearbeitet von Gernot Rotter, Kandern 1999, Spohr

Jugend 2000 13. Shell-Jugendstudie. Herausgegeben von Shell, Deutschland Oil GmbH, Band 2, Opladen 2000, Leske+Budrich

Kampwerth, Karin So ticken Mädchen. Eine Gebrauchsanweisung für Jungen. Stuttgart; Wien 2002, Thienemann

Kant, Immanuel Idee zu einer allgemeinen Geschichte in weltbürgerlicher Absicht. In: Kleinere Schriften zur Geschichtsphilosophie, Ethik und Politik von Immanuel Kant, Hamburg 1959, Felix Meiner, S. 9

Kant, Immanuel Anthropologie in pragmatischer Absicht: In: Immanuel Kants Werke in zehn Bänden, Band 10, herausgegeben von Wilhelm Weischedel, Darmstadt 1959, Bd. 10, Wissenschaftliche Buchgesellschaft

Kästner, Erich Das Märchen vom Glück. In: Geschichten zum Philosophieren. Für die Sekundarstufe I, Arbeitstexte für den Unterricht 15033, herausgegeben von Jutta Kähler; Susanne Nordhofen, Stuttgart 1994, Philipp Reclam jun.

Keller, Helen Meine Welt. Übersetzt von Heinrich Conrad, Löhrbach 1987, Löhrbach

Kindersache Ab wie viel Jahren darf man einen Ferienjob machen? www.kindersache.de/bereiche/deine-rechte/fragen-rechte-konkret/artikel/ab-wieviel-jahren-darf-man-einen-ferienjob-mache (aufgerufen am 25.04.2013)

Klein, Stefan Die Glücksformel oder Wie die guten Gefühle entstehen. Reinbek bei Hamburg 2003, Rowohlt

Knigge, Adolph Freiherr von Über den Umgang mit Menschen. Zürich 1999, Manesse

Kopp, Eduard Wie wird man Messias? In: chrismon 01 (2009)

Krömler, Hans Horizonte des Lebens. Köln; Zürich 1976, Benziger Verlag (auch in: Zeitschrift für Didaktik der Philosophie und Ethik, ZDPE 4 (1999), Theoretische Philosophie)

Kühner, Axel Voller Witz und Weisheit. Jüdischer Humor und biblische Anstöße, Neukirchen-Vluyn 2009, Aussaat Verlag; Neukirchener Verlagsgesellschaft mbH

Kutzner, Matthias Bist du behindert? In: dummy Ausgabe 21 (Winter 08/09), Thema Glück

Landgraf, Michael Schalom Martin. Eine Begegnung mit dem Judentum. Wiesbaden 2006, marixverlag

Lelord, François Hectors Reise oder die Suche nach dem Glück. München; Zürich 2006, Piper

Lipman, Matthew; Sharp, Ann Margaret; Oscanyan, Frederick S. (1990) Philosophieren mit Kindern. Handbuch zu Harry Stottelmeiers Entdeckung. Bearbeitet und herausgegeben von Daniela G. Camhy, übersetzt von Ursula Scheer, Claudio Zagoda, Wien 1990, Verlag Hölder-Pichler-Tempsky

Lipman, Matthew (2009) Harry Stottelmeiers Entdeckung. Bearbeitet und herausgegeben von Daniela G. Camhy, übersetzt aus dem Amerikanischen von Ursula Scheer, Sankt Augustin 2009, Academia Verlag

Lohrmann, Julia Die Allgemeine Erklärung der Menschenrechte. www.planet-wissen.de/politik_geschichte/menschenrechte/geschichte_der_menschenrechte/menschenrechtserklaerung.jsp (abgerufen am 10.03.2010)

Maiwald, Armin; Saldecki, Dieter; Brandt, Peter Jesus Jeschua IESOUS. Würzburg 2007, Arena

Markl, Hubert Verankerung des Tierschutzes in der Verfassung. Stellungnahme der Max-Planck-Gesellschaft www.mpg.de/pdf/tierschutz.pdf (aufgerufen am 11.11.06)

Mohn, Carel www.vzbv.de (Verbraucherzentrale Bundesverband Berlin) (abgerufen am 16.09.2004)

Morus, Thomas Utopia. In: Der utopische Staat. Morus - Utopia; Campanella Sonnenstaat; Bacon - Neu-Atlantis, übersetzt und herausgegeben von Klaus J. Heinisch, Rowohlts Klassiker der Literatur und der Wissenschaft: Philosophie des Humanismus und der Renaissance, Band 3, herausgegeben von Ernesto Grassi, Mitarbeit von Walter Hess, Reinbek bei Hamburg 1984, Rowohlt Taschenbuch

Nagel, Thomas Was bedeutet das alles? Stuttgart 1990, Reclam

Naess, Arne Die tiefenökologische Bewegung. Einige philosophische Aspekte. In: Naturethik, herausgegeben von Angelika Krebs, Frankfurt am Main 1997, Suhrkamp

Nuber, Ursula Wer passt zu mir? In: Psychologie heute Nr. 1 (1997)

Ohlsson, Ragnar Der Sinn des Lebens. Aus dem Schwedischen von Angelika Kutsch, München 1999, Carl Hanser

Pagnol, Marcel Ferientage in der Provence. Herausgegeben von Wolfgang Schwemme, Stuttgart 1983, Klett

Passmore, John Den Unrat beseitigen. Überlegungen zur ökologischen Mode. In: Ökologie und Ethik, herausgegeben von Dieter Birnbacher, Stuttgart 1991, Reclam

Paulus, Jochen; Weiß, Marlene; Rigos, Alexandra; Douglas, Kate; Jones, Dan Entscheidungstyp sind Sie? In: GEO WISSEN Nr. 5 (2010), Entscheidung und Intuition, S. 115–130

Penzlin, Heinz Die Welt als Täuschung. In: Gehirn und Geist Dossier Nr. 1 (2009), Thema: Rätsel der Wahrnehmung

Peters, Jörg Was eine Utopie ist. In: philopraktisch 2A, herausgegeben von Jörg Peters; Bernd Rolf, Bamberg 2011, C.C. Buchner, S. 105

Peters, Jörg Zu sich selbst finden. In: philopraktisch 2A, herausgegeben von Jörg Peters; Bernd Rolf, Bamberg 2011, C.C. Buchner, S. 107

Peters, Jörg Wissenschaft und Technik. In: philopraktisch 2A, herausgegeben von Jörg Peters; Bernd Rolf, Bamberg 2011, C.C. Buchner, S. 111

Peters, Jörg Equilibrium. In: philopraktisch 2A, herausgegeben von Jörg Peters; Bernd Rolf, Bamberg 2011, C.C. Buchner, S. 114

Peters, Jörg Fahrenheit 451. In: philopraktisch 2A, herausgegeben von Jörg Peters; Bernd Rolf, Bamberg 2011, C.C. Buchner, S. 114

Peters, Jörg 1984. In: philopraktisch 2A, herausgegeben von Jörg Peters; Bernd Rolf, Bamberg 2011, C.C. Buchner, S. 115

Peters, Jörg Sprache verwirrt. In: philopraktisch 2A, herausgegeben von Jörg Peters; Bernd Rolf, Bamberg 2011, C.C. Buchner, S. 155

Peters, Jörg Die alte Frau. In: philopraktisch 2A, herausgegeben von Jörg Peters; Bernd Rolf, Bamberg 2011, C.C. Buchner, S. 156

Peters, Jörg Die junge Schönheit. In: philopraktisch 2A, herausgegeben von Jörg Peters; Bernd Rolf, Bamberg 2011, C.C. Buchner, S. 156

Peters, Jörg Der Nachbar. In: philopraktisch 2A, herausgegeben von Jörg Peters; Bernd Rolf, Bamberg 2011, C.C. Buchner, S. 156

Peters, Jörg Kalt oder warm? In: philopraktisch 2A, herausgegeben von Jörg Peters; Bernd Rolf, Bamberg 2011, C.C. Buchner, S. 157

Peters, Jörg Traum oder Wachsein? In: philopraktisch 2A, herausgegeben von Jörg Peters; Bernd Rolf, Bamberg 2011, C.C. Buchner, S. 159

Peters, Jörg Ich kann fliegen... In: philopraktisch 2A, herausgegeben von Jörg Peters; Bernd Rolf, Bamberg 2011, C.C. Buchner, S. 170

Peters, Jörg Was ist Virtualität? In: philopraktisch 2A, herausgegeben von Jörg Peters; Bernd Rolf, Bamberg 2011, C.C. Buchner, S. 170

Peters, Jörg; Rolf, Bernd Die größte Lust. In: Kant & Co im Interview. Fiktive Gespräche mit Philosophen über ihre Theorien. Stuttgart 2009, Reclam

Poznanski, Ursula Erebos. Bindlach 2010, Loewe

Pressler, Mirjam Golem stiller Bruder. Weinheim; Basel 2007, Beltz & Gelberg

Quandt, Thorsten Braucht die Realität Untertitel? www.wdr.de/themen/computer/2/augmented_reality/100127.jhtml (abgerufen am 25.05.2010)

Ratzinger, Joseph Benedikt XVI. Jesus von Nazareth. Freiburg; Basel; Wien 2007, Herder

Riedle, Gabriele Es gibt noch andere Aktivitäten. In: GEO WISSEN Nr. 41 (2008), Pubertät. Auf der Suche nach dem neuen Ich, S. 38f

Rinser, Luise Die Wozu-Frage. In: Wozu leben wir? Schriftsteller antworten jungen Menschen auf die Frage: Wozu leben wir?, herausgegeben von Hans Peter Richter, Freiburg im Breisgau 1968, Herder

Rolf, Bernd Der Weltklimabericht 2007. In: philopraktisch 3, herausgegeben von Jörg Peters; Bernd Rolf, Bamberg 2008, C.C. Buchner, S. 132f

Rolf, Bernd Woher stammt das CO2? In: philopraktisch 3, herausgegeben von Jörg Peters; Bernd Rolf, Bamberg 2008, C.C. Buchner, S. 134f

Rolf, Bernd Die Bevölkerungsexplosion. In: philopraktisch 3, herausgegeben von Jörg Peters; Bernd Rolf, Bamberg 2008, C.C. Buchner, S. 135

Rolf, Bernd Ein Experiment. In: philopraktisch 3, herausgegeben von Jörg Peters; Bernd Rolf, Bamberg 2008, C.C. Buchner, S. 136

Rolf, Bernd Die Landkarte der Erde neu zeichnen. In: philopraktisch 3, herausgegeben von Jörg Peters; Bernd Rolf, Bamberg 2008, C.C. Buchner, S. 136

Rolf, Bernd Die Uhr des jüngsten Gerichts. In: philopraktisch 3, herausgegeben von Jörg Peters; Bernd Rolf, Bamberg 2008, C.C. Buchner, S. 137

Rolf, Bernd Sich nicht verwirren lassen. In: philopraktisch 2A, herausgegeben von Jörg Peters; Bernd Rolf, Bamberg 2011, C.C. Buchner, S. 151

Rolf, Bernd Der Wolf, die Ziege und der Kohl. In: philopraktisch 2A, herausgegeben von Jörg Peters; Bernd Rolf, Bamberg 2011, C.C. Buchner, S. 152

Rolf, Bernd Der Nachbar. In: philopraktisch 2A, herausgegeben von Jörg Peters; Bernd Rolf, Bamberg 2011, C.C. Buchner, S. 156

Rolf, Bernd Das Bild als Nachahmung der Wirklichkeit. In: philopraktisch 2A, herausgegeben von Jörg Peters; Bernd Rolf, Bamberg 2011, C.C. Buchner, S. 168

Rosenberg, Jay F. Philosophieren. Ein Handbuch für Anfänger. Aus dem Amerikanischen übersetzt von Brigitte Flickinger, 1. Aufl. 1986, 6. Aufl. 2009, Frankfurt am Main, Vittorio Klostermann

Rothschild, Walter 99 Fragen zum Judentum. Gütersloh 2005. Gütersloher Verlagshaus

Sandbrink, Rita Lust und Unlust. In: philopraktisch 2A, herausgegeben von Jörg Peters; Bernd Rolf, Bamberg 2011, C.C. Buchner, S. 63

Sandbrink, Rita Immer dieselbe Leier. In: philopraktisch 2A, herausgegeben von Jörg Peters; Bernd Rolf, Bamberg 2011, C.C. Buchner, S. 63

Sandbrink, Rita Mit Lust werben. In: philopraktisch 2A, herausgegeben von Jörg Peters; Bernd Rolf, Bamberg 2011, C.C. Buchner, S. 64

Sandbrink, Rita Rias größter Wunsch. In: philopraktisch 2A, herausgegeben von Jörg Peters; Bernd Rolf, Bamberg 2011, C.C. Buchner, S. 66

Sandbrink, Rita Eine neue Erfahrung. In: philopraktisch 2A, herausgegeben von Jörg Peters; Bernd Rolf, Bamberg 2011, C.C. Buchner, S. 67

Sandbrink, Rita Wenn aus Pflicht Zwang wird. In: philopraktisch 2A, herausgegeben von Jörg Peters; Bernd Rolf, Bamberg 2011, C.C. Buchner, S. 68

Sandbrink, Rita Pflicht zur Hilfeleistung? In: philopraktisch 2A, herausgegeben von Jörg Peters; Bernd Rolf, Bamberg 2011, C.C. Buchner, S. 72

Sandbrink, Rita Gehorsamspflicht. In: philopraktisch 2A, herausgegeben von Jörg Peters; Bernd Rolf, Bamberg 2011, C.C. Buchner, S. 72

Sandbrink, Rita Der Fall Eichmann. In: philopraktisch 2A, herausgegeben von Jörg Peters; Bernd Rolf, Bamberg 2011, C.C. Buchner, S. 73

Sänger, Monika Verantwortlich handeln. In: Abenteuer Ethik – Baden-Württemberg, Band 2, herausgegeben von Monika Sänger, Bamberg 2006, C.C. Buchner, S. 100

Sänger, Monika Freiheit ist Selbst-Verantwortung. In: Abenteuer Ethik – Baden-Württemberg, Band 2, herausgegeben von Monika Sänger, Bamberg 2006, C.C. Buchner, S. 102

Savater, Fernando Tu, was du willst. Ethik für die Erwachsenen von morgen. Aus dem Spanischen von Wilfried Hof, Frankfurt am Main 1993, Campus

Schiller, Friedrich; Goethe, Johann Wolfgang von Ihre Briefe sind meine einzige Unterhaltung. Briefwechsel in den Jahren 1794 bis 1805. Herausgegeben von Manfred Beetz. Textband, München 1990, Carl Hanser

Schober-Penz, Angelika Kinder und Konsum. In: Politik & Unterricht 3/2004. Kinder in Deutschland, Familie – Freizeit – Konsum. Herausgegeben von der Landeszentrale für politische Bildung Baden Württemberg, Stuttgart 2004

Schmid, Wilhelm Glück. Alles was Sie darüber wissen müssen und warum es nicht das Wichtigste im Leben ist. Frankfurt am Main; Leipzig 2007, Insel

Schmid, Wilhelm Ist das Leben ein Spiel? Philosophische Überlegungen zur Lebenskunst. In: Psychologie heute 5 (2004)

Schmidt, Gunter Jugendsexualität. In: Ethik und Unterricht Nr. 4 (2005), S. 18

Schwarz, Frank www.datenbank-tierversuche.de

Schweitzer, Albert Die Ethik der Ehrfurcht vor dem Leben. In: Albert Schweitzer: Kultur und Ethik. München 1996. C.H. Beck

Schwienhorst-Schönberger, Ludger Die Zehn Gebote – Der Freiheit eine Form geben. In: Welt und Umwelt der Bibel 3 (2000), S. 9–15

Seattle Adaption einer Rede, die Häuptling Seattle 1855 an den Präsidenten der Vereinigen Staaten gerichtet haben soll. Der Text ist eine freie Bearbeitung eines Redetextes, der erstmalig publiziert wurde im „Seattle Sunday Star" 1887 und später auch in der „Washington Historical Quaterly" erschienen ist. Die deutschen Rechte liegen bei der Dedo Weigert Film GmbH, München

sehen – staunen – wissen: Judentum. Geschichte, Lehre und Kultur. Hildesheim 2003. Gerstenberg

Sichtermann, Barbara Auf der Suche nach dem neuen Ich. In: GEO WISSEN Nr. 41 (2008) Pubertät., S. 32–45

Siemens, Werner von Artikel. In: Tageblatt der Gesellschaft deutscher Naturwissenschaftler und Ärzte Nr. 56 (1886)

Siep, Ludwig Bioethik als Konkrete Ethik. www.unimuenster.de/.../philosophischesseminar/mitglieder/siep/vortraege/bioethikalskonkreteethik.pdf

Simon, Claus Peter; Weiß, Marlene Die Logik des Misslingens. In: GEO WISSEN Nr. 45 (2010) Was will ich? Das Geheimnis der guten Wahl, S. 52–56

Singer, Peter Praktische Ethik. Stuttgart 1994, Reclam

Sprado, Hans-Hermann P.M. Logik-Trainer Heft 4(2009)

Stehle, Verena Teen Spleen. In: Süddeutsche Zeitung Nr. 156 vom 10./11.07.2010, Seite Kultur, Gesellschaft, Politik

Straßer, Wolfgang Muslim von Geburt an. In. Abenteuer Ethik – Bayern, Band 7, herausgegeben von Werner Fuß; Monika Sänger, Bamberg 2009, C.C. Buchner, S. 90

Straßer, Wolfgang Islam – Muslim/Muslima. In: Abenteuer Ethik – Bayern, Band 7, herausgegeben von Werner Fuß; Monika Sänger, Bamberg 2009, C.C. Buchner, S. 91

Straßer, Wolfgang Kalligrafie und Ornamentik. In: Abenteuer Ethik – Bayern, Band 7, herausgegeben von Werner Fuß; Monika Sänger, Bamberg 2009, C.C. Buchner, S. 103

Straßer, Wolfgang Das Leben Mohammeds. In: Abenteuer Ethik – Bayern, Band 7, herausgegeben von Werner Fuß; Monika Sänger, Bamberg 2009, C.C. Buchner, S. 103

Straßer, Wolfgang Der Koran – das heilige Buch Gottes. In: Abenteuer Ethik – Bayern, Band 7, herausgegeben von Werner Fuß; Monika Sänger, Bamberg 2009, C.C. Buchner, S. 94

Straßer, Wolfgang Sprache, Bedeutung und Inhalt des Koran. In: Abenteuer Ethik – Bayern, Band 7, herausgegeben von Werner Fuß; Monika Sänger, Bamberg 2009, C.C. Buchner, S. 95

Straßer, Wolfgang Die fünf Säulen des Islam. In: Abenteuer Ethik – Bayern, Band 7, herausgegeben von Werner Fuß; Monika Sänger, Bamberg 2009, C.C. Buchner, S. 92f

Swift, Jonathan Gullivers Reisen. Bearbeitet von James Dunbar, Illustrationen von Martin Hargreaves, übersetzt von Cornelia Panzacchi, Hildesheim 2000, Gerstenberg

Taylor, Paul W. Die Ethik der Achtung gegenüber der Natur. In: Naturethik, herausgegeben von Angelika Krebs, Frankfurt am Main 1997, Suhrkamp

Tegen, Andin Fasziniernd fremd. In: Eltern family Nr. 5 (2010), S. 44–48

Thor-Wiedemann, Sabine Liebe Sex & Co, Ravensburg 2006, Ravensburger Buchverlag, S. 50f

Thurnherr, Urs Tierethik. In: Angewandte Ethik, herausgegeben von Annemarie Pieper; Urs Thurnherr, München 1998, C. H. Beck

Tolkien, John Ronald R. Der kleine Hobbit, mit Zeichnungen von Ensikat, Klaus, übersetzt von Walter Scherf, München 1995, dtv junior

Treml, Alfred K. Kleines Wörterbuch häufiger Sprach- und Argumentationsfehler. In: Ethik und Unterricht Nr. 4 (2000), S. 22ff

Tugendhat, Ernst; Lopez, Celso; Vicuna, Ana Maria Wie sollen wir handeln? Schülergespräche über Moral, Stuttgart 2000, Reclam

Tworuschka, Monika; Tworuschka, Udo Islam Lexikon. Düsseldorf 2002, Patmos

unicef In aller Kürze.
http://www.unicef.de/4951.html (abgerufen am 01.06.2009)

unicef/Schweiz Kinder dürfen sagen, was sie denken. Schweizerisches Komitee für UNICEF, Baumackerstraße 24, 8050 Zürich, Schweiz: Konvention über die Rechte des Kindes: Für Kinder erklärt, Artikel 12
www.unicef.de/fileadmin/content_media/Aktionen/Kinderrechte18/Kinderfreundliche_Version_UN_Kinderrechtskonvention_UNICEF_Schweiz.pdf
(abgerufen am 04.03.2010)

UN-Kinderrechtskonvention Kinderarbeit ist verboten.
www.national-coalition.de/pdf/UN-Kinderrechtskonvention.pdf
(abgerufen am 02.03.2010)

Vereinte Nationen Übereinkommen über die Rechte des Kindes vom 20. Nov. 1989
www.national-coalition.de/pdf/UN-Kinderrechtskonvention
(aufgerufen am 25.04.2013)

Weihs, Alexander Alles rund um die Bibel. 66 Fragen und Antworten. Freiburg im Breisgau 2008, Herder

Weimer, Wolfgang Logisches Argumentieren. Stuttgart 2005, Reclam

Weinrich, Klaus Kann man mit Logik auch hellsehen?
In: Abenteuer Ethik – Bayern, Band 8, herausgegeben von Werner Fuß; Monika Sänger, Bamberg 2011, C.C. Bucher, S. 12

Weizenbaum, Joseph Die Macht der Computer und die Ohnmacht der Vernunft. Übersetzt von Udo Rennert, Frankfurt am Main 2003, Suhrkamp

Welsch, Wolfgang Eine Doppelfigur der Gegenwart: Virtualisierung und Revalidierung.

In: Medien – Welten – Wirklichkeiten, herausgegeben von Gianni Vattimo; Wolfgang Welsch, München 1998, Fink

Wilson, Edward O. Das Zeitalter der Einsamkeit. In: Der Spiegel Nr. 48 vom 27.11.1995

Wolf, Doris Eine Partnerschaft muss keine Lotterie sein.
www.partnerschaft-beziehung.de (26.04.2011)

Wolf, Ursula Das Tier in der Moral. Frankfurt am Main 1990, Vittorio Klostermann

Zagal, Héctor; Galindo, José Ethik für junge Menschen. Grundbegriffe – Positionen – Probleme. Übersetzt von Bernd Goebel, Stuttgart 2000, Reclam

Zöller, Elisabeth Und wenn ich zurückhaue? Stuttgart; Wien 1994, Thienemann

Songtexte

Es hat mich wieder erwischt
Grönemeyer, Herbert
©Grönland Musikverlag, Berlin

Symphonie
Silbermond
Kloß, Stefanie / Nowak, Andreas / Stolle, Johannes / Stolle,Thomas
©Arabella Musikverlag GmbH, Berlin / EMI Music Publishing Germany GmbH & Co. KG

Schöne neue Welt
Culcha Candela
Cali, Don / Estilo, Chino Con / Itchyban / Lafrotino / Larsito / Mr. Reedoo / Müller-Lerch, Simon / Strange, Johnny
©Change The Game Edition / Culcha Sound Edition / Phlexton Edition / Styleheads Ges. für Entertainment GmbH; EMI Music Publishing Germany GmbH & Co. KG, Hamburg

©1998 Molehill Constructions: 200 | Agentur Focus / Magnum Photos / Martin Parr, Hamburg: 78 | akg-images, Berlin: 89, 205, 219; – / Erich Lessing: 210; – / Johann Brandstetter: 98; – / R. u. Michaud: 184 (8), 185 (3); – / Werner Forman: 71 | Associated Press / Richard Drew, Frankfurt: 160 | Baaske Cartoons / Mester, Müllheim: 47; – / Tomaschoff: 54 | Bauer Media Group / Dr. Sommer Studie 2009 / BRAVO, Hamburg: 72 (2), 73 | Catherine Belliot, Stegaurach: 130 | Bildarchiv Preußischer Kulturbesitz, Berlin: 108/109; – / Franz Weber: 147 | Boris Braun, Hamburg: 202 | Bridgeman Art Berlin: 188 | Bull Pressedienst GmbH, Frankfurt: 35, 70, 84, 152, 154 | Bundesministerium des Innern, Berlin: 36 | CALVIN AND HOBBES, ©1987 Watterson. Distr. by UNIVERSAL UCLICK. Reprinted with permission. All rights reserved: 138 | Cinetext, Frankfurt: 50, 65, 104, 105; – / 20th Century Fox / Allstar: 214 (2); – / Bildarchiv: 198; – / Concorde: 140; – / Disney: 75; – / Richter: 75 | Computer Media AG, Fürth: 220 | County Museum, Los Angeles: 218 | Das Judentum. Folien und Texte. Religionspädagogisches Seminar der Diözese Regensburg, Bild 10, 3. Auflage: 165 | ddp images / Oliver Berg, Hamburg: 179 | Denkon Images GmbH, Hamburg: 76 | Die Bibel für Kinder, ausgewählt und neu übersetzt von Klaus Knoke, Deutsche Bibelgesellschaft, Stuttgart 1995, 32 – 167 | Die Bibel, erschlossen und kommentiert von Hubertus Halbfas, Patmos Verlag, 5. Auflage 2007, 358 – 172 (4) | Die große Ravensburger Kinderbibel, Ravensburger Buchverlag 1995, 43 – 167 | Die neue Patmos Bibel, erzählt von Mosé Maria Rovira Belloso, Dt. von Hans Hoffmann, Patmos Verlag, Düsseldorf 1990, 177 – 167 | Die SIMS – Das offizielle Magazin 5/2010, IDIG Entertainment Media GmbH, München, ©2009 Electronic Arts Inc.: 216 (2) | Disney Enterprises Inc., Walt Disneys Lustiges Taschenbuch Nr. 293, Egmont Ehapa Verlag GmbH, Berlin (2): 150 | DIZ / SüddeutscherVerlag, Bilderdienst, München: 48 | dpa Picture-Alliance, Frankfurt: 20, 43, 116, 129, 132, 160; – / ©Cost / Leemaget: 97; – / akg-images: 160; – / Fotoreport: 93; / KPA: 198; – / Rainer Jensen: 92; – / Uwe Gerig: 218; – / www.bildagentur-online.com: 65; – / ZB / Tom Maelsa: 65 | dpa-infografik / Globus-Grafik, Frankfurt: 46 | ebert & dombrowski, Hamburg: 28 | Bruno Ernst, Der Zauberspiegel des M. C. Escher, TACO Verlagsgesellschaft und Agentur mbH, Berlin: 200 | fotolia / ©Galina Barskaya: 66; – / ©Alex: 85; – / ©Alexander Raths: 20; – / ©Alterfalter: 78; – / ©Andy Short: 211; – / ©Elenathewise: 207; – / ©Frank Edegold: 212; – / ©Frank F. Haub: 221; – / ©Galina Barskaya: 58/59; – / ©Jaan Brackmann: 110; – / ©jokatoons: 220; – / ©loverencg: 65; – / ©Maski: 220; – / ©Mirma: 148; – / ©nicolasjoseschirado: 204; – / ©Photocharts: 148; – / ©Picture Lake: 110; – / ©pixeldompteur: 220; – / ©pressmaster 17 – 66; – / ©Ralf Wunder: 88 ; – / ©sertac sakarya: 221; – / ©tarasov_vl: 110; – / ©theres: 148 ; – / ©Tobias Machhaus: 8/9; – / ©tomalu: 69; – / ©Yuri Arcurs: 220 | Jostein Gaarder, Sofies Welt, dtv – Deutscher Taschenbuch Verlag / Reihe Hanser, München 2001: 34 | Getty Images / Fred Stein Archive, München: 160; – / Karl Jaentges: 182; – / UIG: 158/159 | Marie-Luise Goldmann, Detmold: 66 | Al Gore, Eine unbequeme Wahrheit. Die drohende Klimakatastrophe und was wir dagegen tun können. Riemann Verlag, München 2006: 116/117, 117 (2), 118, 120 (4) | Heilsspiegel, 1427, Uni.-Bibl. Würzburg, M. ch. F. 4, Beuroner Kunstverlag, Beuron: 177 | Heilsspiegel, Die Bilder des mittelalterlichen Erbauungsbuches „Speculum humanae salvationis“, Harenberg Kommunikation, Dortmund 1981, 46 – 173 | Hulton Deutsch Collection, London: 141 | Interfoto, München: 191 | iStockphoto / ©Anatoly Shikov: 160; – / ©GordonsLife: 68; – / ©mmac72: 65; – / ©SensorSpot: 65 | JOKER / Hady Khandani, Bonn: 115 | ©Akiyoshi Kitaoka: 194/195 | KNA-Bild, Bonn: 190 | François Lelord, Hectors Reise oder die Suche nach dem Glück, Piper Verlag GmbH, München 2006: 153 | Mario Kart Wii, ©Nintendo 2008: 212 | Marvel Entertainment, LLC, New York: 64 | MEITANEI CONAN, ©Gosho AOYAMA / Sohga Kukan Inc., ©der dt. Ausgabe: Detektiv Conan, Bd. 2, Egmont Manga durch Egmont Verlagsgesellschaft mbH, Köln 2010: 198 | Movie Posters Direct: 75 | Eva Müller, Kornwestheim: 40 | Ines Müller, Bamberg: 39 (4) | Luis Murschetz, München: 60 | NASA Headquaters, 68-H-1401-AS8-14-2383, Washington D.C.: 113 | Brigitte Neubauer, Bamberg: 39 (4) | Ragnar Ohlsson, Der Sinn des Lebens, aus dem Schwedischen von Angelika Kutsch, ©1999 Carl Hanser Verlag, München: 155 | Okapia, Frankfurt: 116 | Gerhard Paul (Hrsg.), Das Jahrhundert der Bilder, Bd. I: 1900 bis 1949, Bundeszentrale für politische Bildung, Bonn 2009: 95 | Lea Perraut, Bamberg: 212 | Peter Kölln KGaA, Essen: 149 | Polizei Münster / Atelier Tomicek, Werl: 146 | Religionspädagogisches Seminar, Regensburg: 162 | Scala group, Antella: 207 | Schule Schloss Salem, Sozialdienst, Schloss Salem: 63 | Al Seckel, Große Meister der Optischen Illusionen 2. Von Knowlton bis Whistler, ©der deutschen Erstausgabe by tosa im Verlag Carl Ueberreuther GmbH, Wien: 206 (3) | Sempé, Bonjour – Bonsoir, Diogenes Verlag, Zürich 1986, 21 – 112 | sevenload.de / dfusion: 196 (2), 197 (2) | sinopictures / Readfoto, Berlin: 20 | Spongebob Schwammkopf Nr. 11/2010 / Nickolodeon™: 219 | Jonas Stalfort, Bersenbrück: 144 | Superbild, Taufkirchen: 54 | Jonathan Swift, Gullivers Reisen, ©der deutschsprachigen Ausgabe Gerstenberg Verlag, Hildesheim: 101 | The Art Archive / Musée Guimet Paris / Gianni Dagli Orti, London: 86 | The Estade of Keith Haring, New York: 52 | The Norman Rockwell Museum, Stockbridge, MA: 82/83, 90 | TV-yesterday / W. M. Weber, München: 88 | Ullstein-Bild / Arcus / NSADCO, Berlin: 66; – / ddp: 169; – / Hechtenberg / Caro: 66; – / Joker / Steuer: 78; – / joko: 44, 136/137; – / SIPA: 160; / Sylent Press: 78 | Unilever Deutschland GmbH, Hamburg: 140 | United States Holocaust Museum / Israel Government Press Office, Washington: 147 | Universal music / Culcha Candela: 102 | Thuy Vu, Bamberg: 208 | Weltatlas der Kulturen – Der Islam, Christian Verlag, 188 – 180 | www.goethezeitportal.de: 94 (3) | www.nua.nrw.de: 110 | www.santa-coloma.net/voynich_drebbel/new_atlantis/new_atlantis_engraving.jpg – 100 | Your Photo Today, Taufkirchen: 115 | Zoonar / Robert Kneschke, Hamburg: 77 |

Fünf Kompetenzbereiche

Wahrnehmen und Deuten

Wahrnehmungskompetenz
Ich kann das, was ich wahrnehme, beschreiben – weiß aber auch, dass die Dinge nicht unbedingt so sind, wie ich sie wahrnehme. Da heißt es, besser mehrmals nachfragen und sich selbst hinterfragen.

Perspektivübernahme
Ich kann meine Sicht der Dinge mit der von anderen vergleichen. Das ist wichtig, denn das, was ich erlebe, erleben andere ganz anders. Darum muss ich mich in andere hineinversetzen können.

Empathie
Ich kann mit anderen mitfühlen, wenn sie Erfahrungen machen, die ich auch gemacht habe. Der gemeinsame Erfahrungsaustausch ermöglicht mir, andere, aber auch mich selbst besser zu verstehen.

Interkulturelle Kompetenz
Ich kann meinen ausländischen Freund nach dem Schüleraustausch besser verstehen. Denn jetzt kenne ich die Welt, in der er lebt. Und die unterscheidet sich von meiner Welt doch ziemlich, wofür ich viele Beispiele aufzählen könnte.

Analysieren und Reflektieren

Textkompetenz
Ich kann Texte besser verstehen, wenn ich selbst die Fragen formuliere, auf die der Text eine Antwort ist. Fachwörter muss ich mir aneignen, wie bei einer Fremdsprache.

Sprach-(analytische) Kompetenz
Ich kann mit Texten umgehen, wenn ich die Aussagen in eigenen Worten wiedergebe, den Text neu ordne und mir zu verschiedenen Textabschnitten eigene Überschriften ausdenke.

Interdisziplinäre Kompetenz
Ich kann die Bedeutung eines ethischen Problems bestimmen, wenn ich das allgemeine Problem mithilfe von Beispielen konkretisiere. Dabei erfahre ich auch, welches zusätzliche Wissen ich mir aneignen muss, um genau sagen zu können, was das Problem ist.

Reflexionskompetenz
Ich kann zwischen verschiedenen Zugängen zur Welt auswählen und bin mir dabei bewusst, dass jeder Zugang mir nur einen Teil der Welt eröffnen kann.